KB202727

고린도전서 강해

사랑은 덕을 세우나니

고린도전서 강해

사랑은 덕을 세우나니

2023년 7월 28일 처음 펴냄

지은이   김홍규
펴낸이   김영호
펴낸곳   도서출판 동연
등록   제1-1383호(1992년 6월 12일)
주소   서울시 마포구 월드컵로 163-3
전화/팩스   (02) 335-2630 / (02) 335-2640
이메일   yh4321@gmail.com
인스타그램 https://www.instagram.com/dongyeon_press

Copyright ⓒ 김홍규, 2023

이 책은 저작권법에 따라 보호받는 저작물이므로, 무단 전재와 복제를 금합니다.
잘못된 책은 바꾸어 드립니다. 책값은 뒤표지에 있습니다.

ISBN 978-89-6447-921-6 04230
ISBN 978-89-6447-730-4 (김홍규 목사 강해설교 시리즈)

김흥규 목사 성서 강해 시리즈 4

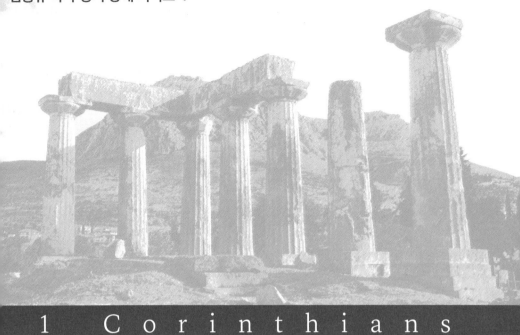

1 Corinthians

| 고린도전서 강해 |

사랑은
덕을 세우나니

김흥규 지음

동연

성역 40주년을 맞아
이 책을 한국 개신교회의
모교회 내리교회의 교우들께 바칩니다.

글 머 리 에

고린도전서는 바울 서신 가운데 가장 현대적인 서신으로 알려져 있습니다. 고린도교회에서 발생한 문제는 주님이 다시 오실 때까지 어느 교회에서나 일어날 수 있습니다. 교회 분쟁과 교파 분열, 음행, 성도 간의 법정 소송, 성(性)과 독신과 결혼과 이혼, 제물로 쓰인 음식의 섭취, 남녀 간에 갖추어야 할 예절과 풍속, 방언과 예언과 같은 은사 논쟁, 영혼불멸은 믿어도 '몸의 부활'을 믿지 않으려는 문화적(교양적) 그리스도인의 도전, 헌금의 모금과 사용 문제 등등은 어느 시기 어느 지역의 교회에서도 일어날 수 있습니다.

바울은 고린도교회의 특수 상황에 알맞은 지침을 제시합니다. 이런 지침은 바울 서신 전체에 어김없이 나타나는 '교리'(신학)와 '윤리'(실천)의 공고한 결합으로 이루어집니다. 고린도전서가 교회에서 불거진 실제 문제를 다룬다고 해도, 로마서 못지않은 신학적 심오함이 바탕을 이룹니다.

"고린도전서가 현대적 서신이라는 말"은 시대와 지역에 따라 교회가 맞닥뜨리는 문제들이 조금씩 다르다고 할지라도 바울의 지침을 곰곰이 반추해보면 시대와 상황을 초월하는 기본 원리를 발견할 수 있기에 언제나 이 원리를 바로 해석해서 신축성 있게 적용할 수 있다는 사실 때문입니다. 이런 점에서 고린도전서는 "기독교 윤리의 보고(寶庫)"입니다.

우리말 성경은 주로 새번역을 썼지만, 개역개정도 함께 사용했습니다. 꼭 밝혀야 할 때를 제외하고서는 일일이 표기하지 않았습니다. 고어투로 쓰인 성경은 개역개정이고, 현대어로 된 성경은 새번역이라는 사실을 독자들이 쉽게 알 것입니다. 영어 성경 NIV와 NRSV도 자주 인용해서 원문에 대한 이해도를 높이고자 힘썼습니다.

로마서만큼이나 긴 고린도전서 16장을 내리 강단에서 연속 강해 설교했습니다. 어렵고 지루한 설교를 들어준 내리 교우들께 머리 숙여 감사를 드립니다. 주보에 설교 전문이 실렸다고는 하나 엉성하고 너더분했는데, 이렇게 다듬어 책으로 내니 산뜻하고 알차게 보여 흐뭇합니다. 어느새 좋은 친구가 된 도서출판 동연의 김영호 장로님과 편집진 여러분께 고마움을 전합니다.

주후 2023년 6월 해 질 무렵 자유공원과 월미도를 내다보며

丹村 金興圭

서론
하나님이 불러주신 공동체 ― 인사말과 감사
1:1-9

1. '성도'로 부르심을 받은 자들
고전 1:1-3

고린도교회에 보낸 편지 훔쳐 읽기

사도 바울이 기록한 13통의 서신 가운데 가장 중요한 4대 서신은 로마서와 갈라디아서, 고린도전서와 고린도후서입니다. 고린도전서는 바울의 4대 서신 안에 든 중요한 문서입니다. 오늘 우리가 고린도전서를 읽을 때 남이 쓴 편지를 몰래 읽는 것 같은 느낌이 듭니다. 어떤 사람이 사랑하는 연인에게 쓴 비밀 연서를 몰래 훔쳐 읽을 때 묘한 기분이 들듯이, 바울이 고린도 교인들에게 보낸 편지를 읽을 때도 남다른 감흥이 일어납니다. 고린도전서야말로 바울의 기록물들 가운데 가장 사적이고 은밀한 편지이기 때문입니다.

바울은 고린도전서에서 일반적인 원론을 말하지 않습니다. 고린도 교회가 당면한 구체적인 문제들을 직설적으로 다룹니다. 자신이 직접 세운 교회가 고린도교회이기에 남다른 애정과 관심으로 어떤 때는 눈에 넣어도 아플 것 같지 않은 뜨거운 사랑을 토로하기도 하고 또 어떤 때는 아버지가 탈선한 아들을 무섭게 꾸짖듯이 엄하게 책망도 합니다. 바울이 뜨겁게 사랑을 고백하든, 차갑게 잘못을 꾸짖든 간에 그 중심에는 고린도 교회가 예수 그리스도의 교회가 되기를 바라는 간절한 소원이 있습니다.

고린도교회 설립 경위

고린도교회는 언제, 어떻게, 누구에 의해 세워진 교회였으며, 어떤 문제를 떠안고 있었기에 바울이 두 통이나 장문의 편지를 보낸 것일까요? 고린도교회는 주후 49년경 바울이 18개월 동안 고린도에 체류했을 때 세워졌습니다. 사도행전 18장에서는 바울이 2차 전도 여행을 하면서 고린도교회를 어떻게 시작했는지 그 과정을 소개합니다. 그에 앞서 사도 행전 17장 전반부에는 바울이 고린도에 들어가기 전 마케도니아 지역의 데살로니가와 베뢰아에서 전도한 이야기가 나옵니다. 바울은 데살로니 가에서 유대인 지도자들의 선동으로 큰 봉변을 당한 뒤 베뢰아로 야반도 주(夜半逃走)했습니다. 베뢰아에는 고상하고 신사적인 유대인들이 있어 서 이들뿐만 아니라 헬라인들 중에서도 결신자들이 생겼습니다.

바울과 실라, 디모데 일행은 베뢰아에서 나름대로 선교의 열매를 거두었지만, 데살로니가의 유대인 폭도들이 베뢰아까지 쳐들어와 난동 을 부리는 바람에 할 수 없이 배를 타고 아덴(아테네)으로 몸을 피했습니다. 철학과 우상의 도시 아테네에서 몇몇 결신자를 얻은 바울은 아가야 지역의 수도인 고린도로 발길을 돌립니다.

사도행전 18:1-17은 바울이 고린도에서 "1년 6개월간"(18:11) 머무르면서 선교한 이야기를 들려줍니다. 바울은 이탈리아에서 온 아굴라와 브리스길라 부부를 만나 그 집에 유숙하면서 복음을 전했습니다. 아굴라와 브리스길라 부부는 바울처럼 염소 털로 천막을 만드는 '장막 제조업'으로 생계를 유지했기에 서로 의기투합해서 복음 전파에 힘썼던 것입니다. 때마침 베뢰아에 남아 있던 실라와 디모데까지 고린도에 내려옴으로써 고린도 선교는 바울을 중심으로 5명이 '드림 팀'을 이루어 눈부신 열매를 거두었습니다.

그때만 해도 교회가 아직 하나의 조직적인 체계를 갖추기 전이었기에 고린도 교인들은 몇몇 가정에서 흩어져 예배와 친교 모임을 유지했습니다. 저택(mansion)에 30~50명 정도가 모여서 공동 식사를 나누었을 것으로 보기에 고린도에는 대략 5개 정도의 가정교회가 있어서 총 150~250명가량의 교인이 있었던 것 같습니다.

이때 헬라인 '디도 유스도'(Titus Justus)와 유대인 회당장 '그리스보'(Crispus) 일가를 비롯한 많은 사람이 기독교로 개종했습니다(행 18:7-8). '스데바나'(Stephanas) 가정도 최초의 개종자로서 모종의 중요한 역할을 했던 것 같습니다(고전 16:15). 그러나 유대인들의 선동으로 바울은 송사에 휘말리게 되었고 어쩔 수 없이 고린도를 떠나야만 했습니다. 죄목은 "바울이 법을 어기면서 고린도 사람들에게 하나님을 공경하라"(행 18:13)고 강권한다는 이유 때문이었습니다.

이때 유대인 패거리는 회당장 '소스데네'(Sosthenes)를 붙들어 법정 앞에서 때렸습니다(행 18:17). 소스데네는 바울이 고린도전서를 보낼 때 바울과 더불어 공동 발신자로 등장합니다(고전 1:1). 소스데네가 어떤 일로 고린도를 떠나 바울이 고린도전서를 집필하고 있는 에베소에 함께 있게 되었는지 알 수 없습니다. 어쩌면 그는 고린도전서의 대필자일 수도 있습니다. 소스데네가 한때 고린도교회의 유력한 지도자였다면, 교인들 누구나 다 그를 알고 있었을 것이기에 바울이 고린도인들과의 친밀감을 고조하려는 외교적 목적으로 그의 이름을 언급했을 수도 있습니다.

고린도전서 개관	
고린도교회의 설립	주후 49년경 바울이 아굴라와 브리스길라 부부 집에 18개월간 체류할 때 시작됨
5인의 고린도 선교 드림 팀	바울 + 아굴라 + 브리스길라 + 실라 + 디모데
기록 시기	주후 54년 혹은 55년 봄
기록 장소	에베소, 바울이 두란노 서원에서 2년간 사역할 때 (행 19:10)

고대 고린도의 도시적 특징

고린도교회는 주후 49년쯤 바울에 의해 세워진 교회인데, 한 5~6년 정도의 시간이 흐른 뒤 주후 54년 혹은 55년 무렵 바울이 에베소에서 체류하는 기간에 고린도전서를 집필했습니다(고전 16:8). 바울은 3차 전도 여행을 할 때 에베소의 두란노 서원에서 2년 동안 사역한 적이 있는데(행 19:10), 그곳에서 고린도전서를 집필했던 것입니다. 그런데 오늘 우리가 가진 고린도전서는 바울이 고린도교회에 제일 먼저 보낸 편지가 아닙니다.

내가 너희에게 쓴 편지에 음행하는 자들을 사귀지 말라 하였거니와(고전 5:9).

이것으로 볼 때 오늘의 고린도전서는 두 번째 편지입니다. 바울은 고린도교회에 적어도 3통 이상의 편지를 보냈다는 것을 알 수 있습니다. (바울이 고린도에 보낸 편지는 최소 4통 이상이 된다는 것이 신약학자들의 지배적인 견해입니다.) 바울은 왜 이렇게 많은 편지를 고린도에 보냈을까요? 이 질문에 답하기 위해서 우리는 '고린도'(Corinth)라는 도시의 특징을 주목해야 합니다.

고린도는 고대 아가야 지역의 수도로서 무역과 상업이 번창했습니다. 북방 마케도니아로 나아 가는 육로의 출발지였고, 고린도 근처의 두 항구 '레게움'(Lechaeum)과 '겐그레아'(Cenchreae) 때문에 지중해에서 일어나는 수많은 해상 무역과 해상 여행의 중심지가 되었습니다. 당시 고린도 인구는 벌써 25만 명이 넘는 세계적 도시였습니다. 주전 146년 로마가 고린도를 정복한 뒤 모든 건물은 붕괴했고, 거주민들은 살육당하거나 노예로 잡혀갔습니다. 100년이 넘는 긴 세월 동안 폐허로 방치된 고린도가 대대적으로 재건된 것은 주전 44년 로마 황제 율리우스 시저(Julius Caesar, BC 100~44)가 고린도를 로마의 식민지로 재건하려는 정책 때문이었습니다. 이때부터 고린도는 급격한 발전을 이루게 되었는데, 온갖 부류의 노예들과 한때 노예로 있다가 풀려난 '자유민들'(freedman)이 물밀듯 밀려와 온갖 다양한 인종과 민족과 계층이 한데 섞여 '계층 상승'(upward social mobility)을 꿈꾸는 벼락출세와 향락의 도시로 급변했습니다.

고린도는 미의 여신 '아프로디테'(Aphrodite)를 비롯해서 남성미의 대명사인 '아폴로'(Apollo) 신을 섬기는 신전들이 즐비한 우상의 도시였습니다. 날마다 온갖 인종이 오가는 항구 도시답게 고린도는 성적으로 문란한 도시로도 악명을 떨쳤습니다. 그리하여 '고린도인처럼 산다'는 헬라어 'κορινθιάζεσθαι'(코린디아제스다이)가 '음행하다'라는 의미로 사용될 정도였습니다.

고린도전서의 집필 동기

방탕한 도시에 교회가 세워진 것은 놀라운 일이었는데, 고린도교회에는 약간의 유대인들도 있었지만, 교인 대부분은 헬라 문명을 배경으로 한 이방인들이었습니다. 경제적으로 번영하고, 종교적으로 우상 숭배가 창궐하고, 성적으로 방탕한 고린도에 교회가 세워졌으나 교회 역시 세상 문화에 영향을 받을 수밖에 없었습니다. 바울은 세상 풍조를 완전히 끊어내지 못한 고린도교회에서 일어나는 여러 가지 나쁜 소문을 접한 뒤 고린도인들을 바로 가르치기 위해서 편지를 보냈습니다.

바울은 고린도전서를 보내기 전에 편지를 보내 음행하는 교인들과 상종하지 말고 그들을 내쫓으라고 권고했습니다(5:9-13). 이 편지에 대한 답장으로 고린도교회는 여러 가지 문의 사항을 적어 바울에게 보냈습니다(7:1). 그 사이에 '글로에'(Chloe)의 집안사람들이 바울을 방문해서 분쟁 소식을 알려주었습니다(1:11). 소문을 통해 음행 사건도 알게 되었습니다(5:1).

고린도전서를 기록한 동기는?
① 고린도교회가 제기한 질문 편지에 답하기 위해서
② 바울을 방문한 '글로에 집안사람들'(Chloe's people)이 전해준 분쟁 소식 때문에
③ 여러 채널을 통해 고린도교회에서 일어난 나쁜 소문 때문에

이런 계기로 기록된 고린도전서는 크게 다음과 같은 주제들을 다룹니다.

① 교회 분쟁 (1:10-4:21)	② 음행에 관한 소문 (5:1-6:20)	③ 고린도교회가 바울에게 제기한 질문에 대한 답변 "너희가 쓴 말에 대해서는…"(7:1) Ⓐ 결혼 문제 (7:1-24) Ⓑ 독신 문제 (7:25-40) Ⓒ 우상 제물 문제 (8:1-11:34) Ⓓ 육신의 부활 문제 (15:1-58) Ⓔ 연보 문제 (16:1-9)

고린도교회는 특출한 교회였습니다. 창립자인 바울을 비롯한 아굴라와 브리스길라 부부(16:19; 롬 16:3-4)가 사역했고, 성경과 언변에 능통한 아볼로가 교류했고(행 19:1), 그리스보, 소스데네, 스데바나 등의 뛰어난 일꾼들을 배출한 교회였습니다. 갖가지 신령한 은사가 넘쳐나는 뜨거운 교회이기도 했습니다. 이렇게 훌륭한 교회도 세상 풍조에 휩쓸려 표류하고 혼란에 빠졌습니다. 바울은 표류하고 혼란에 빠진 교회를 바로잡아 주고자 고린도전서를 기록했습니다. 고린도교회가 교회다운 교회가 되도록 바로 세워줄 목적으로 집필했는데, 그 중심은 예수 그리스도입니다. 교회가 예수 그리스도의 몸된 교회가 될 때에만 참다운 교회가 될 수 있다는 것이 바울의 확신입니다. 따라서 바울이 시종일관 전개하는 '교회론'(ecclessiology)은 철저히 '예수 그리스도의 인격과 사역', 즉 '기독론'(christology)에 바탕을 둔 교회론입니다.

고린도전서의 발신자

기독론과 교회론이 굳게 결합했다는 사실은 고린도전서의 서론에서 여실히 드러납니다. 서신의 일반 형식인 '인사말'(salutation/Begrüßung) 과 '감사의 말'(thanksgiving/Danksagung)로 구성된 서론에 '예수 그리스도'가 무려 9번이나 등장합니다. 고린도교회가 그리스도 안에 있지 못하기에 각종 분쟁과 음행과 교리 및 윤리적 오류와 탈선에 빠져들었음을 보여줍니다.

1-3절은 2천 년 전 서신의 전형적인 양식으로 인사말로 시작합니다.

발신자	하나님의 뜻을 따라 그리스도 예수의 사도로 부르심을 받은 바울과 형제 소스데네.
수신자	①고린도에 있는 하나님의 교회 곧 ②그리스도 예수 안에서 거룩하여지고 성도라 부르심을 받은 자들과 또 ③각처에서 우리의 주 곧 그들과 우리의 주되신 예수 그리스도의 이름을 부르는 모든 자들.
인사말	하나님 우리 아버지와 주 예수 그리스도로부터 은혜와 평강이 있기를 원하노라.

'바울'과 '소스데네'가 공동 발신자로 나란히 등장합니다. 소스데네는 '형제'로만 소개될 뿐 자세한 내용을 알 수 없습니다. 바울은 자신을 "하나님의 뜻을 따라 그리스도 예수의 사도로 부르심을 받은 바울"로 소개합니다. 바울이 편지를 쓸 때마다 상투적으로 쓰는 어법입니다. 바울은 자기 뜻대로 사도가 된 사람이 아닙니다. 그의 '신분'은 '예수 그리스도의 사도'인데, 이 사도직의 기원은 '하나님의 뜻에 따라' 된 것입니다.

고린도전서의 수신자

수신자를 소개할 때도 특별한 표현을 씁니다. 수신자는 첫째로 "고린도에 있는 하나님의 교회"입니다. 바울은 자신이 이 교회를 세웠다고 해서 '나의 교회'나 '우리 교회'로 부르지 않습니다. 고린도인들이 속해 있다고 해서 '고린도인들의 교회'라고도 하지 않습니다. 이 교회를 시작하시고, 이끌어가시고, 완성하시는 분은 하나님이시기에 "하나님의 교회"(τῇ ἐκκλησίᾳ τοῦ θεοῦ/테 에클레시아 투우 데우/the Church of God)로 부릅니다.

둘째로 고린도인들을 지칭할 때 "그리스도 예수 안에서 거룩하여지고 성도라 부르심을 받은 자들"로 명명합니다. 고린도인들은 '그리스도 예수 안에 거룩해진 사람들'입니다. 한때 윤리적으로 방탕하기 이를 데 없고 종교적으로 우상 숭배가 창궐한 '고린도'라는 세상 도시에 속한 사람들이었지만, 이제는 그리스도 예수 안에서 '거룩해졌습니다.' 거룩하다는 말은 하나님의 목적을 위해서 세상 사람들과 구별된다는 뜻입니다.

> 세계가 다 내게 속하였나니 너희가 내 말을 잘 듣고 내 언약을 지키면 너희는 모든 민족 중에서 내 소유가 되겠고 너희가 내게 대하여 제사장 나라가 되며 거룩한 백성이 되리라(출 19:5-6a).

바울은 그리스도 예수 안에 거룩해진 사람들을 다시 한번 '성도'(ἅγιοις/하기오이스/saints)로 부릅니다. 둘은 똑같은 의미입니다. 한때 죄 많은 세상에 섞여 살았지만, 이제는 그리스도 예수의 은혜로 하나님이 구별해 뽑아주셨다는 것입니다. 바울이 하나님의 뜻에 따라 예수 그리스도의 사도로 부르심을 받은 것처럼, 고린도인들도 거룩한 '성도들'로 부르심을 받았습니다.

성도라는 이름이야말로 집사, 권사, 장로, 목사, 감리사, 감독 등등 교회 안의 온갖 직능의 이름에 앞서는 일차적이고 본질적인 이름입니다. 한 사람의 '그리스도인'으로서의 성도라는 이름이야말로 가장 영광스럽게 간직해야 할 '은총과 구원의 이름'이고, 그 밖의 모든 '직능의 이름'은 이 성도라는 이름에서 파생하는(derivative) 이차적인 이름이고, 때때로 위험한 이름이기도 합니다.

셋째로 고린도전서의 수신자들은 "각처에서 우리의 주 곧 그들과 우리의 주되신 예수 그리스도의 이름을 부르는 모든 자들"입니다. 고린도인들은 날마다 '주 예수 그리스도의 이름'을 부릅니다. 바울은 수신자의 폭을 시간과 공간을 뛰어넘어 최대한 넓힙니다. 2천 년 전이나 오늘이나 2천 년 후나 전 세계 각처에서 '예수 그리스도를 주님으로 고백하는 모든 사람'이 고린도전서의 진정한 수신자들입니다. 세 번째 사실이야말로 고린도인들이 고립된 특수 공동체에 속한 별종의 사람들이 아니라, 예수님을 '주님'으로 고백하는 모든 그리스도인과 유기적으로 연결되어 있다는 사실을 보여줍니다. 고린도교회는 그리스도의 몸이라는 '우주적 교회'(cosmic church)의 한 부분입니다.

인사말: 은혜와 평강

수신자와 발신자를 간략하게 언급한 바울은 고대 서신의 전형적인 인사말을 전합니다.

하나님 우리 아버지와 주 예수 그리스도께서 내려주시는 은혜와 평화가 여러분에게 있기를 빕니다(1:3).

교회가 분쟁에 휩싸이고 온갖 복잡한 문제에 시달리는 이유는 은혜(χάρις/카리스/grace)와 평강(εἰρήνη/에이레네/peace)이 사라졌기 때문입니다. 고린도교회가 분쟁을 종식하고, 일치된 교회가 되고, 교리적 윤리적 오류와 혼란을 극복하기 위해서 가장 시급한 것은 은혜와 평강을 회복하는 일입니다. 은혜와 평강은 '하나님 우리 아버지'께서 '주 예수 그리스도'를 통해서 우리에게 내려주시는 '선물'입니다. 고린도전서 서두에 나오는 인사말은 앞으로 고린도교회가 분쟁과 교리적 오류와 윤리적 탈선을 극복하고 '그리스도의 몸'으로서의 참다운 교회로 회복되기 위해서 가장 필요한 본질을 다 말해 주고 있습니다.

2. 우리 주 예수 그리스도의 날에

고전 1:4-9

감사로 말문을 열고

1:1-9은 편지의 서두입니다. 1-3절에서 발신자와 수신자를 밝히고 간단한 인사말을 전합니다. 4-9절은 고린도교회와 관련해서 하나님께 감사한 내용을 밝힙니다. 바울이 고린도전서를 기록한 동기는 교회에서 들려오는 나쁜 소식을 듣고서 책망하고 바른 지침을 주기 위함입니다. 그러나 고린도교회라고 해서 다 잘못된 것만은 아닙니다. 잘하는 일도 있습니다. 그래서 바울은 서론부에서 고린도교회의 좋은 점을 떠올리며 덕담을 건넵니다.

롬 1:8	먼저 내가 예수 그리스도로 말미암아 너희 모든 사람에 관하여 내 하나님께 감사함은 너희 믿음이 온 세상에 전파됨이로다.
엡 1:16	먼저 내가 예수 그리스도로 말미암아 너희 모든 사람에 관하여 내 하나님께 감사함은 너희 믿음이 온 세상에 전파됨이로다.
빌 1:3	내가 너희를 생각할 때마다 나의 하나님께 감사하며.
골 1:3	우리가 너희를 위하여 기도할 때마다 하나님 곧 우리 주 예수 그리스도의 아버지께 감사하노라.
살전 1:2	우리가 너희 모두로 말미암아 항상 하나님께 감사하며 기도할 때에 너희를 기억함은.
살후 1:3	형제들아 우리가 너희를 위하여 항상 하나님께 감사할지니 이것이 당연함은 너희의 믿음이 더욱 자라고 너희가 다 각기 서로 사랑함이 풍성함이니.
딤후 1:3	내가 밤낮 간구하는 가운데 쉬지 않고 너를 생각하여 청결한 양심으로 조상적부터 섬겨 오는 하나님께 감사하고.

몬 1:4	내가 항상 내 **하나님께 감사하고** 기도할 때에 너를 말함은.

바울에게는 교회나 개인에게 편지를 보낼 때 먼저 감사 거리를 찾아내 감사를 표현하는 것으로 서두를 시작하는 습관이 있습니다.

예문이 보여주듯이 바울은 편지를 받는 교회나 개인의 신앙과 덕행을 생각하고 하나님께 감사하는 것으로서 말문을 여는 버릇이 있습니다. 고린도전서의 집필 동기는 좋은 것만은 아닙니다. 이렇게 저렇게 들려오는 나쁜 소식을 듣고서는 이를 책망하고 교정해주고자 편지를 씁니다. 그런데도 바울은 본론으로 들어가기 전에 먼저 좋은 점을 떠올리고 그것을 하나님께 감사합니다.

예수 안에서 받은 하나님의 은혜

바울이 고린도교회에 대해 하나님께 감사하는 제목은 무엇일까요?

그리스도 예수 안에서 너희에게 주신 하나님의 은혜로 말미암아 내가 너희를 위하여 항상 하나님께 감사하노니(4절).

바울이 고린도교회를 생각할 때마다 **항상** 감사하는 이유가 있습니다. 그것은 그 교회가 '그리스도 예수 안에서 받은 하나님의 은혜' 때문입니다. 한때 온갖 우상과 온갖 죄악이 판을 치는 '고린도'라는 악명 높은 도시에서 세상 풍조를 따라 살았던 사람들이 그리스도 예수 안에서 '거룩해졌고', '성도'로 부르심을 받았습니다. 이것보다 더 큰 은혜가 어디에 있겠습니까?

고린도교회와 교인들이 입은 이 은혜는 '그리스도 예수 안에서' (ἐν Χριστῷ Ἰησοῦ/엔 크리스토스 예수/in Christ Jesus) 주어졌습니다. 감사의 이유는 예수님 때문입니다. 고린도교회가 '그리스도 예수 안에서 받은 하나님의 은혜'를 하나님께 감사한다면, 그 은혜는 어떤 내용일까요? 바울은 시간의 과거와 현재, 미래를 다 아우르면서 고린도교회가 '과거에 받았고', '현재 받고 있고', '미래에 받게 될' 하나님의 은혜를 열거합니다.

예수 안에서 고린도교회가 받은 은혜	
과거에 받은 은혜 (5-6절)	여러분은 그리스도 안에서 모든 면에 풍족하게 되었습니다. 곧 온갖 **언변**과 온갖 **지식**이 늘었습니다. **그리스도에 관한 증언**이 여러분 가운데서 이렇게도 튼튼하게 자리 잡았습니다.
현재에 받고 있는 은혜 (7절)	그리하여 여러분은 어떠한 은사에도 부족한 것이 없으며 **우리 주 예수 그리스도의 나타나심**을 기다리고 있습니다.
미래에 받게 될 은혜 (8절)	**우리 주 예수 [그리스도]께서 나타나실 날**에 여러분이 흠잡을 데 없는 사람으로 설 수 있도록, 주님께서 여러분을 끝까지 튼튼히 세워주실 것입니다.

과거에 받은 은혜

바울은 고린도교회가 그리스도 안에서 받은 은혜를 생각하고 하나님께 감사하는데, 그 이유는 고린도교회가 **과거에** "모든 면에서 풍족해졌기" 때문입니다. 하나님은 우리가 그리스도 안에서 늘 풍족해지기를 원하십니다. '하나님의 은혜'가 풍성해지기를 원하십니다. 다윗의 고백처럼 "내 잔이 넘치기를" 원하십니다(시 23:5). '풍족해졌다'는 말은 물질적이고 육적인 의미가 아닐 것입니다. 예수를 믿고 살림살이가 넉넉해졌다는 말이 아닙니다. 영적으로 풍성해졌다는 것입니다!

고린도교회는 예수 안에서 영적으로 풍족하게 되었지만, 특히 모든 '언변'(speech)과 모든 '지식'(knowledge)이 풍성해졌습니다. '언변'은 헬라어로 λόγος(로고스/logos)입니다. '로고스'야말로 신학과 철학에서 굉장히 중요한 용어인데, '이성'(reason) 혹은 '말씀'(Word)으로 번역됩니다. 요한복음 1:1에 "태초에 말씀이 계시니라" 했을 때의 그 '말씀'이 '로고스'입니다. 개역개정은 고린도전서 1:5의 '로고스'를 '언변'(言辯)으로 번역했는데, 우리 입에서 나오는 말이 아니라 영적인 '은사'(gift)로서의 말을 의미합니다. 방언이나 예언하는 은사로서의 신령한 말입니다. 또한 로고스는 충분히 숙고한 끝에 조리 있게 진리로 인식된 말, 즉 '교리'(doctrine)를 의미합니다.

고린도교회에는 '지식'도 풍부했는데, 헬라어로 γνῶσις(그노시스)입니다. 그노시스는 책을 읽거나 공부해서 습득한 책상물림의 지식이 아니라 하나님께서 주시는 신령한 지식과 영적인 통찰력입니다. 예수님을 "그리스도요 하나님의 아들"로서 인식하는 거룩한 지식입니다. 그노시스는 '신령한 지식'(spiritual knowledge)입니다.

신령한 언어 로고스와 신령한 지식 그노시스가 하나님이 주신 은사(恩賜), 즉 '은혜의 선물'(χάρισμα/카리스마/the gift of grace)인데도 고린도인들은 이것을 자랑함으로써 분쟁에 빠지게 되었습니다. 로고스와 그노시스는 하나님께서 그리스도를 통해 고린도인들에게 베푸신 선물인데도(1:5) 그들은 이런 은사들이 자기가 잘나서 얻게 된 '소유물'인 양 자랑하다가 분쟁의 올무에 빠지게 되었던 것입니다(4:8-9). 그러기에 바울은 로고스와 그노시스의 은사가 **어떤 목적으로** 고린도 교인들에게 주어졌는가를 분명히 합니다.

> 그리스도에 관한 증언이 여러분 가운데서 이렇게 든든하게 자리 잡았습니
> 다(6절).

로고스와 그노시스의 은사가 고린도교회에 선물로 선사된 목적은 "서로가 잘났다고 자랑하라"고 주어진 것이 아니라 "그리스도에 관해 더욱더 열심히 증언하라"고 주어졌습니다. 예수님을 "그리스도요 하나님의 아들"로 아는 "신령한 지식"(그노시스)을 얻어서 이 지식을 "조리 있게 진리로 말할 수 있다"(로고스)는 것은 큰 은사입니다. 그러나 어디까지나 그리스도에 관해서 증언을 잘하라고 주어진 은사입니다.

고린도교회가 모든 로고스와 모든 그노시스에 더 바랄 것 없이 풍성하다면, 이는 두 은사로 말미암아 그리스도에 대해 더더욱 확고하게 증언하기 위함입니다. 따라서 우리가 받은 은사가 건전한지 아닌지는 그 은사가 그리스도에 관해 효과적인 증언을 위해서 사용되는가에 달려 있습니다.

현재에 누리는 은혜

고린도교회는 현재 "어떤 은사에도 부족한 것이 없는 상태에서 우리 주 예수 그리스도의 나타나심을 기다리고" 있습니다. 신령한 은사에 관한 한 고린도교회보다 더 크고 더 많은 은사를 받은 교회는 없을 것입니다. 현재 어떤 은사에도 결핍된 것이 없습니다. 하지만 현재 제아무리 풍성한 은사를 누리고 있는 교회라고 할지라도 그것만으로는 진정으로

풍성하지 않습니다. 현재에 매몰되지 말고 미래에 소망을 두어야 합니다.

모든 교회가 궁극적으로 기다려야 할 최종 소망이 있는데, 그것은 '예수 그리스도의 나타나심'(τὴν ἀποκάλυψιν τοῦ Ἰησοῦ [Χριστοῦ]/텐 아포칼립신 투 예수 크리스투/the revealing of our Lord Jesus Christ)입니다. 예수께서 재림(παρουσία/parousia/파루시아/coming/arrival)하실 종말의 날에 우리는 모든 악과 죽음의 권세를 정복하고 최후 승리를 얻을 것인데, 현재 누리는 모든 은사는 그 재림을 소망 중에 기다리게 하는 원동력입니다. 따라서 현재 모든 은사를 풍성하게 누리는 교회는 "우리 주 예수 그리스도의 나타나심"을 인내하면서 기다리는 소망의 공동체가 되어야 합니다. 지구상의 그 어떤 교회도 "우리 주 예수 그리스도의 나타나심"이라는 궁극적 비전을 목표로 삼지 않는 한, 현세에 탐닉해서 깊은 나락으로 빠질 수 있기에 이런 '종말론적 소망'은 교회가 그리스도 예수의 참 교회가 되게 하는 데 너무나 긴요합니다.

미래에 얻게 될 은혜

고린도교회는 **미래**에 "우리 주 예수 그리스도의 날에 흠잡을 것이 없는 교회로 주님께서 끝까지 견고하게 하실 것"입니다.

> 주께서 **너희를 우리 주 예수 그리스도의 날에 책망할 것이 없는** 자로 끝까지 **견고하게 하시리라**(8절).

고린도교회는 **과거**에 그리스도 예수 안에서 온갖 은사에 풍족하게 되었고, 그 결과 그리스도에 관한 증언이 확고하게 자리 잡았습니다.

현재에는 그리스도의 다시 오심을 소망 중에 인내하며 기다리는 공동체가 되었습니다. 이런 고린도교회와 교인들을 주님께서 '우리 주 예수 그리스도의 날'(ἐν τῇ ἡμέρᾳ τοῦ κυρίου ἡμῶν Ἰησοῦ [Χριστοῦ]/엔 테 헤메라 투 퀴라우 헤몬 예수 크리스투/on the day of our Lord Jesus Christ)에, 즉 예수께서 재림하실 그때에 '책망할 것이 없도록'(blameless) 튼튼히 세워주실 것입니다. '책망'이라는 말로 보건대, 그리스도께서 재림하시는 종말의 날은 또한 심판의 날임도 알 수 있습니다. 그러므로 고린도인들은 최후 심판의 날에 책망받지 않기 위해서 늘 깨어서 기다리고 준비해야 합니다.

예수 그리스도와 친교하는 교회

과거와 현재와 미래를 아우르는 전천후(全天候) 사계절(all season)로 하나님의 은혜가 충만한 교회가 고린도교회이기에 바울은 이 사실에 하나님께 감사합니다. 바울은 인사말 끝머리 9절에서 고린도교회의 '정체성'(identity)을 다음과 같이 마무리 짓습니다.

> **하나님은 신실하신 분이십니다. 하나님께서는 여러분을 부르셔서 그 아들 우리 주 예수 그리스도와 친교(fellowship)를 가지게 하여 주셨습니다.**

고린도교회는 '하나님의 아들 우리 주 예수 그리스도와 친교'를 누리 도록 하나님께서 불러주신 교회입니다. 친교 혹은 교제는 헬라어로 'κοινωνία'(코이노니아/fellowship)입니다. 바울은 코이노니아를 고린도인들이 '예수님과 더불어 누리는 친교'로 풀이합니다. 코이노니아는 '고린도인들끼리의 교제'이기도 합니다. '예수 그리스도와의 친교'는 '교회

성도들끼리의 친교'와 불가분의 관계에 있습니다. 그리스도와 친교를 누리는 성도는 필연적으로 같은 교회 안에서 그리스도를 같은 주님으로 모시는 동료들과도 아름다운 성도의 교제를 누려야 합니다.

성도의 교제(Sanctorum Communio)는 유대인이냐 이방인이냐, 부하냐 가난하냐, 남자냐 여자냐, 종이냐 주인이냐 등등의 모든 인종과 신분과 계층과 성적 차이를 뛰어넘어 실현되어야 합니다. 예수께서 우리를 사랑하실 때 이런 차이를 따지지 않으셨기 때문입니다.

너희는 유대인이나 헬라인이나 종이나 자유인이나 남자나 여자나 다 그리스도 예수 안에서 하나이니라(갈 3:28).

교회에서 시간과 공간, 인종과 민족과 언어, 신분과 계층과 성적 차이를 뛰어넘는 교제가 사라진다면, 그 교회는 예수 그리스도와의 진정한 교제 안에 있다고 말하기 어렵습니다. 그리스도와 진정한 친교 안에 있는 교회는 반드시 모든 장벽을 뛰어넘어 모든 형제자매 사이에 진정한 친교를 누릴 수밖에 없기 때문입니다. 어떤 교회가 교우들 간의 화해와 평화의 교제가 깨지고 극심한 분란에 휩싸인다면, 그것은 그 교회가 예수님과의 친교를 맺지 못한다는 강력한 반증이 될 것입니다.

고린도교회에 다양한 계층의 남녀가 모여들었는데, 어느 순간부터 하나님께서 자신들을 '우리 주 예수 그리스도와 친교'를 누리도록 불러주셨다는 사실을 망각했기에 교회가 다양한 분쟁에 휘말리게 되었던 것입니다.

1부

인편으로 전해 들은
소식에 대한
바울의 반응

1:10-6:20

1장

분쟁에 빠진 공동체
: 화해와 일치를 향하여

1:10-4:21

1. 어찌하여 분쟁이?

고전 1:10-17

사색당쟁에 휩싸인 고린도교회

　인사말을 마친 바울은 본론을 끄집어냅니다. 고린도전서를 쓰게
된 직접적 동기를 밝힙니다. 교회에서 발생한 분쟁 소식 때문입니다.
그리스도 안에서 온갖 은사를 풍족하게 누리던 고린도교회에도 뼈아픈
아킬레스건(Achilles腱)이 하나 있습니다. 네 파벌이 서로 잘났다고 다투
고 있었던 것입니다.

내 형제들아 글로에의 집 편으로 너희에 대한 말이 내게 들리니 곧 너희 가운데 분쟁이 있다는 것이라(1:11).

'글로에'(Chloe)가 누구인지는 알 수 없지만, 고린도교회의 유력한 여성 지도자였던 것 같습니다. 많은 종을 거느린 것 같은데, 그중 일부가 에베소에 있는 바울에게 찾아와 '분쟁'(ἔριδες/에리데스/quarrels) 소식을 전해주었습니다. ἔριδες는 감정이 섞인 격한 논쟁을 의미합니다. 상당히 정치적 의미가 있는 말이기도 합니다.

'글로에가(家)'의 종들은 고린도와 에베소로 오가며 주인의 명령에 따라 무역도 하고 심부름도 했던 것 같습니다. 이들이 전해준 소식은 충격적이었습니다.

내가 이것을 말하거니와 너희가 각각 이르되 나는 바울에게, 나는 아볼로에게, 나는 게바에게, 나는 그리스도에게 속한 자라 한다는 것이니(12절).

교인들이 네 파로 갈려 싸움을 벌이고 있다는 소식입니다. 분쟁의 정도가 교회의 일치와 평화를 깨뜨릴 만큼 심각했기에 여성 지도자 글로에가 인편으로 이 소식을 에베소에 떨어져 있는 바울에게 알렸던 것입니다.

고린도교회의 네 파벌	
① 바울파	나는 바울 편이다.(I follow Pau.)
② 아볼로파	나는 아볼로 편이다.(I follow Apollos.)
③ 게바파(베드로파)	나는 게바 편이다.(I follow Cephas.)
④ 그리스도파	나는 그리스도 편이다.(I follow Christ.)

제1당: 바울파

세 파는 교회와 직간접적으로 관계된 **인물** 중심으로 모였습니다. 바울은 고린도교회를 설립한 초대 목사일 뿐 아니라, '이방인을 위한 사도'로서 이방계 기독교인들에게 막대한 영향력을 행사했습니다. 그러기에 헬라계 이방인들을 중심으로 생겨난 고린도교회에서 바울을 숭배하고 추종해서 바울파가 생겨난 것은 이해할 수 있습니다. 네 파벌 가운데 바울파가 가장 먼저 언급된 것으로 볼 때, 바울파가 최대 파벌이었을 것입니다.

바울은 교회에서 일어나는 파벌싸움을 부정하기에 바울파는 바울이 원해서 생겨난 것이 아닙니다. 바울이 고린도에 체류하고 있는 동안에는 이런 당파 싸움의 기미를 전혀 눈치채지 못했을 것입니다. 바울은 고린도를 떠나서 있는 몇 년 동안에 일부 교인들이 자신을 잊지 못해 바울파를 결성해서 다른 파벌과 경쟁한다는 소식을 들었을 때 경악했을 것입니다 (여러 가지 정황으로 볼 때 바울뿐만 아니라 아볼로와 게바조차도 이런 파벌을 원치 않았을 것이고, 모르고 있었을 가능성이 큽니다).

제2당: 아볼로파

두 번째 파당은 아볼로파입니다. 아볼로는 이집트의 알렉산드리아 (Alexandria) 출신의 유대인입니다. 알렉산드리아는 저명한 유대인 철학자 필로(Philo, 주전 20~주후 50년)가 활동한 학문의 도시였고, 무역과 상업이 발달한 이집트 최고의 항구 도시였습니다. 기독교로 개종한 아볼로는 "언변이 좋고, 성경에 능통한 자"(an eloquent man, well-versed in the scriptures)였습니다(행 18:24). "복음을 열정적으로 가르쳤고, 정확하게 가르쳤습니다"(행 18:25). 아볼로는 언변과 학식과 열정을 두루 갖춘 출중한 설교자였습니다. 이런 아볼로가 고린도에 들어가(행 19:1) 성경(구약)을 정확하게 풀어 설교했을 때, 고린도인들이 열광한 것은 당연합니다. 순식간에 청중을 사로잡아 광팬들이 생겨났을 것입니다. 아볼로야말로 지적 엘리트라는 자부심을 가진 교인들을 끌어모으기에 충분했을 것입니다.

아볼로는 회중의 인기를 끌기에 적합한 외적인 조건들을 갖추었기에 아볼로파는 바울파와 더불어 고린도교회의 양대 산맥으로서 용호상박(龍虎相搏)했을 것입니다. 이것은 게바파나 그리스도파와 달리 **역사적으로** 고린도교회의 설립과 발전 과정에 깊숙이 관여한 두 지도자가 바울과 아볼로라는 사실 때문에 설득력이 높습니다.

이런 가정은 바울이 고린도전서 1:17-2:15에서 십자가의 도가 아닌 훌륭한 말이나 인간의 지혜에 의존하는 것을 비판하는 것을 이해하는 단서가 될 수 있습니다. 바울이 아볼로와 그의 추종자들을 은근히 의식하고 비판한다는 말입니다.

고전 2:1	형제들아 내가 너희에게 나아가 하나님의 증거를 전할 때에 **말과 지혜의 아름다운 것**으로 아니하였나니.
고전 2:4	내 말과 내 전도함이 **설득력 있는 지혜의 말**로 하지 아니하고 다만 성령의 나타나심과 능력으로 하여.
고후 10:10	그들의 말이 그의 편지들은 무게가 있고 힘이 있으나 그가 몸으로 대할 때는 약하고 **그 말도 시원하지 않다** 하니.

바울의 이런 진솔한 고백이야말로 언변과 지식이 출중한 아볼로와 그런 아볼로에 매료된 고린도인들을 염두에 두고 자신과 비교한 것이라

고 볼 수 있습니다.

제3당: 게바파

고린도교회를 휘젓는 세 번째 파당은 게바파입니다. 게바(Κηφᾶς/케파스/Cephas)는 베드로의 아람어 이름입니다(고전 15:5; 갈 2:8-9). 성경 어디를 읽어보아도 베드로가 고린도와 관계했다는 구절이 없습니다. 바울과 아볼로는 분명히 고린도에 체류했기에(고전 3:5-9) 얼마든지 두 설교자를 추종하는 교인들이 생길 수 있지만, 베드로파는 어떤 경위로 생겨났는지 알 수 없습니다. 두 가지를 가정할 수 있습니다.

첫째로 고린도교회가 설립된 후 시간상으로 바울과 아볼로가 고린도교회를 거쳐 간 다음에 베드로가 교회를 방문했을 가능성이 있습니다. 이것은 두 번씩이나 바울 → 아볼로 → 게바 순으로 언급하고 있다는 사실(1:12; 3:22)이 '사역한 순서'를 암시한다고 볼 수 있기에 가능한 추정입니다.

두 번째 가정은 베드로가 고린도교회를 방문한 적이 없다고 할지라도 베드로가 초대교회 전체의 명실상부한 영수(領袖)였기에 순전히 그의 명성과 영향력 때문에 그를 흠모하는 사람들이 바울당과 아볼로당을 견제하기 위한 제3당으로서 게바당을 만들었다고 볼 수 있습니다. 바울파와 아볼로파에 환멸을 느낀 사람들이 이들을 견제하기 위해서 예수님의 수제자요 초대교회의 우두머리인 베드로의 이름을 빌려 '대항 파벌'을 결성했다고 볼 수 있습니다.

제4당: 그리스도파

네 번째 당이 가장 흥미롭습니다. 그리스도당입니다. 바울과 아볼로와 게바는 모두 사람을 중심으로 모인 당파인 데 반해서 제4당은 메시아, 즉 그리스도를 중심으로 모였다고 주장합니다. 세 당파가 인간 지도자를 앞세워 뭉친 것에 반감을 품은 나머지 자기들은 사람당에 속한 것이 아니라 그리스도당에 속한다고 주장했을 것입니다. 어떻게 보면 세 파에 비해서 훨씬 더 건전하고 더 신령한 것처럼 보입니다.

하지만 그리스도파는 다른 세 파벌보다 훨씬 더 못된 당파라고 볼 수 있습니다. 정말 그리스도께 속했다면 그리스도의 정신으로 세 파가 하나가 되게 하는 평화의 전령이 되어야 함에도 또 하나의 파당을 만들어 당파 싸움을 벌이는 그 자체가 "정말 그리스도께 속했는가?" 하는 의심을 사게 합니다. 그리스도까지 파당의 당수로 삼았다는 사실도 문제입니다. 감히 그리스도를 바울과 아볼로, 게바 수준까지 격하시켰다는 말입니다.

세 당파는 바울이나 아볼로나 게바와 같이 사람을 매개로 해서 신앙 생활을 하지만, 그리스도파 사람들에게는 인간을 통하지 않고 그리스도와 영적으로 직통한다는 오만이 있습니다. 그러므로 그리스도파는 '영적인 교만'까지 더한 파당이라는데 문제의 심각성이 있습니다. 영적 우월감을 가진 그리스도파 사람들은 결국 인간을 중심으로 모인 세 파와 화해할 수 없기에 필연적으로 따로 갈라져 나와 독자적인 교회를 세울 가능성이 제일 높습니다.

파벌싸움에 대한 바울의 논박

네 파로 갈라져 다투는 고린도교회에 대해서 바울은 어떻게 논박합니까? 세 가지를 반문하면서 당파 싸움을 비판합니다(13절).

바울의 세 가지 반문	
① 그리스도의 분열?	그리스도께서 갈라지셨습니까?
② 누가 십자가에?	바울이 여러분을 위하여 십자가에 달리기라도 했습니까?
③ 누구의 이름으로 세례를?	여러분이 바울의 이름으로 세례를 받았습니까?

첫 번째 반문은 '전도자들'(messengers)이 다르다고 해서 이들이 전한 '복음'(message)의 주인공이신 예수님이 달라질 수 없다는 논리입니다. 바울과 아볼로와 게바는 각기 받은 은사가 다르므로 그리스도에 대한 '강조점'도 각각 달랐을 것입니다. 다른 개성과 다른 방법으로 복음을 전했을 것입니다. 그러나 그렇다고 해서 그리스도께서 갈라지신 것은 아닙니다. 전도자 모두는 공동의 주님이신 '예수 그리스도'를 전파했기 때문입니다.

네 파가 갈라져 싸우는 것은 마치 그리스도가 네 조각으로 찢어진 것과 같습니다. 성 어거스틴(St. Augustine, 354~430)은 교파 분열이야말로 기독교 최고의 '수치'(scandal)인데, 이것은 "한 폭으로 된 그리스도의 옷을 갈기갈기 찢는 것과 같다"고 말했습니다. '설교자'가 다르다고 해서 '그리스도'와 '복음'이 나누어질 수 없습니다.

두 번째와 세 번째 반문에서 바울은 자신의 이름을 빗댑니다. 자신도 모르게 바울의 이름으로 파당을 만들어 다투는 바울파 교인들을 겨냥한 직격탄입니다. 두 번째 반문은 고린도인들을 위해 십자가에 달리신 주인공이 누구냐는 것입니다. 바울이 제아무리 고린도교회를 설립하고 발전시키는 데 지대한 공헌을 했다고 할지라도 교회의 기초와 존립 근거는 '그리스도의 십자가와 부활'이지, 인간의 헌신과 공로가 아닙니다. 교회를 위해서 누가 더 큰 공헌을 했는가를 따지는 것이야말로 '그리스도의 십자가를 헛되게 만드는 꼴'(1:17)입니다. 그러므로 바울은 고린도인들을 위해서 십자가에 달리신 분은 그리스도이지, 바울이나 아볼로나 게바가 아니라는 사실을 분명히 합니다.

당파 싸움을 반박하기 위해 바울이 제기하는 세 번째 반문은 '세례자' 논쟁입니다. 고린도인들이 **누구의 이름으로** 세례를 받았기에 네 당파로 갈라져 싸우느냐는 힐난입니다. 바울은 자신을 추종하는 사람들을 겨냥해서 "너희가 바울의 이름으로 세례를 받은 적이 있느냐?"고 묻습니다. 일부는 아볼로나 베드로에 의해서 세례를 받았을 가능성도 있습니다. 바울 자신도 일부 교인들에게 세례를 베풀었다는 사실을 부인하지 않습니다.

나는 그리스보와 가이오 외에는 너희 중 아무에게도 내가 세례를 베풀지 아니한 것을 감사하노니 이는 아무도 나의 이름으로 세례를 받았다 말하지 못하게 하려 함이라 내가 또한 스데바나 집 사람에게 세례를 베풀었고 그 외에는 다른 누구에게 세례를 베풀었는지 알지 못하노라(14-16절).

바울이 세례를 주었다고 밝힌 사람은 셋입니다. '그리스보'(Crispus)와 '가이오'(Gaius)와 '스데바나 가족'(the household of Stephanas)입니다. 가족과 종들까지 포함하면 더 많았을 것입니다. 그러나 바울은 의도적으로 자신이 세례 주는 행위를 제한했다는 사실을 강조합니다.

14b-15절	"…밖에는, 아무에게도 세례를 준 일이 없음을 [하나님께] 감사드립니다. 그러므로, 아무도 나의 이름으로 세례를 받았다고 말하지 못할 것입니다."
16b절	"그 밖에는 다른 누구에게 세례를 주었는지 나는 모릅니다."

바울이 세례를 자제한 이유는 누구도 '바울의 이름'에 집착하지 않도록 하기 위함입니다. 바울이 고린도에서 사역한 가장 중요한 목적은 세례를 베풀기 위함이 아니라 복음을 전파하기 위함이었기 때문입니다.

그리스도께서는 세례를 주라고 나를 보내신 것이 아니라, 복음을 전하라고 보내셨습니다(17a절).

바울이나 아볼로나 게바를 막론하고 '세례를 주는 자'(baptizer)는 중요하지 않습니다. 바울은 자기가 세례를 베푼 교인들이 더 있다고 할지라도 가능한 한 기억하지 않겠다는 태도를 보입니다. 세례자가 아닌 그리스도께서 중요하시기 때문입니다. 그리스도께서 바울을 고린도에 보내신 목적은 "세례를 주기 위함이 아니라 복음을 전파하기 위함"이었기 때문입니다(17a절). 어디까지나 '말씀 사역'(the ministry of the Word)이 일차적이고, 세례나 성만찬과 같은 '성례전 사역'(the ministry of sacrament)은 이차적이라는 뜻입니다.

고린도교회는 신분과 계층과 인종이 다른 사람들끼리 각각 다른 가정교회를 이루어 "어떤 전도자에게 세례를 받았는가"가 각 가정교회의 정체성을 결정짓고, 이것을 근거로 해서 독자적인 파벌을 조성하고 분쟁하게 된 것 같습니다. 그리스보(행 18:8)나 가이오(롬 16:23), 스데바나(고전 16:16-17)의 공통점은 부유하고 유력한 지도급 인사들이었다는 사실입니다. 어쩌면 세 사람의 집에서 가정 예배를 드리면서 그리스도파를 제외한 세 파벌이 조성되었을 가능성도 있습니다.

어차피 '세례'라고 하는 것이 자신의 죄를 회개하고 그리스도를 믿고 영접해서 죄사함과 구원받았다는 '외적 표시'이기에 '그리스도가 없는 세례'는 있을 수 없습니다. 세례가 우리를 구원하는 것이 아니라, 그리스도께서 우리를 구원하시기 때문입니다. 그리스도의 이름으로 세례를 베푸는 세례자가 주인공이 될 수는 없습니다. 세례의 수여자를 중심으로 파당을 짓는 것은 어리석은 일입니다. 고린도인들은 자기에게 세례를 베푼 설교자가 아닌 그리스도께 속한 사람들입니다. 사람을 보면 비교하고 갈라지지만, 십자가에 달리신 그리스도를 바라보면 인간적인 차이를 뛰어넘어 하나가 될 수 있습니다. 교회에서는 "누구도 사람을 자랑해서는 안 됩니다"(고전 3:21).

'사람'에서 '그리스도'로!

1880년대에 일군(一群)의 미국 목회자들이 영국을 방문했습니다. 런던에 도착한 뒤 첫 번째 주일 아침에 조지프 파커(Joseph Parker, 1830~1902) 목사가 시무하는 시티 템플(City Temple)교회를 방문했습니다. 2천여 명이 모인 예배에서 파커 목사는 소문에 듣던 대로 속사포처럼 명설교를 했습니다. 예배가 끝난 뒤 미국 목사들은 이구동성으로 "조지프 파커 목사님은 정말 위대한 설교가야!"(What a great preacher!)라고 칭찬했습니다.

그날 밤 일행은 찰스 스펄전(Charles Spurgeon, 1834~1892) 목사가 설교하는 메트로폴리탄 테버너클(Metropolitan Tabernacle)교회의 예배에 참석했습니다. 시티 템플보다 두 배 이상 더 모였고, 스펄전의 설교는 정말 대단했습니다. 그러나 설교가 계속되는 가운데 스펄전의 제스처나 웅변술 같은 것은 다 묻혀버렸고, 파커와 비교하려는 마음조차 사라졌습니다. 인간 스펄전은 사라지고 그가 전하는 예수님만 남았습니다. 예배가 끝난 뒤 회중석에서 터진 탄성은 하나였습니다. "예수님은 정말 위대한 구세주이셔!"(What a great Savior!)

교인들이 예수님만 바라보면 일치와 화해를 이룰 수 있는데, 예수님을 전하는 사람들을 더 주목하고 비교할 때 교회는 파벌을 만들어 서로가 더 우월하다고 다툴 수 있습니다. 지난 2천 년의 교회 역사는 루터파, 칼뱅파, 웨슬리파 등등 사람을 중심으로 똘똘 뭉쳐 파쟁을 일삼아 온 역사라고 해도 과언이 아닙니다. 본문은 이런 교파 분열의 역사에 경종을 울리고, 일치와 화해를 호소하는 말씀으로 유명합니다.

한마음 한뜻으로 합하라!

바울은 '교회 분쟁'이라는 본론으로 들어가기 전에 하나님께서 고린도인들을 하나님의 아들 예수 그리스도와 친교(koinonia)를 맺도록 불러주셨다는 사실을 강조했습니다. 그리스도께서 우리와 친교를 맺으실 때 모든 차이를 뛰어넘어서 우리를 품어주셨습니다. 그리스도인들 역시 이웃과의 모든 차이를 뛰어넘어 하나가 되는 친교로 나아가야 합니다. 고린도교회가 사람들을 중심으로 사분오열되었다는 것은 그리스도와의 친교가 끊어졌다는 사실을 반증합니다. 분열을 다루는 1:10- 4:21의 핵심 주제는 첫머리인 1:10에 잘 요약되어 있습니다.

> 형제들아 내가 우리 주 예수 그리스도의 이름으로 **너희**를 권하노니 모두가
> 같은 말을 하고 너희 가운데 분쟁이 없이 같은 마음과 같은 뜻으로 온전히
> 합하라.

'합하라' 혹은 '뭉치라'(be united)는 말은 분열 이전의 상태로 돌아가라는 뜻입니다. 바울이 고린도에 머무르는 동안에는 파벌이 없었습니다. 그곳을 떠난 지 몇 년 만에 들려온 분쟁 소식은 바울의 마음을 아프게 했습니다. 자신을 추종하는 교인들이 세력을 형성해 '바울파'로 자칭하는 것조차도 기가 막혔습니다. 그러므로 바울은 먼저 **부정형으로** "너희 가운데 분쟁이 없게 하라"고 권고합니다.

'분쟁'(σχίσματα/스키스마타/schism)을 없애려면 '같은 말을 해야'(τὸ αὐτὸ λέγητε/토 아우토 레게테/speak the same thing) 합니다. '획일적'(uniformity)이 되라는 말이 아니라, '다양성 속에서 일치'(unity in diversity)를 추구하라는 말입니다. 중구난방(衆口難防)이라는 말도 있듯이, 다들 자기 옳은 대로 주장하면 일치와 평화는 깨질 수밖에 없습니다.

같은 말을 해서 분쟁이 없어지려면 먼저 마음과 생각이 하나가 되어야 합니다. 이런 까닭에 바울은 **긍정형으로** "같은 마음과 같은 생각으로 연합할 것"을 촉구합니다. 고린도인들이 처음 예수를 믿었을 때처럼 같은 마음과 같은 목적으로 연합해서 같은 말을 하여 분쟁을 끝내라는 것입니다.

> 평안의 매는 줄로 성령이 하나 되게 하신 것을 힘써 지키라 몸이 하나요

성령도 한 분이시니 이와 같이 너희가 부르심의 한 소망 안에서 부르심을

받았느니라 주도 한 분이시요 믿음도 하나요 세례도 하나요(엡 4:3-5).

2. 십자가의 도

고전 1:18-25

멸망이냐? 구원이냐?

역설의 진리(the truth of paradox)라는 것이 있습니다. 못난 것 같은데, 아름답습니다. 어리석은 것 같은데, 지혜롭습니다. 연약해 보이는데, 강합니다. 낮은 것처럼 보이지만, 높습니다. 어눌한 것 같은데, 웅변보다 낫습니다. 역설의 진리가 유감없이 드러나는 부분이 1:18-31입니다. 십자가의 도가 미련하고 무능해 보이나 하나님의 지혜와 능력을 고스란히 드러낸다는 것입니다.

바울이 역설(逆說)의 진리를 역설(力說)하는 동기는 분쟁 때문입니다. 그는 고린도교회를 거쳐 간 복음 전도자들이 다르다고 해서 "그리스도께서 나누어질 수 없다"는 사실을 분명히 했습니다. (그리스도께서 나누어질 수 없음에도 '그리스도당'을 만든 사람들은 그리스도를 나누어 찢은 것과 같습니다.) "설교자가 십자가에 달린 것이 아니고, 그리스도께서 십자가에 달리셨다"는 사실을 분명히 했습니다. 어떤 목회자가 세례를 주었는가에 따라서 분당이 일어났다면, "고린도인들이 바울의 이름으로 세례를 받은 것이 아니라는 사실"도 분명히 했습니다. 파당과 분쟁은 '십자가의 도'를 모르기 때문에 발생했습니다. 그러므로 고린도교회를 일치와 화해의 공동체로 복구시키려면 '십자가의 도'를 바로 가르칠 필요가 있습니다.

십자가의 도가 멸망하는 자들에게는 미련한 것이요 구원을 받는 우리에게

'십자가의 도', 즉 'ὁ λόγος ὁ τοῦ σταυρου'(호 로고스 호 투 스타우르/the message of the cross)는 '십자가에 관한 진리의 말씀'입니다. 십자가의 도는 이 메시지에 어떻게 반응하는가에 따라서 인류를 두 범주로 나눕니다.

십자가의 도
① 멸망할 자들(those who are perishing) → '미련한 것'(μωρία/모리아 (바보 천치를 뜻하는 영어 moron의 어원)/foolishness/Dummheit)
② 구원을 받은 우리(us who are being saved) → '하나님의 능력'(δύναμις θεοῦ/뒤나미스 데우/the power of God/Kraft Gottes)

헬라어 성경에서 멸망할 자들과 구원받을 자들은 현재 분사(present participles)의 진행형입니다. 멸망할 자들과 구원받을 자들이 이미 다 결정되어 완료된 것이 아니라 현재에도 계속 진행되고 있다는 것입니다. 따라서 교회 안에 있는 우리 역시 계속해서 구원을 받고 있는 과정 중에 있다고 할 수 있습니다. 이미 시작된 구원이 계속 현재 진행 중에 있다는 말입니다.

'하나님의 능력' VS. '인간의 지혜'

세상의 역사는 십자가의 도에 어떻게 반응하는가에 따라서 멸망과 구원이 지속되는 과정이라고 할 수 있습니다. 십자가의 도가 우리를 구원하시는 하나님의 능력인데도 세상은 이것을 모르거나 부인합니다. 이런 이유로 바울은 십자가의 도와 세상의 지혜(τὴν σοφίαν τοῦ κόσμου/ 텐 소피안 투 코스무/the wisdom of world)를 대조합니다. 바울은 십자가의

도 앞에서 인간의 지혜가 아무것도 아니라는 사실을 강조하기 위해서 이사야 29:14를 인용합니다.

고전 1:19	기록된 바 내가 **지혜 있는 자들의 지혜를 멸하고 총명한 자들의 총명을 폐하리라** 하였으니.
사 29:14	그러므로 내가 이 백성 중에 기이한 일 곧 기이하고 가장 기이한 일을 다시 행하리니 그들 중에서 **지혜자의 지혜가 없어지고 명철자의 총명이 가려지리라**.

세상의 눈으로 보면 '지혜 있는 자들의 지혜'(the wisdom of the wise) 가 대단해 보이고, '총명한 자들의 총명'(the discernment of the discerning)이 엄청난 것처럼 보여도 '하나님'은 그런 인간적 지혜와 총명을 멸하시는 분입니다. 하나님께서 인간을 구원하시는 방법이 인간의 기대와는 다르다는 것입니다.

고린도교회가 사람을 중심으로 파당을 만든 이유도 하나님의 지혜와 능력인 십자가를 붙들지 않고, 인간의 지혜와 세상의 총명을 붙들었기 때문입니다. 고린도인들 뿐만 아니라 세례를 베풀고 설교하는 목회자들(예컨대 아볼로)조차도 인간의 지혜와 세상의 총명으로 회중을 사로잡으려고 했기에 파당과 분쟁이 발생했던 것입니다. 바울은 십자가에서 드러난 하나님의 능력을 인간의 지혜와 대조하고자 세 가지 질문을 던집니다 (20절).

'십자가에서 드러난 하나님의 능력' VS. '인간의 지혜'
① '지혜 있는 자'(현자/the one who is wise)가 어디 있느냐?
② '선비'(학자/the scribe)가 어디 있느냐?
③ '이 세대에 변론가'(the debater of this age)가 어디 있느냐?

지혜 있는 자(현자)와 선비(학자), 변론가는 지혜나 학문, 수사학과 관련이 있습니다. 현자는 사유를 통해 지혜에 이르려는 철학자를, 선비는 밤낮으로 서적을 읽고 연구해서 지식을 얻으려는 학자를, 변론가는 웅변술이 탁월한 수사학자를 의미합니다. 모두가 지혜와 지식이 출중할 뿐 아니라 조리 있게 말을 잘해서 토론 상대를 제압하거나 청중을 설득하는 철인, 학자(특히 율법 학자), 수사학자들(rhetors) 혹은 웅변가들(orators)입니다. 빼어난 지혜와 지식을 소유해서 그것을 세련되고 설득력 있게 전달할 수 있는 사람들입니다. 인간의 지혜와 지식과 총명, 언변을 뽐내는 사람들입니다. 바울은 "이런 사람들이 어디에 있느냐?"고 묻습니다. 대답은 "없다"는 것인데, 이 부정을 또 다른 질문으로 대신합니다.

하나님께서는 이 세상의 지혜를 어리석게 하신 것이 아닙니까?(20d절).

하나님 앞에서는 자신의 지혜와 지식과 언변을 자랑할 수 있는 현자나 학자나 변론가가 있을 수 없는데, 그 이유는 하나님께서 그들의 지혜(σοφία/소피아/인간의 자랑을 총칭)를 어리석게 하셨기 때문입니다. 십자가의 도를 우습게 여기는 멸망 받을 자들은 세상의 지혜를 자랑하지만, 십자가의 도를 믿음으로 받아들여 구원을 받은 사람은 세상의 지혜를 자랑하지 않습니다. 하나님께서 그런 세상의 지혜를 십자가를 통해서 미련하게 만드셨음을 알기 때문입니다.

전도의 미련한 것

하나님께서 세상의 지혜를 미련하게 만드신 이유는 무엇일까요?

> 하나님의 지혜에 있어서는 이 세상이 자기 지혜로 하나님을 알지 못하므로 하나님께서 전도의 미련한 것으로 믿는 자들을 구원하시기를 기뻐하셨도다(21절).

세상의 지혜가 아무리 뛰어나도 하나님을 아는 데는 역부족입니다. 세상의 지혜와 지식과 총명을 총동원한다고 할지라도 전지전능하시고, 무소부재하시고, 무궁무진하신 하나님을 알 수 없습니다. 하나님의 지혜로 하나님 자신을 스스로 계시하시기 전까지는 인간의 지혜로만 하나님을 알 수 없기 때문입니다.

철학자들과 율법 학자들과 변론가들이 자신의 지혜와 지식과 언변을 자랑한다고 할지라도 그것만으로는 하나님을 알 수 없기에 하나님은 십자가의 도를 전도하는 것으로써 이 도를 믿는 사람들을 구원하십니다. 그러므로 여기에서의 강조점은 하나님께서 전도의 미련한 것(διὰ τῆς μωρίας τοῦ κηρύγματος/디아 테스 모리아스 투 케뤼그마토스/through the fool-ishness of our proclamation)을 통해서 십자가의 도를 믿는 사람들을 구원하기를 기뻐하신다는 사실에 있습니다.

십자가의 도는 세상 지식을 자랑하는 자들에게는 미련해 보입니다. 하지만 십자가의 도에는 지식이 필요한 것이 아니라 믿음이 필요합니다. 세상의 지식을 뽐내는 사람은 자신의 지식으로 하나님을 알려고 하다가 끝내는 실패합니다. 어리석어 보이는 사람은 자신의 지혜가 아닌 믿음으로 하나님께 겸손히 나아가기에 십자가의 도를 받아들여 구원에 이르게 됩니다.

표적이냐? 지혜냐?

바울은 십자가의 도에 대한 세 부류의 반응을 소개합니다. 유대인과 헬라인과 그리스도인의 반응이지요.

유대인은 표적을 구하고 헬라인은 지혜를 찾으나 우리는 십자가에 못 박힌 그리스도를 전하니 유대인에게는 거리끼는 것이요 이방인에게는 미련한 것이로되 오직 부르심을 받은 자들에게는 유대인이나 헬라인이나 그리스도는 하나님의 능력이요 하나님의 지혜니라(22-24절).

이해하기 쉽게 도표로 정리하면 아래와 같습니다.

십자가에 대한 세 가지 반응	
① 유대인	'표적'(σημεῖα/세메이아/signs)을 요구하기에 십자가가 '거리낀다'(σκάνδαλον/스칸달론/scandal/stumbling block/걸림돌).
② 헬라인	'지혜'(σοφία/소피아/wisdom)를 찾기에 십자가가 '어리석어'(μωρίαν/모리안/foolishness) 보인다.
③ 그리스도인 (유대인 + 헬라인)	(A) 십자가에 달리신 그리스도를 전한다.
	(B) 부르심을 받은 그리스도인에게—유대인이나 헬라인을 불문하고 온 인류에게— '그리스도'는 '하나님의 능력'(θεοῦ δύναμιν/데우 뒤나민/the power of God/Gottes Kraft)이요, '하나님의 지혜'(θεοῦ σοφίαν/데우 소피안/the wisdom of God/Gottes Weisheit)이다.

유대인의 세계관으로는 세상에 오직 두 부류의 사람들, 즉 유대인(Juden)과 비유대인(nicht-Juden)만 있다는 말처럼, 바울은 유대인과 헬라인을 온 인류의 대표자로 세웁니다. 유대인은 하나님을 알기 위해

겉으로 드러나는 표적을 구합니다. 초자연적 기적과 같이 하나님을 경험적으로 입증할 수 있는 표징을 요구한다는 것입니다. 이집트를 비롯한 외세에 의해 수없이 압제당한 유대인들은 홍해가 갈라지는 기적과 같이 눈에 보이는 표적을 구했습니다. 초자연적 기적을 직접 경험해야지만 하나님을 알 수 있다고 믿는 유대인들에게 십자가는 거리끼는 것이 됩니다. 하나님의 아들이 가장 참혹한 형틀인 십자가에 매달려 돌아가셨다는 사실 자체가 '수치스러운 걸림돌'(σκάνδαλον/스칸달론)이라는 것입니다.

> 그 시체를 나무 위에 밤새도록 두지 말고 그 날에 장사하여 네 하나님 여호와
> 께서 네게 기업으로 주시는 땅을 더럽히지 말라 나무에 달린 자는 하나님께
> 저주를 받았음이니라(신 21:23).

모세의 율법으로 보건대, 예수께서 범죄자 가운데 한 사람으로서 십자가 나무에서 무기력하게 매달렸다는 사실 때문에 유대인들은 예수님을 구세주로 받아들이지 못하고 십자가에서 걸려 넘어졌던 것입니다.

철학을 발달시킨 헬라인은 설득력 있게 논증할 수 있는 지혜를 요구합니다. 이성에 기대는 헬라인들에게는 십자가가 어리석어 보입니다. 그리스도가 위대한 철학 교사나 빼어난 수사학자가 되어도 모자랄 판인데 십자가에 달린 범죄자라니, 도무지 이성적으로 납득이 안 되는 난센스(nonsense)입니다.

하지만 부르심을 받은 그리스도인들에게 십자가는 유대인이나 헬라인(이방인)을 불문하고 온 인류를 죄와 죽음에서 구원하시는 하나님의 신비한 방법입니다. 바울이 십자가의 도를 전해서 시작된 고린도교회에

는 유대인과 헬라인이 다 함께 부르심을 받았습니다. 이들은 표적(유대계)이나 지혜(헬라계)가 아닌 바울이 전하는 그리스도의 도를 듣고 그리스도인들로 부름을 받았던 것입니다.

> 나는 여러분 가운데서 예수 그리스도 곧 십자가에 달리신 그분 밖에는, 아무것도 알지 않기로 작정하였습니다(고전 2:2).

이런 이유로 바울은 '십자가에 달리신 그리스도'가 유대인이 구하는 표적과 같은 세상의 힘을 무력화시키는 '하나님의 능력'이고, 헬라인이 구하는 세상의 지혜를 미련하게 만드는 '하나님의 지혜'라고 선언했던 것입니다.

> ① '표적'을 구하는 유대인들에게 '십자가'가 **연약해 보이나** '**하나님의 능력**'이다.
> ② '지혜'를 구하는 헬라인들에게 '십자가'가 **미련해 보이나** '**하나님의 지혜**'이다.

하나님의 어리석음과 약함

바울은 십자가의 도를 세상의 지혜와 대조했습니다. 그런 뒤 십자가에 달리신 그리스도를 전하는 그리스도인들을 한편으로 표적을 구하는 유대인과 다른 한편으로 지혜를 구하는 헬라인과 대조했습니다. 이 모든 대조를 25절이 일목요연하게 정리합니다.

> '하나님의 어리석음'(God's foolishness)이 '사람의 지혜'(human wisdom) 보다 더 지혜롭고, '하나님의 약함'(God's weakness)이 '사람의 강함'(human strength)보다 더 강합니다.

인간이 제아무리 지혜로워도 하나님의 어리석음을 당해낼 수는 없습니다. 인간이 제아무리 강해도 하나님의 연약함보다 강할 수는 없습니다. 십자가가 지혜를 구하는 헬라인이 보기에 한없이 어리석어 보여도 하나님은 미련해 보이는 십자가의 방법을 통해서 하나님 자신을 계시하셨고, 죄와 죽음의 권세 아래 신음하는 우리를 구원하셨습니다. 십자가가 표적(기적)을 구하는 유대인들이 보기에 한없이 무기력해 보여도 하나님은 연약해 보이는 십자가의 방법을 통해서 하나님을 계시하셨고, 유대인이나 헬라인을 불문하고 구원하셨습니다.

고린도교회가 분쟁에 휩싸인 이유는 십자가의 도를 잃어버렸기 때문입니다. 십자가에 달리신 그리스도를 바라보지 않고, 복음을 전하고 세례를 베푸는 전도자들을 바라보았을 때 세상의 지혜와 총명을 더 귀하게 여기고 서로 뻐기며 다투었던 것입니다. 그러므로 고린도교회뿐만 아니라 지상에 존재하는 모든 교회가 파당과 분쟁을 피하고 일치와 평화의 공동체가 되기 위해서는 인간의 지혜와 능력이 아닌 한없이 어리석고 연약해 보이는 그리스도의 십자가를 통해서 세상을 구원하시는 하나님의 지혜와 능력을 주목해야 합니다.

이는 내 생각이 너희의 생각과 다르며 내 길은 너희의 길과 다름이니라 여호와의 말씀이니라 이는 하늘이 땅보다 높음 같이 내 길은 너희의 길보다 높으며 내 생각은 너희의 생각보다 높음이니라(사 55:8-9).

3. 아무 육체도 하나님 앞에서

고전 1:26-31

십자가의 눈으로

바울이 에베소에 체류하고 있는 동안에 고린도교회의 여성 지도자 글로에의 종들이 전해준 소식은 충격적이었습니다. 자신이 개척한 고린도교회에 내분이 일어났다는 소식이었습니다. 바울이 고린도에 머무르는 동안에는 없었던 일인데, 바울이 자리를 비운 몇 년 사이에 교회 안에 파벌이 생겼다는 추문이었습니다. 어떤 전도자가 더 훌륭한가에 따라서 바울파, 아볼로파, 베드로파, 그리스도파로 갈라져 다투고 있었습니다. (고린도교회에는 이방 헬라계가 다수였고, 유대계가 소수였는데, 바울파와 아볼로파는 헬라계 교인들이 중심이 되어 만든 파당이고, 베드로파와 그리스도파는 유대 율법주의의 잔재를 벗어나지 못한 유대계 교인들끼리 뭉친 파당이라는 학설도 있습니다.) 바울이 보기에 교회 분쟁의 원인은 십자가의 도를 굳게 붙들지 못한 소치였기에 먼저 그리스도의 십자가를 세상 능력과 세상 지혜와 비교하고 대조했습니다. 유대인들이 보기에 십자가가 연약해 보였지만, 거기에서 세상을 구원하는 하나님의 능력이 드러났습니다. 헬라인들이 보기에 십자가는 어리석어 보였지만, 거기에서 하나님의 지혜가 나타났습니다. 세상이 보기에 한없이 무기력하고 한없이 미련해 보이는 십자가를 통해서 하나님은 세상을 구원하셨던 것입니다. 그러므로 십자가야말로 하나님께서 세상의 능력과 인간의 지혜를 근본적으로 뒤집어엎으신 하나님의 수단이었습니다. 바울은 고린도 교인들이 분쟁을 끝내고 하나로 연합하기 위해서는 하나님의 능력과 하나님의 지혜가 고스란히 드러난 십자가로 돌아가야만 한다는 사실을 역설했습니다.

십자가의 빛에서 모든 것을 재평가할 때에만 교회는 분쟁을 끝내고 그리스도의 몸으로서의 일치와 평화의 공동체가 될 수 있습니다. 이런 맥락에서 바울은 세상의 능력이나 인간의 지혜를 철저히 전복(顚覆)시키는 십자가의 빛으로 고린도 교인들이 스스로의 모습을 조명해볼 것을 당부합니다. '십자가의 눈으로' 자신의 처지를 돌아보라는 것입니다!

너희를 부르심을 보라

바울은 십자가의 역설이 고린도 교인들의 부르심(calling)에서 여실히 드러났다는 사실을 강조합니다.

> **형제자매 여러분, 여러분이 부르심을 받을 때에, 그 처지가 어떠하였는지 생각하여 보십시오(1:26a).**

고린도인들이 세상의 능력과 인간의 지혜를 자랑하다가 십자가에 달리신 그리스도에 의해 부르심을 받았을 때의 처지는 어떠했을까요? 바울은 고린도 교인들의 처지를 서술하고자 '많지 않다'(οὐ πολλοί/우 폴로이/not many)는 표현을 세 번씩이나 연달아 씁니다(26b절).

육체를 따라(육신의 기준으로 보아서/by human standards)
① '지혜로운(wise) 자'가 많지 아니하며
② '능한(powerful/influential) 자'(권력 있는 사람/유력자)가 많지 아니하며
③ '문벌 좋은(가문이 훌륭한/of noble birth) 자'가 많지 아니하도다.

육체를 따라(κατὰ σρκαά/카타 사르카/according to flesh), 즉 인간적 기준으로 보면 고린도 교인들이 부르심을 받기 전에는 별 볼 일 없었습니다. 그들은 세상의 육적인 기준으로 볼 때에 지혜로운 자, 즉 학벌 좋은 사람이 많지 않았습니다. 능한 자, 즉 세상에 영향력을 미치는 권세 있는 사람도 많지 않았습니다. 문벌 좋은 자, 즉 가문이 좋은 사람도 많지 않았습니다. 하나님께서 그리스도의 십자가를 통해서 고린도 교인들을 불러 주셨을 때에 상당수는 학력도 좋지 않았고, 사회적으로 영향력을 미칠만한 권력자들도 별로 없었고, 상류층 명문가 출신도 많지 않았습니다. '아무것도 아닌 사람들'을 부르셨다는 것입니다!

로마가 약 100년 만에 로마를 빼닮은 식민지 도시로 고린도를 재건하고자 했을 때, 계층 상승을 꿈꾸는 수많은 하류층 사람이 고린도에 물밀 듯 밀려들었습니다. 이러다 보니 고린도교회 안에도 노예, 자유민(freedman/노예로 있다가 풀려난 사람), 장사꾼, 무역상 등이 주류를 이루었을 것입니다. 교회에는 소수의 상류층 유력자도 있었기에 바울은 '많지 않다'(not many)라는 조건부 표현을 씁니다. 바울이 세례 준 교인들로 밝힌 그리스보나 가이오, 스데바나 혹은 재무장관 에라스도(롬 16:23)와 같은 이들은 자신의 저택을 예배와 친교 장소로 제공할 만큼 부유한 상류층 인사들이었을 것입니다. 그렇다면 고린도교회는 소수의 상류층과 어느 정도의 중류층, 다수의 하류층이 함께 모여 결성된 피라미드 복합 공동체라고 할 수 있습니다. (어떤 학자에 따르면 바울 시대에 로마 주민의 99%가 최하류에 속하는 가난한 사람들이었다고 합니다.)

바울이 활동했던 고대 사회에서 조합이나 사교 단체와 같이 자발적인 모임의 경우에 대개 같은 성향이나 같은 신분의 사람들끼리 모이는 것이 상례인데, 초대교회만큼은 인종과 성, 계층, 신분, 지위를 뛰어넘어서 다양한 사람들이 한 '형제자매'(26절)로 모였다는 사실은 굉장히 이례적입니다.

아무도 자랑하지 못하도록

하나님께서 예수 그리스도의 십자가를 통해서 이처럼 교육 수준이나 지위, 출신 성분이 낮은 사람들을 교회로 불러주신 이유는 무엇일까요?

> 그러나 하나님께서 세상의 미련한 것들을 택하사 지혜 있는 자들을 부끄럽게 하려 하시고 세상의 약한 것들을 택하사 강한 것들을 부끄럽게 하려 하시며 하나님께서 세상의 천한 것들과 멸시받는 것들과 없는 것들을 택하사 있는 것들을 폐하려 하시나니 이는 아무 육체도 하나님 앞에서 자랑하지 못하게 하려 하심이라(27-29절).

하나님께서 사회적으로 밑바닥에 있던 사람들을 고린도교회로 불러주신 이유는 "아무 육체도 하나님 앞에서 자랑하지 못하도록" 하셨기 때문입니다. '육체'(σὰρξ/사륵스/flesh)는 영혼에 반하는 우리의 '신체'를 말하는 것이 아닙니다. 그리스도 예수 안에서 거듭나기 전의 세상 풍조를 따라 살던 우리의 '옛사람'을 의미합니다. 바울은 육체 앞에다가 '모든'(πᾶσα/파사/all)이라는 형용사를 붙입니다. **그 누구도** 육적으로는 하나님 앞에서 자랑할 것이 없다는 것입니다. 아무도 자신의 교육 수준이나 지위, 계급, 출신 성분을 자랑하지 못하도록 하나님께서 세상 기준으로 볼 때 고린도 교인들처럼 별 볼 일 없는 사람들을 불러주셨습니다.

바울은 아무 육체도 하나님 앞에서 자랑하지 못하도록 하셨다는 사실을 강조하고자 하나님의 특별한 선택 방법을 서술합니다. 바울은 세 번씩이나 "하나님께서 '세상의 ~한 것들'을 택하사 '~한 것들'을 '~하게 하신다'"는 표현을 씁니다.

하나님께서 택하시는 방법
① 세상의 미련한 것들을 택하사 → 지혜 있는 자들을 부끄럽게 하신다.
② 세상의 약한 것들을 택하사 → 강한 것들을 부끄럽게 하신다.
③ 세상의 천한 것들과 멸시받는 것들과 없는 것들을 택하사 → 있는 것들을 아무것도 아닌 것들로 만드신다.

하나님의 신비하고도 역설적인 선택 방법을 도표로 정리하면 아래와 같습니다.

① 세상의 미련한 것들(what is foolish in the world) VS. 지혜로운 자들(the wise)
② 세상의 약한 것들(what is weak in the world) VS. 강한 것들(the strong)
③ 세상의 천한 것들(what is low in the world), 세상의 멸시 받는 것들(despised in the world) VS. 있는 것들(things that are), 없는 것들(things that are not)

고린도인들이 한때 세상에서 살 때는 인간적 기준으로 보면 미련하고, 약하고, 천하고, 멸시받고, 아무것도 아니었습니다. 바울은 그들의 옛 모습을 기술할 때는 한결같이 사물을 지칭하는 중성관사 'τά'(타)를 사용합니다. 우리말로 '것들'이라는 뜻입니다. 이에 대조되는 상대를 서술할 때는 때때로 남성관사 'τούς'(투스)를 씁니다. '것들' VS. '자들'이라는 '사물 대(對) 인격'의 대립 관계로 설명한 것입니다. 뒤집어엎으시는 하나님의 섭리는 구약에서는 '한나의 기도'(삼상 2:1-10)에서, 신약에서는 '마리아의 찬가'(눅 1:46-55)에서 잘 나타납니다.

삼상 2:7-8a	주님은 사람을 가난하게도 하시고, 부유하게도 하시고, 낮추기도 하시고, 높이기도 하신다. 가난한 사람을 티끌에서 일으키시며 궁핍한 사람을 거름더미에서 들어 올리셔서, 귀한 이들과 한자리 에 앉게 하시며 영광스러운 자리를 차지하게 하신다.
눅 1:51-53	그(하나님)는 그 팔로 권능을 행하시고 마음이 교만한 사람들을 흩으셨으니, 제왕들을 왕좌에서 끌어내리시고 비천한 사람을 높 이셨습니다. 주린 사람들을 좋은 것으로 배부르게 하시고, 부한 사람들을 빈손으로 떠나보내셨습니다.

예수께서도 "세리들과 창녀들이 대제사장들과 백성의 장로들보다 먼저 하나님의 나라에 들어갈 것"(마 21:31)이라고 말씀하셨습니다. 고린도인들 대다수가 세상에 살 때는 '아무것'(Nobody)도 아닌 자들이었는데, 이것은 '세상의 지혜와 지위, 출신 성분을 자랑하는 사람들'(Somebody)을 부끄럽게 하시려는 하나님의 섭리와 계획 때문이었습니다. '뒤집기'(overturning)야말로 세상의 능력과 인간의 지혜를 무력화하는 십자가의 신비와 일맥상통합니다. 하나님은 인간의 자격이나 공로에 의지하지 않고 그리스도의 십자가를 통해서 값없이 주시는 하나님의 은혜를 보여주시고자 인간의 예측이나 기대와는 다른 방법으로 고린도 교인들을 불러주셨던 것입니다.

인간의 예측이나 기대와는 정반대로 하나님께서 고린도인들을 불러주셨다면, 누구도 하나님 앞에서 육체의 자랑, 즉 자신의 교육 수준이나 지위와 부, 출신 성분을 자랑해서 안 됩니다(29절). 자랑하려거든 자신의 육체를 자랑할 것이 아니라, 그리스도의 십자가를 자랑해야 합니다. 바울은 이것을 강조하고자 예레미야 9:23-24를 인용합니다.

고전 1:31	기록된 바 자랑하는 자는 주 안에서 자랑하라 함과 같게 하려 함이라.
렘 9:23-24	여호와께서 이와 같이 말씀하시되 지혜로운 자는 그의 지혜를 자랑하지 말라 용사는 그의 용맹을 자랑하지 말라 부자는 그의 부함을 자랑하지 말라 자랑하는 자는 이것으로 자랑할지니 곧 명철하여 나를 아는 것과 나 여호와는 사랑과 정의와 공의를 땅에 행하는 자인 줄 깨닫는 것이라 나는 이 일을 기뻐하노라 여호와의 말씀이니라.

예레미야는 자신의 지혜와 용맹과 부를 자랑하지 말고 하나님을 아는 것을 자랑하라고 말씀합니다. 바울은 이런 구약 말씀을 인용해서 고린도인들 역시 자신의 지혜와 권세와 부를 자랑하지 말 것을 당부합니다.

그리스도 안에서 얻은 지혜

고린도인들이 세상의 기준으로 볼 때는 '미련한 것들'이었고, '약한 것들'이었고, '천한 것들'과 '멸시받는 것들'과 '없는 것들'에 불과했지만, 그리스도께서 불러주신 다음에는 새로워졌습니다.

그러나 여러분은 하나님의 자녀로서 그리스도 예수 안에 있습니다. 그는 우리에게 하나님으로부터 오는 지혜가 되시며, 의(righteousness)와 거룩함(holiness)과 구원(redemption)이 되셨습니다(30절).

세상에서 미련하고 약하고, 천하고, 멸시받고, 없는 것들에 불과했던 고린도인들이 이제는 그리스도 안에 있게 되었습니다. 하나님의 은혜 때문입니다. 세상이 보기에 미천한 이들의 집합체인 고린도교회를 생성시키신 분은 하나님이라는 것입니다.

고린도인들은 하나님의 은혜로 '예수 그리스도 안에'(ἐν Χριστῷ Ἰησοῦ/엔크리스토 예수/in Christ Jesus) 있게 되었는데, 예수 그리스도는 그들을 위해 '하나님의 지혜'(σοφία/소피아/wisdom)가 되었습니다. 세상의 지혜를 무력화시키는 진정한 지혜가 십자가에 달리신 예수 그리스도라는 것입니다. 하나님의 지혜는 세 가지 열매로 나타납니다. '의로움'(δικαιοσύνη/디카이오쉬네)과 '거룩함'(ἁγιασμός/하기아스모스)과 '구원함'(ἀπολύτρωσις/아폴뤼트로시스)입니다.

십자가에 달리신 그리스도는 세상의 지혜와는 다른 하나님 지혜의 절정인데, 우리가 그리스도를 믿게 되면 예수 안에서 이런 신적 지혜를 얻게 됩니다. 하나님의 지혜는 우리가 세상에서 아무리 불의하게 살았다고 할지라도 우리를 의롭게 합니다. 세상에서 아무리 더럽게 살았다고 할지라도 우리를 거룩하게 합니다. 아무리 멸망의 가증한 길을 걷는다고 할지라도 우리를 구원합니다. 이런 의로움과 거룩함과 구원함은 우리가 하나님의 지혜이신 그리스도를 믿어서 그 안에 있게 될 때에 따라오는 선물입니다. 하나님께서 값없이 주시는 선물이기에 누구도 자랑할 수 없습니다. 그러므로 우리는 언제나 주 안에서 자랑해야 합니다.

그러나 내게는 우리 주 예수 그리스도의 십자가 외에 결코 자랑할 것이 없으니 그리스도로 말미암아 세상이 나를 대하여 십자가에 못 박히고 내가 또한 세상을 대하여 그러하니라(갈 6:14).

4. 성령과 능력의 나타나심

고전 2:1-5

바울의 복음 전도 정신과 자세

바울은 2:1-5에서 자신이 고린도에 처음 갔을 때 어떤 정신과 어떤 자세로 복음을 전했는지를 설명합니다. 이것은 바울이 교회를 개척할 당시의 정신과 자세를 현재의 교인들이 망각했기에 파벌 싸움에 휘말린 것을 깨닫게 하기 위함입니다. 바울이 고린도에 처음 갔을 때 어떤 자세로 복음을 전했는가를 시작하는 2:1은 1:17과 수미상관(inclusio)을 이룹니다.

1:17	그리스도께서는 세례를 주라고 나를 보내신 것이 아니라, **복음을 전하라고 보내셨습니다.** 복음을 전하되, **말의 지혜로** 하지 않게 하셨습니다. 그것은 그리스도의 십자가가 헛되이 되지 않게 하시려는 것입니다.
2:1	형제자매 여러분, 내가 여러분에게로 가서 하나님의 비밀을 전할 때에, **훌륭한 말이나 지혜로** 하지 않았습니다.

바울은 고린도에서 어떤 자세로 복음을 전했는가를 밝힘으로써 분쟁에 휘말린 고린도교회가 개척 초기의 초심을 회복할 것을 기대합니다. 먼저 자신이 전파한 '내용'(content)이 무엇인지를 분명히 합니다. '하나님의 비밀'(μυστήριον τοῦ θεοῦ/뮈스테리온 투 데우/the mystery of God)입니다. 어떤 사본에는 발음이 비슷한 '하나님의 증거'(μαρτύριον τοῦ θεοῦ/마르튀리온 투 데우/the testimony of God)로 되어 있기에 우리말 개역개정은

'하나님의 증거'로, 새번역은 '하나님의 비밀'로 번역했습니다. 하나님의 증거이든, 하나님의 비밀이든 간에 증거와 비밀은 전적으로 하나님에 관한 것입니다. 그리스도를 통해 세상을 구원하시려는 하나님에 관한 증거와 하나님의 구속 비밀입니다.

> **내가 너희 중에서 예수 그리스도와 그가 십자가에 못 박히신 것 외에는 아무것도 알지 아니하기로 작정하였음이라 (2절).**

바울이 고린도에서 전파한 하나님의 증거와 하나님의 비밀은 '예수 그리스도', 곧 '십자가에 못 박히신 예수 그리스도'였습니다. 바울은 십자가에 달리신 그리스도를 전할 때 '말'(λόγος/로고스/eloquence/loft words)과 '지혜'(σοφία/소피아/wisdom)로 하지 않았습니다. 말과 지혜는 헬라에서 발달한 수사학과 관련이 있습니다. 헬라인들은 지혜와 말이 결합된 화려한 수사법으로 상대방을 논리적으로 설득하는 데 관심이 많았습니다.

하지만 바울은 하나님의 비밀, 곧 십자가에 달리신 그리스도를 전할 때 현란한 웅변이나 고상한 지혜로 하지 않았습니다. 하나님의 비밀인 십자가의 예수님은 인간의 말이나 지혜로 헤아릴 수 있는 분이 아니기 때문입니다. 아무리 웅변이 뛰어나고 아무리 지혜가 뛰어나도 그것만으로는 십자가의 비밀을 알 수 없습니다. 세상의 말과 세상의 지혜는 도리어 십자가를 어리석은 것으로 치부하기 십상이기에 바울은 인간의 말과 지혜로 복음을 전하지 않았습니다. 오로지 십자가에 달리신 그리스도만 알고 그분만 힘써 전했습니다.

이것은 "복음을 어떤 **방법**으로 전하는가?"가 중요한 것이 아니고,

"복음 전파의 **내용**"이 중요하다는 말입니다. 바울이 복음을 전해 결신자를 얻은 것은 그의 전도 방법이나 수단이 탁월했기 때문이 아니라, 복음 전도의 '내용'이신 그리스도 때문이었습니다. 이런 이유로 바울은 자신이 고린도에서 하나님의 비밀인 그리스도의 복음을 전할 때 화려한 언변이나 심오한 지혜로 하지 않았다고 고백합니다. 오로지 십자가에 달리신 그리스도만 알기로 작정하고 그분만 힘써 전했기에 고린도에 교회가 생겨났던 것입니다.

'십자가에 달리신'(2:2)이 헬라어 성경에 현재 완료 수동태 분사(perfect passive participle)인 'ἐσταυρωμένον'(에스타우로메논/having been crucified)으로 되어 있습니다. 이것은 예수께서 십자가에 달리신 것이 과거에 일어난 사건이지만, 현재에도 계속해서 영향을 미친다는 사실을 보여줍니다(1:23 참조). 예수께서 십자가에 달리신 것은 2천 년 전의 일이지만, 십자가의 구속 효과는 지금까지도 계속되고 있다는 것입니다.

약함 + 두려움 + 떨림

바울은 자신이 고린도에 거주할 때 어떤 형편에 놓였는지를 밝힙니다.

내가 너희 가운데 거할 때에 약하고(in weakness) 두려워하고(in fear) 심히 떨었노라(in much trembling)(3절).

바울이 아덴에서 고린도로 넘어갔을 때의 형편을 솔직하게 고백한 것입니다. 바울은 육체적으로 연약했습니다. 정신적으로는 두려움이 가득했습니다. 영적으로는 심히 떨었습니다. 육과 혼과 영이 다 어려운

처지였다는 것입니다. 사도행전 17장을 보면 바울은 데살로니가 →
베뢰아 → 아덴을 거쳐 고린도로 건너갔습니다. 데살로니가에서 복음을
전하다가 유대인들의 시기심으로 폭동이 일어나 할 수 없이 한밤중에
베뢰아로 피신했습니다. 베뢰아에서 제법 많은 결신자를 얻었지만, 데
살로니가의 유대인들이 베뢰아까지 쫓아와 난동을 부리는 바람에 급히
배를 타고 아덴으로 피신했습니다. 아덴에서 몇몇 신자를 얻은 바울은
다시 고린도로 갔는데, 이때 바울의 심신이 몹시 지쳐 있었던 것입니다.

"약하고 두려워했고 떨었다"는 고백은 심신의 피폐함보다는 바울이
복음을 전할 때 언변이나 풍채가 뛰어난 수사학자나 웅변가로 가지
않았다는 사실을 강조하는 데 그 요점이 있습니다. 복음을 효과적으로
전해서 사람들의 이목을 끌기에 충분하지 않았다는 말입니다. 이것은
바울에 대한 교인들의 평가와도 직결됩니다.

> '바울의 편지는 무게가 있고, 힘이 있지만, 직접 대할 때는, 그는 약하고,
> 말주변도 변변치 못하다' 하고 말하는 사람들이 있습니다(고후 10:10).

바울이 약하고 두려워했고 몹시 떨었다는 말은 세상 기준으로 볼
때 사람들의 이목을 끌기에 자질이나 인기가 부족했다는 고백입니다.
세인들이 볼 때는 현란한 화술이나 대단한 지혜가 없는 듯이 보였지만,
하나님만 의지해서 십자가에 달리신 그리스도를 전파했더니 고린도교
회라는 놀라운 열매가 열렸습니다. 이것은 십자가 자체가 세상 사람들이
보기에 무기력하고 어리석어 보이기에 연약하고 미련하게 그 '십자가의
도'를 전할 때 하나님의 능력과 하나님의 지혜가 나타난다는 사실과
일맥상통합니다.

하나님의 능력

바울은 자신의 복음 전도 자세와 그 결과를 보고합니다(4-5절).

개역개정	내 말과 내 전도함이 **설득력 있는 지혜의 말**로 하지 아니하고 다만 **성령의 나타나심과 능력**으로 하여 너희 믿음이 **사람의 지혜**에 있지 아니하고 다만 하나님의 능력에 있게 하려 하였노라.
새번역	나의 말과 나의 설교는 **지혜에서 나온 그럴듯한 말**로 한 것이 아니라, **성령의 능력이 나타낸 증거**로 한 것입니다. 그것은, 여러분의 믿음이 **사람의 지혜**에 바탕을 두지 않고 **하나님의 능력**에 바탕을 두게 하려는 것이었습니다.
NRSV	My speech and my proclamation were not with plausible words of wisdom, but with a demonstration of the Spirit and of power, so that your faith might rest not on human wisdom but on the power of God.

바울이 고린도에 당도해서 처음 복음을 전할 때, 한 인간이 겪을 수 있는 3중의 어려움이 있었습니다. 약하고 두렵고 떨렸습니다. 인간적 능력과 지혜로는 도저히 복음의 열매를 기대할 수 없는 처지였습니다. 그리하여 바울은 복음을 전하는 '자신의 말'(ὁ λόγος μου/호 로고스 무/the speech of me)과 '자신의 전도'(τὸ κήρυγμά μου/토 케뤼그마 무/the proclamation of me)가 설득력 있는 인간의 지혜로 한 것이 아니었음을 강조합니다. 복음을 말로 전할 때나 설교할 때, 인간의 머리에서 나온 지혜로 하지 않았다는 것입니다. 그 대신에 '성령과 능력의 나타나심으로'(ἐν ἀποδείξει πνεύματος καί δυνάμεως/엔 아포데익세이 프뉴마토스 카이 뒤나메오스/in demonstration of Spirit and of power) 했다는 것입니다. 개역개정은 '성령의 나타심과 능력'으로 번역했는데, 원어 성경에는 '성령과 능력

의 나타나심'으로 되어 있습니다. 나타나심을 말할 때 성령과 능력을 나란히 병치한 것입니다. 성령뿐만 아니라 능력도 함께 나타났다는 것입니다. 성령이 역사하시는 곳에는 반드시 하나님의 능력이 나타나기 때문에 이런 표현은 옳습니다. 바울이 고린도에서 복음을 전할 때 성령의 능력이 역사해서 표적과 기사와 능력(고후 12:12)이 일어났습니다. 이런 이사와 기적은 바울의 말재주나 머리 지혜에서 나온 것이 아니라, 성령의 능력으로 나타난 하나님의 선물이었습니다. 바울은 세인의 이목을 사로잡는 말재주(궤변)나 재치로 복음을 전한 것이 아니라, 전적으로 하나님께 의지해서 성령과 능력의 드러남으로써 복음을 전파했던 것입니다.

바울이 인간의 말재주나 지혜로 전도하거나 설교하지 않고, 성령과 능력의 나타남으로써 전도한 이유는 무엇일까요? 고린도 교인들의 믿음이 '사람의 지혜'(σοφία ἀνθρώπων/소피아 안드로폰/the wisdom of men)가 아닌 '하나님의 능력'(δυνάμει θεοῦ/뒤나메이 테우/the power of God)에서 왔기 때문입니다. 고린도인들이 믿게 된 것은 바울의 언변이나 재치, 인간적 매력이나 인기 때문이 아니라, 바울의 인간적 부족함에도 불구하고 하나님의 능력이 역사했기 때문입니다. 4-5절의 대조 내용을 알기 쉽게 도표로 정리하면 아래와 같습니다.

바울의 "말"(λόγος/로고스/speech)과 바울의 "전도함"(κήρυγμά/케뤼그마/proclamation)	
설득력 있는 지혜의 말 VS. 성령과 능력의 나타나심	사람의 지혜 VS. 하나님의 능력

고린도인들이 바울파, 아볼로파, 베드로파, 그리스도파로 각각 갈라져 다투는 이유는 사람의 능력과 사람의 지혜에 사로잡혔기 때문입니다. 연약하고 미련해 보이는 십자가에서 하나님의 진정한 능력과 하나님의 진정한 지혜가 드러났다는 사실을 그들이 깨닫고 십자가로 돌아가 그 십자가의 눈으로 세상과 자신을 바라본다면, 분쟁은 종식될 것입니다.

십자가 앞에서 인간의 능력과 지혜가 무색해지기에 인간적 자랑은 무익하게 됩니다. 바울은 복음을 전할 때 약하고, 두렵고 떨었습니다. 자신의 말이나 지혜를 의지할 처지가 되지 못했고, 오롯이 십자가에 달리신 그리스도만 투박하고 순직하게 전파할 뿐이었습니다. 그랬더니 성령의 능력이 나타나서 고린도인들이 예수를 믿게 되었습니다. 바울의 인간적 매력, 즉 언변이나 지혜 때문이 아니라 하나님의 능력으로 일어난 일이기에 복음을 전한 바울이나 복음을 받아들인 고린도인들이나를 불문하고 누구도 자랑할 것이 없습니다. 전적인 하나님의 은혜이기 때문에 하나님께만 감사와 영광을 돌려야 합니다.

전도를 비롯한 교회 안과 밖에서 일어나는 모든 사역과 그 사역의 결과에 대해서 우리가 늘 유념해야 할 사실이 있습니다. 하나님께서 십자가에 달리신 그리스도를 통해서 이루시는 구원 사역은 인간의 능력이나 지혜 때문에 일어나는 것이 아니라, 하나님의 능력과 하나님의 지혜 때문에 일어납니다. 따라서 우리는 하나님의 일을 할 때마다 자신의 능력과 지혜를 의지하지 말고, 성령과 능력의 나타나심을 사모하며 하나님의 능력과 지혜를 의지해야 합니다.

우리가 이런 정신과 이런 자세로 하나님의 일을 한다면, 교회는 하나님의 은혜로 부르심을 받은 연약하고 미련한 사람들이 모인 공동체가 될 것입니다. 그런데도 하나님의 능력과 하나님의 지혜를 의지하기에 세상의 그 어떤 기관보다도 강하고 지혜롭습니다.

하나님은 지혜(교육)나 부, 권세 그 자체를 배격하시는 것이 아니라, 교회와 교인들이 십자가의 도를 붙들지 않고 인간적 자랑에만 매몰된 채로 하나님의 은혜를 도외시하는 것을 경계하십니다. 전도의 결실로 나타나는 영혼 구원은 전하는 자나 듣는 자나를 불문하고 사람이 유능하고 지혜로워서 되는 일이 아니라, 십자가에 달리신 그리스도를 통한 하나님의 은혜로 일어나는 선물입니다.

5. 그리스도의 마음

고전 2:6-16

하나님의 현묘한 지혜

바울은 2:6-16에서 비밀스럽기 짝이 없는 '십자가의 도'는 오로지 "성령이 주시는 지혜의 선물로 말미암아 온전한(성숙한) 사람들에게만 깨달아진다"는 진리를 역설합니다. '성령이 주시는 지혜'야말로 '세상 사람들이 추구하고 자랑하는 지혜'와는 정반대입니다. 주제가 "성숙한 사람에게 계시된 지혜의 비밀"이라고 할 수 있습니다. 비밀스러운 지혜는 '십자가'입니다.

본문은 세 부분으로 나눌 수 있습니다. 첫째로 6-9절은 '세상 지혜'와 정반대인 '하나님의 지혜'를 말씀합니다. 둘째로 10-13절은 비밀로 깊이 감추어진 하나님의 지혜를 깨달아 알게 하시는 '성령'에 대해서 말씀합니다. 셋째로 14-16절은 하나님의 비밀스러운 지혜를 성령의 능력으로 깨닫는 '신령한 사람'에 대해서 말씀합니다.

바울은 1:1-2:5까지 '나'라는 일인칭 주격으로 고린도인들에게 말을 건네다가 2:6-16에서는 '우리'라는 일인칭 복수 주격으로 화자의 입장을 바꿉니다. 그러다가 '나'는 3장에서 다시 등장합니다. '우리'라는 표현에는 고린도교회를 거쳐 간 사역자들, 바울과 아볼로와 베드로를 비롯한 모든 사역자를 총칭한다고 볼 수 있습니다. 시간과 공간을 초월해서 통용되는 보편적인 진리를 설파하겠다는 의도지요.

바울은 6-7절에서 세상의 지혜와 다른 비밀로 감추어진 하나님의 지혜를 언급합니다.

> 그러나 우리는 성숙한 사람들 가운데서는 지혜를 말합니다. 그런데 이 지혜
> 는, 이 세상의 지혜나 멸망하여 버릴 자들인 이 세상 통치자들의 지혜가
> 아닙니다. 우리는 비밀로 감추어져 있는 하나님의 지혜를 말합니다. 그것
> 은, 하나님께서 우리를 영광스럽게 하시려고, 영세 전에 미리 정하신 지혜
> 입니다.

바울은 지금까지 십자가를 통해서 드러난 하나님의 지혜는 세상의
지혜와 다르다는 사실을 줄기차게 역설했습니다. 이 지혜는 '영적으로
온전한 사람들'만 깨달아 알 수 있습니다. '온전한 자들'은 헬라어로
'τελείοις'(텔레이오이스)인데, 새번역이 옳게 번역한 것처럼 '성숙한 사람
들'(the mature)을 의미합니다. 영적인 통찰력에 상당한 수준까지 도달
한 신령하고 성숙한 신자들을 말합니다.

'성숙한 신자'에 반대되는 개념은 3:1의 '어린아이들'(νηπίοις/네피오
이스/infants)입니다. 영적 진리를 깨닫지 못하는 미숙한 신자들입니다.
이유식(離乳食)을 해서 딱딱한 음식도 먹어야 하는데, 부드러운 젖만
찾는 유치한 사람들입니다(고전 3:2, 13:11; 엡 4:14; 히 5:13). 그러므로
'하나님의 지혜'(θεοῦ σοφίαν/데우 소피안/God's wisdom)는 어린아이와
같이 미숙한 신자는 깨닫지 못하는 지혜입니다. 성숙한 성도만이 깨달을
수 있는 지혜는 세상의 지혜가 아닙니다.

이 지혜는 세상에서 덧없이 사라질 운명에 처한 '통치자들의 지혜'가
아닙니다. '이 세대의 통치자들'(the rulers of this age)은 나는 새도 떨어뜨
릴 정도의 큰 권력을 쥔 사람들입니다. 예수님의 십자가 처형과 관련해서

본다면, 로마 총독 '빌라도'와 대제사장 '가야바'와 같은 권세자들입니다. 이런 통치자들이 대단한 지혜를 가진 것처럼 보였어도, 십자가를 통해서 계시하신 하나님의 지혜에는 형편없이 어두웠습니다. 빌라도와 가야바와 같은 통치자들은 하나님의 지혜에 캄캄했기에 예수님을 십자가에 넘겼던 것입니다.

> 이 지혜는 이 세대의 통치자들이 한 사람도 알지 못하였나니 만일 알았더라면 영광의 주를 십자가에 못 박지 아니하였으리라(8절).

빌라도와 가야바가 십자가를 통해서 인류를 구원하시는 하나님의 지혜를 알았더라면, 영광의 주님이신 그리스도를 십자가에 못 박는 일은 하지 않았을 것입니다. '세상의 지혜', 무엇보다도 통치자들의 지혜와는 근본적으로 다른 '하나님의 지혜'는 '십자가에 달리신 그리스도를 통해서 세상을 구원하는 지혜'인데, 바울은 이 지혜의 두 가지 특징을 서술합니다(7절).

첫째로 이 하나님의 지혜는 '비밀로 감추어진'(secret and hidden) 지혜입니다. 둘째로 이 지혜는 '하나님께서 우리를 영광스럽게 하시려고 영세 전에(πρὸ τῶν αἰώνων/프로 톤 아이오논/before the ages) 미리 정하신 지혜'입니다. 십자가를 통해서 드러난 하나님의 지혜가 비밀로 감추어졌을 뿐 아니라 영세 전에 하나님께서 미리 정하신 지혜라고 한다면, 이 지혜는 세상 지혜나 통치자의 지혜로는 도저히 알 수 없는 수수께끼 지혜입니다. 하나님의 지혜로 스스로 드러나기 전까지는 알 수 없습니다.

이런 이유로 바울은 십자가의 지혜를 전할 때 '세상의 지혜자'가 아닌 '하나님의 비밀을 맡은 자'(steward of God's mystery)의 정신으로 했습니다(고전 4:1; 롬 16:25; 골 1:26-27, 2:2; 엡 1:9-10). 바울은 비밀스럽게 감추어진 하나님의 지혜가 영적으로 성숙한 신자들에게만 알려진다는 사실을 이사야 64:4를 **희미하게 기억해서**(부정확하다는 의미로) 인용합니다.

고전 2:9	기록된 바 하나님이 자기를 사랑하는 자들을 위하여 예비하신 모든 것은 눈으로 보지 못하고 귀로 듣지 못하고 사람의 마음으로 생각하지도 못하였다 함과 같으니라.
사 64:4	주 외에는 자기를 앙망하는 자를 위하여 이런 일을 행한 신을 옛부터 들은 자도 없고 귀로 들은 자도 없고 눈으로 본 자도 없었나이다.

'눈으로 보지 못한 것'과 '귀로 듣지 못한 것'과 '사람의 마음에 떠오르지 않은 것'은 모두 은닉된 것을 의미합니다. 하나님께서 십자가를 통해서 인류를 구원하시는 지혜는 영세 전에 미리 정하신 계획인데, 이 계획은 사람의 눈으로 볼 수도 없고, 귀로 들을 수도 없고, 마음으로 알 수도 없는 '비밀'(μυστήριον/뮈스테리온/mystery/secret) 그 자체입니다. 마침내 이 감추어진 구원 비밀이 알려지게 되었는데, 그것은 특별한 지혜를 가진 사람들에게가 아닙니다. '하나님을 사랑하는 사람들에게' 준비되었습니다. 머리를 써서 세상 지혜로 알아내려는 사람들이 아닌 온 마음으로 하나님을 사랑하는 이들에게 알려지게 되었습니다. 그러므로 하나님을 사랑하는 사람들은 세상 지혜의 한계를 인정하고 하나님을 전인격으로 사랑하는 성숙한 신자들입니다.

성령을 통해서 알려진 계시

바울은 우리가 성령의 역사하심을 통해서 비밀스럽게 감추어진 하나님의 지혜에 접근할 수 있음을 강조합니다.

하나님께서는 성령을 통하여 이런 일들을 우리에게 계시해 주셨습니다
(10a절).

만세 전부터 비밀스럽게 감추어진 하나님의 지혜는 인간의 지혜로 도달할 수 없고, 오로지 '하나님의 자기 계시'(God's self-revelation)로만 드러날 수 있습니다. 이런 이유로 바울은 계시의 **주체**이신 '하나님'께서 계시의 **수단**인 '성령'을 통해서 계시의 **대상**인 '우리에게' 이 비밀 계시를 보여주셨다고 말씀합니다. '우리'는 세상의 머리 지혜를 포기하고 '하나님을 사랑하는 신령하고 성숙한 신자들'을 말합니다. 바울은 하나님의 감추어진 비밀인 십자가의 지혜가 어떻게 우리에게 알려지는지를 두 차원, 즉 '하나님과 성령의 관계'와 '우리와 성령의 관계'로 설명합니다.

하나님의 비밀을 계시하는 성령의 역사	
'하나님'과 '성령'의 관계	① 성령은 모든 것을 살피시니, 곧 하나님의 깊은 경륜까지도 살피십니다(10b절).
	② (사람 속에 있는 그 사람의 영이 아니고서야, 누가 그 사람의 생각을 알 수 있겠습니까?) 이와 같이, 하나님의 영이 아니고서는, 아무도 하나님의 생각을 깨닫지 못합니다(11절).
'우리'와 '성령'의 관계	① 우리는 세상의 영을 받은 것이 아니라, 하나님에게서 오신 영을 받았습니다. 그것은, 하나님께서 우리에게 **은혜로 주신 선물들**을 우리로 하여금 깨달아 알게 하시려는 것입니다(12절).
	② 우리가 이 선물들을 말하되, 사람의 지혜에서 배운 말로 하지 아니하고, **성령께서 가르쳐 주시는 말**로 합니다. 다시 말하면, 신령한 것을 가지고 신령한 것을 설명하는 것입니다(13절).

바울은 하나님의 감추어진 지혜(십자가에 달리신 예수 그리스도)가 성령에 의해서 우리에게 계시된다는 사실을 강조하는데, 먼저 성령과 하나님과의 관계를 서술합니다. 성령은 하나님 자신의 영이기에 '하나님의 깊은 것'(the depths of God)까지도 다 헤아립니다. 마치 사람의 심령 깊은 곳에 있는 영이 사람의 생각을 알 수 있듯이, 하나님의 영이신 성령만이 하나님의 깊은 생각을 깨달을 수 있습니다. 하나님께서 세상에 감추신 만세 전의 비밀이라고 할지라도 성령은 하나님의 깊은 속생각까지 다 헤아리기에 얼마든지 이 하나님의 비밀을 밝히 압니다. 따라서 세상 지혜로는 알 수 없는 숨겨진 비밀로서의 하나님의 지혜는 오로지 하나님 자신의 영이신 성령만을 통해서 알 수 있습니다.

우리는 하나님의 구속 비밀을 밝히 아는 성령을 '선물'로 받았는데, 이 성령이 우리 안에서 하시는 사역이 있습니다. '하나님께서 우리에게 은혜로 주신 선물들'(the gifts bestowed on us by God)을 우리가 깨닫게 하시는 사역입니다. 이 '선물들'은 방언이나 예언과 같은 초자연적 은사가 아닌 '하나님께서 그리스도의 십자가를 통해서 우리를 구원하시는 신비한 방법'을 말합니다. 선물은 우리가 수고한 대가로 얻는 것이 아니고, 하나님의 은혜로 거저 얻는 것이기에 누구도 자기 공로를 자랑할 수 없습니다.

'십자가의 선물'은 사람의 지혜로 가르친 말로는 이해가 되지 않기에 성령께서 친히 가르쳐주시는 계시의 말로 해야 합니다. 이런 이유로 바울은 "신령한 것을 가지고 신령한 것을 설명한다"는 표현을 씁니다. 십자가의 신비는 신령한 하나님의 지혜이기에 인간의 지혜가 아닌 성령의 가르침으로만 깨달아질 수 있다는 것입니다.

'육에 속한 사람' VS. '신령한 자'

만세 전부터 마련되었지만 깊숙이 은폐된 '하나님의 지혜', 즉 '십자가의 지혜'는 세상 지혜로는 접근할 수 없고, 오로지 성령의 계시를 통해서만 드러날 수 있기에 이 성령의 도우심으로 하나님의 지혜를 깨닫는 사람은 성숙한 사람입니다. 바울은 성숙한 신자를 '신령한 자'(δέ πνευματικὸς/데 프뉴마티코스/those who are spiritual)로 표현합니다(15절). 하나님의 비밀을 깨닫게 하시는 성령과의 관계에서 두 부류의 사람이 있습니다. '육에 속한 사람'과 '신령한 사람'입니다(14-15절).

개역개정	**육에 속한 사람**은 하나님의 성령의 일들을 받지 아니하나니 이는 그것들이 그에게는 어리석게 보임이요, 또 그는 그것들을 알 수도 없나니 그러한 일은 영적으로 분별되기 때문이라 **신령한 자**는 모든 것을 판단하나 자기는 아무에게도 판단을 받지 아니하느니라.
새번역	그러나 **자연에 속한 사람**은 하나님의 영에 속한 일들을 받아들이지 아니합니다. 그런 사람에게는 이런 일들이 어리석은 일이며, 그는 이런 일들을 이해할 수 없습니다. 이런 일들은 영적으로만 분별되기 때문입니다. **신령한 사람**은 모든 것을 판단하나, 자기는 아무에게서도 판단을 받지 않습니다.
NRSV	**Those who are unspiritual** do not receive the gifts of God's Spirit, for they are foolishness to them, and they are unable to understand them because they are spiritually discerned. **Those who are spiritual** discern all things, and they are themselves subject to no one else's scrutiny.

'육에 속한 사람'을 새번역은 '자연에 속한 사람'으로 번역했는데, 헬라원어에는 'ψυχικὸς-ἄνθρωπος'(프쉬키코스 안드로포스)로 되어 있습니다. 'ψυχικὸς'는 명사 'ψυχή'(프쉬케)의 형용사인데, 'ψυχή'는 '육'(flesh)

이나 '혼'(mind) 혹은 '생명'(life)을 의미합니다. 바울이 14절에서 말씀하는 'ψυχικὸς ἄνθρωπος'는 아직 성령으로 거듭나기 전의 '육적인 혹은 혼적인 자연인'을 의미합니다. 그러므로 새번역이 풀이한 대로 '자연에 속한 사람'(natural man)도 의미가 통하고, 개역개정의 '육에 속한 사람'도 좋은 번역인 것 같습니다. 혹은 영계와 상관없이 정신(이성)으로만 사는 '혼적인 인간'으로 번역해도 무방할 것입니다. 결국 'ψυχικὸς ἄνθρωπος'는 성령의 세계와 무관하게 오로지 '육 + 혼(정신)'으로만 사는 자연 상태의 사람입니다. 초자연적 성령과 무관하게 사는 자연 상태의 세속인입니다. 굳이 이런 자연인을 '혼적인(정신적인) 인간'으로 표현하는 이유는 지혜가 '혼'(정신/이성)의 작용이기 때문일 것입니다.

바울은 '육에 속한 사람'(자연인)의 두 가지 특징을 언급합니다(14절). 먼저 "하나님의 영에 속한 일을 받아들이지 않습니다." 하나님의 영에 속한 일은 십자가에 달리신 예수님을 통해서 세상을 구원하시는 하나님의 계획인데, 이것을 수용하지 않습니다. 이들에게는 그런 하나님의 구원 계획이 한없이 어리석어 보이기 때문입니다. 이들은 "이런 영적 신비를 이해할 수 없습니다." 십자가의 구원 계획은 영적으로만 분별될 수 있는데, 이들은 성령과 상관없이 자연인 상태에 머물러 있기에 영적인 신비를 이해할 수 없기 때문입니다.

자연인 상태에 머물러 있는 '육적인 사람'과 달리 '신령한 사람'(πνευμα-τικὸς/프뉴마티코스)은 성령의 도우심을 받아서 만세 전에 예비하신 하나님의 숨겨진 비밀의 지혜, 즉 십자가의 지혜를 깨닫는 성숙한 신자입니다. 바울은 신령한 신앙인의 특징을 '모든 것을 판단하나 자기는 아무에게서도 판단 받지 않는 사람'(The spiritual man makes judgments about all things, but he himself is not subject to any man's judgment)으로 정의합니다.

이것은 신령한 그리스도인이 세상의 윤리적 판단도 받을 필요가 없다는 뜻이 아닙니다. 신령한 그리스도인이 세상이 굴러가는 이치를 이해하지만, 세상은 이 사람을 이해하지 못한다는 뜻일 것입니다. 세상 사람은 신령한 사람과 같은 성령을 선물로 받지 않은 '옛 세대'(old age)에 속한 자연인이기에 성령을 선물로 받은 '새 세대'(new age)의 신앙인을 이해하지 못한다는 말입니다. 그러므로 신령한 자는 육에 속한 자에게 판단을 받지 않습니다. '육에 속한 자'는 육과 혼의 세계에만 머물러 있고, 영적인 세계에 무지하므로 오로지 성령의 계시를 통해서만 드러나는 십자가의 신비를 깨달을 수 없기에 이런 육에 속한 세속인이 신령한 그리스도인을 판단하려야 판단할 수 없다는 말입니다. 참고로 바울의 용어로 볼 때, 세 부류의 사람이 있습니다.

① 자연에 속한 사람 (ψυχικὸς ἄνθρωπος/프쉬키코스 안드로포스)	성령과 관계없이 자연적으로 주어진 혼(정신)과 육으로만 사는 사람(고전 2:14)
② 육신에 속한 사람 (σαρκίνοις/사르키노이스)	성령과 관계가 있지만, 아직 영적으로 성숙하지 못한 어린아이와 같은 젖먹이 신자(고전 3:1, 3)
③ 신령한 자 (πνευματικὸς/프뉴마티코스)	성령의 능력 안에 사는 영적으로 성숙한 그리스도인(고전 2:15)

바울은 70인역의 이사야 40:13을 인용해서 결론을 내립니다.

16절	누가 주의 마음을 알아서 주를 가르치겠느냐 그러나 우리가 **그리스도의 마음**을 가졌느니라(For who has known the mind of the Lord so as to instruct him? But we have the mind of Christ).

사 40:13	누가 여호와의 영을 지도하였으며 그의 모사가 되어 그를 가르쳤으랴(Who has understood the mind of the LORD, or instructed him as his counselor?).

바울은 이사야 40:13의 '주님(여호와)의 영'(the mind of the Lord)을 '그리스도의 마음'(νοῦν Χριστοῦ/눈 크리스투/the mind of Christ)으로 바꿉니다. 성부이신 하나님의 마음이 곧 성자이신 그리스도의 마음이기에 두 마음은 다르지 않습니다. 성령과 관계없이 육과 혼에만 속한 사람은 누구도 하나님의 마음을 알아서 가르칠 수 없습니다. 자연인 상태에서 성령과 관계없이 "'혼'(ψυχή/프쉬케) + '육'(σάρξ/사륵스)으로만 사는 사람"은 십자가에 계시된 하나님의 지혜로운 마음을 이해할 수 없습니다. 하나님의 마음은 하나님의 영이신 성령을 통해서만 계시되기 때문입니다.

성령의 도우심으로 오랫동안 비밀로 감추어진 '하나님의 지혜', 즉 '십자가를 통해서 인류를 구원하시기 위해 영세 전에 미리 정하신 지혜'를 깨달은 신령하고 성숙한 신자는 '하나님의 마음', 즉 '그리스도의 마음'을 소유한 사람입니다. 바울은 '마음'(νοῦς/누스/mind)을 '영'(πνεῦμα /프뉴마/Spirit)과 동일한 뜻으로 사용하는 것 같습니다.

성령을 받아서 그리스도의 마음을 소유한 신령하고 성숙한 그리스도인은 십자가를 통해서 우리를 구원하시는 하나님의 마음을 알 수 있습니다. 중요한 것은 그리스도의 마음을 소유한 신령하고 성숙한 그리스도인은 또 다른 엘리트 신비주의자가 아니라, 십자가에 달리신 그리스도를 닮아서 섬기는 겸비한 종이라는 사실입니다.

6. 오직 자라게 하시는 이는 하나님뿐

고전 3:1-9

우리가 돌아가야 할 십자가

1:10-4:21은 분쟁 소식을 듣고 난 바울이 교회 분쟁을 꾸짖고 수습책을 제시한 말씀입니다. 바울이 십자가에서 드러난 하나님의 지혜와 하나님의 능력을 강조하고, 십자가의 신비를 이해하려면 성령의 도우심을 받아야만 한다는 사실을 강조한 것은 교회 분쟁과 직결됩니다. 고린도 교회가 십자가의 도리를 바로 깨닫지 못했기에 십자가에 달리신 그리스도를 바라보지 못했고, 세상 지혜와 세상 능력을 자랑하다가 분쟁에 휩싸이게 되었다는 진단입니다. 따라서 분쟁을 수습하고 일치와 평화의 공동체로 돌아가기 위해서는 십자가에 달리신 예수님께로 돌아가야만 합니다.

십자가를 통해서 우리를 구원하시는 하나님의 지혜는 만세 전에 예비되었지만, 감추어진 비밀이기에 세상 지혜로는 이 비밀을 헤아릴 길이 없습니다. 하나님의 깊은 비밀까지 헤아리시는 하나님의 영, 즉 성령의 도우심이 있어야만 십자가의 비밀이 풀릴 수 있습니다. 이런 의미에서 바울은 우리 믿는 이들이 '그리스도의 마음'을 가졌다고 선언했습니다.

분쟁과 관련해서 바울은 원인과 해결책을 제시하고자 '십자가에 달리신 그리스도를 중심'으로 세상 지혜나 세상 능력과는 차원이 다른 하나님의 지혜와 하나님의 능력을 강조했고, 십자가의 비밀을 깨닫기 위해서 성령의 조명이 필요하다는 사실을 역설했습니다.

육에 속한 젖먹이 신자

지금까지 바울은 '십자가'와 '하나님의 지혜', '하나님의 능력', '성령', '그리스도의 마음' 등의 주제를 언급하다가 3:1부터 교회 분쟁의 현안을 정면으로 거론합니다. 사색당쟁 현안을 다루고자 교인들을 "형제들아" (ἀδελφοί/아델포이/brothers)라고 친근하게 부르는 것으로 말문을 엽니다. 그러나 분쟁에 휩싸인 고린도인들은 성숙한 신자들이 아닙니다.

> **어떤 이는 말하되 나는 바울에게라 하고 다른 이는 나는 아볼로에게라 하니 너희가 육의 사람이 아니리요(3:4).**

바울은 '바울파'와 '아볼로파' 두 당파만 언급합니다. '베드로파'와 '그리스도파'는 말하지 않습니다. 바울파와 아볼로파가 양대 산맥을 이루어 경쟁하고 있었기에 두 파벌만 언급했다고 추측할 수 있습니다. 바울은 파당을 만들어 다투는 교인들을 '육의 사람'으로 규정하고 있습니다. 1-3절은 육의 사람이 어떤 부류의 사람인지를 정확히 설명합니다.

> **형제들아 내가 신령한 자들을 대함과 같이 너희에게 말할 수 없어서 육신에 속한 자 곧 그리스도 안에서 어린 아이들을 대함과 같이 하노라 내가 너희를 젖으로 먹이고 밥으로 아니하였노니 이는 너희가 감당하지 못하였음이거 니와 지금도 못하리라 너희는 아직도 육신에 속한 자로다 너희 가운데 시기 와 분쟁이 있으니 어찌 육신에 속하여 사람을 따라 행함이 아니리요(1-3절).**

바울이 고린도인들을 꾸짖으며 호칭하는 용어들을 정리하면 아래와 같습니다.

> ① 육신에 속한 자(σαρκίνοις/사르키노이스/people of the flesh)
> ② 그리스도 안에서 어린아이들(νηπίοις ἐν Χριστῷ/네피오이스 엔 크리스토 /infants in Christ)
> ③ 사람을 따라 사는 사람(인간의 방식대로 사는 사람/κατὰ ἄνθρωπον περιπατ εῖτε/카타 안드로폰 페리파테이테/behaving according to human in- clinations)

'육신에 속한 자'는 바울이 2:6에서 말씀한 '온전한 자'(성숙한 자)와 정반대로 '미숙한 자'를 의미합니다. 육신에 속한 자는 성령의 세계를 체험하지 못하고 육과 혼에만 머물러 있는 사람입니다. 예수를 믿고 교회에 들어온 다음에도 여전히 세상 기준과 세상 가치관으로 사는 사람입니다. 바울의 표현대로 한다면, 세상 지혜와 세상 능력을 자랑하며 십자가에 달리신 그리스도를 통해서 드러난 하나님의 지혜와 하나님의 능력을 알지 못하는 사람입니다.

바울은 영적으로 미숙한 그리스도인들을 대할 때 '신령한 자들' (πνευματικοῖς/프뉴마티코이스/spiritual people)에게 하듯이 말을 할 수 없다고 단언합니다(3:1a). 고린도인들이 그리스도의 마음, 곧 성령을 품지 않고 육적인 세계관으로 살고 있기에 '영에 속한 사람'에게 하듯이 말할수 없다는 것입니다. '영에 속하지 않고 육에 속한 사람'에 관해서 바울은 '젖먹이 어린아이' 비유를 씁니다.

영이 아닌 육에 속한 사람은 "그리스도 안에 있기는 하지만 아직 '딱딱한 음식'(solid food)을 먹지 못하고 '부드러운 젖'(soft milk)만 먹는 영적 갓난아기"와 같습니다. 그러기에 영적인 말을 하면 알아듣지 못합니다. 예수를 믿어서 교인이 되고 그리스도 안에 있어도 영적으로 미숙하기에 단단한 음식을 먹을 수도, 소화할 수도 없습니다. 부드러운 젖으로 만 양육해야 합니다.

바울이 고린도교회를 처음 개척했을 때는 어차피 초신자들이 그렇듯이 고린도인들도 어린아이와 같을 수밖에 없었겠지만, 여러 해가 지난 뒤 "지금도(ἔτι νῦν/에티 눈/yet now) 단단한 음식을 감당할 수 없다"(3:2b)는 현실은 심각합니다. 고린도인들에게 십자가의 신비를 깨달을 만한 그리스도의 마음이 없기에 할 수 없이 그들에게 아주 얕은 진리를 가르칠 수밖에 없다고 탄식합니다. 세월이 흘러도 영적 변화나 성장, 성숙이 없는 제자리걸음의 답보(踏步) 상태에 있다는 탄식입니다. 어린아이가 어른으로 자라지 못하고 늘 유아기 상태로 머무는 '영적 왜소증'을 앓고 있다는 말입니다. 히브리서 5:12-13의 말씀이 연상됩니다.

> 시간으로 보면, 여러분은 이미 교사가 되었어야 할 터인데, 다시금 하나님의 말씀의 초보적 원리를 남들에게서 배워야 할 처지에 놓여 있습니다. 여러분은 단단한 음식물이 아니라, 젖을 필요로 하는 사람이 되었습니다. 젖을 먹고서 사는 이는 아직 어린아이이므로, 올바른 가르침에 익숙하지 못합니다.

육의 사람의 두 표징: 시기와 분쟁

바울이 고린도인들이 신령하지 못하고 육적이며, 영적으로 어른처럼 성숙하지 못하고 갓난아기와 같이 미숙한 신자라고 질타하는 이유가 있습니다. 파를 갈라 다투기 때문입니다!

새번역	여러분은 아직도 **육에 속한 사람들**입니다. 여러분 가운데서 **시기**와 **싸움**이 있으니, 여러분은 **육에 속한 사람**이고, **인간의 방식대로 살고 있는 것이 아닙니까?**(3절)
NRSV	for you are still **of the flesh**. For as long as there is **jealousy** and **quarreling** among you, are you not **of the flesh**, and **behaving according to human inclinations?**

고린도인들이 영이 아닌 육에 속했으며, 성숙하지 못하고 미숙한 신자라는 가장 뚜렷한 표징(sign)은 그들이 지금 '시기'(ζῆλος/젤로스/jealousy)와 '싸움'(ἔρις/에리스/strife/quarreling)에 빠져 있는 현실입니다. 영적으로 신령해서 그리스도의 마음을 품은 성숙한 성인 신자라고 한다면 교인들 각자의 개성이나 개인적 견해, 출신 배경이 서로 달라도 그리스도 안에서 '일치'(unity)와 '평화'(peace)를 이룰 수 있는데, 고린도 교회에는 그런 일치와 평화가 깨졌습니다. 시기심이 일어나 다투기 때문입니다. 바울파와 아볼로파와 베드로파와 그리스도파로 분열해 이전투구(泥田鬪狗)를 벌이고 있습니다.

'시기'와 '다툼'이야말로 영적으로 신령하지 못하고 육적으로 산다는 증거입니다. 딱딱한 음식도 삼키고 소화할 수 있는 능력이 있어야 하는데, 부드러운 젖만 탐하는 미숙한 신자이기에 시기와 분쟁을 일삼습니다.

바울은 육에 속해서 시기와 분쟁에 휩싸인 고린도인들의 행태를 "사람을 따라 행한다"는 표현을 씁니다. 새번역은 "인간의 방식대로 산다"로 번역했습니다. 그리스도의 마음을 품고 십자가의 가치관에 따라 살지 않고, 세상 기준과 세상 가치관에 휩쓸려 산다는 말입니다. 따라서 네 파벌로 갈라져 시기와 분쟁을 일삼는 고린도인들은 무늬만 "그리스도 안에 있을 뿐 실질적으로는 세상 사람들과 조금도 다를 바가 없다는 것"이 바울의 판단입니다.

사역자의 본분과 역할

바울은 바울파와 아볼로파로 갈라져 분쟁을 일으키는 것 자체가 어리석다는 사실을 사역자의 '본분'(정체성/identity)과 '기능'(functions) 혹은 '역할'(roles)을 정의함으로써 보여줍니다. 그 유명한 '정원사와 밭의 비유'(5-9절), '건축자와 건축물의 비유'(10-15절), '하나님의 성전 비유'(16-17절)를 사용합니다. 시기와 다툼으로 바울파와 아볼로파로 갈라져 싸우는 교회를 이렇게 개탄합니다.

> 그렇다면 아볼로는 무엇이고, 바울은 무엇입니까? 아볼로와 나는 여러분을 믿게 한 일꾼들(사역자들)이며, 주님께서 우리에게 각각 맡겨 주신 대로 일하였을 뿐입니다(5절).

하나님 앞에서 사역자가 차지하는 비중이 **절대적이지 않다**(상대적이다)는 사실을 강조하고자 바울은 자신과 아볼로 이름을 댈 때 4, 5절에서 일부러 순서를 바꿉니다. 4절에서는 바울이 아볼로보다 먼저 왔지만, 5절에서는 의도적으로 아볼로 이름을 앞세웁니다. 바울과 아볼로라는 '사람'을 앞세워 파당을 만들어 상쟁하는 교회의 한심한 작태(作態)를 꾸짖고자 바울은 "아볼로는 무엇이고 바울은 무엇이냐?"고 직격탄을 날립니다. 바울과 아볼로라는 사람 때문에 파벌이 갈라졌다면, 그것은 번지수를 잘못 짚어도 한참 잘못 짚었다는 것입니다.

바울과 아볼로는 하나님께서 은사와 능력에 따라서 각자에게 맡겨

주신 하나님의 일을 수행한 '사역자들'(διάκονοι/디아코노이/servants)에 지나지 않습니다. '디아코노스'(διάκονος)는 손님들의 '식탁 시중을 드는 종'(attendant/table waiter)을 일컫습니다. 하나님과 하나님의 백성을 섬기는 '봉사자'(일꾼)라는 말입니다.

하나님의 식탁에서 시중을 드는 일꾼들을 중심으로 파벌을 만들어 경쟁하는 것은 참으로 우스꽝스러운 일입니다. 바울과 아볼로는 주인이 부여한 각기 다른 사명을 완수한 일꾼들에 불과한데, 그 일꾼들을 하나님보다 더 높일 수는 없습니다.

바울은 자신과 아볼로의 사역 기능이 다르다는 사실을 '원예'(園藝/gardening) 비유를 들어 설명합니다(6-8절).

새번역	나는 심고, 아볼로는 물을 주었습니다. 그러나 하나님께서 자라게 하셨습니다. 그러므로 **심는 사람**이나 **물 주는 사람**은 아무것도 아니요, **자라게 하시는 분**은 하나님이십니다. 심는 사람과 물 주는 사람은 하나이며, 그들은 각각 수고한 만큼 자기의 삯을 받을 것입니다.
NRSV	I planted, Apollos watered, but God gave the growth. So neither **the one who plants** nor **the one who waters** is anything, but only **God who gives the growth**. The one who plants and the one who waters have a common pur- pose, and each will receive wages according to the labor of each.

바울은 고린도인들이 신령하지도 성숙하지도 않다는 사실을 '어린 아이 양육'에 빗대어 설명했는데(1-4절), 사역자의 역할을 설명할 때는 '식물 양육'의 비유를 사용합니다. 밭에다 농작물을 심을 때 씨앗을 땅에 뿌리는 사람이 있습니다. '심는다'(planting)는 말은 '무엇을 시작한다'는

의미가 있습니다. 고린도교회를 개척한 창설자가 바울인 까닭에 바울은 '씨앗을 심었다'는 표현은 적절합니다. 바울의 뒤를 이어 부임한 아볼로는 '물을 준 사람'입니다. '물을 주다'(watering)는 말은 '계속해서 양육하고 발전시켰다'는 의미입니다.

'심는 자'와 '물 주는 자'는 다 필요합니다. 상보적(相補的)이고 협동적인 관계입니다. 씨앗을 심었기에 농작물이 시작될 수 있고, 물을 주었기에 점점 더 자라날 수 있습니다. 심지 않았는데 물을 줄 수가 없고, 물을 주지 않는데 심은 것이 자라날 수는 없습니다. 그러므로 바울은 심는 자와 물 주는 자가 '하나'라고 말씀합니다(8절). 누가 더 높고 더 낮음이 없이 동등하다는 뜻입니다. 바울과 아볼로는 앞서거니 뒤서거니 순서와 역할만 심는 자와 물 주는 자로서의 일을 달리 맡아서 한 것뿐입니다.

씨앗을 심고 물을 주는 과정에서 농작물이 자라나게 해서 열매를 맺게 하시는 분은 '하나님 한 분'이십니다. 오직 하나님만이 자라나게 하십니다. 그러므로 심는 자나 물 주는 자는 생명의 기원과 성장과 추수 전 과정의 열쇠를 쥐고 계시는 하나님 앞에서 '아무것도 아닐 뿐' 아니라 '하나', 즉 '동등할' 뿐 우열을 주장할 수 없습니다.

> **그런즉 심는 이나 물 주는 이는 아무 것도 아니로되 오직 자라게 하시는 이는 하나님뿐이니라 심는 이와 물 주는 이는 한 가지이나 각각 자기가 일한 대로 자기의 상을 받으리라(7-8절).**

바울은 바울대로 하나님께서 맡기신 일을 잘 감당하면, 그 노고에 따라서 상을 받게 됩니다. 아볼로도 수고한 만큼 상을 받습니다. 서로를 비교해서 깎아내리거나 부러워할 필요가 없습니다. 고린도인들이 '하나님의 사역자'로서 각기 다른 사명을 완수한 바울과 아볼로를 우두머리로 삼아서 '사람들'에게 매여서 안 됩니다. 심는 자나 물 주는 자가 아닌 교회의 기원과 성장과 최종 완성에 이르기까지 전 과정의 생명 주권을 쥐고 계시는 '하나님'께 매여야 합니다. 하나님과 사역자들 사이에는 '수직적 차이'(vertical difference)가 있지만, 사역자들 사이에는 '수평적 차이'(horizontal difference)가 있을 뿐입니다.

'하나님의 동역자들'과 '하나님의 밭'

바울은 '정원사 비유'의 결론을 맺습니다(9절).

개역개정	우리는 **하나님의 동역자들**이요 너희는 **하나님의 밭**이요 **하나님의 집**(건물)이니라.
NRSV	For we are God's servants, working together; you are God's field, God's building.

'우리'는 고린도교회를 거쳐 간 모든 사역자를 총칭할 것입니다. 현재 문맥에서는 바울이 예로 든 '바울'과 '아볼로'를 말합니다. 두 사람은 '하나님의 동역자들'(συνεργοί θεοῦ/쉬네르고이 데우/God's fellow workers)입니다. 사역의 역할은 다르지만, 하나님의 일을 함께하는 '동료'입니다. 주인이신 하나님의 식탁에서 맡은 바 사명만 다를 뿐, 동등하게 시중들기 위해서 부름 받은 종들입니다. 두 사람은 **'하나님께 속한 동역자들'**입니다.

고린도인들은 바울과 아볼로와 같은 하나님의 동역자들이 씨앗도 심고 물도 주고 해서 아름답게 가꾸어서 풍성한 열매를 맺어야 할 '하나님의 밭'(γεώργιον θεοῦ/게오르기온 데우/God's field)입니다. 바울과 아볼로가

하나님께 속한 동역자들이듯이, 교인들도 하나님께 속한 밭입니다. 하나님께 속한 밭을 사람들이 헤집고 들어가 이리저리 나누면 안 됩니다. 고린도교회라는 하나님의 밭이 바울과 아볼로 등 사역자를 중심으로 네 구역으로 찢어진 것이 아니고 무엇이겠습니까?

예루살렘에 있는 '성묘 교회'(the Church of Holy Sepulcher)가 '하나님의 밭이 여러 구획의 밭떼기로 찢어진 대표적 사례'일 것입니다. 성묘 교회는 예수님의 시신이 묻힌 자리로 추정되는 자리에 세워진 무덤 교회입니다. 이 예배당은 여섯 종파가 소유권 주장을 하면서 본래 하나인 하나님의 밭을 여섯 구역으로 분할해 버렸습니다. 로마가톨릭교회와 그리스 정교회, 아르메니아 정교회, 시리아 정교회, 이집트 콥트교회, 에티오피아 정교회가 서로 소유 관할권을 나누어서 종교 예식도 각각 다르게 집전하고 있습니다.

교회의 한 부분이 낡아서 수리하려고 해도 다른 종파 구역을 침범할 수밖에 없기에 수리조차도 쉽지 않습니다. 창문을 맡은 시리아 정교회가 창문을 교체하려고 해도 창문 난간을 맡은 그리스 정교회가 사다리 세우는 것을 반대할 경우 수리할 수 없다는 말입니다. 하나님의 밭을 사람들이 어떻게 찢어 나누는지를 보여주는 대표적 사례입니다.

'하나님의 밭'은 씨앗을 심고 물 주는 '하나님의 동역자들'의 헌신과 더불어 자라나게 하시는 '하나님의 은혜'로 말미암아 풍성한 열매를 내는 '하나의' 옥토(沃土)가 되어야 마땅합니다.

7. 이 터는 곧 예수 그리스도라

고전 3:10-23

교회의 주인이신 하나님

1:10-4:21의 주제는 교회 분쟁입니다. 하나가 되어야 할 교회가 넷으로 갈라진 이유는 무엇이며, 하나로 합하기 위해서 어떻게 해야 하는지에 대해서 말씀합니다. 이 문제를 다루고자 바울은 인간의 지혜와 하나님의 지혜, 인간의 능력과 하나님의 능력이 어떻게 다른지를 설명했습니다. 십자가에 달리신 그리스도를 통해서 드러난 하나님의 지혜와 하나님의 능력은 세상의 지혜나 세상의 능력과는 다릅니다. 고린도교회가 십자가 복음을 잃고 세상 지혜와 세상 능력에 붙들려 이것을 자랑했을 때 사람을 중심으로 어이없게 분열되었지만, 십자가에 달리신 그리스도께로 돌아가면 다툼을 이기고 하나가 될 수 있습니다.

바울은 세상 지혜와 세상 능력을 자랑하며 '시기'와 '분쟁'에 빠진 고린도인들을 영적으로 미숙한 '젖먹이 신자들'로 진단했습니다. 그런 뒤에 바울은 고린도교회를 거쳐 간 '사역자들'(διάκονοι/디아코노이/servants)을 중심으로 파벌을 이루어 다투는 어리석음을 꾸짖고자 세 가지 비유를 사용합니다. '정원사의 비유'(3:6-8)와 '건물의 비유'(3:10-15)와 '하나님의 성전 비유'(3:16-17)입니다. 세 비유는 '사역자의 본질'과 '교회의 본질'을 가르쳐줍니다.

세 가지 비유는 좁게는 고린도교회에, 넓게는 시간과 공간을 초월해 존재하는 모든 교회에 주는 교훈입니다. 정원사의 비유에서 교회가 '하나님의 밭'이라고 할 때, 이 밭에서 바울은 '심는 일꾼'으로, 아볼로는 '물 주는 일꾼'으로 봉사했습니다. '심는 자'(개척자)와 '물 주는 자'(양육자)는 각자의 은사와 능력에 따라 서로 다른 역할을 떠맡았지만, 교회라고 하는 하나님의 밭에서 공동의 주인이신 하나님을 섬기는 일꾼들이라는 점에서 둘 사이의 차이는 없습니다. 밭의 주인이신 하나님만이 심어지고 물 준 농작물을 자라나게 하십니다.

그리스도 = 건물의 터(기초)

바울은 9절에서 고린도교회를 '하나님의 집'(θεοῦ οἰκοδομή/데우 오이코도메/God's building)으로 비유했습니다. '농사 비유'에서 '건축 비유'로 전환했는데, 건물 비유의 의미를 풀어야 할 차례입니다. 바울은 자신을 비롯한 사역자들을 '건축자'로 비유합니다. 두 종류의 건축자가 있습니다. '터 닦는 자'와 그 터 위에 '집을 세우는 자'가 있습니다(10절).

새번역	나는 하나님께서 나에게 주신 은혜를 따라, **지혜로운 건축가**와 같이 기초를 놓았습니다. 그런데 다른 사람이 그 위에다가 집을 짓습니다. 그러나 어떻게 집을 지을지 각각 신중히 생각해야 합니다.
NRSV	According to the grace of God given to me, like a **skilled master builder** (weiser Bauleiter) I laid a foundation, and someone else is building on it. Each builder must choose with care how to build on it.

건축에는 터를 닦는 자(설계자)와 터 위에 상부 구조로서의 집을 세우는 자가 다 필요한데, 바울이 맡은 역할은 터를 닦는 일입니다. 기초를

세우는 일이 중요하지만, 절대적으로 중요한 것은 아닙니다. 기초 위에 집을 짓는 다른 건축자들의 역할 또한 무시할 수 없습니다.

바울은 '고린도교회'라는 건물의 터를 닦은 자신을 소개할 때 두 가지를 강조합니다. 자신이 '지혜로운 건축자'(σοφὸς ἀρχιτέκτων/소포스 아르키텍톤/wise architect)이며, '하나님의 은혜를 따라' 그렇게 되었다고 고백합니다. 자신이 세상 지혜를 자랑하는 이들과 달리 하나님의 은혜에 기초한 지혜자라는 사실을 강조한 것입니다. (지혜로운 건축자는 불이 나도 타지 않는 견고한 재료로 집을 짓지만, 어리석은 건축자는 쉽게 잿더미가 될 자재로 집을 짓습니다.) 바울이 기초를 놓은 그 터 위에 아볼로와 같은 다른 건축가들이 집을 세웁니다. 초석을 놓는 자나 초석 위에 집을 짓는 자나 다 중요하기에 상보적이고 협동적인 관계에 있습니다.

바울은 실질적으로 집을 짓는 건축자들을 향한 경고도 잊지 않습니다. "어떻게 집을 지을지 각각 신중히 생각하라는 것"입니다. 부실한 재료를 써서 대충대충 건물을 짓다가는 준공 검사할 때 낭패를 당할 수도 있다는 경고입니다. "어떻게 집을 지을 것인가"(how to build)의 문제는 어떤 재료를 쓰고 어떤 자세로 집을 지을까의 문제인데, 바울은 12-15절에서 이 문제에 대해서 자세히 말씀합니다. 그전에 정말 중요한 말씀은 11절입니다.

새번역	아무도 이미 놓은 **기초이신 예수 그리스도** 밖에 또 다른 기초를 놓을 수 없습니다.
NRSV	For no one can lay any foundation other than the one that has been laid; **that foundation is Jesus Christ.**

중요한 구분이 필요합니다. '터'(foundation)와 '터를 놓는 자'(foundation-layer)입니다. 바울은 '터를 닦는 자'의 역할을 맡았는데, 그 '터'는 바로 '예수 그리스도'입니다. 고린도교회라는 건물의 터, 즉 기초는 그리스도라는 말입니다. 바울은 그리스도라는 터 위에 고린도교회라는 건물이 지어지도록 기초 작업을 했던 것뿐입니다.

오고 가는 세대에 세워지는 모든 교회의 기초는 오직 그리스도 한 분입니다. 바울은 고린도교회라는 집의 기초 설계자로서 '그리스도'라는 터를 닦았고, 이 터 위에 아볼로를 비롯한 후속 사역자들이 상부 구조를 건설하는 역할을 맡았습니다. 어떤 사역자가 기초를 세우고, 어떤 사역자가 그 기초 위에 집을 짓든 간에 기초 자체가 그리스도라는 사실은 궁극적으로 예수님만이 교회를 세우시는 분임을 보여줍니다.

어떤 자재로 집을?

각기 고유한 역할을 맡은 건축자들(사역자들)이 그리스도라는 터 위에 **어떻게** 집을 세울 것인가를 조심하라고 경고했는데, 바울은 건축자들이 쓰는 재료에 대해서 흥미로운 비유를 씁니다.

> **만일 누구든지 금이나 은이나 보석이나 나무나 풀이나 짚으로 이 터 위에 세우면(12절).**

'누구든지'(τις/티스/anyone)는 오고 가는 세대에 교회를 세우고 돌보는 모든 사역자를 염두에 둔 말입니다. 어떤 사역자이든지 예외 없이 적용되는 진리는 교회 건축자들이 쓰는 '재료'가 각각 다를 수 있다는 사실입니다. 바울은 건축 재료를 소개할 때 정반대되는 재질을 "더 귀하고 더 견고한 것에서 더 천하고 더 부실한 것" 순으로 열거합니다. 점강법(漸降法)을 쓴 것입니다. 그렇다면 건축 재료의 진정성(authenticity/integrity)은 건물에 불이 날 때 가장 정확하게 입증되는데, 바울은 얼마나 화재에 잘 견딜 수 있는가 하는 내구성(耐久性)의 관점에서 6가지 건축 자재를 내림차순으로 소개합니다.

화재를 견딜 수 있는 내구성을 기준으로 한 6가지 자재	
불을 견딜 수 있는 자재	불을 견딜 수 없는 자재
① 금(Gold)	④ 나무(Wood)
② 은(Silver)	⑤ 풀(Hay)
③ 보석(Precious Stones)	⑥ 짚(Straw)

건물을 지을 때 사용하는 자재는 다양하기 마련인데, 어떤 자재를 썼는가의 대가는 불이 날 때 정확하게 판가름이 납니다. 따라서 바울은 불이 났을 때 어떤 차이가 발생하는지를 '화재 비유'로 설명합니다(13-15절).

개역개정	각 사람의 공적이 나타날 터인데 그 날이 공적을 밝히리니 이는 불로 나타내고 그 불이 각 사람의 공적이 어떠한 것을 시험할 것임이라 만일 누구든지 그 위에 세운 공적이 그대로 있으면 상을 받고 누구든지 그 공적이 불타면 해를 받으리니 그러나 자신은 구원을 받되 불 가운데서 받은 것 같으리라.
새번역	그에 따라 각 사람의 업적이 드러날 것입니다. 그 날이 그것을 환히 보여줄 것입니다. 그것은 불에 드러날 것이기 때문입니다. 불이 각 사람의 업적이 어떤 것인가를 검증하여 줄 것입니다. 어떤 사람이 만든 작품이 그대로 남으면, 그는 상을 받을 것이요, 어떤 사람의 작품이 타 버리면, 그는 손해를 볼 것입니다. 그러나 그 사람은 구원을 받을 것이지만 불 속을 헤치고 나오듯 할 것입니다.

NRSV	the work of each builder will become visible, for the Day will disclose it, because it will be revealed with fire, and the fire will test what sort of work each has done. If what has been built on the foundation survives, the builder will receive a reward. If the work is burned up, the builder will suffer loss; the builder will be saved, but only as through fire.

어떤 자재를 쓰고 어떤 정성을 투자해서 건물을 짓는가의 결과는 불이 날 때 드러나기에 불은 건축자의 공적을 시험(test)합니다. '불'은 '최후 심판'을 의미합니다. 13절의 '그날'(ἡ ἡμέρα/헤 헤메라/the Day)은 '주님의 날'(the Day of the Lord), 즉 최종 심판의 날입니다.

만군의 여호와가 이르노라 보라 용광로 불 같은 날이 이르리니 교만한 자와 악을 행하는 자는 다 지푸라기 같을 것이라 그 이르는 날에 그들을 살라 그 뿌리와 가지를 남기지 아니할 것이로되(말 4:1).

이제 하늘과 땅은 그 동일한 말씀으로 불사르기 위하여 보호하신 바 되어 경건하지 아니한 사람들의 심판과 멸망의 날까지 보존하여 두신 것이니라 (벧후 3:7).

한 교회를 세우는 데 기여한 다양한 건축자들(사역자들)의 '공적'(업적 /ἔργον/에르곤/work)은 하나님께서 불로 심판하시는 종말의 날에 드러날 것입니다. 금이나 은이나 보석과 같이 귀하고 견고한 자재를 써서 기초 (그리스도의 복음)에 충실하게 건축한 집은 불이 나도 타지 않고 그대로 버팁니다. 불같은 시험을 통과하고 승리합니다. 이런 집을 지은 건축자는 '상'을 받습니다.

대화재에도 끄떡도 하지 않는 금이나 은이나 보석과 같은 재료는 굳건한 기초 '십자가의 복음' 위에 지어집니다. 지혜로운 건축자가 오로지 십자가에 달리신 그리스도를 전파하는 일에 전력해서 세워진 교회는 엄청난 불 시험도 통과해서 무너지지 않습니다. 하지만 나무나 풀이나 짚과 같이 얄팍한 **인간의 지혜**로 그리스도라는 기초를 무시한 채 세워진 교회는 작은 화재가 발생해도 맥없이 무너집니다.

불 시험을 통과한 건물을 지은 건축자는 '상'(reward)을 받고, 실패한 건물을 지은 건축자는 '손해'(loss)를 보게 되는데, 바울은 부실한 건축자에 대해서 흥미로운 사실을 언급합니다(15절).

> **어떤 사람의 작품(공적)이 타 버리면, 그는 손해를 볼 것입니다. 그러나 그 사람은 구원을 받을 것이지만 불 속을 헤치고 나오듯 할 것입니다(새번역).**

'손해를 본다'는 말은 일차적으로 건물을 지을 때 들어간 건축비를 다 날린다는 뜻일 것입니다. 준공 검사에서 부실한 건물임이 판정이 날 때 큰 벌금을 문다는 의미도 있습니다. 중요한 한 가지 사실은 불 시험에 불합격한 건축자가 엄청난 손해를 입는다고 할지라도, 구원 그 자체를 상실하지 않는다는 것입니다. 건축자는 '불 속을 헤치고'(but only as through fire) 간신히 살아남는다는 것입니다(암 4:11 참조). 건축자의 작품은 잿더미로 변해서 헛수고가 되겠지만, 건축자 자신은 눈썹이 그슬린 채로 겨우 살아남는다는 말입니다. (실제로 화재가 발생할 경우에 고생 고생해서 지은 건축물은 맥없이 무너져도, 건축자는 살아남을 수 있습니다.)

부실한 자재로 교회를 세운 사역자는 간신히 구원은 얻겠지만, 그가 했던 사역은 헛수고로 끝날 수 있다는 말입니다.

너희는 하나님의 성전

각각 다른 역할을 맡은 건축자가 지은 건물이 무엇인지에 대해서 바울은 '하나님의 성전'(ναὸς θεοῦ/나오스 데우/God's temple) 비유를 씁니다.

너희는 너희가 하나님의 성전인 것과 하나님의 성령이 너희 안에 계시는 것을 알지 못하느냐 누구든지 하나님의 성전을 더럽히면 하나님이 그 사람을 멸하시리라 하나님의 성전은 거룩하니 너희도 그러하니라(16-17절).

바울이 터를 닦고 아볼로를 비롯한 후속 사역자들이 그 터 위에다가 집을 지은 건물은 '고린도교회'입니다. 바울은 고린도교회라는 건물을 '하나님의 성전'으로 부릅니다. 막연한 건물 개념을 교회라는 특수 건물을 염두에 두고 하나님의 성전으로 특정한 것입니다.

고린도전서가 기록될 당시만 하더라도 예루살렘 성전이 존재했을 것이므로, 실제 성전을 아는 고린도인들을 향해서 바울이 "너희가 하나님의 성전"이라고 부른 것은 큰 충격이었을 것입니다. 유대인들은 예루살렘 성전 안에 "하나님께서 현존하신다"(Shekinah/셰키나)고 믿었는데, 그리스도를 중심으로 모인 교회 공동체 안에 하나님께서 거룩한 영으로서 살아 계신다는 것입니다.

그렇다면 고린도교회라는 공동체는 그렇고 그런 건물들 가운데 하나가 아니라 하나님의 영이 현존하시는 하나님의 성전입니다. 바울이 하나님의 성령이 '너희'(복수) 안에 거한다는 사실을 강조하는 것으로 보아서 성령은 각 개인 안에도 계시지만, 함께 모인 공동체 안에 계신다는 사실을 알 수 있습니다. 교회 공동체가 거룩해지는 것은 사람들이 거룩하거나 예전이 거룩해서가 아니라, 하나님의 거룩하신 성령이 함께 계시기 때문입니다(고후 6:16; 엡 2:21-22 참조).

거룩한 하나님의 성전인 고린도교회를 네 파벌로 분할해 파괴하는 사람들은 하나님의 심판을 견디지 못할 것입니다. 하나님께 거룩한 산 제사를 드려야 할 하나님의 성전을 세상 지혜와 교만과 허영심에 가득 차 난장판으로 만드는 사람들은 멸망 받을 것입니다.

고린도교회라는 하나님의 성전을 지을 때 나무나 풀이나 짚과 같이 부실한 자재로 건물을 지은 '건축자들'(사역자들)과 '하나님의 성전을 파괴하는 자들'은 구별되어야 합니다. 부실한 자재로 집을 지은 건축자들은 자신의 '작품'(공적)이 불에 타 헛수고가 되더라도 간신히 목숨은 부지하지만(15b절), 분쟁을 일으켜 하나님의 성전을 파괴하는 자들은 하나님께서 멸하십니다(17a절). 그런데도 '부실한 자재로 건물을 짓는 건축자들'과 '하나님의 성전을 고의로 파괴하는 자들' 사이의 실질적 경계선은 희미할 것입니다. 목회자나 평신도를 불문하고 모든 사역자는 '십자가의 복음'이라는 기초 위에 그 어떤 불 시험도 견딜 수 있는 견고한 자재로 하나님의 교회를 건설해나가야만 한다는 데 바울의 강조점이 있습니다.

만물 〈 고린도 교인들 〈 그리스도 〈 하나님

바울은 3:18-23에서 지금까지 강조한 요점을 정리합니다. 세상 지혜를 자랑하지 말고 십자가에서 드러난 하나님의 지혜를 붙들라는 것입니다. 고린도인들에게 자신을 살펴서 세상 지혜가 아닌 하나님의 지혜를 굳게 붙들고 있는지 점검할 것을 촉구합니다. 이것은 특히 부실한 자재로 건물을 지으려는 건축자들에게 주는 경고입니다. 이 경고는 두 차례의 "~하지 말라"(Do not)로 표현됩니다(18, 21절).

첫째로 바울은 구약의 욥기 5:13과 시편 94:11을 인용해서 "누구든지 자신을 속이지 말라"고 훈계합니다.

> 아무도 자신을 속이지 말라 너희 중에 누구든지 이 세상에서 지혜 있는 줄로 생각하거든 어리석은 자가 되라 그리하여야 지혜로운 자가 되리라 이 세상 지혜는 하나님께 어리석은 것이니 기록된 바 하나님은 지혜 있는 자들로 하여금 자기 꾀에 빠지게 하시는 이라 하였고 또 주께서 지혜 있는 자들의 생각을 헛것으로 아신다 하셨느니라(18-19절).

"아무도 자신을 속이지 말라"(Do not deceive yourselves)는 말씀이 와닿습니다. 자신이 굉장히 지혜롭다고 착각하지만, 그리스도라는 기초와 상관없이 나무나 풀이나 짚처럼 불이 나면 순식간에 사라질 재료로 집을 짓는 어리석은 건축자입니다. 정말로 지혜로운 사람이 되려면 어리석은 사람이 되어야 합니다. 계속 등장하는 아이러니(irony/역설)입니다. 세상적으로 어리석은 사람이 하나님 안에서 지혜로운 이유는 "세상 지혜가 하나님께서 보시기에 어리석기 때문이며", "하나님께서 지혜로운 자들의 생각을 헛것으로 만드시기 때문입니다."

둘째로 바울은 "누구든지 사람을 자랑하지 말라"고 경고합니다. 바울이나 아볼로와 같이 고린도교회라는 건물을 세우는 데 일조(一助)한

'일꾼들'을 자랑하지 말라는 것입니다. '사람 자랑'을 금하는 것은 "주 안에서 자랑하라"(1:31)는 가르침과 일맥상통합니다. 왜 사람을 자랑해서 안 될까요? 바울은 21-22절에서 그 이유를 이렇게 밝힙니다.

새번역	그러므로 아무도 사람을 자랑하지 말아야 합니다. 모든 것이 다 여러분의 것입니다. 바울이나, 아볼로나, 게바나, 세상이나, 삶이나, 죽음이나, 현재 것이나, 장래 것이나, 모든 것이 다 여러분의 것입니다.
NRSV	So let no one boast about human leaders. For all things are yours, whether Paul or Apollos or Cephas or the world or life or death or the present or the future – all belong to you.

고린도인들은 왜 바울이나 아볼로나 게바와 같은 사람을 자랑해서 안 될까요? 한마디로 "만물이 다 고린도 교인들의 것"이기 때문입니다. 헬라 철인들은 궁극적으로 지혜로운 현자만이 온 우주를 소유한다고 생각했는데, 고린도인들이 하나님 안에서 진정한 지혜를 소유할 경우 온 우주가 고린도인들의 소유임을 깨닫게 된다는 이치입니다.

'만물'(πάντα/판타/all things)이 어떤 것인지에 대해서 바울은 인간과 생사(生死), 시간과 공간을 비롯한 '일체의 것'을 총망라합니다. '만물'에는 먼저 세 사람, 즉 고린도인들이 자랑해 마지않는 바울과 아볼로와 게바(베드로)와 같은 '사역자들'이 속하고, 인간이 평생 노예로 붙들려 꼼짝달싹하지 못하는 다섯 가지, 즉 '세상'(κόσμος/코스모스/world)과 같은 공간과 '지금 것'과 '장래 것'과 같은 시간도 속하고, '삶'(ζωή/조에/life)과 '죽음'(θάνατος/다나토스/death)도 속합니다. 여덟 가지야말로 우주에 존재하는 모든 것을 대표합니다.

자신의 힘으로 통제할 수 없는 세력에 붙들려 살던 고린도인들이 그리스도 복음의 능력으로 이 세력에서 해방되어 자유함을 누리게 되었습니다. 그러므로 고린도인들이 여덟 가지 세력에 속한 것이 아니라, 거꾸로 여덟 가지가 고린도교회에 속하게 되었습니다.

고린도인들은 바울이나 아볼로나 베드로에게 속한 것이 아니라, 바울과 아볼로와 베드로가 고린도교회에 속했기에 이런 지도자들을 자랑해서 안 됩니다. 고린도교회가 바울이나 아볼로와 같은 사역자들에게 속한 것이 아니라, 사역자들이 고린도교회에 속했기에 그 사역자들을 자랑해서 안 된다는 말입니다.

만물이 고린도교회에 선물로 주어졌다면, 쩨쩨하게 일개 인간에 불과한 바울이나 아볼로나 베드로를 앞세워 자랑하는 일은 무익하기 짝이 없습니다. 바울이나 아볼로나 베드로와 같은 '사람들'보다 훨씬 더 큰 선물인 세상과 삶과 죽음과 현재와 미래가 고스란히 고린도교회의 소유라고 한다면, 바울과 아볼로와 같은 사람들을 자랑하는 것은 그 깊이와 넓이를 알 수 없는 대양을 코앞에 두고 작은 수영장을 자랑하는 것과 같이 어리석습니다.

"사람을 자랑하지 말라"고 권고하고, "왜 사람을 자랑해서 안 되는지" 신학적 근거를 댄 바울은 이제 결정적으로 중요한 '송영'(doxology)으로 결론을 맺습니다.

너희는 그리스도의 것이요 그리스도는 하나님의 것이니라(23절).

지금까지의 위계질서를 내림차순으로 정리하면 아래와 같은 피라미드 구조입니다.

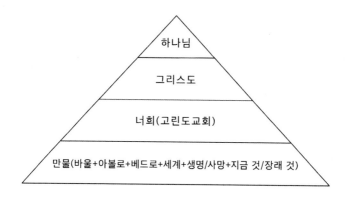

이와 같은 연쇄적인 위계질서로 보건대, 고린도인들은 오로지 그리스도와 하나님만을 자랑해야 합니다. 고린도교회가 만물을 소유해서 부족할 것이 없게 된 궁극적 이유는 고린도교회가 그리스도와 하나님께 속했기 때문입니다. 그러므로 고린도교회가 최종적으로 자랑해야 할 분은 '그리스도 예수를 통해서 계시된 하나님'입니다. 고린도교회를 소유한 최종 주인은 그리스도와 하나님이십니다.

8. 그리스도의 일꾼

고전 4:1-5

고린도교회에 포문을 열다

4장은 바울의 심오한 사상과 수사학적 풍자가 돋보입니다. '고린도 교회의 분쟁'을 다룰 때 3장까지는 주로 원론만 제시했습니다. 십자가에 달리신 그리스도의 복음을 향해 고린도교회를 재정향(再定向/reorienting)하는 것에 주력했습니다. '비유'(metaphor)나 '풍자'(諷刺/irony)를 사용해서 신학적인 주제를 제기하며, 분쟁 문제를 간접적으로 접근했습니다. 4장부터는 논조가 확연히 달라집니다. 직접적이고 노골적으로 분쟁 문제를 따지고 꾸짖습니다. 굉장히 개인적이고 공격적인 톤으로 모드가 바뀝니다. 바울이 보기에 교회에 분쟁이 일어난 이유는 십자가 복음을 오해했기 때문이며, 교회 공동체와 교회를 섬기는 사역자의 본질을 오해했기 때문입니다. 4장은 여기에서 한 걸음 더 나아가 고린도교회의 오해가 바울 자신에 대한 몰이해와 적대감 때문에 비롯되었다는 사실을 밝힙니다.

4장 전체를 살펴보면 고린도 교인 상당수가 바울에게 적대적이었던 것 같습니다. '바울파'를 제외한 '아볼로파'와 '게바파'와 '그리스도파'는 단순히 '바울에게 속하지 않은 사람들'이 결성한 파당이 아니라, '바울에게 노골적인 적대감을 품은 반(反)바울파(anti-Paul) 인사들'의 결집체였음을 알 수 있습니다. 그러므로 바울은 자신에게 적대감을 품은 사람들에게 자신의 '사도적 권위'를 정립할 필요가 있습니다.

4장은 주제에 따라서 세 부분으로 나뉩니다. 1-5절에서 바울은 고린도인들이 자신에 대해서 주제넘은 판단을 하는 것을 '가정 관리자'(household steward) 이미지를 빌려서 반박합니다. 6-13절은 '자만에 빠져 한껏 부풀어 오른 고린도인들'과 '자신의 비참한 처지'를 대조하며 '진정한 사도의 길'과 '진정한 제자의 길'이 어떤 길인가를 제시합니다. 이 부분이야말로 바울 특유의 역설(paradox)과 풍자(irony)와 비꼼(sarcasm) 등의 수사학적 표현이 돋보이는 명문장이라고 할 것입니다. 무엇보다도 6-13절은 제자가 되는 길이 세상에서 지혜롭고 강력하고 온갖 것을 다 가진 부요의 길이 아니라, 십자가에 달리신 그리스도를 따라서 고난받고 배척받는 것을 마다하지 않는 가시밭길임을 보여줍니다. 그러므로 마르틴 루터(Martin Luther, 1483~1546)가 그토록 힘주어 옹호한 '영광의 신학'(Theolgia Gloriae/Theologie der Herrlichkeit)이 아닌 '십자가의 신학'(Theologia Crucis/Theologie des Kreuzes)의 진수(眞髓)가 유감없이 드러납니다. 14-21절은 고린도교회 분쟁 문제의 결론부로서 아버지가 자상하면서도 엄격하게 아들을 타이르듯이 교인들을 훈계하는 것으로 끝납니다.

사역자 = 그리스도의 일꾼

바울은 고린도인들이 자신을 함부로 판단하는 것에 신학적으로 응수합니다. 바울파를 제외한 세 파에 속한 사람들은 대체로 바울의 사도권을 인정하지 않고 그의 외모나 언변을 깔보았던 것 같습니다(고후 10:10 참조). 바울에 대해서 인간적이고 세상적인 판단을 내렸던 것입니다. 바울은 자신에 대한 비우호적인 판단에 직면해 사역자가 궁극적으로 지향해야 할 '진정한 판단'이 어떤 것인가를 보여줍니다. 이를 위해서 바울은 '사역자의 정체성과 자세'부터 먼저 짚습니다(4:1-2).

개역개정	사람이 마땅히 우리를 <u>그리스도의 일꾼</u>이요 <u>하나님의 비밀을 맡은 자</u>로 여길지어다 그리고 맡은 자들에게 구할 것은 **충성**이니라.
새번역	사람은 이와 같이 우리를, <u>그리스도의 일꾼</u>이요 <u>하나님의 비밀을 맡은 관리인</u>으로 보아야 합니다. 이런 경우에 관리인에게 요구하는 것은 **신실성**입니다.
NRSV	Think of us in this way, as **servants of Christ** and **stewards of God's mysteries**. Moreover, it is required of stewards that they be found **trustworthy**.

바울은 '사역자(일꾼) 비유'를 여기에서 또 한 차례 사용하되(3:5 참조), 다른 목적으로 그리합니다. 3:5-9에서는 사역자들이 맡은 역할은 각각 다르지만 공동의 주인이신 하나님을 섬기는 일꾼들이라는 사실을 강조했는데, 여기에서는 바울을 비롯한 사도들과 사역자들이 오직 하나님 한 분에 의해서만 판단을 받아야만 한다는 사실을 강조합니다.

바울에 따르면 자신을 비롯한 아볼로나 베드로와 같이 고린도교회를 섬긴 사역자들의 정체성은 두 가지로 요약됩니다. 하나는 '그리스도의 일꾼'(ὑπηρέτας-Χριστοῦ/휘페레타스 크리스투/servants of Christ)이요, 또 하나는 '하나님의 비밀을 맡은 관리인'(οἰκονόμους-μυστηρίων θεοῦ/오이코노무스 뮈스테리온 데우/stewards of God's mysteries)입니다. ὑπηρέτας (휘페레타스)는 다른 사람의 일을 맡아서 하는 일꾼을 지칭하는 일반 용어입니다. οἰκονόμους (오이코노무스)는 한 집안(household)의 일을 떠맡아

관리하는 청지기를 말합니다. 강조점은 사역자들이 '그리스도께 속한 일꾼들'이요, '하나님의 일을 맡은 청지기들'이라는 사실에 있습니다. 그러므로 그리스도의 일꾼들에게는 주인이신 그리스도께 한없이 겸손한 동시에 자기가 맡은 일을 성실히 행해야 할 책임이 있습니다.

사역자들이 고린도교회에 속한다고는 하나(3:22), 이것은 어디까지나 그리스도의 일꾼들로서 교회를 섬기기 위해서 그렇습니다. 사역자들은 '고린도 교인들의 일꾼들'이 아니라 '그리스도의 일꾼들'이요, 만세 전에 십자가를 통해 세상을 구원하시려는 '하나님의 감추어진 비밀을 맡은 관리인들'입니다. 따라서 그리스도의 일꾼들에게 요구되는 자세는 세간의 '인기'나 '성공'이 아니라 '충성됨'(신실성/πιστός/피스토스/faithful/trustworthy)입니다. 원어 성경에 '충성스러움'이 '발견된다'(εὑρεθῇ/휴레데/to be found)는 수동태로 표현되어 있습니다. '충성스럽다'는 사실을 자신이 떠벌리는 것이 아니라, 하나님과 다른 사람들에 의해서 발견되어야 한다는 것입니다. 하나님과 사람들이 알아주어야 한다는 것입니다.

바울에 대한 사람들의 평가

사역자에 대한 판단 기준은 "그 사역자가 얼마나 세상 지혜가 탁월하고 풍채와 언변이 준수하냐"가 아니라, "얼마나 주인 되신 그리스도께 신실하고 충성스러우냐"에 달려 있습니다. 바울이 고린도인들에게 "인기가 없다"(바울을 배척한다)고 할지라도 그리스도로부터 신실하다는 인정을 받으면 그리스도의 진정한 일꾼입니다. 이런 맥락에서 바울은 자신에 대한 여러 판단을 언급합니다(3-4b절).

개역개정	너희에게나 다른 사람에게나 판단 받는 것이 내게는 매우 작은 일이라 나도 나를 판단하지 아니하노니 내가 자책할 아무 것도 깨닫지 못하나 이로 말미암아 의롭다 함을 얻지 못하노라.
새번역	내가 여러분에게서 심판을 받든지, 세상 법정에서 심판을 받든지, 나에게는 조금도 문제가 되지 않습니다. 그뿐만 아니라, 나도 나 자신을 심판하지 않습니다. 나는 양심에 거리끼는 것이 없습니다. 그러나 이런 일로 내가 의롭게 된 것은 아닙니다.
NRSV	But with me it is a very small thing that I should be judged by you or by any human court. I do not even judge myself. I am not aware of anything against myself, but I am not thereby acquitted.

'판단'을 새번역에서는 '심판'으로 번역했습니다. '판단하다' 혹은 '심판하다'의 헬라원어는 ἀνακρίνω(아나크리노)인데, '질문하다'(question), '검증하다'(examine), '면밀히 조사하다'(scrutinize), '판단하다'(judge), '평가하다'(evaluate) 등의 의미가 있습니다. '심판'에는 '최후 심판'(final judgment)이라는 말도 있듯이, 종말의 날에 받게 될 하나님의 심판의 의미가 있기에 하나님께서 최종적으로 내리시는 판단만 '심판'으로 번역하고, 고린도교회와 세상 사람들과 바울 자신의 양심이 바울에게 내리는 판단은 '평가'로 번역하는 것이 좋을듯싶습니다.

바울에 대한 평가에는 네 가지가 있습니다. '고린도교회의 평가'와 '세상 사람의 평가'와 '자기 양심이 자기에게 하는 평가', '하나님의 최종 심판'입니다. 고린도교회를 개척해서 복음을 전파한 바울에 대한 교인들의 평가가 있습니다. 오늘날도 어느 교회에서나 목회자에 대한 평가가 분분하듯이 고린도교회 역시 교회를 거쳐 간 바울이나 아볼로와 같은 사역자들에 대한 평가가 분분했을 것입니다. "잘생겼다, 못생겼다"는 외모에 대한 판단에서부터 "설교를 잘한다, 못한다"는 실력에 대한 판단, "따뜻하다, 차갑다"는 성품에 대한 판단에 이르기까지 다양한 판단을 했을 것입니다.

바울은 세상 사람들이 자기에게 내리는 평가도 언급합니다. 새번역은 의역(意譯)해서 '세상 법정'으로 번역했는데, 원문에는 ὑπὸ ἀνθρωπίνης (휘포 안드로피네스/by a human), 즉 '어떤 사람에 의해서 판단을 받는 것'으로 되어 있습니다. 교인들의 평가가 교회 내부의 평가라고 한다면, 교회 밖 세상 사람들이 바울을 면밀하게 조사해서 내리는 외부 평가도 있을 것입니다. 새번역이 의역한 대로 복음을 전하다가 고소를 당해서 세상 법정에 서는 법률적 판단도 배제할 수 없습니다.

세 번째로 바울의 양심이 자기에게 내리는 평가도 있습니다. 동서고금을 막론하고 철인이나 현자는 자아성찰을 게을리하지 않았습니다. 공자의 제자 증자(曾子, 주전 505~435)는 '일일삼성'(一日三省)이라는 말을 했습니다. 날마다 세 가지를 반성했다는 말입니다. "나는 다른 사람을 위해서 최선을 다했는가?", "친구를 사귐에 신용을 잃지 않았는가?", "스승에게 배운 것을 실천했는가?" 자기반성은 양심을 살피는 일입니다. 바울 역시 자신을 성찰할 때 "양심에 거리끼는 일을 하지 않았다"고 고백합니다. 그러나 바울의 양심이 자신에게 아무 책잡힐 일을 하지 않았다고 긍정적인 평가를 내린다고 할지라도, 이것을 신뢰할 수 없는 이유가 있습니다(4a절).

개역개정	내가 자책할 아무 것도 깨닫지 못하나 이로 말미암아 의롭다 함을 얻지 못하노라.
새번역	나는 양심에 거리끼는 것이 없습니다. 그러나 이런 일로 내가 의롭게 된 것은 아닙니다.
NIV	My conscience is clear, but that does not make me innocent.
NRSV	I am not aware of anything against myself, but I am not thereby acquitted.

양심이 자신을 떳떳하게 평가한다고 할지라도, 이것 때문에 하나님께서 의롭다고 인정해주시는 것은 아닙니다. '양심의 깨끗함'(無責)이 칭의의 근거가 될 수 없다는 것입니다. 우리가 의롭다고 인정받는 것은 그리스도를 믿음으로써 값없이 주시는 하나님의 은혜로 말미암는 것이지, 양심이 자책할 것이 없다고 판정하기 때문이 아닙니다. 양심 때문에 의로워진다면, 그것은 또 다른 공로주의에 빠지고 말 것입니다.

주님의 일꾼을 심판하실 분은 주님

바울은 "나를 심판하시는 분은 주님이십니다"(4b절)라고 외칩니다. 바울은 공정한 심판자를 지칭할 때 '주님'(κύριός/퀴리오스/Lord)이라는 표현을 씁니다. '주님'은 당연히 '그리스도'를 일컫는 칭호(title)이지만, 본뜻은 일꾼을 세우고 다스리는 '주인'(master)을 의미하기에 자신의 일꾼들을 공정하게 판단할 수 있는 사람은 주인밖에 없기에 바울은 이 말을 의도적으로 골라 씁니다.

고린도 교인들의 평가도, 세상 사람들의 평가도, 자기 양심의 평가도 온전치 못합니다. 바울을 가장 정확하고 공정하게 평가하실 분은 그리스도 한 분밖에 없습니다. 바울을 '하나님 집의 관리자(청지기)이자 일꾼'으로 세우신 그리스도야말로 바울을 심판할 진정한 권세를 가지신 분입니다. 남의 집 종에 대해서 주인 외에는 이렇다 저렇다 평가할 권리가 없습니다.

> 우리가 누구이기에 남의 종을 비판합니까? 그가 서 있든지 넘어지든지,
> 그것은 그 주인이 상관할 일입니다. 주님께서 그를 서 있게 할 수 있으시니,
> 그는 서 있게 될 것입니다(롬 14:4).

바울을 비롯한 그리스도의 일꾼들에 대한 세 가지 평가가 나름대로 중요하고 경청할 필요가 있다고 할지라도 바울에게는 훨씬 더 중요한 평가와 판단이 있습니다. 그 평가와 판단은 종말의 날에 하나님께서 바울에게 내리는 최후 심판입니다.

이런 이유로 바울은 교회가 자신을 평가하든, 세상 사람들이 자기를 평가하든, 양심이 자신을 평가하든 간에 이 모든 평가는 자기에게 '매우 작은 일'(a very small thing)이라고 고백합니다. 헬라어 원어 성경에는 'ἐλάχιστόν'(엘라키스톤), 즉 최상급으로 '가장 작은 일'(the smallest thing)로 되어 있습니다. 새번역은 "조금도 문제가 되지 않는다"(I care very little, NIV)로 잘 의역했습니다. 교회나 세인들의 판단, 양심의 판단에 조금도 개의치 않겠다는 태도입니다! 사역자가 사람들의 이런저런 평가에 휘둘린다면, '사람의 일꾼'이지 '그리스도의 일꾼'이 아닐 것입니다. 인간의 판단보다 훨씬 더 중요한 판단은 자신을 일꾼으로 불러주셨고, 하나님 집의 관리자로 불러주신 그리스도를 통해서 계시된 하나님의 판단입니다.

그때에 하나님으로부터

바울은 5절에서 사역자에 대한 판단 문제에 결론을 내립니다.

개역개정	그러므로 때가 이르기 전 곧 주께서 오시기까지 아무 것도 판단하지 말라 그가 어둠에 감추인 것들을 드러내고 마음의 뜻을 나타내시리니 그 때에 각 사람에게 하나님으로부터 칭찬이 있으리라.
새번역	그러므로 여러분은 주님께서 오실 때까지는, 아무것도 미리 심판하지 마십시오. 주님께서는 어둠 속에 감추인 것들을 환히 나타내시며, 마음 속의 생각을 드러내실 것입니다. 그 때에 사람마다 하나님으로부터 칭찬을 받을 것입니다.
NRSV	Therefore do not pronounce judgment before the time, before the Lord comes, who will bring to light the things now hidden in darkness and will disclose the purposes of the heart. Then each one will receive commendation from God.

고린도교회에 파쟁이 생긴 이유는 사역자들에 대한 이런저런 평가와 판단 때문입니다. "바울 목사님이 이렇고, 아볼로 목사님이 저렇고, 베드로 목사님은 어떻고" 하는 평가와 판단 때문에 갈라지고 다투고 되었습니다. 그러기에 바울은 고린도인들에게 가장 정확하고 공정하게 심판하실 주님이 오실 때까지는 "아무것도 미리 판단하지 말라"고 강력하게 명령합니다. '때가 이르기 전'(πρὸ καιροῦ/프로 카이루/before time)이나 '주님께서 오시기까지'(ἕως ἄν ἔλθη ὁ κύριος/헤오스 안 엘데 호 퀴리오스/until comes the Lord)는 다 그리스도의 재림으로 도래할 종말과 최후 심판을 강조합니다. 종말의 날에만 만사가 완전히 드러날 것이기에 미리 성급하게 심판하는 것은 위험합니다. 이런 이유로 5절에서 "미리 심판하지 말라"

고 할 때의 심판 'κρίνετε'(크리네테)는 지금까지의 '판단'(ἀνακρίνω/아나크리노)과는 다른 뉘앙스입니다. 'ἀνακρίνω'처럼 단순히 검증하고 평가하고 판단하는 문제가 아니라, 재판장이 '최종 판결'(final verdict)을 내린다는 '엄중함'의 의미가 있습니다.

주님의 날에 주님께서 주님의 일꾼들에게 내리는 최종 평가와 판단만이 절대적일 뿐, 그전에 사람들이 내리는 평가와 판단은 상대적일 수밖에 없음에도 사람들이 재판관 자리에 올라가 최종 판결을 내리는 것은 주제넘은 일입니다. 바울은 종말의 날에 그리스도께서 내리시는 심판만이 절대적인 이유 두 가지를 제시합니다.

첫째로 "주님께서 어둠 속에 감추어진 것들을 환히 나타내십니다." 사람들의 평가와 판단이 온전치 못한 이유는 밖으로 드러난 것들에만 의존하기 쉽기 때문입니다. 그러나 주님은 안으로 꽁꽁 감추어진 것들까지 드러내십니다.

둘째로 "주님께서 마음 속의 생각을 드러내십니다." '마음 속의 생각'(τὰς βουλὰς τῶν καρδιῶν/타스 불라스 톤 카르디온/the motives of the hearts)은 '마음 안에 있는 생각'이기에 인간의 가장 내밀(內密)한 깊이를 뜻하는 표현입니다. 마음조차 도무지 알 수 없는 수수께끼인데, 그 '마음의 마음', 즉 '마음 깊은 곳의 의도와 동기'는 심층심리학에서 말하는 그 끝을 알 수 없는 무의식 세계까지 포함할 것입니다. 이것은 교회 안이나 밖에 있는 사람들은 물론이고 자신도 알 수 없는 영역인데, 이 깊은 마음속 비밀을 주님은 손금 보듯이 알고 계십니다. 따라서 주님이야말로 주님이 고용하신 일꾼들의 잘잘못을 가장 정확하게 판단할 수 있는 분이십니다. 이런 이유로 바울은 주님의 공정한 평가와 심판 기준을 통과한 일꾼은 하나님으로부터 칭찬을 받을 것이라는 주장으로 결론을 내립니다(5c절).

새번역	그 때에 사람마다 **하나님으로부터** 칭찬을 받을 것입니다.
NRSV	Then each one will receive commendation from God.

평가나 판단과 관련해서 바울이 내리는 결론에서 처음과 마지막 표현 두 가지가 모든 것을 요약해줍니다. '그때에'(τότε/토테/then)와 '하나님으로부터'(ἀπὸ τοῦ θεοῦ/아포 투 데우/from God)입니다. 가장 공정한 심판이 일어날 **그때까지**(최후 심판의 날까지) 성급하게 사역자들을 판단하면 안 됩니다. 오직 공정한 심판은 하나님으로부터만 올 수 있습니다.

바울은 세간의 평가나 판단과 관련해서 오고 가는 세대의 모든 사역자가 귀감으로 삼아야 할 교훈을 들려줍니다. 교회에 파벌 다툼이 발생한 도화선은 사역자들에 대한 이런저런 판단이었습니다. 바울은 주님의 일꾼에 대한 공정한 평가는 주님만이 하실 수 있지, 사람들(교인들＋세상 사람들＋자신)이 할 수 있는 영역이 아님을 역설합니다. 사람들의 평가는 겉으로 드러난 것만으로 내려질 때가 많습니다. 마음속 깊이 꽁꽁 감추어진 동기까지 헤아려 판단하는 사람은 없습니다.

사역자는 사람들이 잘한다고 손뼉을 치거나 못한다고 맹비난할 때마다 일희일비(一喜一悲)할 필요가 없습니다. 그런 판단들은 다 일시적이고 상대적이고 피상적이기 때문입니다. 잘한다는 칭송이 들려올 때 우쭐대서 안 될 것이고, 못한다는 비난이 들려올 때 쪼그라들면 안 됩니다. 세인의 평가와 판단에 따른 인기와 성공만으로는 '주님의 일꾼의 전모'가 다 드러날 수 없습니다. 사역자가 진정으로 주님이 세우신 일꾼이라고 한다면, 그 일꾼을 가장 정확하게 평가하실 분은 주님 한 분이시기에 그분의 최종적인 평가와 판단을 염두에 두고 인기나 성공에 휘둘리지 않고 오직 일꾼으로 세워주신 주님께 '충성'을 다해야 할 것입니다.

9. 세상의 쓰레기, 만물의 찌꺼기

고전 4:6-13

기록된 말씀 밖으로?

4:1-5은 사역자에 대한 성급한 판단을 경계했습니다. 교인들과 세인들은 물론이고 자기 양심도 사역자에 대해서 이런저런 판단을 내릴수 있습니다. 바울은 고린도교회에 파벌싸움이 일어난 이유 가운데 하나가 사역자들에 대한 다양한 판단들 때문임을 정확히 간파했습니다. 좋은 평가든, 나쁜 평가든 사역자를 일꾼으로 세워주신 그리스도의 최종 판단이 있기 전에 함부로 속단하는 것은 위험합니다. 바울은 자신에 대한교인들의 판단, 세상 사람들의 판단, 심지어 자신의 양심이 내리는 판단까지도 크게 개의치 않고, 자기를 일꾼으로 고용하신 그리스도의 최후심판을 기다리며 오로지 그분께만 충성을 다하겠다고 다짐했습니다.

진실을 말할 때가 왔습니다. 본문은 수사학적으로 전형적인 '역설'과 '풍자'와 '반어'로 구성되어 있습니다. 노골적으로 비꼬고 빈정거림으로써 고린도 교인들의 오만을 있는 그대로 드러냅니다. 바울은 먼저 교회를 양분한 두 핵심 파당을 언급합니다. 여러 면으로 '바울'과 '아볼로'는 기질과 은사가 다릅니다. 바울과 아볼로가 고린도교회에 차례로 관여했다고 할 때 서로 다른 두 사역자에게 끌린 두 그룹의 교인들이 생길수 있습니다. 바울은 네 파당의 우두머리 가운데 자신과 아볼로 둘만본보기로 듭니다. 먼저 교인들이 바울과 아볼로를 중심으로 적대적 파벌을 구축한 것과는 달리 정작 당사자인 바울과 아볼로 사이에는 그 어떤 시기나 경쟁도 없었다는 사실부터 강조합니다(4:6).

개역개정	형제들아 내가 너희를 위하여 이 일에 나와 아볼로를 들어서 본을 보였으니 이는 너희로 하여금 '기록된 말씀 밖으로 넘어가지 말라' 한 것을 우리에게서 배워 서로 대적하여 교만한 마음을 가지지 말게 하려 함이라.
새번역	형제자매 여러분, 나는 여러분을 위하여 이 모든 일을 나와 아볼로에게 적용하여 설명하였습니다. 그것은 '기록된 말씀의 범위를 벗어나지 말라'는 격언의 뜻을 여러분이 우리에게서 배워서, 어느 한 편을 편들어 다른 편을 얕보면서 뽐내지 않도록 하려는 것입니다.
NRSV	I have applied all this to Apollos and myself for your benefit, brothers and sisters, so that you may learn through us the meaning of the saying, 'Nothing beyond what is written,' so that none of you will be puffed up in favor of one against another.

바울은 고린도 교인들에게 개인적인 이야기를 하겠다는 듯이 "형제자매 여러분" 하고 주의를 환기시킵니다. 지금까지 바울 자신과 아볼로를 적용의 예로 삼아 설명했다고 말씀합니다. "너희를 위하여 이 모든 일"이라는 표현이 중요합니다. '이 모든 일'(all these things)은 바울이 1:12에서 바울파와 아볼로파를 비롯한 네 당파를 처음 언급한 이후 지금까지 설명해온 모든 내용을 말할 것입니다. 세상 지혜를 자랑하기에 바쁜 나머지 '십자가의 도'를 잃어버린 교회를 꾸짖고자 바울은 하나님의 밭에서 '공동의 일꾼'이자 하나님의 집을 건축하는 '공동의 건축자'로 부름을 받은 자신과 아볼로를 대표적인 예로 들어 교회와 사역자의

본질을 설명했던 것입니다. 요점은 고린도 교인들이 오해하듯이 바울과 아볼로는 경쟁 관계가 아니라, 협력 관계에 있었다는 사실입니다.

바울은 자신과 아볼로를 본보기로 삼아 고린도인들을 가르치려고 한 목적이 무엇인지를 밝힙니다. 그것은 "기록된 말씀 밖으로 넘어가지 말라"(Do not go beyond what is written)는 격언을 교인들이 두 사람에게 배우도록 하기 위함이었습니다. '기록된 말씀'은 바울이 지금까지 교인들을 훈계하고자 인용한 구약의 말씀입니다. 세상 지혜나 세상 자랑을 경고한 하나님의 말씀입니다(1:19, 31; 2:9, 16; 3:19, 20 참조). 성경이 가르치는 진리는 사람을 자랑하지 말고 하나님을 신뢰하라는 것이기에 '기록된 말씀의 범위를 넘어가는 것'은 곧 인간이 하나님보다 더 지혜롭다는 교만에 빠져 사람의 지혜를 자랑하는 것입니다.

바울이 자신과 아볼로를 적용의 예로 삼아 구약에 기록된 하나님의 말씀으로 가르치려는 교훈은 "어느 한 편을 편들어 다른 편을 얕보면서 뽐내지 않도록 하려는 것"(새번역)입니다. 어느 한 편은 '바울파'도 될 수 있고 '아볼로파'도 될 수 있을 텐데, 한 편을 거들고 다른 편을 얕보는 것이야말로 성경이 가르치는 진리의 범위를 벗어나는 '탈선'(deviation)입니다.

은혜의 선물이 아닌 것처럼?

7절에서 바울은 고린도 교인 전체를 겨냥해서 세 가지 질문을 던지면서 직격탄을 날립니다.

개역개정	① 누가 너를 남달리 구별하였느냐?
	② 네게 있는 것 중에 받지 아니한 것이 무엇이냐?
	③ 네가 받았은즉 어찌하여 받지 아니한 것 같이 자랑하느냐?
새번역	① 누가 그대를 별다르게 보아줍니까?
	② 그대가 가지고 있는 것 가운데서 받아서 가지지 않은 것이 무엇이 있습니까?
	③ 모두가 [하나님으로부터 선물로] 받은 것이라면, 왜 받지 않은 것처럼 자랑합니까?
NRSV	① For who sees anything different in you?
	② What do you have that you did not receive?
	③ And if you received it, why do you boast as if it were not a gift?

세 가지는 모두 세상 지혜를 자랑하고 사람을 중심으로 파당을 만들어 상쟁하는 고린도인들의 양심을 콕콕 찌르는 질문들입니다. 첫째로 고린도교회를 '구별한 것'(διακρίνει/디아크리네이/distinguish), 즉 '남들보다 두드러지게 한 것'은 교인들이 잘났기 때문이 아니라, 하나님께서 거룩하게 구별해주셨기 때문입니다. 교인들이 뛰어났다면, 그것은 순전히 하나님의 은혜 때문에 그렇게 된 것이기에 자고(自高)할 이유가 전혀 없다며 주제넘은 자만을 꾸짖습니다.

두 번째와 세 번째 질문은 모두 '선물'(gift)과 관계되어 있습니다. 고린도인들이 받은 가지가지 은사는 '하나님이 주신 선물'(Gottes Gabe)이지, 스스로 쌓은 업적의 산물이 아닙니다(1:26-31; 3:19-21a 참조). 지혜든 은사든 고린도교회가 누리는 온갖 축복은 하나님이 주신 선물일 뿐이기에 우쭐대고 자랑해서 안 됩니다. 하나님으로부터 거저 받은 선물이기에 하나님께 감사해야 합니다. 하나도 하나님으로부터 안 받은 것처

럼 뻐기면서 자기 것인 양 다른 사람을 업신여겨서는 안 됩니다. 은혜는
감사와 겸손으로 이끌지만, 자만은 자랑과 판단과 시기와 분쟁을 일으킵니다.

배부르고 부요하고 왕이나 된 듯

8-13절에서 바울은 한껏 부풀어 오른 '고린도인들의 오만'과 '자신의
굴욕'을 역설적인 풍자와 반어를 통해서 대조합니다. 다분히 교인들이
'부끄러움'(shame)을 느끼도록 할 목적입니다.

> 네가 말하기를 나는 부자라 부요하여 부족한 것이 없다 하나 네 곤고한
> 것과 가련한 것과 가난한 것과 눈 먼 것과 벌거벗은 것을 알지 못하는도다(계
> 3:17).

8절은 자만과 자랑에 빠진 고린도교회의 실상을 빈정거리는 투로
폭로합니다.

개역개정	너희가 이미 배부르며 이미 풍성하며 우리 없이도 왕이 되었도다 우리가 너희와 함께 왕 노릇 하기 위하여 참으로 너희가 왕이 되기를 원하노라.
새번역	여러분은 벌써 배가 불렀습니다. 벌써 부자가 되었습니다. 우리를 제쳐놓고 왕이나 된 듯이 행세하였습니다. 여러분이 진정 왕처럼 되었으면, 좋겠습니다. 그렇게 하여 우리도 여러분과 함께 왕 노릇 하게 되면, 좋겠습니다.
NRSV	Already you have all you want! Already you have become rich! Quite apart from us you have become kings! Indeed, I wish that you had become kings, so that we might be kings with you!

중요한 말은 '이미'(벌써/ἤδη/에데/already)라는 부사입니다. 예수님이 다시 오실 최후 심판의 날이 아니라, 지금 여기에서 벌써 모든 것을 다 얻고 누리는 것처럼 착각하고 있다는 것입니다. 고린도인들은 "육체적으로 배가 부릅니다." "부자가 된 것처럼 뻐깁니다."

바울이 비판하는 것은 고린도교회가 받아 누리는 '풍성한 은사'가 아니라, 최후 심판의 날에 이루어질 '영화'(榮化/glorification)에 이미 도달했다는 착각과 자만심입니다. '이미'(already)와 '아직 아니'(not yet)의 긴장을 무시한 채, 이미 최고의 경지에 올랐다는 착각과 자만을 꾸짖는 것입니다. 지금은 십자가를 지고 "그리스도의 남은 고난을 채워야"(골 1:24) 하는 시기인데도, 고린도교회는 극단적 은사주의에 빠져서 최후 영화에 이미 도달했다는 섣부른 '승리주의'(triumphalism)에 도취해 있습니다.

"육체적으로 배부르고 수많은 것을 소유해서 부자가 되었다"고 착각하는 고린도인들은 급기야 "지금 벌써 왕이나 된 것처럼 행세합니다." 성경은 성도가 세상 끝날에 예수님과 더불어 '왕 노릇'하게 될 것을 약속합니다.

> 지극히 높으신 이의 성도들이 나라를 얻으리니 그 누림이 영원하고 영원하고 영원하리라(단 7:18).

> 한 사람의 범죄로 말미암아 사망이 그 한 사람을 통하여 왕 노릇 하였은즉 더욱 은혜와 의의 선물을 넘치게 받는 자들은 한 분 예수 그리스도를 통하여 생명 안에서 왕 노릇 하리로다(롬 5:17).

문제는 고린도인들이 성경에서 약속한 '성도의 왕 노릇'이 종말의 날에 실현될 것으로 생각하지 않고, 현재 이미 그 단계에 올라갔다고 자부하는 데 있습니다. 그날이 이르기 전까지 "그리스도인은 왕인 동시에 거지"라는 역설과 모순의 현실을 망각하는 데 문제가 있습니다.

바울을 비롯한 다른 사역자들은 지금 형편없이 굶주리고 헐벗고 가난해서 왕은커녕 거지같이 곤궁한 삶을 살고 있는데, 고린도인들은 영적인 자만심에 가득 차 이미 최후 영화에 도달한 것으로 우쭐거립니다. 그러기에 바울은 고린도인들이 "우리를 제쳐놓고 왕이나 된 듯이 행세한다"고 비꼽니다. 바울은 8절 끄트머리에서 자조 섞인 톤으로 빈정거립니다. "여러분이 진짜 왕이 되었으면 좋겠네요. 그 덕분에 우리도 왕 노릇 좀 한번 해보게!"

세상의 쓰레기, 만물의 찌꺼기

9-13절은 '영광의 신학'이 아닌 '십자가의 신학'이 어떤 것인지 그 진수를 알려줍니다. 예수님의 재림(παρουσία/파루시아) 때에나 가서야 실현될 최후 영화를 벌써 다 누린다고 착각하는 고린도인들에게 바울은 자신의 현재적 곤궁을 토로함으로써 지금 여기에서 예수 따르미들이 어떤 삶을 살아가야 하는지를 보여줍니다.

바울의 모습은 '배부르고 부유하고 왕 노릇하는 고린도 교인들의 모습'과는 딴판입니다. 9절과 13절 후반부는 바울이 겪고 있는 현재적 곤고를 적나라(赤裸裸)하게 요약합니다. 그 사이(10-13a절)에 고린도인들과 바울의 처지가 구체적으로 어떻게 다른지가 삽입되어 있습니다. 먼저 9절을 봅니다.

개역개정	내가 생각하건대 하나님이 사도인 우리를 죽이기로 작정된 자 같이 <u>끄트머리</u>에 두셨으매 우리는 **세계 곧 천사와 사람에게 구경거리**가 되었노라.
새번역	내가 생각하기에, 하나님께서는 사도들인 우리를 마치 사형수처럼 세상에서 가장 보잘것없는 사람들로 내놓으셨습니다. 우리는 **세계와 천사들과 사람들에게 구경거리**가 된 것입니다.
NRSV	For I think that God has exhibited us apostles as last of all, as though sentenced to death, because we have become a spectacle to the world, to angels and to mortals.

"내가 생각하기에"(δοκῶ/도코/I think)라는 표현은 사역자의 자세에 관한 바울의 개인적 견해를 피력하겠다는 뜻입니다. 고린도인들은 이미 최고의 부자나 최고의 왕좌에 올랐다고 자만하지만, 바울 자신은 사형선고를 받은 사형수처럼 되었다고 생각합니다. 바울은 두 가지 이미지를 고려하는 듯이 보입니다. 먼저 승전한 군대가 개선할 때 맨 끄트머리에서 쇠사슬에 질질 끌려가는 '패잔병'의 이미지입니다. 승전국 백성이 열렬히 환영하는 마당에 패전한 병졸로 전락해서 세상의 구경거리가 된 모습입니다. 전쟁 포로들은 온갖 수치와 모욕을 다 당한 끝에 결국 비참하게 죽을 것입니다(고후 2:14 참조). 또한 고대 로마의 원형 경기장 콜로세움에서 맹수나 전사와 싸우는 '검투사'(gladiator)의 이미지도 있습니다. 패잔병이나 검투사는 다 '사형수'(Todgeweihte)와 다를 바가 없는데, 바울의 강조점은 자신이 세계와 천사들과 사람들 앞에서 '구경거리'(θέατρον/데아트론/spectacle/Schauspiel)가 되었다는 사실에 있습니다. 단순히 세상 사람들에게만 조리돌림을 당하는 것이 아니라, 천사들 앞에서 '우주적인 놀림감'이 되었다는 것입니다. 고린도인들은 승전국의 왕이 로얄박스의 왕좌에 앉은 것처럼 의기양양한 데 반해서 자기와 사도들은

처형을 앞둔 전쟁 포로나 검투사처럼 온 세상의 구경거리로 전락했다는 것입니다. 사형수 이미지는 13절 후반부에 당대 헬라어 표현에서 가장 굴욕적인 용어를 서슴없이 채택함으로써 절정에 이릅니다.

개역개정	우리가 지금까지 **세상의 더러운 것**과 **만물의 찌꺼기** 같이 되었도다.
새번역	우리는 이 **세상의 쓰레기**처럼 되고, 이제까지 **만물의 찌꺼기**처럼 되었습니다.
NRSV	We have become like **the rubbish of the world, the dregs of all things**, to this very day.

'지금까지'(ἕως ἄρτι/헤오스 아르티/until now)는 어느 한순간에 일시적으로 그랬던 것이 아니고, 사역자의 삶을 시작한 이래 **여태껏** 곤궁과 고난의 시간이 계속되고 있다는 뜻입니다. '벌써' 천상의 보좌에 올라간 것처럼 구는 고린도 교인들과 좋은 대조가 됩니다. 그렇다면 그리스도의 사도가 되고 참 제자가 되는 길이 십자가에 달리신 그리스도와 얼마나 일치하는가에 달려 있음을 이보다 더 강렬하게 보여주는 표현은 없을 것입니다.

바울은 당대의 헬라어 수사법에서 가장 굴욕적인 표현을 골라 씁니다. '세상의 더러운 것'(세상의 쓰레기/περικαθάρματα τοῦ κόσμου/페리카다르마타 투 코스무/refuse of the world)과 '만물의 찌꺼기'(πάντων περίψημα/판톤 페립세마/offscouring of all things)는 똑같은 의미입니다. 바닥 청소를 끝낸 뒤에 남는 더러운 오물 찌꺼기입니다. (희생양의 비극적 운명을 의미한다는 해석도 있습니다.) 더는 내려갈 곳이 없는 가장 비참한 신세로 전락했다는 뜻입니다. 황금 왕좌 위에 올라가 앉은 것이 아니라, 세상 끄트머리에서 쓰레기 더미 위를 구른다는 말입니다.

오늘날 사역자들이 작은 인기나 작은 성공만 거두어도 한껏 부풀어 올라 쉽사리 자만과 허영에 빠지는 것과 얼마나 다른지요. '사도의 길'(apostleship)과 '제자의 길'(discipleship)은 인기와 성공과 영광의 꽃길이 아니라, 배척과 실패와 굴욕의 가시밭길임을 보여줍니다. 정확히 십자가에 달리신 예수 그리스도에 정조준된 삶입니다(사 53:2-3 참조).

너희와 우리는 이렇게 다르건만

9절과 13b절이 일종의 수미상관(inclusio)을 이룬 가운데, 그 사이에 (10-13a절) 바울은 고린도 교인들의 처지와 자신의 처지가 어떻게 다른지 세 가지를 비교합니다.

① 바울을 비롯한 사도들: "그리스도 때문에 어리석다."(fools for Christ) 고린도 교인들: "그리스도 안에서 지혜롭다."(so wise in Christ)
② 바울을 비롯한 사도들: "약하다."(weak) 고린도 교인들: "강하다."(strong)
③ 고린도 교인들: "영광을 누린다."(honored) 바울을 비롯한 사도들: "천대를 받는다."(dishonored)

사도가 겪는 고난과 배척은 바울이 자주 강조하는 '진정한 예수 따르미의 표식'입니다(고후 4:7-12; 6:4-5; 11:23-29; 12:10; 롬 8:35-36 참조). '고난 목록'(tribulation list)이야말로 고린도인들이 외면한 '십자가의 특징'입니다. 중요한 것은 이런 총체적 고난이 어떤 불행이나 극복해야 할 시련이 아니라, "십자가에 달리신 그리스도를 따르는 제자의 전매특허라는 바울의 자의식"입니다.

10절 전반부의 말씀, 즉 사도들은 '그리스도 때문에'(διὰ Χριστόν/디아 크리스톤/because of Christ) 어리석지만, 고린도인들은 '그리스도 안에서'(ἐν Χριστῷ/엔 크리스토/in Christ) 지혜롭다는 표현도 흥미롭습니다. 고린도인들은 그리스도 안에 있는 것으로만 만족하고, 그리스도 때문에 혹은 '그리스도를 위해서' 희생하려는 마음은 없습니다. 한 국가 안에 국민으로 살지만, 그 나라를 위해 충성하는 애국자가 되기는 어렵듯이 고린도인들은 그리스도 안에서 얻는 '유익'으로만 만족하고, 그리스도 때문에 그리스도를 위해서 '손해' 볼 생각은 하지 않았던 것입니다. 바울은 그리스도 안에서 얻은 유익도 많지만, 그리스도 때문에 잃어버린 것들을 차례로 열거합니다.

세 번째 비교에서 바울은 순서를 뒤집어 앞의 두 비교와 달리 고린도인들의 처지를 먼저 말한 뒤에 자신의 형편을 대조합니다. 이것은 그다음 11절부터 바울을 비롯한 사도들이 어떤 "천대를 받고 있는가"(dishonored)를 **곧바로** 구체적으로 서술하기 위함입니다(11-12a절).

개역개정	바로 이 시각까지 우리가 주리고 목마르며 헐벗고 매 맞으며 정처가 없고 또 수고하여 친히 손으로 일을 하며.
새번역	우리는 바로 이 시각까지도 주리고, 목마르고, 헐벗고, 얻어맞고, 정처 없이 떠돌아다닙니다. 우리는 우리 손으로 일을 하면서, 고된 노동을 합니다.
NRSV	To the present hour we are hungry and thirsty, we are poorly clothed and beaten and homeless, and we grow weary from the work of our own hands.

'이 시각까지'(ἄχρι τῆς ἄρτι ὥρας/아크리 테스 아르티 호라스/until the present hour)라는 표현도 '벌써' 절정에 이르렀다는 과도한 종말론적 의식에

사로잡힌 고린도 교인들과 달리 바울에게 십자가의 고난이 계속되고 있음을 알려줍니다. 사도들은 의식주(衣食住)라는 인간의 기본이 다 궁핍합니다. 굶주리고, 목마르고, 헐벗고, 집도 절도 없이 떠돕니다. 구타와 고문까지 당합니다(고후 11:24-25 참조). 바울이 고린도인들에게 경제적인 신세를 지지 않으려고 손수 천막 제조업자로 생계를 유지한 이야기는 유명합니다(행 18:3; 고전 9:4-18; 고후 11:7-9; 12:13-17 참조).

바울이 겪은 여섯 가지 형태의 고난은 다 가진 것처럼 배부르고, 부요하고, 왕 노릇하는 고린도인들의 삶과 사뭇 다릅니다. 바울은 이런 궁핍과 고난을 수동적으로 감내하는 것으로 그치지 않고, 적극적이고 건설적으로 대응합니다.

> 우리는 욕을 먹으면 도리어 축복하여 주고, 박해를 받으면 참고, 비방을 받으면 좋은 말로 응답합니다(12b-13a절).

다분히 예수님의 비보복 원수 사랑의 정신을 실천했다는 고백입니다(마 5:14; 눅 6:28; 롬 12:14; 벧전 3:9 참조). 박해를 똑같이 보복하거나 견디는 것으로 그치지 않고, 박해를 사랑으로 승화시켰다는 것입니다. 예수께서 십자가로 가는 길에서 가르쳐주신 그대로 따라 했다는 것입니다. 고린도인들은 자기들이 생각하는 그대로 바울도 **그리스도 안에서** "벌써 배부르고 벌써 부자가 되고 벌써 왕이나 된 듯이 행세하기"를 바랐겠지만(8, 10절), 바울은 거꾸로 **그리스도 때문에** "굶주리고 목마르고 헐벗고 얻어맞고 정처 없이 떠돌아다니는 삶"이 진정으로 그리스도를 뒤따르는 제자의 길이라고 확신하기에 고린도인들도 그런 길을 걸어야 한다고 생각합니다(11-13절). 서로의 '관점'(perspective)이 이렇게 다른 것입니다!

요약하면 바울이 제시한 '사도직'과 '제자도'야말로 '그리스도 안에서 얻는 유익에만 집착하는 삶'이 아니라, '그리스도 때문에 그리스도를 위해서 희생하는 십자가의 고난에 동참하는 삶'임을 보여줍니다.

10. 내 사랑하는 자녀같이

고전 4:14-21

책망의 역학관계

누가 누구를 책망하기는 쉽지 않습니다. 책망은 특별한 관계의 맥락에서 일어나기 때문입니다. 아버지가 아들을 책망할 수 있지만, 아들이 아버지를 책망하는 것은 특별한 경우가 아닌 한 일반 예의에 어긋납니다. 교사가 학생을 책망할 수는 있지만, 제자가 스승을 책망하는 것도 상례(常禮)에 맞지 않습니다. 책망에는 '책망할 자격'이 누구에게 부과되어 있느냐는 문제와 더불어 '책망의 범위'나 '책망의 강도' 등 여러 가지 복잡한 문제가 끼어 있습니다.

아버지는 당연히 아들을 책망할 자격이 있습니다. 교사도 학생을 책망할 자격이 있습니다. 하지만 책망의 범위나 정도에서는 아버지가 아들을 책망할 때와 선생이 제자를 책망할 때가 서로 다릅니다. 아버지는 아들의 학업을 비롯한 모든 행동거지에서 잘못이 발견될 경우 얼마든지 나무랄 수 있습니다. 말로 해서 안 될 때는 회초리도 들 수 있습니다. 그러나 교사가 학생을 책망할 때는 학교에서의 학업능력이나 학습 태도와 결부해서만 꾸짖을 수 있습니다. 학생의 가정에서 일어난 문제까지 시시콜콜하게 지적할 수는 없습니다. 책망의 방법이나 강도에 있어서도 주로 말이나 잘못에 상응하는 가벼운 벌로 해야지, 체벌과 같은 가혹한 수단은 용납되기 어렵습니다.

바울이 교회 분쟁과 관련해서 결론을 내릴 때가 되었습니다. 1:10부터 시작된 고린도교회의 당파 싸움에 대해서 양단간(兩端間)에 결론을 내려야 합니다. 파벌 다툼의 신학적 원인과 해결책에 지루하리만치 장황하게 훈계를 이어온 바울이 이 주제에 어떻게 결론을 맺는가는 참 궁금합니다. 바울은 다정하면서도 엄격한 아버지가 아들을 타이르고 나무라듯이 결론을 내립니다. 바울이 고린도인들을 책망하는 모습은 교사가 학생을 나무라는 것과는 차원이 다른, 아버지가 아들을 꾸짖는 모습임을 주목해야 합니다. 따뜻하면서도 매서운 아버지가, 한껏 교만해져서 아버지의 권위를 무시하고 탈선 일로를 걷는 아들을 타이르는 모습을 연상하면서 본문을 읽으면 좋겠습니다.

아버지가 자녀를 훈계하듯이

바울은 먼저 훈계의 목적이 무엇인지를 밝힙니다.

내가 너희를 부끄럽게 하려고 이것을 쓰는 것이 아니라 오직 너희를 내 사랑하는 자녀같이 권하려 하는 것이라(4:14).

바울은 지금까지 다양한 역설과 풍자와 반어법을 활용해서 고린도교회의 실상을 있는 그대로 폭로하면서 일치와 평화의 길을 제시하고자 '십자가의 도'를 설파했습니다. 독자들이 볼 때는 의심할 여지가 없이 교인들을 부끄럽게 하려는 것처럼 보였습니다. 하지만 바울의 진정한 목적은 그것이 아닙니다. 수치심을 자극해서 깎아내리고 넘어뜨리는 것이 목적이 아니라, 자신의 잘못을 깨달아 반성하게 해서 세우는 것이 목적입니다.

이 점이 내부와 외부의 시선 차이입니다. 가정에서 아버지가 아들의 비행을 매섭게 나무랄 때 바깥사람들이 볼 때는 수치심을 주는 것처럼 보여도 아버지의 목적은 사랑하는 마음으로 바로잡아 세워주는 데 있습니다. 이런 이유로 바울은 고린도인들을 자신의 '사랑하는 자녀들같이' (ὡς τέκνα δου ἀγαπητὰ/호스 테크나 무 아가페타/as my beloved children) 생각한다고 말씀합니다. 고린도인들이 친자식들과 같기에 그들이 잘못된 길로 빠질 때, 그것을 고쳐주고자 모든 방법을 총동원해 꾸짖기도 하고 어르기도 했다는 것입니다. 바울이 고린도인들을 책망하는 것은 선생이 제자를 책망하는 것과는 차원이 다른, 아버지가 아들을 나무라는 모습입니다.

> 그리스도 안에서 여러분에게는 일만 명의 스승이 있을지 몰라도, 아버지는 여럿이 있을 수 없습니다. 그리스도 예수 안에서 복음으로 내가 여러분을 낳았습니다(15절).

바울이 고린도인들이 수치심을 느낄 정도로 가혹하게 훈계하는 이유는 그들이 바울에게 사랑하는 자식들과 같기 때문입니다. 바울은 이 점에서 '스승'과 '아버지'의 차이를 언급합니다. 스승(παιδαγωγοὺς/파이다고구스)은 학교에서 학생들을 가르치는 '교사'(teacher)라기보다는 고대 로마 사회에서 귀족 집안의 가정 교육을 '도맡아서 하는 노예'(trusted slave)를 일컫습니다. 가정 교육을 감독하고 총괄하는 '후견인'(guardian)입니다. 갈라디아서 3:24에서 말씀하는 '초등 교사'(몽학선생/개인교사/disciplinarian)가 '파이다고구스'입니다.

아이가 태어나 어른으로 자라기까지 가정교사들의 훈도가 있기에 성장하고 성숙해갈 수 있습니다. 그리스도인의 경우에도 수많은 영적 스승이 있기에 꾸준히 발전해나갈 수 있습니다. 이런 이유로 바울은 "그리스도 안에서 일만 명의 스승이 있다"는 표현을 씁니다. '일만 명'(μυρίους/뮈리우스/ten thousand)이라는 숫자는 "헤아릴 수 없이 많다"는 사실을 강조합니다.

그러나 영적 성장과 성숙에 도움을 주는 영적 스승들이 수없이 많다고 할지라도 한 사람의 그리스도인을 낳는 영적인 아버지는 그런 스승들과 차원이 다릅니다. 바울은 스승과 아버지의 차이를 강조하고자 "스승은 일만 명이나 있을지라도, 아버지는 여럿이 있을 수 없다"고 말씀합니다. 우리를 낳아주신 아버지는 한 분밖에 없습니다. 바울은 고린도교회의 개척자이기에 교인들을 출산한 영적 아버지라는 표현은 적절합니다. 창립자로서의 바울의 위상은 후속 사역자들인 아볼로나 베드로와 같은 스승들과는 차원이 다르다는 것입니다.

바울은 자신이 "그리스도 예수 안에서 복음으로써 너희를 낳았다" (ἐν Χριστῷ Ἰησοῦ διὰ τοῦ εὐαγγελίου ἐγὼ ὑμᾶς ἐγέννησα/엔 크리스토 예수 디아 투 유앙겔리우 에고 휘마스 에겐네사)는 표현을 씁니다. '낳았다'(begotten)에 강조점이 있습니다. 스승은 기르지만, 아버지는 생명을 낳습니다. 중요한 것은 바울이 고린도인들을 낳았을 때 자신의 힘으로 그리한 것이 아니라, '그리스도 예수 안에서 복음으로' 낳았다는 사실입니다. 그리스도의 복음은 한 생명을 출산하는 능력이 있습니다!

갈4:19	나의 자녀들아 너희 속에 그리스도의 형상을 이루기까지 다시 너희를 위하여 해산하는 수고를 하노니(My little children, for whom I am again in the pain of childbirth until Christ is formed in you).
몬1:10	갇힌 중에서 낳은 아들 오네시모를 위하여 네게 간구하노라(I am appealing to you for my child, Onesimus, whose father I have become during my imprisonment).

나를 본받는 자가 되어라

바울과 고린도인들의 관계가 사제 관계를 넘어서 부자 관계이기에 바울은 그들을 향해서 매우 대담한 요구를 할 수 있습니다(16절).

그러므로 내가 너희에게 권하노니 너희는 나를 본받는 자가 되어라(I appeal to you, then, be imitators of me).

누가 누구에게 자신을 본받으라고 말하기는 어렵습니다. 아무리 부전자전(父傳子傳)이라고 해도 아버지가 아들에게 자신을 본받으라고 말하기도 쉽지 않습니다. 그런데도 바울은 고린도인들이 자신을 '본받는 자들'(μιμηταί/미메타이/imitators)이 될 것을 요구합니다. 바울이 자신을 본받으라고 할 때는 자신의 인격이나 신앙이나 복음 전도의 열정을 본받으라는 뜻이 있겠지만, 더 근본적인 의도는 자신이 본받으려고 애쓰는 그리스도를 본받으라는 뜻일 것입니다. 다시 말해 자신의 인격이나 삶을 카피하라는 뜻이기보다는 자신이 예수를 그토록 닮으려고 애쓰는 까닭에 고린도 교인들도 '예수 본받기의 모델로서의 자신'을 본받으라고 권면합니다.

또 너희는 많은 환난 가운데서 성령의 기쁨으로 말씀을 받아 우리와 주를 본받은 자가 되었으니 그러므로 너희가 마게도냐와 아가야에 있는 모든 믿는 자의 본이 되었느니라(살전 1:6-7).

'예수 본받기의 한 모범'으로서의 바울을 고린도인들이 본받으려면, 바울이 고린도교회 현장에 없을 때에도 한 가지 대안이 있습니다. 그것은 "바울의 예수 본받기를 가장 잘 본받는 제자 한 사람을 고린도교회에 파송하는 방법"입니다. 그 제자가 바로 '디모데'인데, 바울은 디모데가 어떤 사람이고 어떤 목적으로 고린도교회를 방문할 것인지를 이렇게 말씀합니다(17절).

개역개정	이로 말미암아 내가 주 안에서 내 사랑하고 신실한 아들 디모데를 너희에게 보내었으니 그가 너희로 하여금 **그리스도 예수 안에서 나의 행사** 곧 내가 각처 각 교회에서 가르치는 것을 생각나게 하리라.
새번역	이 일 때문에 나는 디모데를 여러분에게 보냈습니다. 그는 주님 안에서 얻은 나의 사랑하는 신실한 아들입니다. 그는 **그리스도 [예수] 안에서 행하는 나의 생활 방식**을 여러분에게 되새겨 줄 것입니다. 어디에서나, 모든 교회에서 내가 가르치는 그대로 말입니다.
NRSV	For this reason I sent you Timothy, who is my beloved and faithful child in the Lord, to remind you of **my ways in Christ Jesus**, as I teach them everywhere in every church.

바울은 디모데를 "주 안에서 내 사랑하고 신실한 아들"로 소개합니다. 디모데야말로 바울이 그리스도의 복음으로 낳은 영적인 아들입니다(딤전 1:2; 딤후 1:2). 바울과 디모데의 관계는 단순히 스승과 제자의 관계가

아니라 아버지와 아들의 관계였습니다. 바울은 디모데가 "자신의 예수 본받기를 가장 잘 본받고 있는 제자"이기에 그를 고린도교회에 파송했던 것입니다. 자신이 직접 갈 수 없는 상황이었기에 차선책으로 바울의 대리자로서 디모데를 파견했던 것입니다.

디모데가 고린도에 가서 해야 할 사명이 있습니다. 그것은 바울이 각처 각 교회에서 그리스도 안에서 한 '행사'(ὁδούς/호두스/ways/Wege)를 상기시키는 일입니다. 바울이 어떤 삶의 방식으로 복음 전파에 힘썼는 가를 고린도인들에게 되새겨서 그들이 바울의 행사를 본받게 하려는 데 디모데의 파견 목적이 있었습니다.

교만한 자들을 향한 마지막 경고

바울이 디모데를 파견했지만, 바울과 고린도교회를 괴롭히는 '문제아들'(troublemakers)을 치리하는 데에는 역부족이었습니다. 문제아들은 고린도교회의 일부에 불과했지만, 교회 전체의 일치와 평화에 심각한 악영향을 미쳤습니다. 이들은 바울이 고린도교회에 오지 않을 것이라고 짐작한 나머지, 하늘 높은 줄 모르고 기고만장(氣高萬丈)해졌습니다.

그런데 여러분 가운데는, 내가 여러분에게로 가지 못하리라고 생각하여 교만해진 사람이 더러 있습니다(18절).

교회를 어지럽히는 문제아들은 분명히 바울에게 적대감을 품고서 사사건건 바울의 권위를 깔보는 사람들입니다. 이런 이들에게는 디모데를 파견하는 것만으로 충분치 않습니다. 바울이 직접 가야 하는데, 문제는 바울의 고린도 방문이 지연될 경우에 이것을 빌미로 그들이 더더욱 교만해질 수 있다는 사실입니다. 바울은 이들에게 엄포를 놓습니다 (19-20절).

새번역	주님께서 허락하시면, 내가 속히 여러분에게로 가서, 그 교만해진 사람들의 **말**이 아니라 **능력**을 알아보겠습니다. **하나님 나라**는 말에 있지 아니하고, **능력**에 있습니다.
NRSV	But I will come to you soon, if the Lord wills, and I will find out not the **talk** of these arrogant people but their **power**. For the **kingdom of God** depends not on **talk** but on **power**.

"주께서 허락하시면"(ἐὰν ὁ κύριος θελήσῃ/에안 호 퀴리오스 델레세)은 바울의 고린도 방문이 자신의 계획에 달린 것이 아니라, 주님의 섭리하에 있다는 고백입니다(고전 16:7; 약 4:15 참조). 주께서 허락하시지 않으면, 고린도 방문이 불발(不發)로 그칠 수도 있기에 이런 조건문을 제시한 것입니다. 중요한 것은 바울이 고린도교회를 방문한다면, 바울의 권위에 정면으로 도전하고 교회의 일치와 평화를 깨뜨린 무리를 가만히 두지 않겠다는 경고입니다.

이 무리의 가장 큰 특징은 '교만'(φυσίωσις/퓌시오시스/puff-up or blow-up/ Aufgeblassenheit)입니다. 세상 지혜와 자신이 받은 은사를 자랑하다 못해 다른 이들을 얕보는 사람들입니다. 바울은 이 교만한 무리를 시험하겠다고 벼릅니다. 교만해진 사람들이 말로만 그런 것인지, 아니면 실제로 성령의 능력을 일상에서 체험하고 있는지를 따져보겠다는 것입니다. 그러면서 '하나님의 나라'(ἡ βασιλεία τοῦ θεοῦ/헤 바실레이아 투 데우/the Kingdom of God/das Reich Gottes)는 '말'(λόγος/로고스/talk)에 있지 않고, '능력'(δύναμις/뒤나미스/power)에 있음을 분명히 합니다.

> **하나님의 나라는 먹는 것과 마시는 것이 아니요 오직 성령 안에 있는 의와**
> **평강과 희락이라(롬 14:17).**

말과 능력의 차이를 비근(卑近)한 예를 들어서 설명해봅시다. 제가 자동차를 과속으로 몰다가 교통경찰에게 걸렸다고 가정해봅시다. 속도 제한이 60킬로인데 제가 80으로 달리다가 경광등을 번쩍이며 요란하게 사이렌 소리를 울리며 뒤쫓아오는 경찰에게 걸렸습니다. 저는 마음속으로 수많은 변명거리를 생각해낼 수 있겠지요. "약속 시각 안에 못 갈까 봐 속력을 냈다", "제한 속도 푯말을 보지 못했다." 심지어 "경목인데, 딱 한 번만 봐 달라"는 비겁한 구걸까지 생각해봅니다.

드디어 창문을 내리고 경찰과 마주하게 됩니다. 문제는 제가 궁색한 변명거리를 수없이 말한다고 할지라도 경관 앞에서 아무런 **능력**도 발휘하지 못한다는 초라한 현실에 있습니다. 오히려 말을 많이 할수록 제체면이 깎이는 것은 물론이고, 점점 더 불리해져 벌과금이 올라갈 수 있습니다. 반대로 그 교통경찰은 한마디 말도 하지 않아도 제복을 입었다는 사실 하나만으로 제가 꼼짝할 수 없는 권위와 능력을 갖습니다.

고린도 교인들도 마찬가지입니다. 온갖 세상 지혜와 하나님으로부터 받은 갖가지 은사를 제아무리 말로 떠벌리고 자랑한다고 할지라도 삶의 행실이 성령의 능력으로 변화되지 않았다면 말과 지혜와 자랑은 모두 헛것이 되고 맙니다. 하나님의 나라는 말에 있지 않고, 삶을 구체적으로 변화시키는 '성령의 능력'에 있기 때문입니다(20절).

채찍이냐? 당근이냐?

바울은 "당근이냐? 채찍이냐?" 양자택일을 요구하면서 분쟁 문제의 결론을 내립니다(21절).

개역개정	"너희가 무엇을 원하느냐 내가 **매**를 가지고 너희에게 나아가랴 **사랑과 온유한 마음**으로 나아가랴."
새번역	"여러분은 무엇을 원합니까? 내가 **채찍**을 들고 여러분에게로 가는 것이 좋겠습니까? 그렇지 않으면, **사랑과 온유한 마음**을 가지고 가는 것이 좋겠습니까?"
NRSV	"What would you prefer? Am I to come to you with a stick, or with love in a spirit of gentleness?"

한껏 교만해져서 바울의 사도권을 부인하고 교회의 일치와 평화를 파괴하는 일파에 대해서 바울은 징계를 불사하겠다고 으름장을 놓습니다. 여기에서 '매'(rod) 혹은 '채찍'(whip)은 잘못에 대한 강력한 처벌을 의미합니다.

잠 13:24	매를 아끼는 자는 그의 자식을 미워함이라 자식을 사랑하는 자는 근실히 징계하느니라.
잠 22:15	아이의 마음에는 미련한 것이 얽혔으나 징계하는 채찍이 이를 멀리 쫓아내리라.

"미꾸라지 한 마리가 온 웅덩이를 흐려 놓는다"는 우리 속담이 있습니다. 서양 속담으로는 "썩은 사과 하나가 상자 전체를 망친다"(A rotten apple spoils the whole barrel)는 말이 있습니다. 고린도교회를 병들게 하는 사람들은 징계를 받아야만 합니다.

그리고 여러분이 온전히 순종하게 될 때는, 우리는 모든 복종하지 않는 자를 처벌할 준비가 되어 있을 것입니다(고후 10:6).

바울의 초점은 징벌에 있지 않습니다. 지금까지 바울은 고린도인들과 자신이 자녀와 아버지의 관계라는 사실을 강조해왔기에 강조점은 어디까지나 '사랑과 온유한 마음'(ἐν ἀγάπῃ πνεύματί τε πραΰτητος/엔 아가페 프뉴마티 테 프라우테토스/in love and a spirit of meekness)에 있습니다. '사랑과 온유한 마음'이야말로 십자가에 달리신 예수님의 마음이요(마 11:29; 고후 10:1), 예수님을 본받는 바울의 진심일 뿐 아니라 고린도교회를 어지럽히는 사람들의 교만과 대조됩니다.

바울이 진심으로 바라는 것은 자신이 고린도교회를 재방문할 때까지 고린도인들이 이 편지를 읽고 회개해서 변화되는 것입니다. 그때까지 숙려(熟慮)할 기회를 주면서 기다리겠다는 것입니다. 그렇다면 바울이 회초리를 들 것인지, 아니면 사랑과 온유로 품을 것인지는 고린도인들의 태도에 달려 있습니다. 공은 고린도 교인들에게로 넘어갔습니다.

2장
공동체 훈련 지침
: 순결과 거룩함을 향하여

5:1-6:20

1. 순전함과 진실함으로

고전 5:1-8

음행에 관한 추문을 듣고서

교회 분쟁에 대한 훈계를 마친 바울은 교회 안에서 일어난 음행 문제로 시선을 돌립니다.

여러분 가운데 음행이 있다는 소문이 들립니다. 자기 아버지의 아내를 데리고 사는 일까지 있다고 하니, 그러한 음행은 이방 사람들 가운데서도 볼 수 없는 것입니다(5:1).

분쟁 소식을 듣고서 장황하리만치 훈계를 이어온 바울은 교회에서 일어난 음행 소문을 듣고서 이 문제를 거론합니다. 중간에 교인들 간의 송사 문제를 잠깐 언급하지만(6:1-11), 음행 문제는 6:20까지 계속됩니다. 따라서 5:1-6:20은 '분쟁' 다음으로 두 번째 주제인 '음행'을 다룹니다. 음행은 헬라어로 'πορνεία'(포르네이아/fornication, '포르노'가 이 말에서 유래함)인데, '매춘 행위'(prostitution)를 말합니다. 창녀에게 돈을 주고 쾌락을 사는 것을 의미하는 말인데, 세월이 흐르면서 '성적인 부도덕 행위'(sexual immorality) 일체를 포괄하는 용어가 되었습니다.

아가야의 수도인 고린도는 상업과 무역이 번창한 항구 도시로서 음행으로 악명 높았습니다. 성적으로 얼마나 타락한 도시였던지 '고린도 사람처럼 살다'는 'κορινθιάζεσθαι'(코린디아제스다이)가 '음행을 일삼는다'는 의미로 통용되었습니다. 곳곳에 윤락업소가 즐비한 것은 물론이었고, 다수의 첩이나 정부를 거느리는 일도 보통이었습니다.

문제는 교인 대부분이 이방계 신자들이었는데, 교회에 들어오기 전에 독버섯처럼 광범위하게 퍼진 음란 문화에 익숙한 사람들이었다는 사실입니다. 음행이 윤리적으로 죄가 된다는 사실에 무감각했던 사람들이 교회에 들어왔는데, 교인이 된 다음에도 크게 달라지지 않았습니다.

바울이 교회에서 일어난 음행 소문을 어떻게 들었는지 알 수 없습니다. 분쟁 소식을 전해준 글로에의 집 종들이 알려주었을 수도 있겠지요(1:11). 에베소에 체류하면서 고린도전서를 집필하고 있는 바울에게 고린도에서 건너와 교회 소식을 들려준 스데바나와 브드나도와 아가이고가 전해 주었을 수도 있습니다(16:17). 아니면 음행의 정도가 너무나 충격적이고 선풍적이었기에 "발 없는 말이 천 리를 간다"는 속담처럼 저절로 입소문을 통해서 알았을 수도 있습니다. 바울이 전해 들은 소문은 그렇고 그런 성적인 스캔들이 아니라, "어떤 교인이 자기 아버지의 아내를 데리고 살고 있다"는 추문이었습니다. '취한다' 혹은 '가진다'의 헬라어 'ἔχειν'(에케인/to have)은 그냥 '하룻밤 잤다'는 말이 아니라 아예 '동거하면서 지속적인 성관계를 갖는다'는 의미입니다.

바울은 여성에 대해서는 함구(緘口)합니다. 이런 일이 일어날 때 남성보다 여성이 훨씬 더 비난받았을 텐데도 입을 다뭅니다. 교인이 아니었기 때문일 것입니다. 아버지에 대한 정보도 알 수 없습니다. 이미 죽었는지, 이혼했는지 모릅니다. 그러나 아버지의 아내를 취했다는 사실이 공공연한 화젯거리가 되었다는 사실에서 아버지가 아직 살아있는 동안에 계모(繼母, 의붓어머니) 혹은 서모(庶母, 아버지의 첩)를 취했던 것 같습니다. 어머니가 아들을 유혹했는지, 아들이 어머니를 유혹했는지도 알 수 없습니다.

음행을 묵과하는 고린도인들

한 여성을 아버지와 아들이 공유한다는 사실은 근친상간(incest)에 해당되는 큰 죄입니다. 이런 이유로 바울은 "그런 음행은 이방 사람들 가운데서도 볼 수 없는 일"이라고 탄식합니다. 교회 밖 세상 사람들도 통탄하는 근친상간이 교회 안에서 버젓이 일어나고 있는데, 이런 음행에 대한 고린도인들의 반응이 더 큰 문제입니다.

> 그런데도 여러분은 교만해져 있습니다. 오히려 여러분은 그러한 현상을 통탄하고, 그러한 일을 저지른 자를 여러분 가운데서 제거했어야 하지 않았 겠습니까?(2절)

세상 사람들도 끔찍하게 여기는 '성적 탈선'을 고린도 교인들은 아무렇지도 않은 듯이 묵과하고 있다는 것입니다! 부끄럽게 여겨서 통탄해야 하는데 멀뚱멀뚱 지켜만 보고 있다는 것입니다. 근친상간이 세속적인 기준으로 볼 때에도 심각한 죄임에도 교인들은 이런 죄를 슬퍼하지 않습니다. 죄를 죄로 여기게 되면 먼저 근심하고 슬퍼하는 마음이 들어야 합니다.

하나님의 뜻대로 하는 근심은 후회할 것이 없는 구원에 이르게 하는 회개를 이루는 것이요 세상 근심은 사망을 이루는 것이니라(고후 7:10).

죄를 슬퍼하지 않으면, 죄에 대한 징계는 꿈도 꿀 수 없습니다. 근친상간의 중죄를 저지른 교인은 '출교'(expulsion)라는 수단으로 죄를 '징치'(discipline)해야 하는데, 손을 쓰지 않습니다. 근친상간의 죄를 통한히 여겨야 하고, 이 통한히 여기는 마음 때문에 출교라는 징계가 따라오는데, 이런 절차가 모두 중단되었다는 것입니다.

통한히 여기는 마음도 없고, 징계도 하지 않는 근본 이유는 무엇일까요? 교만해졌기 때문입니다. '교만'이라는 주제는 이미 1-4장까지 충분히 언급되었습니다. 고린도인들이 갈라져 싸운 이유도 세상 지혜를 자랑하며 한껏 부풀어 올라 교만해졌기 때문입니다. 하나님이 선물로 주신 갖가지 은사를 자신이 잘나서 얻은 소유물로 착각해서 교만해졌습니다.

이렇게 세상 지혜를 자랑하고 온갖 은사를 풍요롭게 누리다 보니 잔뜩 교만해져서 교회에서 일어나는 성적 탈선이 눈에 들어오지 않았습니다. 작은 비행이라고 할지라도 공동체 전체에 영향을 미치기 마련인데도 고린도인들은 자기들이 누리는 영적 은사에 비하면 한 교인이 어머니와 동거하는 문제는 별로 중요하지 않다고 치부했던 것 같습니다. 자기들이 누리는 엄청난 은혜에 비하면 한 교인의 사생활에서 일어난 비리 정도야 얼마든지 눈감아 줄 수 있다고 생각했습니다. 구약의 율법(레 18:8, 20:11; 신 27:20)과 세상 윤리가 부정하는 도덕적 탈선을 교인들이 전혀 슬퍼하지 않고, 징계도 하지 않은 이유는 영적 교만 때문이었습니다. 교만했기 때문에 교회에서 일어난 성적 비행을 축소하고 간과하기에 바빴던 것입니다.

고린도가 제아무리 성적 탈선이 밥 먹듯이 일어나는 부도덕의 온상지라고 할지라도 교회는 세상과 구별되어야만 합니다. 이방인이 교인이 된 다음에는 하나님의 거룩한 언약 백성이 되었기에 세상에서 아무렇지도 않게 여긴 죄악을 슬퍼하고 과감히 청산해야만 합니다.

음행과 온갖 더러운 것과 탐욕은 너희 중에서 그 이름조차도 부르지 말라 이는 성도에게 마땅한 바니라(엡 5:3).

음행 소식을 듣고 바울이 보이는 훈계의 특징은 비행을 저지른 '개인'을 책망하기보다 이런 문제에 귀와 눈을 닫고 있는 '공동체' 전체를 겨냥하고 있다는 사실입니다. 한 개인의 사소하고 은밀한 탈선이라고 할지라도 공동체 전체에 심각한 영향을 미친다는 확신 때문입니다. 12장에서 교회론을 전개할 때 '한몸과 다양한 지체'의 비유를 들듯이, 교인 한 사람 한 사람은 그리스도의 한몸인 공동체에 유기적으로 연결됩니다. 존 돈(John Donne, 1572~1631)이 노래한 것처럼 "인간은 누구도 섬이 될 수 없습니다"(No man is island).

몸은 에베소에 영은 고린도에

3-5절에서 바울은 자신이 고린도에서 천 리 먼 길 에베소에 떨어져 있다고 할지라도 그런 중죄를 저지른 교인을 파문해야만 한다고 목소리를 높입니다. 번역과 해석에 워낙 논란이 많기에 일단 가장 설득력 있게 번역한 새번역으로 읽습니다.

> 나로 말하면, 비록 몸으로는 떠나 있으나, 영으로는 함께 있습니다. 마치 여러분과 함께 있듯이, 그러한 일을 저지른 자를 이미 심판하였습니다. 그러한 일을 저지른 자를 우리 주 예수의 이름으로 벌써 심판하였습니다. 여러분이 함께 모일 때에 나의 영이 우리 주 예수의 권능과 더불어 여러분과 함께 있으니, 여러분은 그러한 자를 당장 사탄에게 넘겨주어서, 그 육체는 망하게 하고 그의 영은 주님의 날에 구원을 얻게 해야 할 것입니다.

기이하게도 비행이 벌어지고 있는 현장의 교인들은 침묵합니다. 문제 될 것이 없다는 듯이 무신경 무감각한 상태입니다. 고린도에서 멀리 떨어진 에베소에 있는 바울이 소식을 듣고서 큰 죄를 저질렀다고 분개하고 탄식하며 '출교'라는 중징계를 내려야만 한다고 주장합니다. 바울은 몸은 천리만리 멀리 떨어져 있지만, 영으로는 고린도교회에 함께 있다고 말씀합니다. 성령의 능력 안에 있게 되면 몸은 각각 다른 곳에 있더라도 영은 하나로 연합할 수 있기 때문입니다. 영이 영인 이유는 시공을 초월할 수 있는 자유함이 있기 때문입니다.

바울은 지금 자신의 몸은 에베소에 있지만, 영은 고린도로 건너가 근친상간의 죄를 저지른 형제를 '심판했다'(κέκρικα/케크리카/have judged)

고 말씀합니다. 재판장이 죄인을 심문한 뒤에 선고(verdict)하듯이 심판했는데, 이것은 어디까지나 '우리 주 예수 이름으로'만 가능합니다. 제아무리 큰 죄를 저지른 중죄인이라고 할지라도 죄를 심판할 수 있는 권세는 그리스도 한 분께만 있습니다.

비행을 저지른 교인에 대한 징계는 공동체 전체의 이름으로 할 수 있습니다. 목회자나 평신도 리더가 독단으로 할 수 있는 문제가 아닙니다. 오로지 '주 예수 그리스도의 이름으로', '우리 주 예수의 능력으로' 교회 공동체 전체가 권징(勸懲)에 참여합니다.

몸은 에베소에 떨어져 있으나 영은 고린도인들과 함께 하는 바울이 교회에 권하는 징계는 무엇입니까? "이런 비행을 저지른 형제를 사탄에게 넘겨주어 몸은 망하게 할지언정, 그의 영은 주님의 날에 구원을 받게 하라"는 것이 요점입니다. 수수께끼처럼 풀기 어려운 말씀으로 유명한 구절입니다. '몸'과 '영'이 대조됩니다. 몸은 사탄의 세력에 넘겨주어 망하게 할지라도 영은 주님의 날 종말의 시간에 구원을 받게 하라는 것입니다. 사탄에게 넘겨주고 몸을 망하게 한다는 것은 문자적으로 해석할 문제는 아닐 것입니다. 영적이고 상징적으로 해석해서 "지은 죄에 상응하는 벌을 받게 하라"는 뜻일 것입니다. 응벌(應罰)은 당연히 '출교'와 '파문'(anathema/excommunication)을 포함할 것입니다. 사탄이 지배하는 암흑세계에서 질병을 비롯한 가혹한 시련을 겪어야만 한다는 뜻일 수도 있습니다. 자신의 죄를 슬퍼하고 회개해서 새 사람으로 '정화'(purifying)되기 위해서 필히 겪어야 할 과정을 의미할 것입니다.

바울 신학에서 '몸', 더 정확히 '살'(σαρξ/사릌스/flesh)은 '세상에서 하나님을 떠나 죄된 본성으로 살아가는 옛사람'을, '영'(πνεῦμα/프뉴마/spirit)은 '하나님을 향해 사는 새 사람'을 의미하기에 출교나 파문과 같은 징계를 통해 옛사람을 십자가에 못 박고(갈 5:24; 롬 7:5-6) 회개해서 영적인 새사람으로 변화해서 구원을 얻게 하라는 뜻일 것입니다. 아버지의 아내까지 넘본 육신의 정욕을 다 죽이고 새사람으로 거듭나는 과정을 거치게 하라는 주문입니다.

중요한 것은 징계를 권하는 바울의 진정한 의도가 당사자를 망하게 하는 데 있지 않고, 최종적으로 '주님의 날'에 구원을 얻게 하려는 데 있다는 사실입니다. 죽이는 것이 아닌 살리는 것이 바울의 뜻입니다. 이런 이유로 바울은 끝까지 음행자의 이름을 밝히지 않고 보호하려는 듯이 보입니다.

교회에서 징계의 목적은 벌을 주는 것으로 그치는 데 있지 않습니다. 죄에 상응하는 벌을 받은 뒤에 회개해서 구원을 얻게 하는 데 진정한 목적이 있습니다. 교회 징계의 최종 목적은 회개와 치유와 회복과 일치와 평화에 있음을 잊지 말아야 합니다. 다만 용서는 징계와 진정성 있는 회개 다음에 옵니다. 따라서 교회에서 죄를 지은 사람의 경우 일시적으로 몸은 시련을 겪는다고 할지라도 최종적으로 영은 구원을 받게 해야 합니다.

묵은 누룩을 제하라

바울은 한 음행자의 도덕적 탈선을 둘러싼 징계 문제에 대해서 하나의 비유를 들어 신학적 근거를 제시합니다. 출애굽을 기념하는 유월절 축제에 누룩 없는 빵을 먹는 풍습을 비유로 듭니다. '유월절'(逾越節)을 누룩 없는 빵을 먹는 절기라고 해서 '무교절'(無酵節)로 부릅니다. 이스라엘이 이집트라는 옛 세상에서 해방된 유월절에 사람들은 급히 탈출하느라고 누룩 없는 빵을 먹어야만 했습니다.

고대에는 '이스트'(yeast)가 충분하지 않았기에 빵을 구울 때 주로 '누룩'(leaven)을 사용했습니다. 누룩은 지난주에 빵을 만들기 위해 준비한 반죽의 일부를 남겨두었다가 일주일 정도 발효시킨 뒤에 빵을 부풀어 오르게 할 목적으로 사용한 발효제를 말합니다. 누룩은 이처럼 발효되는 과정에서 오염되기가 쉽기 때문에 이스라엘 사람들은 일 년에 한 차례씩 가정에서 누룩을 다 제거해야만 했습니다(출 12:14-20). 이런 이유로 신약에서도 누룩은 작은 악이 소리 없이 번져 나가 공동체 전체를 오염시키는 '악의 상징'으로 사용됩니다(막 8:15).

바울은 악이 제거되지 않으면 순식간에 공동체 전체를 오염시켜 병들게 할 수 있다는 사실을 강조하고자 누룩 비유를 사용합니다(갈 5:9 참조). 음행자를 출교시켜야 할 신학적 근거를 유월절에 누룩 없는 빵을 먹는 풍속에서 끌어온 것입니다.

> 여러분이 자랑하는 것은 좋지 않습니다. 여러분은 적은 누룩이 온 반죽을 부풀게 한다는 것을 알지 못합니까? 여러분은 새 반죽이 되기 위해서, 묵은 누룩을 깨끗이 치우십시오. 사실 여러분은 누룩이 들지 않은 사람들입니다. 우리들의 유월절 양이신 그리스도께서 희생되셨습니다(6-7절).

고린도 교인들이 아버지의 아내와 동거하는 죄를 보고서도 못 본 척 묵과하는 이유는 교만하기 때문입니다. 교만하기에 그런 죄는 사소한 허물 정도로 치부하고 세상 지혜와 받은 은사만 한껏 자랑합니다. 그러기에 '교만'(φυσίωσις/퓌시오시스)과 '자랑'(καύχημα/카우케마)은 하나입니다. 교만이 있는 곳에 자랑이 따라붙습니다. 고린도인들은 교만과 자랑에 사로잡혀 근친상간의 죄 정도는 아무것도 아니라는 듯이 슬퍼하는 마음도 징계할 생각도 하지 않았던 것입니다. 그러므로 음행자 문제에 대해서 결론을 내리기 전, 바울은 교만과 자랑을 경계합니다. 그러면서 "적은 누룩이 온 반죽을 부풀게 한다"는 사실을 상기시킵니다. 음행과 같은 악을 방치하면 공동체 전체가 오염되고 병들게 된다는 것입니다. '새 반죽', 즉 그리스도 안에서 새로운 피조물로 거듭나기 위해서는 '묵은 누룩', 즉 음행이나 탐욕, 우상 숭배와 같이 그리스도 없이 세상에서 살던 옛 습관을 청산할 것을 요구합니다. 교회 공동체는 '한 덩어리의 반죽'(a single lump of dough)이기에 개인의 죄를 깨끗이 정화되지 않고서는 전체가 거룩한 교회가 될 수 없습니다. 따라서 묵은 누룩과도 같은 음행을 제거해야 합니다. 음행자에게 출교라는 징계를 내리는 것은 그가 묵은 누룩이기 때문이 아닙니다. 묵은 누룩은 사람이 아니라 그 사람을 사로잡는 음행과 같은 죄악입니다.

흥미롭게도 바울은 갑자기 "우리의 유월절 양, 곧 그리스도께서 희생되셨다"는 사실을 언급합니다. 바로가 모세의 말을 듣지 않다가 열 번째 재앙, 이집트의 사람이든 짐승이든 첫 것이 죽어 넘어질 때, 이집트 사람과 이스라엘 사람을 구분하고자 이스라엘의 집 문설주에 어린양의 붉은 피를 칠하게 했습니다. 하나님의 사자가 붉은 피를 칠한 집은 심판하지 않고 넘어갔다고 해서 '유월절'(Passover)이라는 말이 나온 것입니다. 유월절 어린양의 붉은 피는 히브리 사람과 비(非)히브리 사람을 구분하는 '표식'(mark)입니다. 어린양 때문에 누룩 없는 빵을 먹고 구원받게 된 것입니다. 마찬가지로 '예수께서 유월절에 희생되신 어린양이라는 말은 십자가에 피 흘려 희생하신 그리스도께서 그리스도인들을 세상 사람들과 구별되게 하시는 거룩한 '표식'이라는 뜻입니다. 고린도라는 대도시에서 아버지의 아내와 동거하는 근친상간이 큰 문제가 되지 않는다고 할지라도, 십자가에 어린양으로 달리신 그리스도를 믿고 그리스도인이 된 사람은 세상 사람과는 구별된 삶을 살아야만 합니다. 음행자 징계에 대한 유월절 비유의 결론은 8절입니다.

개역개정	이러므로 우리가 명절을 지키되 묵은 누룩으로도 말고 악하고 악의에 찬 누룩으로도 말고 누룩이 없이 오직 순전함과 진실함의 떡으로 하자.
새번역	그러므로 묵은 누룩, 곧 악의와 악독이라는 누룩을 넣은 빵으로 절기를 지키지 말고, 성실과 진실을 누룩으로 삼아 누룩 없이 빚은 빵으로 지킵시다.
NRSV	Therefore, let us celebrate the festival, not with the old yeast, the yeast of malice and evil, but with the unleavened bread of sincerity and truth.

이스라엘은 이집트에서 압제당하다가 해방된 유월절을 명절로 지키고자 누룩 없는 빵을 먹습니다. 구속의 감격을 잊지 않기 위해서입니다. 그리스도인은 십자가에 달리신 그리스도께서 유월절 어린양과 같은 구속의 역할을 하셨기에 그 구원의 감격으로 살아야 하는데, '묵은 누룩'으로 해서는 안 됩니다. 묵은 누룩은 '악의'와 '악독'이라는 음행과 탐욕과 우상 숭배로 얼룩진 옛사람인데, 그런 삶을 청산하고 누룩이 제거된 '성실'(순전함)과 '진실(진실함)'이라는 새사람으로 그려해야 합니다. '교만'과 '자랑'과는 전혀 다른 마음의 동기, '성실'과 '진실'로 행할 때 고린도인들은 '거룩한 하나님의 성전'(3:16-17)으로 세워져 나갈 것입니다.

오늘날처럼 개인주의가 만연한 시대에 '징계'보다 어렵고 복잡한 문제는 없을 입니다. 어떤 교인이 제아무리 공공연한 비행을 저질렀다고 할지라도 그 문제를 거론하는 것조차도 쉽지 않습니다. "다 똑같은 죄인인데, 누가 누구를 심판할 수 있단 말인가?" "비판받지 않으려면 비판하지 말아야 해." "누구든지 죄 없는 사람이 먼저 돌을 던져라." '징계'라는 말조차 끄집어내지 못하는 데는 다양한 변명이 있습니다. 한 교회에서 출교 처분을 내려서 아직 징계 중임에도 다른 교회에서 이를 무시하고 받아줌으로써 징계가 무색해질 때도 있습니다.

징계와 관련해서 이처럼 복잡하고 예민한 문제가 있음에도 불구하고 고린도교회에서 발생한 근친상간과 같이 심각한 비행의 경우 공동체 전체의 건강과 안녕을 위해서 불가피하게 '출교'와 같은 중징계를 단행해야 할 때가 있습니다. 바울은 불가피한 결단을 내릴 때 교회가 어떤 정신으로 임해야 하는가에 대해서 말씀합니다. 죄에 상응하는 벌을 내린다고 할지라도 그 동기와 목적은 어디까지나 당사자가 회개하고 변화해서 구원을 얻게 하는 데 있습니다. 묵은 누룩이 반죽 전체를 오염시킬 수 있기에 누룩을 제거하듯이 교회가 순결과 거룩성을 보존하기 위해 심각한 죄에 대해서 단호한 조치를 내려야 할 때가 있습니다. 그때마다 악의와 악독이 아닌 '성실'(순전함)과 '진실'(진실함)의 동기로 오직 예수 그리스도의 이름과 성령의 능력 안에서 그리 해야 할 것입니다.

2. 교회 안과 밖에 있는 사람들에 대한 판단

고전 5:9-13

징계는 치료를 위해서

고린도교회에서 발생한 음행을 다루던 바울은 얼핏 생뚱맞은 문제로 넘어가는 듯이 보입니다. 갑자기 이전 편지에 쓴 내용을 언급합니다 (5:9).

내가 너희에게 쓴 편지에…(I wrote to you in my letter…).

바울이 언급한 편지가 어떤 것인지에 대해서 학계의 논란이 그치지 않습니다. 어떤 이는 지금 쓰고 있는 고린도전서와 전혀 다른 별개의 서신이라고 주장합니다. 이 경우 현재의 고린도전서는 고린도후서가 되어야 할 것입니다. 바울이 이전에 쓴 서신이 유실되었지만, 일부는 '파편'으로 고린도후서 6:14-7:1에 남아 있다고 주장하는 학자들도 있습니다. 바울이 고린도에 보낸 편지가 적어도 '세 통 이상'이라고 주장하는 근거가 5:9의 '이전에 쓴 편지'라는 내용 때문입니다. 바울은 '분쟁' 다음으로 교회를 어지럽히는 이슈가 '음행'임을 알았습니다. 교인 한 사람이 근친상간의 죄를 범하고 있어도 교회는 수수방관(袖手傍觀), 굳게 입을 다물고 있습니다. 바울은 적은 누룩 하나가 빵 전체를 오염시킬 수 있다는 비유를 들어서 고린도교회에 단호한 징계를 요구했습니다.

용서와 사랑을 말하는 바울이 음행에 대해서는 출교도 불사하는 강경한 모습을 보이는 것이 놀랍습니다. 그는 한 개인의 일탈과 비행이 공동체 전체를 병들게 할 수 있음을 알았습니다. 교회 밖 세상 사람들도 윤리적으로 옳지 않다고 고개를 젓는 근친상간이라는 음행을 교회가 눈감아 줄 경우 교회는 세상보다도 못한 공동체로 전락하고 말 것입니다. 이렇게 심각한 음행 문제를 바로 치리하지 못할 경우 이보다 경미한 다른 죄악들은 훨씬 더 무서운 속도로 아무렇지도 않은 듯이 교회 전체를 삼키게 될 것입니다. 일종의 도미노 현상에 휩싸이게 된다는 것입니다! 그러므로 바울은 공동체의 건강과 안녕을 위한 '치료적'(therapeutic) 차원에서 중징계를 요구했던 것입니다.

의사가 환자의 몸을 유린하는 암세포를 발견하고서도 방치한다면, 의사의 직무를 포기한 것과 마찬가지입니다. 환자의 건강과 치유에 관심을 갖는다면, 위험을 무릅쓰고 암세포를 도려내야 합니다. 고린도교회에서 일어난 음행 문제에 징계를 요구한 바울의 관심은 '그리스도의 몸으로서의 교회의 치유'에 있음을 잊지 말아야 합니다.

앞선 편지에 대한 오해를 풀고자

출교라는 중징계를 통해서 당사자를 심판해야 한다고 주장하던 바울이 갑자기 이전에 쓴 편지를 끄집어낸 이유는 무엇일까요? 바울이 했던 말을 고린도인들이 오해해서 음행자 치리 문제에 혼선을 빚는 것을 염려했기 때문입니다.

바울이 '음행자 치리'라는 주제와 관련해서 이전 편지에서 주장한 내용은 "음란한 자들과 사귀지 말라"(not to associate with sexually immoral persons, 9b절)는 것이었습니다. "사귀지 말라"(μὴ συναναμίγνυσθαι/

메 쉬나나미그뉘스다이)는 "섞이지 말라"(not to mix up together) 혹은 "긴밀히 접촉하지 말라"(not to be in touch with closely)는 뜻입니다. 매춘행위를 뜻하는 '포르네이'가 모든 부도덕한 성행위를 포괄하는 말이 되었듯이 'πόρνοις'(포르노이스/음행자/sexually immoral people) 역시 성적으로 타락한 모든 사람을 지칭하는 용어입니다.

바울은 고린도전서를 쓰기 전에 미리 쓴 편지에서 음행자들과 사귀지 말라고 권면했습니다. 고린도인들이 이 말을 오해해서 음행자 징계 문제에 늑장을 부릴 수 있습니다. 바울은 이전 편지 내용에 대한 고린도인들의 오해를 불식시키고자 이 문제를 거론한 것입니다. 바울은 오해를 풀어주고자 세 단계로 접근합니다. 첫째로 "음행자와 교제하지 말라"고 했을 때 바울이 의도하지 않았던 오해를 먼저 해소합니다(10절). 둘째로 바울이 정말로 원한 취지를 설명합니다. 셋째로 '심판'이라는 말이 세 차례나 연거푸 등장하는 12-13절에서 바울은 앞에서 말한 두 가지에 대한 이유를 정리한 뒤에 음행자 출교를 재차 강조합니다.

세상 사람과는 사귀되

이전 편지에서 "음행자와 사귀지 말라"고 했을 때 고린도인들이 오해할 수도 있는 점부터 바울은 먼저 해명합니다.

> 그 말은, 이 세상에 음행하는 사람들이나, 탐욕을 부리는 사람들이나, 약탈하는 사람들이나, 우상을 숭배하는 사람들과, 전혀 사귀지 말라는 뜻이 아닙니다. 그러려면, 여러분은 이 세상 밖으로 나가야 할 것입니다(10절).

바울이 이전 편지에서 "음행자와 사귀지 말라"고 권했을 때 일부 과격한 교인들이 반발할 수 있습니다. "아니, 바울이 뭔데 우리 보고 이런 극단적인 권면을 한단 말인가? 우리더러 시장도 가지 말고, 극장도 가지 말라는 말인가? 어떻게 고린도에 살면서 성적으로 부도덕한 사람을 단 한 명도 만나지 않을 수 있단 말인가?" 이렇게 극단적으로 해석할 때 고린도인들은 "지구를 떠나야"만 할 것입니다! 바울도 세상에 살면서 음행자를 비롯한 악행에 물든 사람들과 **전혀** 교제하지 않는다는 일이 사실상 불가능하다는 사실을 인정합니다. 그렇게 되려면 "세상 밖으로 나가야 할 것"이라고 단언합니다(10b절).

바울은 '음행자'만이 아니라 세 부류의 악행자까지 함께 거론합니다. '탐욕자'와 '약탈자'와 '우상 숭배자들'입니다. 고대 로마 사회에서 가장 빈번하게 일어나는 악행이 '음행'과 '탐욕'과 '약탈'(강탈)과 '우상 숭배'였기에 바울은 '악행 목록'(catalogue of vices)에 이 넷을 열거합니다.

바울 서신에 자주 등장하는 전형적인 악덕 목록은 아래와 같습니다.

고전 6:9-10	불의한 자가 하나님의 나라를 유업으로 받지 못할 줄을 알지 못하느냐 미혹을 받지 말라 음행하는 자나 우상 숭배하는 자나 간음하는 자나 탐색하는 자나 남색하는 자나 도적이나 탐욕을 부리는 자나 술 취하는 자나 모욕하는 자나 속여 빼앗는 자들은 하나님의 나라를 유업으로 받지 못하리라.
갈 5:19-21	육체의 일은 분명하니 곧 음행과 더러운 것과 호색과 우상 숭배와 주술과 원수 맺는 것과 분쟁과 시기와 분냄과 당 짓는 것과 분열함과 이단과 투기와 술 취함과 방탕함과 또 그와 같은 것들이라 전에 너희에게 경계한 것 같이 경계하노니 이런 일을 하는 자들은 하나님의 나라를 유업으로 받지 못할 것이요.
롬 1:29-30	곧 모든 불의, 추악, 탐욕, 악의가 가득한 자요 시기, 살인, 분쟁, 사기, 악독이 가득한 자요 수군수군하는 자요 비방하는 자요 하나님

	께서 미워하시는 자요 능욕하는 자요 교만한 자요 자랑하는 자요 악을 도모하는 자요 부모를 거역하는 자요.

주로 '성'(sex)과 '돈'(money)과 '술'(alcohol)과 '말'(word)과 관련된 악덕인 것을 알 수 있습니다. 바울은 고대 로마 사회의 일상생활에서 빈번하게 접촉해야 할 네 부류의 부도덕한 자들(성, 돈, 술, 말과 관련해서)을 언급하면서 비록 교인이라고 할지라도 사회인으로 살아가면서 이런 자들을 피할 수 없다는 현실을 잘 보여주고 있습니다. 그러기에 바울이 정말 원한 뜻은 이런 부류의 사람들과 **'전혀'**(οὐ πάντως/우 판토스/not at all/in no way) 사귀지 말라는 것이 아니라는 사실을 분명히 합니다. 세상에는 그런 비행을 저지르면서 사는 사람들이 너무나 많기에 그리스도인이 그런 사람들과 접촉하지 않으려면 지구를 떠나야만 합니다!

교회 안의 악행자는 경계하고

바울이 진정으로 의도한 뜻은 무엇일까요? 11절에서 자신의 본뜻은 교회 내부에 있는 교인들에게 한 말임을 밝힙니다.

그러나 이제 내가 여러분에게 사귀지 말라고 쓰는 것은, 신도라 하는 어떤 사람이 음행하는 사람이거나, 탐욕을 부리는 사람이거나, 우상을 숭배하는 사람이거나, 사람을 중상하는 사람이거나, 술 취하는 사람이거나, 약탈하는 사람이면, 그런 사람과는 함께 먹지도 말라는 말입니다.

바울이 "음행자와 사귀지 말라"고 권면했을 때의 대상은 교회 안에 있는 "누구든지 형제라 불리는 사람들"(τις ἀδελφὸς ὀνομαζόμενος/티스 아델 포스 오노마조메노스/anyone called brothers)입니다. 교회 안에서 교인들이 서로 사귈 때 근친상간을 일삼는 형제와 같은 동료 교인들과 상종하지 말라는 뜻입니다. 바울은 악행 목록에서 두 부류의 사람들을 첨가해서 범위를 확대합니다. '중상모략자'와 '술주정뱅이'를 덧붙입니다. 따라서 바울이 10-11절에서 예로 든 '비행자'는 총 여섯 부류입니다.

악행 목록(Lasterkataloge)
① 음행자 ② 탐욕자 ③ 약탈자(강도) ④ 우상 숭배자 ⑤ 중상모략자 ⑥ 술주정뱅이

동료 교인들 가운데 이런 부류의 비행자들이 있다면 그들과 교제하지 말고, 심지어 음식도 먹지 말라고 권고합니다. 사람이 가장 친밀감을 느끼는 교제 시간이 음식을 함께 나눌 때인데, 여섯 부류의 신자들과는 '성찬'이든 '애찬'이든 함께 먹지도 말라는 충고는 좀 지나친 감이 있습니다. 바울이 현실적으로 극단적인 것처럼 보이는 요구를 하는 진정한 의도는 무엇일까요? 오염을 경계하기 때문입니다!

바울은 교회가 그리스도의 순결한 신부로서 세상과 구별되어야 하는데, 이런 비행들이 교회 안에서 버젓이 일어날 때 교회 특유의 순결성과 거룩성을 상실할 수 있다는 사실을 극구 경계합니다. 교회는 세상의 '대안 공동체'(alternative community) 혹은 '대조 공동체'(contrast community)가 되어야만 한다는 것입니다.

교회에 들어온 신자들이 여섯 가지 악행에 물든 사람들을 완전히 피하기는 불가능합니다. 일상생활에서 날마다 마주쳐야 합니다. 하지만 일단 교회에 들어온 다음부터는 이런 부류의 사람들을 조심해서 사귀어야 합니다. 그들에게 물들지 않도록 조심해야 합니다. 따라서 교회의 본질은 "세상 안에 있으면서도, 이 세상에 속하지 않는 데"(to be in the world, but not of it) 있습니다.

> **내가 비옵는 것은 그들을 세상에서 데려가시기를 위함이 아니요 다만 악에 빠지지 않게 보전하시기를 위함이니이다 내가 세상에 속하지 아니함 같이 그들도 세상에 속하지 아니하였사옵나이다**(요 17:15-16).

바울이 원하는 뜻은 "한 점 죄도 없는 사람이 교인이 돼라"는 뜻이 아닙니다. 옛날 세상에서는 어떤 죄악에 물들어 살았다고 할지라도 일단 교회에 들어온 다음에는 달라져야 한다는 것입니다.

> **그러므로 우리가 이제부터는 어떤 사람도 육신을 따라 알지 아니하노라 비록 우리가 그리스도도 육신을 따라 알았으나 이제부터는 그같이 알지 아니하노라 그런즉 누구든지 그리스도 안에 있으면 새로운 피조물이라 이전 것은 지나갔으니 보라 새 것이 되었도다**(고전 5:16-17).

그리스도인이 된 다음에도 여전히 세상 풍조를 따라 산다면, 아직 진정한 그리스도인이 아닙니다. 바울이 예로 든 여섯 가지 악행에 물든 교인들과 거리를 두지 않을 경우 교회와 세상은 구별될 수 없을 뿐 아니라, 교회 역시 난장판으로 바뀔 수 있습니다. 물론 바울이 바라는 것은 여섯 가지 악행에 물든 동료 교인들과의 '개인적 교제'까지 금하는 것은 아닐 것입니다. 공예배를 비롯한 교회의 "공적인 사역에서 유념하라"는 뜻일 것입니다.

교회 안과 밖에 대한 심판

바울은 12-13절에서 음행자 징계에 대한 나름의 결론을 도출합니다. 교회가 판단(κρίνω/크리노/judge/심판)해서 안 될 대상과 교회가 판단(심판)해야 할 대상을 말씀합니다. 이것은 바울이 이전 편지에서 의도하지 않은 내용과 진정으로 의도했던 내용에 대한 결론입니다.

밖에 있는 사람들을 심판하는 것이, 나에게 무슨 상관이 있습니까? 여러분이 심판해야 할 사람들은 안에 있는 사람들이 아니겠습니까? 밖에 있는 사람들은 하나님께서 심판하실 것입니다. 여러분은 그 악한 사람을 여러분 가운데서 내쫓으십시오.

좀 더 알기 쉽게 정리하면 다음과 같습니다.

교회 밖의 악행자들	① 바울이 상관할 바가 아니다.
	② 나중에 하나님께서 심판하실 것이다.
교회 안의 악행자들	① 교인들이 심판해야 한다.
	② 그 악행자(음행자)를 출교해야 한다.

바울은 그리스도인이 교회 안과 바깥사람들과 관계할 때 **이중으로** 처신해야 함을 가르칩니다. 교회 안에서는 순결과 경건을 보존해야 하지만, 교회 바깥사람들과는 자유롭게 교제하라는 것입니다. '판단'이 '징계'나 '치리'를 의미한다면, 교회 바깥에 있는 사람들은 바울이 판단할 수 있는 영역이 아닙니다. 설교자에게 예언자적 임무가 있기에 세상의 불의를 비판할 수는 있지만, 징계나 치리까지 하기는 어렵습니다. 그것은

나중에 하나님께서 알아서 하실 영역입니다. 그러므로 교회는 교회 밖 세상 사람들에 대한 심판은 하나님께 맡기면서 그들과의 교제만큼은 계속해야 합니다. '화이부동'(和而不同), 즉 "화목하되 똑같은 사람은 되지 않는다"는 정신으로 관계해야 합니다.

교회 안에 있는 교인들의 악행은 방치할 수 없습니다. 교회의 순결성과 거룩성을 보존하기 위해서 불가피하게 징계할 때가 있습니다. 고린도교회 안에 발생한 근친상간의 경우가 여기에 해당됩니다.

3. 성도 간의 법정 송사

고전 6:1-11

교회 자정 능력의 시험대?

5장에서 음행을 다루던 바울은 6:1-11에서 갑자기 '송사'(訟事) 문제를 끄집어냅니다. 음행은 송사를 취급한 다음에 다시 6:12-20에서 거론됩니다. 송사 문제는 음행 문제 중간에 어색하게 끼어 있는 것처럼 보입니다.

5:1-13	근친상간과 이에 대한 교회 치리의 실패를 질책
6:1-11	교인들 사이의 시비를 세상 법정에 끌고 간 것의 질책
6:12-20	음행의 정당화에 대한 반박

얼핏 보면 '음행'이라는 큰 주제를 다루는 5-6장 사이에 소송 문제가 생뚱맞게 배치된 것처럼 보입니다. 바울은 매우 치밀합니다. 다 생각이 있어서 음행이라는 전체 주제의 중간에 송사 문제를 언급합니다. 근친상간이라는 음행이나 성도들끼리의 법정 소송은 모두 고린도교회에서 실제로 일어난 일들입니다. 두 문제의 공통점이 있습니다. 교회 내부에서 일어난 일임에도 교인들이 스스로 해결하지 못했다는 사실입니다!

바울은 송사 문제를 거론하기 직전에 교회 안과 바깥에 있는 사람들에 대한 '판단' 문제를 제기했습니다. 교회 밖 세상 사람들이 음행을 비롯한 각종 악행을 저지른다고 할지라도 교회가 당장 그 세상 문제를 판단해서 치리할 수 없습니다. 세상 악행에 대한 심판은 종말의 날에 하나님께서 하실 영역이기에 하나님께 겸손히 맡겨야 합니다(5:13a). 그러나 근친상간과 같이 교회에서 발생한 비행은 교회가 슬기롭고 엄중하게 판단해서 징치해야 합니다(5:12b, 13b).

음행에 있어서 바울이 날카롭게 직시하는 것은 '교회의 판단 능력'입니다. 그러기에 이런 판단 문제가 곧바로 6장에서도 이어진다는 사실은 매우 자연스럽습니다. 교인들 사이에 일어난 알력을 교회 내부에서 판단하고 해결하지 못해 세상으로 나가 믿지 않는 재판관 앞에서 판단을 받으려고 하는 것은 교회의 수치요 패배라는 것이 바울의 확신입니다. 교회가 그리스도의 순결하고 거룩한 신부로서 세상과 구별되어야 하는데, 음행이나 송사 문제를 스스로 슬기롭게 해결하지 못한다는 것은 교회의 미숙성을 세상에 드러내는 꼴이라는 인식입니다. 한마디로 음행자 처리도 제대로 못하고, 교인들 사이에 일어난 시비를 안에서 중재하고 조정하지 못한 나머지 세상 법정으로 끌고 간 것은 모두가 '교회의 자정 (自淨) 능력의 실패'를 입증한다는 것입니다.

세상과 구별되는 '대안' 혹은 '대조' 공동체로서의 교회가 음행과 같은 '도덕 문제'나 재산 다툼과 같은 '법률 문제'를 스스로 해결하지 못한다는 사실은 교회의 정체성 상실을 보여주기에 바울은 두 문제를 따로 분리하지 않고 한꺼번에 다룹니다.

교인끼리의 분쟁을 세상 법정으로?

고린도교회에는 어떤 송사 문제가 어떻게 발생했을까요? 6:1-8은 송사에 대한 여러 가지 힌트뿐만 아니라 성도들 사이에 발생할 수 있는 모든 송사 문제에 대한 바울의 원칙적 입장을 보여줍니다. 먼저 바울은 성도 간에 일어난 송사를 질책하는 질문으로 말문을 엽니다(6:1).

개역개정	너희 중에 누가 다른 이와 더불어 다툼이 있는데 구태여 **불의한 자들** 앞에서 고발하고 성도 앞에서 하지 아니하느냐.
새번역	여러분 가운데서 어떤 사람이 다른 사람과 소송할 일이 있을 경우에, 성도들 앞에서 해결하려 하지 않고 불의한 자들 앞에 가서 재판을 받으려 한다고 하니, 그럴 수 있습니까?
NRSV	When any of you has a grievance against another, do you dare to take it to court before the unrighteous, instead of taking it before the saints?

교회에서 교인들끼리 송쟁이 발생했다는 내용입니다. 이름을 밝히지 않지만, 갑(甲)이라는 모(某) 교인이 을(乙)이라는 모 교인을 세상 법정에 고소했습니다. 중요한 것은 '원고'나 '피고'를 불문하고 당사자 모두가 고린도교회에 다니는 성도들이라는 사실입니다. 피해를 본 원고 갑이 가해를 한 피고 을을 세상 법정의 '불의한 자들' 앞에 세웠습니다. '불의한 자들'(ἄδικοι/아디코이/the ungodly)은 '하나님을 믿지 않는 불신자들'입니다. 불의한 재판관들은 당장은 법적으로 교인을 비롯한 세상 사람들을 심판하는 자리에 앉아 있지만, 최후 심판의 날에는 거꾸로 거룩한 성도들에 의해 심판 받게 될 '믿지 않는 사람들'(ἀπίστων/아피스톤/unbelievers, 6절)을 말합니다.

송사 내용은 무엇일까요? 7-8절을 근거로 할 때 두 교인 사이에 재산 소유권 다툼이 일어난 것 같습니다. 더 정확히 7b-c절은 '원고'(피해자)에게 하는 질책이고, 8절은 '피고'(가해자)에게 하는 비판입니다.

	차라리 불의를 당하는 것이 낫지 아니하며 차라리 속는 것이 낫지 아니하냐(개역개정).
'원고'(피해자)에게 주는 질책	왜 차라리 불의를 당해 주지 못합니까? 왜 차라리 속아 주지 못합니까?(새번역)
	Why not rather be wronged? Why not rather be defrauded?(NRSV)
	너희는 불의를 행하고 속이는구나 그는 너희 형제로다(개역개정).
'피고'(가해자)에게 주는 질책	그런데 도리어 여러분 자신이 불의를 행하고 속여 빼앗고 있으며, 그것도 신도들에게 그런 짓을 하고 있습니다(새번역).
	But you yourselves wrong and defraud - and believers at that(NRSV).

7-8절에서 바울은 소송 당사자 두 사람을 소환해서 싸잡아 질책합니다. 피해자에게는 "왜 불의를 당해주지 못했고", "왜 속아주지 못했느냐"고 다그칩니다. 가해자에 대해서도 역시 "불의를 행하고 속여 빼앗는다"는 사실을 비판합니다. 피해자의 경우와 달리 가해자에게는 "동료 교인에게 그런 일을 행한다"는 사실을 덧붙여 비판합니다. 원고나 피고 사이에 불거진 '불의'와 '속임'이 고소의 주요 내용임을 알 수 있습니다. 그러므로 두 교인 사이에 일어난 송사는 "재산을 속여서 빼앗은 일 때문에 발생한 민사 소송" 같습니다.

4절은 교회에서 일어난 송사가 '세상 사건'(세상 일/ordinary cases)이라는 사실을 명시합니다. '세상 일'은 헬라어로 'βιωτικά'(비오티카)인데, '세상에서 일상적으로 일어나는 문제'(matters of everyday life)를 의미합니다. 두 교인 사이에 벌어진 소송은 돈이나 재산권 소유와 관련된 다툼이었을 것입니다. (어떤 사람은 송사가 근친상간 문제 바로 다음에 나온다는 이유로 아내를 빼앗긴 아버지나 음행을 저지른 남녀의 가족이나 친척이 고소했을 것으로 추측합니다. 이 경우 아들이 계모나 서모를 속여서 빼앗았다고는 할 수 있지만, "차라리 불의를 당해주고, 속아 넘어가 주지 그랬느냐"(7b절)는 바울의 권고와 상충하기 때문에 설득력이 약합니다. 그러므로 송사는 재산 문제와 관련된 '민사 소송'임이 틀림없습니다.)

모두가 패자!

송사와 관련해서 바울이 교인들 사이에 일어난 재산 분쟁을 세상 법정에 끌고 간 것 자체가 '실패'라고 선언한다는 사실이 중요합니다(7a절).

개역개정	"너희가 피차 고발함으로 너희 가운데 이미 뚜렷한 허물이 있나니."
새번역	"여러분이 서로 소송을 제기하는 것부터가 벌써 여러분의 실패를 뜻합니다."
NRSV	"In fact, to have lawsuits at all with one another is already a defeat for you."

개역개정이 '뚜렷한 허물'로 번역했고, 새번역이 '실패'로 번역한 말은 헬라어로 'ἥττημα'(헷테마)인데, '큰 손실을 겪는다는 의미에서의 패배'(defeat in the sense of suffering great loss)를 의미합니다. 중요한 것은 '모조리'를 뜻하는 부사 'ὅλως'(홀로스)가 이 'ἥττημα' 바로 앞에 나온다는 사실입니다. '총체적 실패'(total failure)요, '전면적 패배'(whole defeat)라는 것입니다! 무엇이 총체적 실패요, 전면적인 패배일까요?

개역개정은 "너희가 피차 고발하는 것"으로, 새번역은 "여러분이 소송을 제기하는 것"으로 각각 번역했습니다. 여기서 '소송'은 헬라어로 'κρίματα'(크리마타)인데, 교인들 사이에 일어난 문제를 교회에서 해결하지 않고 세상 법정으로 끌고 간 '소송 자체'(the lawsuit itself)를 말합니다.

바울의 판단은 너무나 확실합니다. 성도들 사이에 일어난 재산 분쟁을 세상에 믿지 않는 재판관 앞에 가져가 판결 받으려는 의도 자체가 이미 '대실패'(fiasco)라는 것입니다. 원고든 피고든 어떤 쪽이 승소하든 상관없이 모두가 패소하는 것과 마찬가지라는 것입니다! 그것은 세상 사람들 앞에서 교회가 수치를 당하기 때문입니다. "교회는 세상과 다른 줄 알았는데, 세상과 조금도 다를 바 없구나!" 하고 세상 사람들이 교회를 조롱할 것이기 때문입니다.

세상 사람들은 교인 간의 송사에 누가 이기는가에는 관심이 없습니다. "교회도 세상과 다를 바 없이 이런 문제로 진흙탕 싸움을 벌이는구나!" 그 한 가지만 놓고 비웃을 것입니다. 그러므로 바울은 교회가 이런 문제를 해결할 자정 능력을 상실하고 세상 법정으로 뛰쳐나가는 것 자체가 '이미'(ἤδη/에데/already) 큰 손실을 불러오는 대실패요, 전적인 패배라고 생각합니다.

이 작은 사건 하나를?

바울은 어떤 신학적 근거로 교인 간의 법정 송사가 '실패'라고 단정할까요? 성도 간의 세속 법정 다툼의 부당성을 바울 특유의 '종말론적 시각'과 예수께서 가르치신 '비보복 원수 사랑의 원리'로 접근합니다. 바울은 송사 문제를 종말론적 관점에서 바라볼 것을 요구합니다(2-3절).

개역개정	성도가 세상을 판단할 것을 너희가 알지 못하느냐 세상도 너희에게 판단을 받겠거든 지극히 작은 일 판단하기를 감당하지 못하겠느냐 우리가 천사를 판단할 것을 너희가 알지 못하느냐 그러하거든 하물며 세상 일이랴.
새번역	성도들이 세상을 심판하리라는 것을 여러분은 알지 못합니까? 세상이 여러분에게 심판을 받겠거늘, 여러분이 아주 작은 사건 하나를 심판할 자격이 없겠습니까? 우리가 천사들도 심판하리라는 것을 알지 못합니까? 그러한데, 하물며 이 세상 일이야 말할 나위가 있겠습니까?
NRSV	Do you not know that the saints will judge the world? And if the world is to be judged by you, are you incompetent to try trivial cases? Do you not know that we are to judge angels--to say nothing of ordinary matters?

바울은 이미 1절에서 교인들끼리 일어난 문제를 불신자 판사 앞에 끌고 가는 소송 행위 자체를 질책했습니다. 그렇게 해서 안 될 중요한 이유는 성도가 갖는 '최후 심판 참여권' 때문입니다. 바울은 지금 당장은 교회가 세상에서 일어나는 악행을 심판할 필요가 없다고 단언했습니다 (5:12-13). 현세의 심판이 도덕적이고 법률적인 심판이라고 할 때 그것은 교회가 아닌 하나님이 하실 영역입니다. 그러나 **최후 심판 때는** 사정이 달라집니다. 예수께서 이 세상을 최후 심판하실 때 성도들 역시 그 심판에 참여하게 되는데, 이때의 심판은 영적이고 전면적인 심판일 것입니다.

단 7:18	지극히 높으신 이의 성도들이 나라를 얻으리니 그 누림이 영원하고 영원하고 영원하리라.
마 19:28	예수께서 이르시되 내가 진실로 너희에게 이르노니 세상이 새롭게 되어 인자가 자기 영광의 보좌에 앉을 때에 나를 따르는 너희도 열두 보좌에 앉아 이스라엘 열두 지파를 심판하리라.

눅 22:30	너희로 내 나라에 있어 내 상에서 먹고 마시며 또는 보좌에 앉아 이스라엘 열두 지파를 다스리게 하려 하노라.
계 3:21	이기는 그에게는 내가 내 보좌에 함께 앉게 하여 주기를 내가 이기고 아버지 보좌에 함께 앉은 것과 같이 하리라.

장차 그리스도 예수와 함께 최종적인 세상 심판에 영광스레 참여하게 될 '성도'(ἅγιοι/하기오이/saints)가 세상의 '불의한 자'(ἄδικοι/아디코이/the unjust) 앞에서 심판당하는 것은 가당치 않습니다. 장차 그리스도께서 타락한 천사들까지 심판하시는 우주적 심판에 동참하게 될 성도가 세상의 믿지 않는 재판관 앞에서 심판을 당하는 것이 부끄럽다는 것입니다.

흥미롭게도 바울은 그리스도와 함께 세상에 대한 최후 심판에 동참하게 될 성도가 세상의 불신자 재판관 앞에서 재판을 받는다는 사실이 수치스럽다는 사실을 강조하는 것이 사실이지만, 오히려 교회 스스로 이런 분쟁을 판단하고 해결할 수 있다는 사실에 초점을 집중합니다. (현실주의자인 바울도 교회 내부에 도저히 스스로 해결할 수 없는 분쟁이 생길 경우 최후 수단으로 세상 법정으로 나갈 수도 있다는 사실을 인정하는 것 같습니다.) 다시 말해 타락한 천사에 대한 심판을 포함해서 장차 어마어마한 스케일로 벌어지게 될 세상에 대한 최후 심판에 참여할 수 있는 특권을 가진 성도가 고작 이 세상에서 일어나는 자질구레한 분쟁 하나를 판단 못할 이유가 어디 있느냐고 힐난합니다.

여러분이 **아주 작은 사건 하나를** 심판할 자격이 없겠습니까? (2b절)
그러한데, 하물며 **이 세상 일이야** 말할 나위가 있겠습니까? (3b절)

종말론적 심판의 우주적 규모에 비하면 현재 고린도 교인들 사이에 발생한 소송 건은 아주 사소한 것이기에 교인들 스스로 얼마든지 판단하고 해결할 수 있다는 것입니다.

지혜로운 중재자는 어디에?

4-5절은 바울 특유의 신랄한 풍자로 자체 해결에 실패한 교인들을 비꼽니다.

새번역	그러니, 여러분에게 일상의 일과 관련해서 송사가 있을 경우에, 교회에서 멸시하는 바깥사람들을 재판관으로 앉히겠습니까? 나는 여러분을 부끄럽게 하려고 이 말을 합니다. 여러분 가운데는, 신도 사이에서 생기는 문제를 해결하여 줄 만큼, 지혜로운 사람이 하나도 없습니까?
NIV	Therefore, if you have disputes about such matters, appoint as judges even men of little account in the church! I say this to shame you. Is it possible that there is nobody among you wise enough to judge a dispute between believers?

4절은 번역상 논란이 뜨거운 구절로 유명합니다. 개역개정이 '교회에서 경히 여김을 받는 자들'로, 새번역이 '교회에서 멸시하는 **바깥**사람들'로 번역한 '재판관들'이 교인들이냐 교회 바깥사람들이냐에 관한 논란입니다. (개역개정은 '교인들'로, 새번역은 '외부인들'로 보았습니다.) 문맥으로 볼 때 교회가 경멸하는 '불신자 재판관들'로 보는 것이 더 자연스럽기에 새번역을 따랐습니다.

그렇다면 바울의 반문은 "너희 교회가 경멸하는 세상의 불신자 재판관을 교인들의 송사에 판결을 내리도록 내버려 둘 것이냐?"는 것입니다.
물론 바울은 세상의 판사들 자체를 경멸하지 않을 것입니다. 다만 그들의
가치 판단 기준이 성도의 그것과 다르다는 사실을 강조할 뿐입니다.
이런 이유로 바울은 5절에서 자신의 의도가 "고린도 교인들을 부끄럽게
하는 데 있음"을 분명히 밝힙니다. 교인들 사이에 불거진 문제를 교회
스스로 해결하지 못하고 세상 법정에 호소하는 것 자체가 '부끄러운
일'(치욕)이라는 것입니다. 그러면서 바울은 고린도교회에 이 송사 문제
하나를 슬기롭게 조정할 수 있는 중재자가 없다는 사실을 비웃습니다.
고린도인들은 스스로 지혜롭다고 자랑하며 그 교만은 풍선에 가득 찬
바람이 언제 터질지 모를 정도로 한껏 부풀어 올랐는데, 정작 세상사에서
흔히 일어나는 가벼운 분쟁 하나 해결할만한 인재가 없느냐는 한탄이지
요. 지혜로운 중재자가 없기에 교회를 박차고 세상 법정으로 나가게
되었다는 야유입니다.

**그래서 신도가 신도와 맞서 소송을 할 뿐만 아니라, 그것도 믿지 않는 사람들
앞에 한다는 말입니까?(6절)**

바울은 6-8절에서 성도 간의 마찰을 세상 법정으로 끌고 간 것 자체
가 이미 교회의 패배요 실패라고 판단합니다. 그러면서 소송 당사자인
원고(피해자)와 피고(가해자) 모두를 예수께서 가르치신 '비보복 원수
사랑'의 원리로 싸잡아 비판합니다. 원고는 피고가 불의한 방법으로
자신의 재산을 속여 빼앗았다고 할지라도 세상 법정에 나가는 것보다는
차라리 불의를 당하고 속아 넘어가는 편이 더 좋았을 것이고 탄식합니다.
피고 처지에서는 왜 같은 교회에 다니는 성도에게 불의를 행하고 속여

빼앗는 악행을 저지르냐고 강하게 질책합니다.

　바울은 송사와 관련해서 시종일관 2인칭 복수 주격 ὑμεῖς(휘메이스/여러분)를 사용해서 당사자들뿐만 아니라 교인 전체를 대상으로 합니다. 음행이 단순한 개인의 일탈이 아니라 공동체 전체의 자정 능력을 시험하는 문제이듯이, 성도 간의 송쟁 역시 공동체 전체가 슬기롭게 조정하고 중재해야 할 문제라고 보기 때문입니다.

'세상'에서 '교회'로: 중생 → 성화 → 의화

　9-10절은 5:10-11에서 제시한 '악행 목록'에 네 가지를 더 추가해 열 가지를 제시합니다. 바울이 이미 열거한 여섯 부류의 불의한 사람들은 '음행자', '탐욕자', '약탈자'(강도), '우상 숭배자', '중상모략자', '술주정뱅이'인데, 여기에 '간음자'(adulterers)와 '동성애에서 여성 노릇을 하는 자'(male prostitutes/Lustknaben)와 '남성 역할을 하는 동성애자'(sodomites/Knabenschänder)와 '도적'(thieves)을 첨가합니다. 바울은 이런 부류의 불의자들이 종말의 날에 "하나님 나라를 상속받지 못할 것"이라고 경고합니다(9a, 10b절). 불의한 자들은 최종적으로 임하게 될 하나님 나라에서 세상을 전면적으로 심판하는 특권을 상실하게 된다는 말입니다.

　성도 간의 송사도 어디까지 탐욕이나 약탈, 도둑질, 중상모략과 같은 죄로 인해 생긴 것이기에 약간의 물질적 이득을 취하려다가 최후 심판의 날에 훨씬 더 중요한 하나님 나라를 상실할 수 있다는 것입니다. 소탐대실(小貪大失)을 경계합니다.

　바울은 11절에서 송사 문제의 결론을 내립니다.

개역개정	너희 중에 이와 같은 자들이 있더니 주 예수 그리스도의 이름과 우리 하나님의 성령 안에서 **씻음**과 **거룩함**과 **의롭다** 하심을 받았느니라.
새번역	여러분 가운데 이런 사람들이 더러 있었습니다. 그러나 여러분은 주 예수 그리스도의 이름과 우리 하나님의 성령으로 **씻겨지고, 거룩하게 되고, 의롭게 되었습니다.**
NRSV	And this is what some of you used to be. But you **were washed**, you **were sanctified**, you **were justified** in the name of the Lord Jesus Christ and in the Spirit of our God.

고린도인들 가운데 일부는 교회에 들어오기 전에 열 가지 악행 전체 혹은 일부에 물들어 살던 죄인들이었습니다. 그러나 그리스도를 믿고 '성도들'(ἅγιοι/하기오이)이 된 다음에는 달라져야 합니다. 바울은 세 가지 동사를 사용해서 성도가 더 이상 '불의한 자들'(ἄδικοι/아디코이)이 될 수 없음을 분명히 합니다.

첫째로 깨끗이 "씻겨졌습니다"(ἀπελούσασθε/아펠루사스데/were washed). '세례'가 연상됩니다. 둘째로 "거룩하게 되었습니다"(ἡγιάσθητε/헤기아스테테/were sanctified). 세상과 구별되게 성화되었다는 것입니다. 셋째로 "의롭게 되었습니다"(ἐδικαιώθητε/에디카이오테테/were justified). 더 이상 죄인이 아니고, 의롭다 인정을 받았다는 것입니다.

헬라 원어 성경에는 세 가지 동사 앞에 모두 '그러나'를 뜻하는 역접 부사 'ἀλλά'(알라/but)가 나옵니다. 세상에서 불의하게 살았지만, 씻겨졌습니다(세례를 통한 중생/regeneration through baptism). 세상에서 불의하게 살았지만, 거룩하게 되었습니다(성화/sanctification). 세상에서 불의하게 살았지만, 의롭게 되었습니다(의화/justification). 중요한 것은 세 변화가 모두 "우리 주 예수 그리스도의 이름과 우리 하나님의 성령으로" 이루어졌다는 사실입니다. 우리 자신의 능력이 아닌 하나님께서 그리스도 이름과 성령의 능력으로 이루신 변화라는 것입니다.

교회에서 생긴 분쟁은 교회 스스로!

지난 10여 년 동안(2010~2022) 우리 감리교회에서 감독 회장 선거 문제만으로 100여 건의 소송이 있었다고 합니다. 여기에 들어간 소송비도 막대했겠지만, 이런 사이에 28만 명의 교인이 감소했다고 합니다. 물론 송사만이 교인 감소 이유의 전부는 아닐 것입니다. 요점은 지난 2천 년 동안 교회 내부 문제를 세상 법정으로 끌고 간 사례는 차고도 넘친다는 사실입니다. 그러는 사이에 교회는 내적으로 쇠약해졌고, 외적으로 수치를 당했습니다. 바울은 일찌감치 이런 비극을 예견하고 때마침 고린도교회에서 일어난 송쟁을 빌미로 오고 가는 세대의 모든 교회가 귀담아들어야 할 법정 소송의 기준을 제시합니다. 그것은 가급적 교회 자체 안에서 경건하고 지혜로운 중재자들이 활약해서 해결하라는 충고입니다. 세상 법정에 믿지 않는 재판관들 앞에서 교회 내부 문제를 심판받을 경우 누구도 승자가 없이 다 패자가 된다는 논리입니다. 교회가 세상과 조금도 다를 바 없다는 치부를 드러내면서 교회와 복음의 권위가 땅바닥에 떨어지기 때문에 모두가 패소한다는 말입니다.

실제로 바울이 활동한 로마 시대의 고린도를 비롯한 주요 도시에는 소송하기를 좋아하는 인사들로 가득 찼다고 합니다. 돈과 권력을 가진 사람일수록 변호사 뺨칠 정도의 법률 지식을 지닌 것은 물론이고, 법정에서 화려한 수사법(rhetoric)과 웅변술(eloquence)을 총동원해서 법정 다툼을 벌이는 것이 하나의 '오락거리'였다고 합니다. 바울이 경계한 것은 이런 세상 풍조가 교회에 그대로 유입되어 교회와 세상의 경계가 무너지는 비극입니다. 성도는 세상의 불의한 자들과 구별된 삶을 살아야만 합니다. 때때로 손해와 희생을 감수하고서라도 교회가 세상의 조롱거리로 전락하는 것을 막아야 한다는 것이 바울의 본심입니다.

물론 교회 내부 문제를 교인들끼리 도저히 해결할 수 없는 지경까지 이르렀을 때는 세상 법정으로 가는 경우도 생기겠지만, 그마저도 모든 해결책을 강구해 본 뒤에 최후의 수단이 되어야 할 것입니다. 교인 간의 송쟁은 '전제'가 아니라 '결과'가 되어야 합니다! 모든 노력을 강구한 다음에 도저히 해결의 기미가 없을 때, 그 결과로서의 최후 수단이 되어야 한다는 것입니다.

예수께서 '빌라도'라는 세상의 불의한 재판장 앞에서 보여주신 것처럼, 차라리 불의를 기꺼이 당하고 속아 주려고 할 때 교회가 복잡한 송사에 말려들어 내적으로 상처를 입고, 외적으로 조롱을 당하는 '실패'(ἥττημα)를 막을 수 있을 것입니다.

4. 몸 = 성령의 성전

고전 6:12-20

바울의 '몸 신학'

본문은 바울이 가장 심오하고도 수려한 문장으로 제시한 '몸의 신학'(theology of body)으로 유명합니다. 기독교인이 '몸'을 어떤 시각으로 바라보아야 하는지를 이보다 더 깊이 있게 해명한 글은 없을 것입니다. 금욕주의자들은 몸을 학대함으로써 영혼을 정화시킬 수 있다고 생각합니다. 반면에 쾌락주의자들은 몸은 금방 썩어 없어질 물질에 불과하기에 건강하고 힘 있을 때 마음껏 즐겨야 한다고 주장합니다.

바울이 몸의 신학을 제시할 때 염두에 둔 헬라 철학 사조는 스토아-견유학파(Stoic-Cynic)의 몸에 대한 견해였습니다. 이들은 몸은 영혼을 감싸고 있는 '껍질'(husk)이나 '포장지'(wrapper)에 불과하기에 사람이 죽으면 영혼만 육체에서 벗어나 불멸하고, 육체는 금방 소멸한다고 생각했습니다. 쾌락만 증가시킬 수 있다면 마음껏 몸을 굴려도 된다는 '에피쿠로스 철학'(Epicureanism)도 배경이 됩니다.

이런 철학 사조들에 영향을 받은 고린도인들은 교회에 들어온 뒤에도 몸을 가볍게 여겼습니다. 건강하고 힘 있을 때 할 수 있으면 육체적 쾌락을 최대한 즐겨야만 한다고 생각한 나머지, 창기를 찾아가 몸을 섞는 일에 죄책감을 느끼지 않았습니다. 더욱이 하나님의 영으로 충만한 사람은 이제 육계(肉界)를 뛰어넘어 영계(靈界)로 진입했기에 음행을 하든 무엇을 하든, 곧 소멸하고 말 몸으로 하는 모든 행위가 '그리스도인의 새로운 특권이자 자유'라고 오해했습니다.

바울은 '몸'(σῶμα/소마)과 '음행'(πορνεία/포르네이아)에 대해서 그릇된 견해를 가진 고린도인들을 바로잡아 주고자 몸의 신학을 제시합니다. 급격한 비약과 문장의 난해성 때문에 이해하기가 쉽지 않지만, 바울이 정말 강조하려는 요점만 간파한다면, 기독교인은 창조론과 부활론에 근거해서 '몸' 자체를 얼마나 소중하게 여기고 신성시해야 하는지를 알 수 있습니다.

세 가지 구호와 바울의 반박

바울은 교회에서 일어난 근친상간이라는 음행을 다루다가 잠깐 교인 간의 송사 문제를 언급했습니다. 두 문제는 모두 교회의 '판단'과 관련될 뿐 아니라, 교회가 자체적인 해결에 실패한 미숙성을 입증한다는 것이 바울의 인식입니다. 그러다가 바울은 다시금 음행 문제로 돌아오는데, 훨씬 더 신학적으로 접근합니다. 먼저 바울은 고린도교회에 유행하던 세 가지 구호(slogans)를 끄집어냅니다. 몸에 대한 일반 원리부터 밝힌 뒤에 '기독교적 몸관(觀)'으로 넘어갑니다. 중요한 것은 세 구호가 모두 고린도인들이 음행을 정당화하기 위한 이데올로기 구실을 했다는 사실에 있습니다. 바울은 기독교적 시각에서 세 가지 구호에 대한 한계를 그어줌으로써 기독교적 몸관을 정립하기 위한 토대를 마련합니다.

	고린도 교인들의 구호	바울의 반박
첫 번째 구호 (12a절)	모든 것이 나에게 허용되어 있습니다(새번역).	그러나 모든 것이 유익한 것은 아닙니다(새번역).
	Everything is permissible	but not everything is bene-

	for me(NIV).	ficial(NIV).
두 번째 구호 (12b절)	모든 것이 나에게 허용되어 있습니다(새번역).	그러나 나는 아무것도 제재를 받지 않겠습니다(새번역).
	Everything is permissible for me(NIV).	but I will not be mastered(dominated) by anything(NIV).
세 번째 구호 (13a절)	음식은 배를 위한 것이고, 배는 음식을 위한 것입니다(새번역).	그러나 하나님께서는 이것도 저것도 다 없애 버리실 것입니다. 몸은 음행을 위하여 있는 것이 아니라, 주님을 위하여 있는 것이며, 주님은 몸을 위하여 계십니다(새번역).
	Food for the stomach and the stomach for food (NIV).	but God will destroy them both. The body is not meant for sexual immorality, but for the Lord, and the Lord for the body(NIV).

세 구호는 모두 "모든 것이 허용된다"는 '자유'와 "결국 썩어 없어질 몸이기에 이 자유를 몸으로 마음껏 즐겨야 한다"는 '방종'으로 요약됩니다. 고린도인들은 이런 이데올로기를 근거로 창기를 찾아가 몸을 합해도 괜찮다며 자신들의 음행을 정당화했습니다. 우리가 주목해야 할 대목은 바울이 이런 이교적이고 헬라주의적 사고방식을 어떻게 기독교적으로 논박하느냐입니다.

먼저 "모든 것이 허용된다"는 슬로건에 대해 바울은 두 가지로 논박합니다. '가하다' 혹은 '허용된다'는 헬라어로 'ἔξεστιν'(엑세스틴)인데, '결정할 권리'(right to determine)나 '권위'(authority) 혹은 '자유'(liberty)를 의미합니다. 자기가 하고 싶은 것을 마음대로 할 수 있는 '합법적(lawful) 권리나 자유'를 말합니다. 그리스도인은 그리스도 안에서 자유를 얻은 사람이기에 모든 것을 다 할 수 있습니다. 하지만 자유와 방종은 다릅니다. 자유에 어떤 제한을 가하지 않으면, 그 자유 때문에 우리가 망할 수도 있습니다. 따라서 바울은 "자신이 원하는 것은 무엇이든지 다 할 수 있다"는 자유주의 사고에 두 가지 한계를 긋습니다.

첫째로 그리스도인에게는 모든 것이 다 허용되지만, 그렇다고 해서 그 자유로운 행위가 다 유익이 되는 것은 아닙니다. '유익하다'는 동사는 헬라어로 'συμφέρει(쉼페레이)인데, "자신이나 이웃에게 보탬(benefiting)이 된다"는 뜻입니다. 그리스도인은 술이나 담배를 마음껏 할 수 있는 합법적 자유가 있지만, 그 자유를 멋대로 행사하다가는 자신의 건강에 해를 초래하는 것은 물론이고 가족과 이웃에게 불편을 줄 수 있습니다. 따라서 우리가 늘 물어야 할 물음은 "나의 행위가 합법적이냐 아니냐"가 아니라, "그 행위가 자체로 선하며, 나 자신은 물론이고 이웃에게도 선익을 끼치느냐"입니다.

> 모든 것이 가하나 모든 것이 유익한 것은 아니요 모든 것이 가하나 모든 것이 덕을 세우는 것은 아니니 누구든지 자기의 유익을 구하지 말고 남의 유익을 구하라(고전 10:23-24).

> 나와 같이 모든 일에 모든 사람을 기쁘게 하여 자신의 유익을 구하지 아니하고 많은 사람의 유익을 구하여 그들로 구원을 받게 하라(고전 10:33).

바울이 그리스도인의 자유에 가하는 두 번째 제한은 "내가 자유롭게 하는 그 행위에 지배를 받지 않겠다"는 것입니다. 개역개정이 "무엇에든지 얽매이지 아니하리라"로, 새번역이 "아무것도 제재를 받지 않겠다"

로 번역한 부분에서 '얽매이다'와 '제재를 받다'는 헬라어로 ἐξουσιασθή σομαι(엑수시아스테소마이)인데, '노예가 될 것이다'(will be enslaved), '지배를 받게 될 것이다'(will be mastered) 혹은 '압도당할 것이다'(will be overpowered)의 미래적 의미가 있습니다. 자기 힘으로 거역하지 못하고 끌려다닌다는 뜻이지요.

자유를 마음껏 행사하다 보면 자신도 모르게 그 자유로운 행위의 노예가 될 수 있습니다. 자유에 절제와 책임이 뒤따르지 않은 채 방종으로 치달릴 경우 그 자유로운 행위는 어느새 무서운 죄로 변질해 폭군처럼 우리를 옭아맬 수 있습니다. 술이나 담배나 성이나 무엇이든지 자유롭게 하다 보면 자기도 모르게 중독이 되어서 영영 헤어나지 못하는 노예로 전락할 수 있습니다. '자유'와 '노예'는 정반대 개념임에도, 그 자유가 자신과 이웃에게 선익을 끼치고 건덕을 세우는 자유가 되기 위해서 어느 정도의 절제를 가하지 않을 경우 폭군으로 돌변해서 우리를 노예로 만들 수 있습니다.

세 번째 슬로건에 대한 바울의 반박이 가장 중요합니다. 바울은 자유와 자유의 한계를 논하다가 갑자기 '음식'과 '배'의 비유로 전환합니다. "음식은 배를 위한 것이고, 배는 음식을 위한 것"이라는 묘한 구호가 말하려는 것은 무엇일까요? 즉각적으로 떠오르는 생각은 '식욕'과 '성욕'의 상관성 때문에 이 구호가 등장했을 것이라는 추측입니다. 인간의 가장 기본적인 본능이 '식욕'과 '성욕'이기에 자신의 음행을 정당화하기 위해서 고린도인들이 내건 음식과 배 관계에 관한 구호를 인용한 것 같습니다.

식욕의 정당화	성욕의 정당화
음식은 배를 위해, 배는 음식을 위해 (food for stomach, stomach for food)	성은 몸을 위해, 몸은 성을 위해 (sex for body, body for sex)

음식은 배를 충족시키기 위해, 배는 음식으로 배를 불리기 위해 존재하는 것처럼 성은 몸을 충족시키기 위해, 몸은 성으로 채워지기 위해 존재한다는 논리입니다. 음식은 '식욕'이라는 본능을, 성은 '성욕'이라는 본능을 충족시키기 위한 대상이기에 아무 차이가 없다는 생각입니다. 하지만 식욕과 성욕을 마구잡이식으로 채워야 한다는 자유주의 궤변론자들의 주장에는 중대한 오류가 있습니다. 바울이 이미 자유에 두 가지 한계를 그은 것처럼, 식욕과 성욕의 무조건적 충족이 다 '유익한 것'은 아닙니다. 술을 아무 제재 없이 마시다 보면 자기 몸이 절단나는 것은 물론이고 가족과 이웃에게도 심각한 해를 끼칠 수 있습니다. 성욕도 마찬가지입니다. 알코올 중독과 마찬가지로 포르노 중독과 같은 성중독은 헤어날 수 없는 노예로 전락해서 자신과 이웃에게 피해를 줄 수 있습니다. 그러므로 식욕과 성욕에 일정한 절제와 책임이 수반되지 않을 경우 자신이나 이웃에게 유익이 되지 않는 것은 물론이고, 영영 벗어날 수 없는 노예로 굴러떨어질 수 있습니다.

성욕을 식욕에 빗대어서 자유방임의 기치를 내건 고린도 궤변론자들에게 바울은 '식사'와 '성교'는 그 차원이 전혀 다르다는 사실을 역설합니다. 음식과 배의 관계는 육체적이며 일시적인 것이지만, 성교와 몸의 관계는 전(全)인격적이며, 영속적인 관계라는 것입니다. 13절을 봅니다.

새번역	'음식은 배를 위한 것이고, 배는 음식을 위한 것입니다.' 그러나 하나님께서는 이것도 저것도 다 없애 버리실 것입니다. 몸은 음행을 위하여 있는 것이 아니라, 주님을 위하여 있는 것이며, 주님은 몸을 위하여 계십니다.
NIV	'Food for the stomach and the stomach for food' — but God will destroy them both. The body is not meant for sexual immorality, but for the Lord, and the Lord for the body.

음식과 배의 관계는 신체적 차원이며, 일시적이고, 궁극적으로 하나님께서 다 소멸시킬 덧없는 것인 것처럼, 성과 몸의 관계도 다 그와 같고 결국 하나님께서 다 소멸시키리라는 것이 고린도인들의 생각입니다. 다 없어지고 말 것이기에 굶주릴 때 음식으로 배를 채우듯이, 성욕이 일어날 때 쾌락으로 몸을 마음껏 즐겁게 하자는 것입니다.

음식이 식욕을 해결하기 위해 배를 채우는 행위이듯이, 성관계 역시 성욕을 해결하기 위해 신체 기능을 만족시키는 행위에 불과하다는 고린도인들의 논리를 바울은 정면으로 반박합니다. 음행과 몸의 관계는 음식과 배의 관계와는 전혀 다르다는 것입니다. 몸은 음행을 위해 있는 것이 아니라 주님을 위해서 있고, 거꾸로 주님은 몸을 위해 있다는 것이 바울의 확신입니다. 음식과 배는 덧없이 사라지고 말겠지만, 몸은 그렇지 않습니다. 장차 부활할 몸이기에 영속적입니다.

그런데 바울이 말하는 '몸'(σῶμα/소마/body)은 '영혼'에 반하는 우리 인격의 일부가 아니라 '인격 전체'를 일컫는 말입니다. 무엇보다도 성관계는 육체만이 아니라 인격 전체가 관여하는 행위이기에 바울이 이 맥락에서 말하는 몸은 성행위에 참여하는 우리 인격 전부를 의미합니다. 바울은 15장의 부활 장에서 이 문제를 자세히 다룹니다. 장차 부활하게 될 우리 몸은 현재의 물질적 형태의 죽어야 할 'σῶμα ψυχικόν'(소마 프쉬키콘/자연적 몸/natural body)이 아니라, 영원히 죽지 않을 신령한 몸(靈體) 'σῶμα πνευματικόν'(소마 프뉴마티콘/spiritual body)이라고 주장합니다.

그리스도와 우리 몸의 부활

바울은 우리 몸의 영속성 근거를 그리스도의 부활과 그 부활에 근거한 우리의 부활에서 찾습니다.

하나님께서 주님을 살리셨으니, 그의 권능으로 우리도 살리실 것입니다 (14절).

성관계를 갖는 우리 몸은 음식으로 채운 배처럼 덧없이 사라지는 것이 아니고, 예수께서 부활하신 것처럼 언젠가 부활의 영광에 참여할 것이기에 음욕이 생긴다고 함부로 채워야 할 저속하고 물질적인 영역이 아니라는 것입니다. 훨씬 더 고상하고 영광스럽고 신령한 몸으로 변형될 것입니다.

부활하신 예수님의 몸은 부활 전의 몸과는 차원이 전혀 다른 신령한 몸이었지만, 여전히 손과 옆구리에 성흔(聖痕/stigmata)을 지니고 계셨으며, 제자들이 알아보았습니다. 부활하신 예수님의 몸이 부활 전의 몸과 연속성과 불연속성을 다 갖고 계셨듯이, 장차 부활하게 될 우리의 몸도 현재의 몸과 연속성이 있기에 이 현재 몸에 가하는 음행은 부활의 몸에도 영향을 미친다는 것이 바울의 확신입니다. 따라서 '음식과 배의 관계'와 '성관계와 몸의 관계'는 다음과 같이 대비됩니다.

음식은 배를 위해, 배는 음식을 위해	몸은 음행이 아닌 주님을 위해, 주님은 몸을 위해
하나님께서 음식과 배를 폐하실 것이다.	예수님을 다시 살리신 하나님께 우리의 몸을 살리실 것이다.

창기와 합하는 자는?

음행을 정당화하기 위해 내세운 세 가지 구호를 차례로 논박한 바울은 이 기초 위에서 '자신의 몸을 창기에게 함부로 맡기는 고린도 교인들의 음행'을 비판합니다.

여러분의 몸이 그리스도의 지체라는 것을 알지 못합니까? 그런데, 내가 그리스도의 지체를 떼어다가 창녀의 지체를 만들 수 있겠습니까? 그럴 수 없습니다. 창녀와 합하는 사람은 그와 한몸이 된다는 것을 알지 못합니까? '두 사람이 한몸이 될 것이다' 하신 말씀이 있습니다. 그러나 주님과 합하는 사람은 그와 한 영이 됩니다(15-17절).

바울은 창세기 2:24을 인용해서 '남편과 아내가 결합해서 한몸을 이룬다는 사실'을 강조합니다. 부부가 성적으로 연합하는 것은 한몸을 이루는 행위이기에 우리가 그리스도와 연합하는 것도 그리스도와 한몸이 되는 것입니다. 그러므로 우리 몸은 '그리스도의 지체'(μέλη Χριστοῦ/멜레 크리스투/members of Christ)가 되었습니다. '지체'는 헬라어로 'μέλος'(멜로스)인데, '팔다리와 같은 신체 기관'(the organs of the body like the limbs)을 말합니다. 그리스도 몸의 일부가 된 우리가 창기와 합하는 것은 그리스도의 지체를 떼어다가 창기의 지체를 만드는 꼴입니다. 누군가와 악수할 때, 우리의 손만 관여하는 것이 아니라 우리의 인격 전체가 참여합니다. 우리 몸이 창기와 합하는 것도 그리스도와 연합해서 그리스도의 거룩한 지체가 된 우리의 인격을 갖다 바치는 행위입니다. '창기와의 몸 연합'과 '그리스도와의 몸 연합'이 서로 함께 갈 수 없다는 사실을 강조하고자 바울은 "절대로 안 된다"(never)는 의미의 'μὴ γένοιτο'(메게노이토)를 사용합니다.

중요한 것은 창녀와 몸을 합하는 사람은 그리스도의 지체를 떼어다가 창녀의 지체를 만드는 행위이지만, 그리스도와 합한 사람은 단순히 몸으로만 연결되는 것이 아니라 몸보다 훨씬 더 거룩한 차원인 영적으로 연합해서 '주님과 한 영'이 된다는 사실입니다.

음행을 피하라!

바울은 지금까지의 신학적 진술을 바탕으로 윤리적 명령을 내립니다.

음행을 피하십시오. 사람이 짓는 다른 모든 죄는 자기 몸 밖에 있는 것이지만, 음행을 하는 자는 자기 몸에다가 죄를 짓는 것입니다(18절).

바울은 "음행을 싸워서 이기라"고 권고하지 않습니다. "피하라"(shun/flieht)는 것입니다! 헬라어 'φεύγετε'(퓨게테)는 "~으로부터 계속해서 도망치라"(keep running from)는 뜻입니다. 음행은 유혹받는 현장에서 논쟁을 벌이고 논리적으로 설득한다고 해결될 문제가 아닙니다. 자신의 절제력이나 인내심을 시험할 수 있는 자리도 아닙니다. 불일 듯 순식간에 우리를 삼킬 수 있기에 피해야 합니다. 보디발의 아내가 유혹하자 요셉이 삼십육계 줄행랑을 친 것처럼, 현장에서 도망치는 것이 상책입니다(창 39장).

바울은 18절에서 '음행'과 '다른 악행'의 근본적인 차이점을 지적합니다. 다른 모든 악행은 '자기 몸 밖에 짓는 죄'이지만, 음행은 '자기 몸에다 짓는 죄'라는 것입니다. 바울이 앞에서 제시한 열 가지 악행 목록에서 음행을 제외한 모든 죄는 자신의 몸에 영향을 직접 주지 않습니다. 고린도인들은 "음행을 저지르는 몸이 죄와 상관없다"고 생각했습니다. 이와 달리 음행은 그리스도와 연합해서 거룩한 지체가 된 자신의 몸에다 죄를 짓는 것입니다. 그리스도의 몸과 연합한 자신의 지체를 떼어서 다른 몸과 결합하기에 장차 그리스도와 더불어 부활하게 될 신령한 몸을 훼손하는 죄가 되며, 결국 몸 안에다 심각한 악영향을 미친다는 뜻입니다.

몸 = 성령의 성전

음행이 다른 모든 악행과 달리 자신의 몸에다 짓는 죄라는 인식은 다음과 같은 바울의 주장과 맞물려 있습니다(19-20a절).

새번역	여러분의 몸은 여러분 안에 계신 성령의 성전이라는 것을 알지 못합니까? 여러분은 성령을 하나님으로부터 받아서 모시고 있습니다. 여러분은 여러분 자신의 것이 아닙니다. 여러분은 하나님께서 값을 치르고 사들인 사람입니다.
NRSV	Or do you not know that your body is a temple of the Holy Spirit within you, which you have from God, and that you are not your own? For you were bought with a price.

바울은 우리 몸이 성령이 내주하시는 '성전'(ναός/나오스/temple)이라고 말씀합니다. 하나님의 영이 거처를 잡아 24시간 상주하시는 집이 우리 몸이라는 것입니다. 몸의 진정한 주인이 그리스도라는 것입니다. 우리 몸은 하나님이 주시는 성령을 선물로 받아 모시는 성전이기에 늘 거룩하게 관리해야 합니다.

> **하나님의 성령을 근심하게 하지 말라 그 안에서 너희가 구원의 날까지 인치심을 받았느니라(엡 4:30).**

성령은 예배하고 기도할 때만 우리 안에 계시는 것이 아닙니다. 성령은 잠시 휴가나 방학을 내서 우리 몸을 떠나시지 않습니다. 늘 우리 몸 안에 정주(定住)하고 계시기에 거룩하게 관리해야 합니다. 바울은 하나님께서 그리스도 예수님을 십자가에 넘겨 엄청난 값을 치르고 우리 자신을 사주셨기에 우리 몸이 더 이상 우리 자신의 것이 아니라 주님의 소유라고 선언합니다.

> **주 안에서 부르심을 받은 자는 종이라도 주께 속한 자유인이요 또 그와 같이 자유인으로 있을 때에 부르심을 받은 자는 그리스도의 종이니라 너희는 값으로 사신 것이니 사람들의 종이 되지 말라(고전 7:22-23).**

거액의 값을 치르고 산 책을 코 푸는 데 쓰거나 화장지로 사용하지 않듯이, 그리스도의 십자가라는 엄청난 희생을 치르고 하나님께서 사주신 몸을 거룩한 목적을 위해서 쓰라는 것입니다. 몸의 사용 목적은 저급하게 육욕을 채우기 위해서가 아니라 하나님을 영화롭게 하는 데 있습니다.

몸으로 하나님께 영광을

음행에 관한 바울의 최종 결론입니다(20b절).

개역개정	그런즉 너희 몸으로 하나님께 영광을 돌리라.
새번역	그러므로 여러분의 몸으로 하나님을 영화롭게 하십시오.
NIV	Therefore honor God with your body.
NRSV	therefore glorify God in your body.

부정적이고 소극적으로 "몸으로 음행은 피하고", 긍정적이고 적극적으로 "몸으로 하나님께 영광을 돌려야 합니다." 몸은 그리스도 예수의 성육신과 십자가와 부활을 통한 구속 역사로 말미암아 하나님의 소유가 되었습니다. 그리스도의 지체가 되었고, 성령께서 내주하시는 성전이 되었습니다. 따라서 우리는 음행을 저지르는 저급한 목적이 아닌 하나님을 영화롭게 하는 고상한 목적을 위해서 몸을 사용해야 합니다.

가끔 유용한 생활 도구를 본래의 목적이 아닌 데 사용할 때가 있습니다. 나사를 조이거나 풀기 위한 목적으로 나사돌리개(screwdriver)가 엄연히 있음에도 숟가락이나 젓가락을 사용할 때가 있습니다. 이런 식기로도 얼마든지 나사를 돌릴 수 있지만, 문제는 음식 먹는 본용도 이외의 다른 목적으로 사용하다 보면 모양이 찌그러져 흉해집니다. 하나님께서 '성'(sex)이라는 아름다운 선물을 주셨는데, '교제'와 '출산'이라는 본래 목적이 아닌 정욕을 채우기 위한 수단으로 사용하다 보면 처참하게 일그러질 수 있습니다. '고린도'라는 항구 도시에는 공창(公娼)이 합법화 되어 있었습니다. 유곽(遊廓/brothel)을 들락거리는 일이 법적으로나 윤리적으로 문제가 되지 않았습니다. 고린도인들 가운데 일부는 이런 세상 풍조에 깊이 물들어 "자기 원하는 것은 뭐든지 할 수 있다"는 논리로 교회에 들어온 뒤에도 음행을 정당화했습니다. 바울은 철두철미 '몸의 부활'이라는 시각에서 현재의 몸이 장차 부활할 신령한 몸에 영향을 미치기에 음녀와의 결합이 '영으로 주님과 한몸'이 되는 것과 양립(兩立)할 수 없음을 가르칩니다.

바울은 "영혼은 선하고 육체는 악하다"는 영지주의적 이원론(dualism)을 거부합니다. 육은 구원받는 데 거추장스럽기에 철저히 무시해야 한다는 '금욕주의'(ascetism/Stoicism)나 궁극적으로 썩어 없어질 물질에 불과하기에 얼마든지 향락을 탐닉하는 데 써도 된다는 '쾌락주의'(hedonism/Epicureanism) 모두를 부인합니다. 몸의 가치를 과도하게 주장한 나머지 광적으로 얼굴과 몸매를 꾸미는 '외모지상주의'(Lookism)에도 제동을 겁니다.

몸은 하나님께서 십자가에서 그리스도의 핏값을 치르고 사주셨을 뿐 아니라, 성령이 거주하시는 집이기에 함부로 오용(misuse)하거나 남용(abuse)할 수 없다는 것입니다.

> 그러므로 형제들아 내가 하나님의 모든 자비하심으로 너희를 권하노니 너희 몸을 하나님이 기뻐하시는 거룩한 산 제물로 드리라 이는 너희가 드릴 영적 예배니라(롬 12:1).

> 형제들아 너희가 자유를 위하여 부르심을 입었으나 그러나 그 자유로 육체의 기회를 삼지 말고 오직 사랑으로 서로 종 노릇 하라(갈 5:13).

2부

고린도 교인들이
문의한 내용에 대한
바울의 응답

7:1-16:12

3장
성과 결혼과 가정에 대한 윤리 지침

7:1-40

1. 서로 분방(分房)하지 말라

고전 7:1-7

고린도전서의 세 번째 주제

7장은 바울이 제시하는 '성의 신학'(a theology of sex/sexuality)과 '가정 신학'(a theology of the family/household)을 엿볼 수 있는 중요한 장입니다. 바울은 어느 시대 어느 장소에서나 보편타당하게 적용될 수 있는, 일반적인 의미에서의 '성의 신학'이나 '가정 신학'을 상술하지 않습니다. 어디까지나 2천 년 전이라는 특수한 시대에 고린도교회라는 특별한 상황에서 불거진 문제에 응답했습니다. 따라서 이런 고대 그리스-로마의 시대적 상황이 우리 시대와 맞지 않을 수 있습니다. 그런데도 바울이 제시하는 기본 원리와 전반적인 지침은 시대와 상황을 초월해서 예수께서 다시 오실 때까지 모든 그리스도인이 '성'과 '가정'을 언급할 때마다 반드시 숙고하고 참고할 필요가 있습니다.

바울은 1-6장에서 대단히 단호하고 준엄한 어조로 교회가 걸어가야 할 바른길을 제시했습니다. 어떨 때는 어르고 타이르기도 했지만, 전반적인 분위기는 비판하고 책망하는 논조였습니다. 1-6장은 바울이 인편으로 전해 들은 두 가지 소식에 응답한 말씀입니다.

바울이 전해 들은 두 소식에 대한 응답(1-6장)	
1:10-4:21 (분쟁소식)	글로에의 집 사람들이 여러분의 소식을 전해 주어서(some from Chloe's household have informed me. 1:11).
5:1-6:20 (음행소식)	여러분 가운데 음행이 있다는 소문이 들립니다(It is actually reported that there is sexual immorality among you. 5:1).

'분쟁'과 '음행' 소식은 경악할 만한 것들이었기에 바울은 준엄한 자세로 잘못을 지적하고 오류를 교정해주고자 합니다. 특히 "어떤 교인이 근친상간을 한다"는 소문과 "윤락가를 찾아다니는 교인들이 있다"는 소문에 놀라서 5-6장은 음행을 경고할 뿐 아니라 음행을 정당화하기 위한 잘못된 '몸관(觀)'을 바로 잡아줍니다. 1-6장은 '분쟁'과 '음행'이라는 두 주제를 다루다가 7장부터는 몇몇 다양한 주제로 전환합니다. 제3부가 시작되었음을 알려주는 표현은 7:1a입니다.

여러분이 적어 보낸 문제를 두고 말하겠습니다(Now concerning the matters about which you wrote).

개역개정이 '대하여'(about)로 번역한 헬라어는 '페리(Περί/concern-ing)인데, '이제'(now)를 뜻하는 등위 접속사 'δέ'(데)와 함께 붙어서 바울이 주제를 바꿀 때마다 상투적으로 등장하는 문구입니다(7:1, 25; 8:1, 4; 12:1; 16:1, 12). 바울이 지금부터 말하려는 주제는 고린도인들이 이전에 바울에게 편지를 보내서 문의한 내용에 대한 응답입니다. 질의한 내용을 주제별로 정리하면 아래와 같습니다.

7:1-40	① 결혼한 그리스도인의 성생활(1-7절)
	② 결혼하지 않은 남자의 결혼과 과부의 재혼(8-9절)
	③ 배우자 두 사람이 모두 신자인 경우의 결혼 생활(10-11절)
	④ 한쪽 배우자가 믿지 않는 신자일 경우의 결혼과 이혼(12-16절)
	⑤ 미혼자들에게 주는 권고(25-38절)
	⑥ 남편과 사별한 과부의 재혼 문제(39-40절)
8:1-13	우상에게 바친 제물에 관하여
12:1-15:58	가지가지 신령한 은사에 관하여
16:1-4	연보에 관하여

고린도인들이 이 순서대로 바울에게 질문을 던졌다고 보기는 어렵습니다. 그런데도 바울이 성과 가정 문제를 맨 앞쪽에 다루는 이유는 5-6장에서 논한 음행과 성, 몸의 문제와 곧바로 연결되기 때문입니다. 전체적인 맥락에서 자연스레 연결되는 긴급한 문제부터 먼저 다루게 되었다는 것입니다.

부부간의 성관계를 기피하는 사람들

7장의 바울의 권고를 악용하고 오해한 사례가 교회사에서 차고도 넘치기에 우리는 아주 신중하게 바울이 **정말** 말하려고 했던 핵심을 간파하는 데 총력을 기울여야 합니다. 먼저 1-6절은 결혼한 신자가 성생활을 지속해야만 하는가의 문제를 다룹니다.

고린도교회에는 영적으로 성결해지기 위해서 기혼 신자라고 할지라도 성관계를 자제해야만 한다는 '극단적 금욕주의자들'(extreme ascetics)이 있었던 것 같습니다. 참으로 흥미롭게도 5-6장에서 바울은 근친상간을 비롯해서 유곽을 들락거리며 창기와 합하는 것에 문제의식을 느끼지 않는 '자유방임주의자들'(libertines)을 질책했습니다. 그렇다면 한 교회 안에 정반대의 극단적 그룹들이 있었다는 말일까요? 극과 극은 서로 통한다고 "아내와 성관계를 가져서 안 된다"는 강박증이 있는 사람들이 성욕을 주체하지 못한 나머지 윤락가를 드나든 것은 아닐까요? 다시 말해 창기와 성관계를 갖는 신자들은 금욕주의 배후에 도사린 '성의 현실'을 극복하지 못하고 도리어 그런 함정에 빠진 것은 아닐까요? 오늘날 성욕을 죄악시하고 성관계를 절제해야 한다고 목소리를 높이는 'TV 전도자들'(televangelists) 가운데 포르노나 매음(賣淫)에 빠진 이들이 더러 있는 경우와 마찬가지입니다.

스토아-견유학파와 같이 성욕을 극구 경계하는 철학 사조에 영향을 받은 나머지 결혼을 했다고 할지라도 성관계를 피해야만 한다고 생각하는 사람들이 고린도교회 안에 있었습니다. 이들이 내건 '구호'(slogan) 혹은 '격언'(maxim)이 있습니다.

남자는 여자를 가까이하지 않는 것이 좋습니다(1b절).

고린도교회의 금욕주의자들이 내건 기치(旗幟)는 "남자가 여자와 성관계를 갖지 않는 것이 바람직하다"는 주장입니다. 우리말로 '가까이

하다'의 헬라어 'ἅπτεσθαι'(합테스다이)의 본뜻은 '건드리다'(touch)인데, '성관계를 갖다'는 완곡법입니다. "남녀가 성적 접촉을 하지 않는 것이 서로의 유익을 위해서 도덕적으로 선하다"는 주장입니다. 문제는 고린도인들 가운데 일부는 '성관계 중지'가 혼전(婚前) 혹은 혼외(婚外)에서뿐만 아니라 정식으로 결혼한 부부 사이에서도 그래야만 한다고 생각했다는 사실입니다. '몸'을 죄악시하고 '영'만 성스럽게 여기는 과격한 은사주의자들이 이런 주장을 했을 것입니다.

자신도 독신으로 있으면서 성적 욕구를 자제하고 살았기에 바울은 결코 이런 슬로건 자체를 부인하지 않습니다. 일정 부분 동의하지만, 몸을 죄악시하는 금욕주의자들이 이 슬로건을 결혼 생활에 적용하는 방법에는 심각한 이견(異見)을 내놓습니다. 바울은 자신이 독신주의자였음에도 결혼의 정당성을 밝히는 것으로써 금욕주의자들의 구호에 대응합니다.

> 그러나 음행에 빠질 유혹 때문에, 남자는 저마다 자기 아내를 두고, 여자도 저마다 자기 남편을 두도록 하십시오(2절).

남자나 여자나 결혼할 수 있다는 말인데, 결혼해야 할 이유를 대는 것이 흥미롭습니다. 개역개정은 "음행을 피하기 위하여"로, 새번역은 "음행에 빠질 유혹 때문에"로 번역한 헬라 원문은 'διὰ τὰς πορνείας'(디아 타스 포르네이아스)입니다. 직역하면 "'음행들'(복수) 때문에"(because of the immoralities) 결혼하라는 것입니다. '음행'이 '복수'인 것은 외도나 불륜뿐만 아니라 포르노 중독 등등 성적으로 저지를 수 있는 비행이 워낙 다양하기 때문입니다.

문제는 결혼의 필요성에 대한 바울의 주장을 많은 사람이 오해하고 악용한다는 사실입니다. 독신주의자 바울은 본래 결혼 그 자체를 부인하지만, "성적인 비행을 피하기 위한" 소극적이고 부정적인 이유로 **마지못해** 결혼을 인정한다는 오해입니다. 바울은 결코 결혼 자체를 부정하지 않습니다! 개인적으로 독신(celibacy)을 선호하지만(7:8-9, 27, 32-35, 40), 각각의 은사에 따라서 얼마든지 결혼할 수 있다고 생각합니다.

그러기에 사방에 음행의 유혹이 도사리고 있는 '고린도'라는 대도시에 사는 그리스도인들이 이 유혹을 피하기 위해서 어쩔 수 없이 결혼하라고 충고하는 것이 바울의 본심이 아닙니다. 기혼 신자 부부의 성관계를 다루는 맥락으로 볼 때, "남자가 아내를 두고, 여자가 남편을 두라"고 권고할 때의 '두라' 혹은 '가지라'의 명령형 동사 'ἐχέτω'(에케토/to have)는 '결혼하라'는 의미보다 '성관계를 가지라'(to have sexually) 혹은 '성관계를 지속하라'(to be in continuing sexual relation)는 의미로 해석하는 것이 더 정확할 것입니다. 따라서 음행을 피하려는 목적 하나로 바울이 결혼을 허용한다는 주장은 무리(無理)입니다.

부부 상호 간의 성적 권리와 의무

바울이 결혼 그 자체를 적극 긍정한다는 사실은 부부 상호 간의 권리와 의무를 역설하는 3-4절에서 확증됩니다.

새번역	남편은 아내에게 남편으로서의 의무를 다하고, 아내도 그와 같이 남편에게 아내로서의 의무를 다하도록 하십시오. 아내가 자기 몸을 마음대로 주장하지 못하고, 남편이 주장합니다. 마찬가지로, 남편도 자기 몸을 마음대로 주장하지 못하고, 아내가 주장합니다.

| NRSV | The husband should give to his wife her conjugal rights, and likewise the wife to her husband. For the wife does not have authority over her own body, but the husband does; likewise the husband does not have authority over his own body, but the wife does. |

부부간에 의무를 다하라는 것입니다. "의무를 다하라"는 명령어는 헬라 원문으로 "τὴν ὀφειλὴν ἀποδιδότω"(텐 오페일렌 아포디도토)인데, "빚을 갚으라"(paying for debts)는 뜻입니다. 채무자가 채권자에게 빚을 갚아야 할 의무가 있듯이, 부부 상호 간에도 성적인 의무와 책임이 있습니다. 남편이나 아내는 쌍방 간에 "성적으로 빚을 진 상태에 있기에" 서로 성적인 의무와 책임을 다해야만 한다는 말입니다. 그러나 바울이 쌍방 간에 성적인 의무와 책임을 다하라고 권고할 때, 어디까지나 "당신이 나에게 진 성적인 빚을 갚으시오"가 아니고 "내가 당신에게 빚을 졌습니다"는 태도일 것입니다.

2천 년 전 남성 중심의 가부장 사회에서 남편이 성적인 주도권을 갖고 요구하면 여성은 자신의 의사와 상관없이 무조건 순종해야만 하는 주종관계의 시대에 바울은 놀랄 만치 과감하고 혁명적인 '부부의 동등관계'를 역설합니다. 바울은 '남편에 대한 아내의 의무와 책임'만 강조하지 않고, '아내에 대한 남편의 의무와 책임'을 동시에 강조합니다. 더욱더 놀라운 것은 '아내에 대한 남편의 의무'를 먼저 앞세움으로써(3절) 남편이 아내에게 해야 할 도리를 우선해서 강조한다는 사실은 놀랍기만 합니다.

부부간의 성관계라는 의무와 책임을 적극적으로 이행함으로써 남편과 아내는 상대편의 권위 아래 들어가게 됩니다. '부부간의 성관계'는

"아내는 남편에게 자신의 몸에 대한 권리를 양도하는 것"이고, "남편은 아내에게 양보하는 것"이 됩니다. 이처럼 부부간의 성적인 책임을 다해서 '자신의 몸을 좌우할 권리'(Verfügungsrecht)를 배우자에게 양도할 때, **정당한 이유** 없이 성관계를 거부하는 일은 없을 것입니다. '결혼'이라는 합법적이고 신성한 제도 안에서 서로의 몸이 배우자의 권위 아래 묶여 있다면, 자신의 몸이 자기 맘대로 할 수 없는 '쌍방 계약'(mutual covenant)에 묶여 있기에 자신의 욕구가 충동하는 대로 혼외에서 해소할 수 없게 됩니다. 따라서 정당한 이유 없이 성관계를 거부하거나 혼외에서 성적 욕구를 해소함으로써 배우자의 성적 권리를 박탈하는 일이 없어야 합니다. 바울이 주장하는 부부간의 성관계는 한쪽이 요구하고 다른 쪽이 부응하는 주종관계가 아니라, 쌍방 간의 동등한 차원입니다. 남편에게는 '특권'이고, 아내에게는 '의무'라는 식의 남성 중심의 일방적 관계는 지양됩니다.

부부간 성관계 중단의 예외적 경우

부부간의 성관계에 대한 권리와 의무에서 한 가지 예외가 있습니다 (5절).

개역개정	서로 분방하지 말라 다만 기도할 틈을 얻기 위하여 합의상 얼마 동안은 하되 다시 합하라 이는 너희가 절제 못함으로 말미암아 사탄이 너희를 시험하지 못하게 하려 함이라.
새번역	서로 물리치지 마십시오. 여러분이 기도에 전념하기 위하여 얼마 동안 떨어져 있기로 합의한 경우에는 예외입니다. 그러나 그 뒤에 다시 합하십시오. 여러분이 절제하는 힘이 없는 틈을 타서 사탄이 여러분을 유혹할까 염려되기 때문입니다.

NIV	Do not deprive each other except by mutual consent and for a time, so that you may devote yourselves to prayer. Then come together again so that Satan will not tempt you because of your lack of self-control.

개역개정이 점잖게 '분방(分房)하다'로, 새번역이 '물리치다'로, NIV가 'deprive'(빼앗다, 박탈하다)로 번역한 헬라어는 'ἀποστερεῖτε'(아포스테레이테)입니다. "다른 사람에게 합법적으로 속한 것을 탈취하다"(taking away what rightfully belongs to another)는 뜻입니다. 현재의 맥락에서는 "배우자에게 요구할 수 있는 성적 권리를 빼앗다"는 말입니다. 그러므로 "이유 없이 성관계를 거부하지 말라"는 명령입니다.

바울은 한 가지 예외를 둡니다. '기도'에 전념하려는 거룩한 목적이 있을 때는 분방할 수 있다는 것입니다. 이 특별한 경우에도 조건이 두 개 붙습니다. 첫째로 무한정 계속해서 안 되고, '정해진 시간 동안'(for a set time)만 그리해야 합니다. 둘째로 쌍방의 합의가 있어야 합니다. 한쪽에서만 요구해서 안 되고, 양쪽이 다 동의해야 합니다.

부부가 기도에 몰두하기 위해서 잠시 성관계를 중단하는 것을 허용할 때 바울이 **정말 강조하려고 하는 요점**은 정해진 분방 기한이 지난 뒤에 "다시 합하라"(come together again), 즉 "정상적인 성관계를 재개하라"는 권고에 있습니다. 바울은 분방 기간이 끝난 뒤에 합방(合房)해야 할 필요성이 2절과 똑같이 음행에 빠질 위험성을 예방하는 데 있음을 강조합니다.

2a절	그러나 음행에 빠질 유혹 때문에(But since sexual immoralities are occurring).
5b절	여러분이 절제하는 힘이 없는 틈을 타서 사탄이 여러분을 유혹할까 염려되기 때문입니다(so that Satan may not tempt you because of your lack of self-control).

바울이 얼마나 **현실적**인가를 알 수 있게 해주는 문구들입니다. '음행'에는 도덕군자나 천하장사가 없다는 사실을 너무나 잘 압니다. 그러므로 절제하고 싸워서 이길 문제가 아니라, 무조건 도망쳐야 할 영역임을 강조했습니다(6:18a). 마찬가지로 결혼의 중요한 기능 중에 하나도 무절제한 음행에 빠질 위험을 차단하는 데 있고, 장기간의 분방이 위험한 것도 그 틈을 타서 사탄의 유혹(음행)에 굴복할 위험이 있기 때문입니다.

'허용'과 '명령'

기혼자의 성생활을 적극 권장하는 바울은 6절에서 아주 흥미로운 말씀을 꺼냅니다.

개역개정	그러나 내가 이 말을 함은 **허락**이요 **명령**은 아니니라.
새번역	그러나 내가 이것을 말하는 것은 **그렇게 해도 좋다**는 뜻으로 말하는 것이지, 명령으로 말하는 것은 아닙니다.
NIV	I say this as a concession, not as a command.

바울이 6절에서 언급한 '이것'(τοῦτο/투토/this)이 2-4절에서 강조한 부부간의 성생활에 대한 권리와 의무를 말하는 것인지, 아니면 바로

앞 5절에서 잠시 성관계를 중단할 수 있다는 예외 경우를 말하는 것인지에는 논란의 여지가 있습니다. 이 문제를 해결하기 위해서는 '허락'과 '명령'의 차이부터 따져봐야 합니다. 허락(permission/concession)은 헬라어로 'συγγνώμην'(쉥그노멘)인데, "누군가를 자기 하고 싶은 대로 놓아둔다"(being indulgent to someone)는 의미에서의 '관대함'(pardon) 혹은 '용인'(容認/Zugeständnis)을 말합니다. 쉽게 말해서 "~해도 좋다"는 뜻으로 강력한 구속력이 없다는 데 엑센트가 있습니다. 이것은 명령(ἐπιταγήν/command)과 대조하면 뜻이 더 선명해집니다. 명령은 말 그대로 꼼짝없이 이행해야 할 강제성이 있다면, '허용'은 독일어로 aus mitfühlendem Verständnis, 즉 '서로 공감하는 수준에서의 양해(諒解)'를 구한다는 뜻입니다. 어디까지나 "그렇게 했으면 좋겠다"는 제안이나 충고일 뿐 "무조건 그렇게 해야만 한다"는 강압이 아닙니다.

바울이 결혼이라는 틀 안에서 부부간의 성생활을 적극 권장한 것을 명령이 아니라 허용으로 해석할 경우 그 강조점이 심각하게 희석(稀釋)될 수 있습니다. 따라서 명령이 아닌 허용은 '분방의 가능성을 염두에 둔 5절'을 두고 한 말일 것입니다. "기도 목적으로 쌍방 합의하에 일정 기간 성관계를 중단하는 것"도 명령으로 하는 말이 아니라, '양해'를 구하는 수준 정도의 허용으로 들어달라는 뜻입니다.

각자의 은사에 따라서

기혼자의 성생활에 대해서 바울이 내리는 결론도 흥미롭습니다. 자신의 소원을 피력하면서도, 아주 중요한 단서를 붙여 '성'과 '가정'에 대한 모든 가능성을 열어 둡니다(7절).

개역개 정	나는 모든 사람이 나와 같기를 원하노라. 그러나 각각 하나님께 받은 자기의 은사가 있으니 이 사람은 이러하고 저 사람은 저러하니라.
NRSV	I wish that all were as I myself am. But each has a particular gift from God, one having one kind and another a different kind.

바울이 한 번도 결혼한 적이 없는 미혼자인지, 결혼했다가 사별했거 나 회심한 후에 아내가 떠났는지 알 수 없습니다. 한 가지 분명한 것은 13통의 서신을 쓰는 내내 독신으로 있었다는 사실 뿐입니다. 그가 독신 을 선호한 것은 종말론적 시각에서 주님을 더 잘 섬길 수 있다는 이유 때문입니다. 출산이나 육아, 가사 분담, 가족 부양 등등 결혼으로 말미암 아 발생하는 잡다한 의무와 책임에서 벗어나 오로지 복음 전파에 전념할 수 있다는 이유로 독신을 고집한 것입니다. 그러므로 바울은 기왕이면 모든 그리스도인이 자기처럼 독신으로 하나님을 섬겼으면 좋겠다는 속내를 감추지 않습니다. 그런데도 바울은 '독신'과 '결혼'은 '율법'이나 '명령'의 문제가 아니라, 하나님이 주시는 '은사'(恩賜/χάρισμα/카리스마 /gift/Gnadengabe)의 문제라는 사실을 분명히 합니다.

고린도 금욕주의자들은 기혼 신자들에게 성관계를 삼가는 사실상의 '독신 생활'을 요구하지만, 바울은 단호하게 "아니오!"라고 부인합니다. 독신 생활은 꼭 그렇게 해야만 할 '원칙'(principle)이나 '필수요건'(re- quirement)이 아니라, 성욕을 억제하며 독신 생활을 감당할 수 있는 사람에게 하나님이 주신 은사에 따라서 자유롭게 선택할 '삶의 양 식'(Lebensform)이라는 것입니다. 다시 말해 하나님과 이웃을 더 잘 섬기기 위해서 하나님이 허락하신 은사에 따라서 독신으로 살든 결혼하든 각자가 판단하고 선택할 문제라는 것입니다.

7:1-7에서 바울이 분명히 밝힌 자신의 입장은 두 가지입니다. 첫째로 결혼한 그리스도인은 기도에 전념할 때와 같이 특별한 경우 외에 부부관계를 기피해야 할 이유가 없습니다. 둘째로 독신이 영적으로 더 우월하고 결혼이 영적으로 더 열등한 것은 아닙니다. 그것은 하나님이 주신 은사에 따라서 각자가 선택할 문제입니다.

양극단을 넘어서 '바른 몸관'을 향하여

지금까지 고린도전서를 읽으면서 드는 느낌이 있습니다. 전화기에서 한쪽 편 수화기에서 흘러나오는 말만 듣는 느낌입니다. 드라마에서 통화하는 장면이 나올 때 대개는 화면을 반반으로 갈라서 양쪽을 다 보여주는데, 고린도전서의 경우 바울의 목소리만 들을 수 있을 뿐 고린도 교인들의 통화 내용은 들을 수 없다는 아쉬움이 있습니다. 무엇보다도 고린도인들이 말하는 내용도 바울의 이야기만 듣고서 유추(類推)할 수밖에 없는 한계가 있습니다.

기혼 그리스도인의 성생활을 말할 때 놀라게 되는 것은 바울의 지극히 현실적인 면모입니다. 오늘 우리 눈으로 볼 때 그리스도인이든 누구든 일단 결혼한 후에 적극적으로 성생활을 즐겨야 한다는 생각이 지배적이지만, 2천 년 전 고린도 교인들 가운데에는 '성적인 접촉'이 영혼을 성결케 하는 데 장애가 된다고 믿는 극단적 금욕주의자들이 있었습니다. 바울은 이런 이들에게 매우 현실적인 충고를 합니다. 고린도와 같이 전방위적으로 성적인 유혹에 노출된 대도시에서 한쪽 배우자가 육체관계를 정당한 이유 없이 거부하는 것은 가정 파탄의 심각한 원인이 될 수 있음을 잘 알았습니다. 합법적인 결혼제도 안에서 성적인 욕구가 제대로 충족되지 않을 때, 그리스도인 역시 윤락가를 전전하는 등 다양한 '음행들'(πορνείας)에 빠질 수 있다는 비극적 현실을 직시합니다(6:15-16). 바울은 기혼 신자 '부부의 상호 동거권'(conjugal rights)을 적극 주장합니다. 그리스도인의 성생활도 방해받지 않고 정상적으로 지속되어야 한다는 것입니다.

이제 분명해진 것은 고린도교회에서 발생한 양극단 즉, "몸은 썩어 없어질 고깃덩어리에 불과하기에 식욕이 생길 때 음식을 먹듯이 성욕이 발동할 때 창기를 찾아가 해소할 수 있다"는 **방종주의**와 "부부지간이라고 할지라도 영혼의 순결과 성숙을 위해서 성관계를 중지해야 한다"는 **금욕주의** 모두를 바울이 부정한다는 사실입니다.

양극단은 모두 '몸'을 정반대 방향에서 오해하고 있다는 것이 바울의 통찰입니다. 성관계는 단지 소멸될 '육'(flesh/σάρξ/사륵스)의 결합 차원이 아닌 장차 부활할 신령한 '몸'(body/σῶμα/소마)과 직결되는 '전인격'(total self)의 연합 차원이기에 성욕이 솟구친다고 해서 결혼의 한계 바깥으로 뛰쳐나가 마음껏 해소할 문제가 아닙니다. 그렇다고 해서 인간의 가장 강렬하고 기본적인 욕구인 성욕을 인위적으로 억누르고 상대편 배우자의 성적 '욕구'(Begierde/Bedürfnis)를 묵살(默殺)해서 양쪽 모두가 엉뚱한 쪽으로 탈선해서 음행에 빠지게 해도 안 된다는 것입니다.

2. 갈라설 때와 합할 때

고전 7:8-16

이혼과 재혼에 관한 바울의 지침

동서고금을 막론하고 결혼과 가정보다 예민하고 복잡한 문제는 없을 것입니다. 개인과 가정마다 천차만별입니다. 이상과 현실이 하늘과 땅처럼 먼 영역이 결혼과 가정입니다. 그래서인지 결혼과 가정 문제를 다루는 7장에서 바울은 그 어느 때보다도 조심스럽습니다. 분쟁과 음행 문제를 질타할 때의 준열한 모습이 아닙니다. 가능한 말을 아끼며 현실 상황에 맞는 신축성(伸縮性/flexibility)과 도덕적 변별력(辨別力/discernment)을 모색합니다.

바울은 7:1-7에서 고린도인들이 전에 쓴 편지의 '문제 제기'(Frage Stellung)에 원론적인 대답을 했습니다. 기혼 신자 부부가 성관계를 중단해야만 한다는 금욕주의자들의 주장을 반박했습니다. 부부 상호 간에 동등한 성적 권리와 의무가 있음을 강조했습니다. 8절부터는 결혼과 가정 문제와 관련해서 고린도교회에서 실제로 발생한 다양한 상태를 조목조목 짚어나갑니다. 무엇보다도 8-16절은 그리스도인의 '이혼'과 '재혼' 문제를 다룹니다. '이혼'과 '재혼'과 관련해서 바울이 가르치는 교훈은 언제 어디에서나 무시간적으로(timeless) 통용되는 '법'(law)을 말하지 않습니다. 어기면 처벌받는 '법적 구속력'이 있는 것이 아니라는 말입니다. 어디까지나 '권고'(counsel)이자 '지시'(directive)입니다.

축구 시합을 할 때 사이드라인에서 감독은 선수들에게 이런저런 지시를 내립니다. 선수들은 가능하면 감독의 지시사항을 잘 따라서 움직이는 것이 좋습니다. 그러나 뜻대로 풀리지 않는 경기의 속성상 어떤 선수는 감독의 지시대로 하지 않고 임기응변(臨機應變)으로 할 수 있습니다. 감독의 지시를 따르지 않고 자기 맘대로 했다가 암담한 패배를 당할 때가 있습니다. 그때 감독은 자기 지시대로 움직이지 않은 선수를 처벌할 수 없습니다. 감독의 명령은 지시일 뿐 법적 구속력이 없기 때문입니다.

바울이 이혼과 재혼에 대해서 지침을 줄 때도 어디까지나 권고나 지시사항이지, 어기면 처벌받는 '법'이기에 명령대로 하지 않으면 출교나 파문도 불사하겠다고 으름장을 놓지 않습니다. 이런 정신은 7:6에서 언급한 '허용'(concession)과 '명령'(command)의 관계로 풀면 좋을 것입니다. 바울은 결혼과 가정 문제에 예수님이 직접 주신 가르침이기에 반드시 실행에 옮겨야 할 '명령'의 차원도 있겠지만, 개별 상황에 따라서 특수한 도덕적 변별력을 갖고 융통성 있게 대처해야 할 '허용'의 차원이 훨씬 더 많다는 사실을 잘 압니다.

바울이 이혼과 재혼에 관련해서 권고와 지시를 주는 대상을 분석하면 크게 세 범주입니다.

8-9절	한때 결혼했다가 지금은 홀로 사는 홀아비와 홀어미(寡婦) 신자들에게 → 독신이냐? 재혼이냐?
10-11절	결혼한 신자 부부들에게 → 기본적으로 가정을 깨서 안 되지만, 어쩔 수 없이 이혼했을 경우의 재혼 가능성은?
12-16절	한쪽 배우자가 신자고 다른 쪽이 불신자인 잡혼(雜婚/mixed marriage) 상태에 있는 부부들에게 → 이혼과 재혼의 가능성은?

① "한때 결혼한 적이 있으나 사별이나 이혼으로 현재 홀아비와 홀어머니로 사는 신자들에게 주는 권고" → ② "현재 결혼 상태에 있는 신자

부부들에게 주는 권고" → ③ "신자와 비신자가 결합한 부부들에게 주는 권고" 순(順)인데, 특히 세 번째 부류의 가정은 상황이 복잡하기에 상세한 해설이 붙습니다.

홀아비와 홀어미 신자의 재혼 문제

첫 번째 그룹은 '결혼하지 않은 남자들'과 '과부들'입니다.

결혼한 적이 있으나 현재 홀몸이 된 이들에게 주는 권고(8-9절)	
새번역	결혼하지 않은 남자들과 과부들에게 말합니다. 나처럼 그냥 지내는 것이 그들에게 좋습니다. 그러나 절제할 수 없거든 결혼하십시오. 욕정에 불타는 것보다는 결혼하는 편이 낫습니다.
NRSV	To the unmarried and the widows I say that it is well for them to remain unmarried as I am. But if they are not prac- ticing self-control, they should marry. For it is better to marry than to be aflame with passion.

과부들은 남편과 헤어져 홀몸이 된 여성들을 지칭하기에 정의가 분명하지만, 결혼하지 않는 남자들(ἀγάμοις/아가모이스/the unmarried men)은 모호합니다. 한 번도 결혼한 적이 없는 남자들을 말하는 것인지, 결혼한 적이 있으나 지금은 홀로 사는 남자들인지 알 수 없습니다. 바울이 남자와 여자의 성비(性比) 균형을 맞추어서 남편과 아내를 대등하게 언급한다는 사실과 두 번째, 세 번째 부류 사람들을 특정(特定)해서 연속으로 권고를 주고 있다는 사실을 고려할 때, 첫 번째 그룹도 남녀의 균형을 맞추어서 특별한 상태에 있는 이들을 말할 것입니다. 그렇다면 과부들과 대조되는 남성들은 '홀아비들'이기에 결혼하지 않은 남자들은

홀아비들을 지칭할 것입니다. 첫 번째 그룹은 사별해서 홀몸이 된 남녀들을 총칭할 것입니다. 이들에게 주는 권고는 두 가지입니다.

먼저 "바울 자신처럼 재혼하지 않고 홀로 사는 것이 좋습니다." 바울은 자신을 첫 번째 그룹에 속한 것으로 가정합니다(바울이 한때 결혼한 적이 있다는 힌트를 주는 유일한 구절이 7:8b절입니다). 바울의 결혼 가능성은 그가 열혈 바리새인 랍비였다는 사실을 고려할 때, 당시 유대 랍비들이 결혼하는 것이 정상이자 의무였기에 가능성이 있습니다(고전 9:5; 행 22:3; 갈 1:14; 빌 3:4-6 참조). 바울은 홀아비들과 홀어미들에게 자기처럼 홀로 지내는 편이 좋을 것이라고 권고합니다. 7장에서 일관되게 중요한 바울의 모토(motto)는 "지금 상태로 지내라"(stay as you are)라는 것입니다. 재림이 얼마 남지 않았다는 긴박한 종말론적 의식 때문에 결혼이나 가정과 관련된 신분(status) 문제에 "변화를 주지 말라"는 것이 바울의 기본 신념이었던 것입니다.

이런 기본 권고에 바울은 조건을 답니다. "절제할 수 없거든 재혼하라"는 충고입니다. 자신처럼 성욕을 자제할 수 있으면 홀로 지내는 것이 좋겠지만, 불타는 정욕에 사로잡혀 주체하지 못할 정도일 때는 결혼하는 편이 낫다는 것입니다. '독신'도 '명령'이 아니라 권장하는 정도의 '허용'의 차원이라면, 홀아비들과 홀어미들에게 '재혼' 가능성을 열어주는 것도 예외를 '허용'하는 차원일 것입니다. 가능하면 지금 상태에 홀로 살면서 주님의 일에 힘쓰는 것이 좋겠지만, 정욕을 절제하지 못해서 죄를 지을 가능성이 있을 때는 재혼해도 좋다는 말입니다. 바울은 결코 "결혼이 독신보다 낫다"가 아닌 "결혼하는 편이 욕정으로 불타는 것보다 낫다"고 주장합니다. 재혼의 비교 대상이 독신이 아니라 '정욕'이라는 것이지요! 또한 정욕을 해소하는 방편으로 결혼을 권장하지 않습니다. 어디까

지나 '정욕에 불타서 죄를 짓는 것에 대한 건설적 대안'이 결혼이라고
주장합니다.

신자 부부의 이혼과 재혼 문제

둘째 그룹은 그리스도인 신자 부부들입니다. 양쪽이 다 믿는 이들로
결속된 가정입니다. 바울은 이들에게 예수님의 가르침을 허용이 아닌
명령으로서 인증합니다.

신자 부부들에게 주는 권고(10-11절)	
새번역	결혼한 사람들에게 말합니다. 이것은 나의 말이 아니라, 주님의 명령입니다. 아내는 남편과 헤어지지 말아야 합니다. 만일 헤어졌거든 재혼하지 말고 그냥 지내든지, 그렇지 않으면 남편과 화해하여야 합니다. 그리고 남편도 아내를 버리지 말아야 합니다.
NRSV	To the married I give this command -not I but the Lord- that the wife should not separate from her husband (but if she does separate, let her remain unmarried or else be reconciled to her husband), and that the husband should not divorce his wife.

바울은 신자들끼리 가정을 이룬 부부들에게 권고할 때 예수님의
말씀을 권위의 원천으로 삼습니다. 그리하여 신자 부부들에게 주는 말씀
은 허용이 아니라, 명령임을 분명히 합니다. "나(바울)의 말이 아니라,
주님의 명령"이라는 것입니다! 바울이 7장에서 단 한 차례 언급한 명령이
기에 주목을 끕니다(고전 9:14, 11:17; 살전 4:11, 15-17 참조).
홀아비나 홀어미의 재혼 문제에는 신중하고 모호한 태도를 보인

바울이 왜 신자 부부의 이혼 문제에는 이처럼 단호할까요? 그것은 고린도인들이 바울에게 서신을 보내 문의한 내용에서 가장 중요한 이슈가 '신자의 이혼 가능성' 문제였기 때문입니다. 종말론적으로 과도한 은사주의에 빠진 일부 금욕주의 신자들이 부부간의 성관계를 기피하고 급기야 이혼으로 가정을 해체하려고 한다는 것이 현재의 상황이기에 바울은 신자 쪽에서 먼저 이혼을 요구해서 안 된다고 가르칩니다. 이혼 문제에 이처럼 단호한 이유는 '이혼 금지'(the prohibition of divorce)가 예수님의 명령이기 때문입니다.

마 5:31-32	또 일렀으되 누구든지 아내를 버리려거든 이혼 증서를 줄 것이라 하였으나 나는 너희에게 이르노니 누구든지 음행한 이유 없이 아내를 버리면 이는 그로 간음하게 함이요 또 누구든지 버림받은 여자에게 장가드는 자도 간음함이니라.
마 19:9	내가 너희에게 말하노니 누구든지 음행한 이유 외에 아내를 버리고 다른 데 장가드는 자는 간음함이니라.
눅 18:18	무릇 자기 아내를 버리고 다른 데 장가드는 자도 간음함이요 무릇 버림당한 여자에게 장가드는 자도 간음함이니라.

예수님 시대의 유대 문화에서는 남편이 이혼의 주도권(initiative)을 쥐고 있었습니다. 아내가 설거지 한 접시에 조금이라도 찌꺼기가 남아 있어도 트집을 잡아 이혼을 요구하는 사례가 있었습니다. 이와 같은 이혼의 남발을 막고자 예수님은 음행의 경우에만 예외를 두고, 기본적으로 이혼을 엄격하게 금하셨던 것입니다. 음행한 경우와 같이 **정당한 이유** 없이 아내를 버리는 남편은 아내를 간음하도록 방치하는 것과 마찬가지라고 했습니다. 더욱이 의도적으로 다른 여성과 재혼할 목적으로

본부인을 버리는 경우는 '이혼법을 교묘하게 악용한 간음'이라고 말씀하셨습니다. 영국 왕 헨리 8세(Henry VIII, 1491~1547)가 첫 번째 왕비인 아라곤의 캐서린(Catherine of Aragon, 1485~1536)이 아들을 낳지 못하자 왕비의 궁녀 출신인 앤 불린(Anne Boleyn, 1501~1536)과 재혼하려고 캐서린과 이혼한 역사적 사례가 이 경우입니다. 예수님처럼 바울 역시 **순전히** 재혼 목적으로 이혼하는 것은 '간음'에 해당하기에 이를 극구 경계합니다(11절).

바울은 예수님의 명령에 근거해서 그리스도인 아내에게 "남편과 헤어지지 말라"고 당부합니다. 이혼하지 않는 것이 그리스도인의 이상(ideal)입니다. 하지만 현실이 워낙 복잡미묘하기에 '이상'만 고집할 수 없습니다. 바울은 이런 현실(reality)을 직시하고 이상적인 기본 명령에 두 가지 조건부 제한을 둡니다. 불가피하게 이혼한 경우 두 가지 현실적 대안이 있다는 것입니다. "그냥 독신으로 지내든지", 아니면 "화해해서 재결합하라"는 것입니다.

11절 끄트머리에서 사족(蛇足)처럼, 바울은 남편에게 "아내를 버리지 말라"고 충고하지만, 11절의 전반적인 분위기는 "아내가 먼저 이혼의 주도권을 잡지 말라"는 데 강조점이 있습니다. 유대 결혼 문화와 달리 그리스-로마에서는 종종 부유한 귀부인이 이혼을 먼저 요구하는 사례가 있었다고 합니다. 그러나 이런 그리스-로마의 이혼 문화 때문에 아내의 이혼 주도권을 먼저 언급했다고 하기보다는 7:1-7에서 말하는 '성관계를 거부하는 금욕주의자들'이 과도한 종말론에 사로잡힌 **여성들**이었을 가능성이 있기 때문입니다. 다시 말해 신령한 금욕주의 여성 신자들이 남편들과의 부부관계를 죄악시한 나머지 노골적으로 성관계를 거부하거나 이혼이라는 합법적 수단으로 독신 금욕 생활로 도피했을 가능성이 있기 때문입니다.

이것은 남편과 아내를 동등하고 균등하게 다루어온 바울이 남편에게도 이혼한 후에 할 수 있으면 독신으로 머무르고, 아내와 화해해서 재결합하라고 똑같이 권고하지 않는다는 사실에서 단서를 찾을 수 있습니다. 바울이 예수님의 말씀을 직접 인증해서 허용이 아닌 명령 차원에서 아내에게 이혼을 만류하고, 불가피하게 이혼했을 때 독신으로 살든지 재결합하라고 권면하는 것은 고린도교회의 종말론적 독신 금욕주의 여성들과 관계가 있을 것이라는 추측입니다.

남편을 버린 아내의 재혼 문제와 달리 버림받은 남편 쪽에서 재혼할 수 있는지에 대해서 바울이 침묵하는 것도 흥미롭습니다. 근친상간과 같은 음행 문제에는 강력하게 출교를 요구한 바울이 이혼자들의 징계 문제에는 입을 닫는 것도 흥미롭습니다. 이혼한 신자라도 계속 교회에 머물렀을 것이라는 사실을 암시합니다.

'신자 + 비신자 부부'의 이혼 문제

흥미로우면서도 복잡한 문제는 세 번째 그룹에 속한 사람들에 관해서입니다. 바울은 이혼과 재혼에 관해서 먼저 '홀아비나 홀어미' 그룹과 '신자 부부' 그룹에 권고한 뒤에 '그 나머지 사람들'을 향해서 말문을 엽니다. 바울은 고린도교회라는 신앙 공동체를 주청중으로 삼고 교훈을 주고 있기에 결혼과 가정 문제도 자연스레 **신자들**이 주대상이 될 수밖에 없습니다. 따라서 양쪽이 다 믿지 않는 불신 가정은 다룰 필요가 없습니다. 결혼과 이혼, 재혼의 삼중 관계와 관련해서 신자가 처할 수 있는 상황은 다음과 같습니다.

① 아내나 남편을 사별하거나 이혼해서 홀몸이 된 홀아비나 홀어미(8-9절)	
② 양쪽이 다 믿는 신자 부부(10-11절)	
③ 한쪽은 믿고, 다른 쪽은 믿지 않는 부부관계(12-16절)	

'그 밖의 사람들'은 비신자와 결혼해서 사는 신자 가정들을 말합니다. '불신자'(Ungläubige, 노골적으로 기독교 신앙을 반대하는 사람)라는 표현보다는 '비신자'(Nichtgläubige, 기독교 신앙을 적극 반대하지 않는 사람)라는 표현이 더 적절할 것입니다. 종교가 가정생활 전반에 지대한 영향을 미쳤을 고대 사회에서 노골적인 불신자와 가정생활을 지속하는 것 자체가 불가능했을 것이기 때문입니다. 그러므로 바울은 신자의 신앙을 어느 정도 인정하는 비신자와 짝을 이룬 가정을 염두에 둡니다. 바울은 신자와 비신자가 결합한 가정의 이혼과 재혼 문제를 언급할 때, 이것은 '주님의 명령'이 아니라 '자신의 개인적 권고'임을 분명히 합니다. 명령이 아닌 허용 차원에서 말하겠다는 것입니다. '신자 남편 + 비신자 아내' 조합과 '신자 아내 + 비신자 남편' 조합의 두 가지 경우를 상정해서 논리를 풀어갑니다.

신자 남편 + 비신자 아내	어떤 교우(형제)에게 믿지 않는 아내가 있는데, 그 여자가 남편과 같이 살기를 원하면, 그 여자를 버리지 말아야 합니다(12b절, 새번역).
	If any brother(believer) has a wife who is not a believer and she is willing to live with him, he must not divorce her(12b, NIV).
신자 아내 + 비신자 남편	또 어떤 여자에게 믿지 않는 남편이 있는데, 그가 아내와 같이 살기를 원하면, 그 남편을 버리지 말아야 합니다(13절, 새번역).
	And if a woman has a husband who is not a believer and he is willing to live with her, she must not divorce him(13, NIV).

두 경우에 바울의 일관된 가르침은 "믿지 않는 배우자가 계속 결혼을 유지하려는 의도가 있는 한 신자 쪽에서 **먼저** 이혼을 요구해서는 안 된다는 것"입니다. 우리의 관심을 끄는 것은 왜 그리해야 하는지 바울이 이유와 근거를 제시하는 14절입니다.

새번역	믿지 않는 남편은 그의 아내로 말미암아 거룩해지고, 믿지 않는 아내는 그 남편으로 말미암아 거룩해졌습니다. 그렇지 않으면, 그들의 자녀도 깨끗하지 못할 것인데, 이제 그들은 거룩합니다.
NIV	For the unbelieving husband has been sanctified through his wife, and the unbelieving wife has been sanctified through her believing husband. Otherwise your children would be unclean, but as it is, they are holy.

구약의 율법에 따르면, 거룩한 하나님의 백성이 속된 이방인과 접촉하면 불결해집니다.

그들과 혼인관계를 맺어서도 안 됩니다. 당신들 딸을 그들의 아들과 결혼시키지 말고, 당신들 아들을 그들의 딸과 결혼시키지도 마십시오. 그렇게 했다가는 그들의 꾐에 빠져서, 당신들의 아들이 주님을 떠나 그들의 신들을 섬기게 될 것이며, 그렇게 되면 주님께서 진노하셔서, 곧바로 당신들을 멸하실 것입니다(신 7:3-4).

이런 율법 정신과 달리 예수님은 나환자나 열두 해 혈루증 앓는 여인 등 불결하게 여겨진 사람들과 접촉해서 오염되신 것이 아니라, 거꾸로 그들을 깨끗하고 거룩하게 하셨습니다. 바울 역시 예수님의 정신 그대로 신자와 비신자의 결합으로 "신자가 불결해지는 것"이 아니라, 거꾸로 "신자 때문에 비신자가 거룩해진다"고 믿습니다. 신자와 비신자의 결혼 상태가 유지되는 것은 '비신자의 불결함'보다 '신자의 정결함'이 훨씬 더 우세하기 때문입니다. 반대였더라면 진작에 그런 가정은 깨지고 말았 겠지요! 이것은 성관계를 거부하는 금욕주의자들이 비신자 배우자와 동침할 경우 불결해진다는 염려로 그리한다면, 바울이 그렇지 않다고 반박하는 것과도 관계가 있습니다. 비신자와의 부부관계로 불결해지기 는커녕 신자의 거룩성 때문에 비신자 배우자도 거룩해질 수 있다는 것입니다.

비신자 남편이 신자 아내로 말미암아 비신자 아내가 신자 남편으로 말미암아 각각 '거룩하게 되었다'(ἡγίασται/헤기아스타이/has been sancti-fied)는 말이 무엇을 의미하는지는 분명치 않습니다. 아마도 '구원받았 다'는 뜻은 아닐 것입니다. 배우자의 거룩한 믿음에 영향을 받아서 '구원 받을 가능성이 열려 있다'로 완곡하게 해석하는 쪽이 좋을 것입니다.

흥미로운 것은 그 자녀들까지 '깨끗하지 못할 뻔'(ἀκάθαρτά ἐστιν/아카다르타 에스틴/would be unclean)했는데, 신자 엄마나 아빠 때문에 '이제' (νῦν/뉜/now) '거룩해졌다'(ἄγά ἐστιν/하기아 에스틴/are holy)는 주장입니다. 혹자는 여기에서 유아 세례의 근거를 찾지만, 바울의 관심은 부모 한쪽이 거룩한 신앙 안에 있을 때 그 거룩한 능력 때문에 자녀들까지 암흑과 불결 속에 있지 않고, 광명과 정결 속에 있다고 생각하는 것 같습니다. 자녀들조차도 신자 어머니나 신자 아버지 덕분에 죄악의 불결 함이 아닌 정결한 분위기에서 구원의 희망을 바라볼 수 있다는 것입니다.

맏물로 바치는 빵 반죽 덩이가 거룩하면 남은 온 덩이도 그러하고, 뿌리가

거룩하면 가지도 그러합니다(롬 11:16).

신자인 배우자의 성결이 불신자 배우자의 불결보다 훨씬 더 강력한 영향을 미치기에 '신자 + 불신자 가정'이 유지될 수 있고, "신자의 믿음 때문에 비신자와 그 자녀들까지 구원받을 가능성이 활짝 열려 있기에" 비신자가 가정을 깨려고 하지 않는 한, 가정을 끝까지 지키라는 것이 바울의 요점입니다. 이런 이상이 현실에서 얼마든지 틀어질 수 있기에 바울은 이 이상에 제약을 가하고 예외 경우를 둡니다(15a-b절).

새번역	그러나 믿지 않는 사람 쪽에서 헤어지려고 하면, 헤어져도 됩니다. 믿는 형제나 자매가 이런 일에 얽매일 것이 없습니다.
NRSV	But if the unbelieving partner separates, let it be so; in such a case the brother or sister is not bound. It is to peace that God has called you.

신자는 결혼을 지속하기를 원하는데 비신자가 이혼을 요구할 경우 그 요구를 들어주라는 권고입니다. 중요한 표현은 '이런 일', 즉 '이혼하게 된 상황'에 신자가 '얽매일 필요가 없다'는 주장입니다. '얽매이다'(to be under bondage)는 헬라어로 δεδούλωται(데둘로타이)인데, '종'을 뜻하는 δοῦλος(둘로스/slave)에서 온 동사로서 '노예가 된다'(to enslave)는 뜻입니다. 신자 부부의 이혼은 엄격하게 금하지만, 비신자의 요구로 제기된 신자 가정의 이혼은 허용하는데, 신앙이 깨질 정도로 억지로 결혼에 얽매일 필요가 없기 때문입니다. 허용이라는 차원에서 바울의 융통성이 또 한 차례 드러납니다.

본문에서 가장 흥미롭고도 난해한 구절은 15c-16절입니다.

새번역	하나님께서는 여러분을 부르서서 평화롭게 살게 하셨습니다. 아내 된 이여, 그대가 혹시나 그대의 남편을 구원할는지 어찌 압니까? 남편 된 이여, 그대가 혹시나 그대의 아내를 구원할는지 어찌 압니까?
NRSV	It is to peace that God has called you. Wife, for all you know, you might save your husband. Husband, for all you know, you might save your wife.

두 가지 해석 가능성이 있습니다. 먼저 "비신자가 신자에게 이혼을 요구하는 문맥"에서 "평화로 하나님께서 신자를 불러 주셨다"는 말씀을 **직결**시켜서 해석할 경우, 화평을 위해서 기꺼이 이혼을 허락해주라는 뜻으로 풀이할 수 있습니다. 때로 이혼하는 악보다 억지로 결혼을 지속하는 것이 훨씬 더 큰 악이 되어서 온 식구를 전쟁터로 내몰 수 있습니다. 그러기에 무섭게 싸우느니 차라리 "평화롭고 쿨하게 헤어지라"는 뜻으로 해석할 수 있습니다.

이렇게 해석할 경우 16절과 자연스레 연결되지 않습니다. "신자 아내나 신자 남편이 비신자 남편이나 비신자 아내를 구원할는지 어찌 압니까?"라는 반문은 이혼으로 가정을 깨버린 상황에서는 가능하지 않습니다. 이혼의 압력과 위기에 굴하지 않고 끝까지 가정을 지킬 때에만, 비신자 배우자와 자녀들의 구원이 가능해집니다. 따라서 비신자가 끝까지 갈라서기를 원할 때 이혼을 허용할 수 있지만, 그런 위기 상황에서도 신자의 한결같은 자세는 어떻게 해서든지 가정을 지켜서 하나님이 불러주신 대로 가정의 평화를 유지하는 데 있다는 해석이 더 좋을 것 같습니다.

아내가 된 이 여러분, 이와 같이 여러분은 자기 남편에게 순복하십시오.

그리하면 비록 말씀에 복종하지 않는 남편일지라도, 말을 하지 않고도 아내 여러분의 행실로 말미암아 구원을 얻게 될 것입니다(벧전 3:1).

불가피한 상황에서 이혼은 허용되지만, 그럴 때에도 믿는 배우자가 명심해야 할 기본자세는 가정의 평화를 위해서 끝까지 노력해야 하고 궁극적으로 비신자 배우자의 구원을 위해서 최선을 다해야 한다는 것입니다. '이혼 허용'을 빌미로 걷잡을 수 없이 남발할 수 있는 '무분별한 이혼 가능성'에 조심스럽게 제동을 건 것입니다.

명령(이상)과 허용(현실) 사이에서

그리스도인의 이혼과 재혼 문제에서 바울은 예수님의 명령에 근거해서 기본적으로 신자의 '이혼 금지'(No divorce!)를 분명히 천명합니다. 그런데도 놀랄 만치 신중하고 섬세하게 '명령의 차원'과 다른 '허용의 차원'에서 이혼과 재혼의 가능성을 열어둡니다. 이혼으로 깨진 가정의 회복 가능성까지 제시합니다. 이혼을 요구하는 배우자를 주님이 부르신 평화 안에서 끝까지 구원 가능성을 포기하지 않은 채 먼저 용서하고 화해해서 치유하고 회복시키도록 권고합니다.

'이혼 불가'라는 이상이 예민하고 복잡하기 짝이 없는 가정 현실에서 절대적으로 실현될 수 없다는 현실을 바울은 잘 알기에 도저히 불가피한 경우에는 이혼과 재혼 가능성을 열어둠으로써 당사자들이 직면한 상황에 대한 예리한 도덕적 변별력을 갖고 '이상'과 '현실'을 슬기롭게 조화하기를 원합니다.

오늘날처럼 이혼이 다반사로 빈발(頻發)하는 시대에 꼭 신앙적인 것만이 이혼 사유가 아니라 성격 차, 가정폭력, 불륜, 고부갈등, 경제 문제 등등 수많은 이유가 있다면, 바울은 '허용'이라는 차원에서 이 모든 복잡한 문제들을 고려할 여지를 남겨둡니다. 무엇보다도 음행을 저지른 사람에게는 강력하게 출교를 요구한 바울이 이혼자에 대해서는 징계를 언급하지 않는 것은 불가피한 사정으로 갈라선 부부들을 여전히 한 형제자매로 공동체 안에서 따뜻하게 격려하고 위로하며 품을 것을 가르칩니다.

3. 부르심을 받은 그대로 하나님과 함께

고전 7:17-24

지금 그대로!

언변이 좋은 강사는 쭉 주제와 관련된 말을 하다가 갑자기 여담(餘談)으로 흐를 때가 있습니다. 지루한 분위기를 깨고자 흥미로운 말을 던지는 것입니다. 줄거리와 관계가 없는 말을 늘어놓는 것처럼 보이지만, 자연스레 다시금 주제로 돌아옵니다. 화술이 뛰어난 강사가 중간에 짬짬이 던지는 여담은 오히려 주제를 돋보이게 하고 연설 전체에 활기를 띠게 합니다. 7:1-16에서 '성'과 '결혼'과 '가정'이라는 굵직굵직한 주제와 관련해서 신중하고 절제하며 말을 이어오던 바울은 7:17-24에서 잠시 주제에서 벗어나 여담을 하는 것처럼 보입니다. 뜬금없이 '할례'와 '노예' 이야기를 끄집어냅니다. 갑자기 옆으로 샌 느낌을 주지만, 오히려 성과 결혼과 가정에 관해서 바울이 제시하려는 요점을 더 선명하게 해주는 효과가 있습니다.

7장에서 바울이 내세우는 가장 중요한 신조(信條)는 "지금 상태로 머무르라"(remain as you are)는 것입니다. 독신으로 있는 사람은 독신 상태로, 결혼한 사람은 결혼한 상태로, 이혼한 사람은 이혼한 상태 그대로 지내라는 충고입니다. 이것은 그 시대 그리스도인들이 지닌 긴박한 '종말론적 의식' 때문입니다. 예수께서 오늘이나 내일이나 가까운 장래에 구름을 타고 재림하실 것이기에 현재 처한 상태를 바꾸는 것은 번거롭다는 것입니다.

결혼이나 이혼, 재혼은 모두 인륜지대사(人倫之大事)이기에 당사자가 신경을 많이 써야 할 뿐 아니라, 가족 전체가 함께 치러야 할 큰일입니다. 그러다 보면 종말에 대비하면서 주님이 맡기신 일에 최선을 다하기에 수월치 않습니다. 이런 까닭에 바울은 할 수 있으면 현 상태의 신분에 변화를 주지 말고, 그대로 지내라고 권고합니다. 17-24절 본문(새번역 + NRSV)을 이 주제에 따라 대별(大別)하면 아래와 같습니다.

17절	① 각 사람은, 주님께서 나누어주신 분수 그대로, 하나님께서 부르신 처지 그대로 살아가십시오(However that may be, let each of you lead the life that the Lord has assigned, to which God called you. This is my rule in all the churches).
	종교-인종적 차원에서의 '할례' 예증(18-19절): 할례자(유대인)? 무할례자(이방인)?
20절	② 각 사람은 부르심을 받은 그 때의 처지에 그대로 머물러 있으십시오(Let each of you remain in the condition in which you were called).
	사회-경제적인 차원에서의 '노예' 예증(21-23절): 노예? 자유인?
24절 (결론)	③ 형제자매 여러분, 각각 부르심을 받은 그 때의 처지에 그대로 있으면서 하나님과 함께 살아가십시오(In whatever condition you were called, brothers and sisters, there remain with God).

본문은 "현 상태 그대로 지내라"라는 모토를 세 차례나 강조하는데, 이 삼중 권고 가운데 할례와 노예라는 두 개의 예증(illustration)이 중간에 삽입됩니다. 바울이 할례와 노예 비유를 통해서 "현 상태 그대로 머무르라"는 '지도 원리'(guiding principle)를 제시하는 것은 7장 전체의 주제인 '결혼'과 무관하지 않습니다. 하나님께서 할례자로 불러주셨으면 할례받은 상태를 바꾸지 말고, 무할례자로 불러주셨으면 할례받지 않은 상태를 군이 바꾸지 말라는 것입니다. 노예로 부르심을 받은 사람도, 자유인으로 부르심을 받은 사람도 사회적 신분에 지나치게 신경을 쓰지 말라는

것입니다. 그런 신분 상태가 궁극적으로 중요한 것은 아니기 때문입니다. 이런 예증으로 강조하려는 요점도 하나님께서 독신으로 불러주셨든지 결혼 상태에서 불러주셨든지 간에 신경 쓰지 말고, 현 상태 그대로 지내면서 하나님의 일을 잘하라는 것입니다.

할례자나 무할례자나 그대로

'할례 예증'을 언급하기 전에 바울은 먼저 "현 상태로 머무르라"는 대전제를 제시합니다.

각 사람은, 주님께서 나누어주신 분수 그대로, 하나님께서 부르신 처지 그대로 살아가십시오. 이것이 내가 모든 교회에서 명하는 지시입니다(17절).

'각 사람'(each one)은 각 개인이 가지는 개성뿐만 아니라, 하나님의 부르심을 받은 모든 사람을 포괄하는 대명사입니다. 어느 시대 어느 상황에서나 하나님께서 우리를 불러주실 때의 우리 처지는 각각 다를 수밖에 없습니다. 우리가 그리스도를 믿고 하나님의 자녀가 되었을 때 각기 신분이나 사회적 환경, 경제적 처지는 천차만별로 다릅니다. 독신, 결혼, 이혼, 재혼 등등 '결혼 상태'도 다릅니다.

이런 처지가 하나님을 섬기는 데 중요한 문제가 아니기에 굳이 이런 외적 신분 상태나 처지를 바꿀 필요가 없다는 것이 바울의 요점입니다. 하나님과 우리 사이에 본질적인 변화가 일어났다는 사실이 중요할 뿐, 이런 외적 환경이 관건이 아니기에 거기에 얽매이지 말라는 것입니다. '결혼'과 '가정'을 주제로 한 7장 전체의 문맥에서 이 말씀을 적용한다면,

독신으로 있다가 하나님의 부르심을 받은 사람은 억지로 결혼할 필요가 없고, 결혼한 상태에서 부르심을 받은 사람도 기혼 상태에서 하나님을 잘 섬기라는 권고입니다.

바울은 이 교훈이 모든 교회에 적용되는 '규칙'(rule)임을 분명히 합니다. 고린도교회에만 해당되는 말씀이 아니라, 시간과 공간을 초월해서 전 세계에 존재하는 모든 교회에 가르치는 교훈이라는 것입니다.

"현 상태로 지내라"라는 모토를 제시한 바울은 '할례'를 들어 이 모토를 예증합니다.

> 할례를 받은 몸으로 부르심을 받은 사람은 굳이 그 할례 받은 흔적을 지우려고 하지 마십시오. 할례를 받지 아니한 처지에서 부르심을 받은 사람은 굳이 할례를 받으려고 하지 마십시오(18절).

이스라엘에서 사내아이가 태어나면 난 지 8일 만에 할례를 줍니다. 할례는 하나님께서 아브라함에게 주신 계명으로서, 하나님의 언약 백성이 된 표시로서 모든 히브리 남성이 준수해야 합니다(창 17:9-14). 할례는 인종적으로 히브리 민족임을, 종교적으로 유대교인임을 상징하는 신체적 표시입니다.

초대교회에서 "이방인들이 기독교로 개종할 때 할례를 받아야만 하느냐"는 문제가 뜨거운 이슈였습니다. 바울은 할례를 받을 필요가 없다고 주장했지만, 이 문제가 빌립보교회와 갈라디아교회에서는 심각한 논쟁거리가 되어서 바울을 괴롭혔습니다(빌 3:2-11; 갈 2:1-10). 그러나 바울의 입장은 단호합니다. 유대인(할례자)으로 있다가 기독교인이 된 사람은 헬라인(무할례자)이 될 필요가 없고, 헬라인(무할례자)이 유대인

(할례자)이 될 필요도 없다는 것입니다.

안타깝게도 유대교 내부에서 할례를 감추려고 한 사람들이 종종 있었습니다. 옷을 벗어야 할 공중목욕탕이나 체육관에서 할례받은 표시가 드러나기에 음경 포피에 간단한 수술을 해서 감쪽같이 할례 흔적을 지우는 사람들이 있었습니다. 유대인이라는 이유로 당해야 하는 정치적 핍박이나 경제적 손실 등을 모면하기 위해서 그랬던 것입니다. 거꾸로 이방인 남성들이 유대교나 기독교로 개종할 때 유대인과 똑같이 할례를 강요받을 때가 있었습니다(행 15:1). 바울은 이런 움직임에 쐐기를 박는데, 19절에서 그 신학적 근거를 밝힙니다.

새번역	할례를 받은 것이나 안 받은 것이나, 그것은 문제가 아니고, 하나님의 계명을 지키는 것이 중요합니다.
NRSV	Circumcision is nothing, and uncircumcision is nothing; but obeying the commandments of God is everything.

"할례를 받은 유대인이냐, 할례를 받지 않은 이방인이냐"는 중요하지 않고, 하나님의 계명을 지키는 것이 중요하다는 것입니다. 바울 자신이 기독교를 핍박하다가 극적으로 부르심을 받았기에 부르심을 받았을 때의 인종이나 신분, 환경은 중요하지 않다고 확신합니다. 유대인에게 유효한 할례가 모든 인종에게 유효한 것은 아닙니다. 할례자냐 무할례자냐가 중요한 것이 아니라, 하나님의 계명을 지키는 순종의 실천이 중요합니다.

문제는 '할례'도 하나님께서 아브라함의 후손들에게 주신 계명(레 12:3)이기에 많은 이들이 19b절의 주장에 혼란을 겪습니다. 바울의 요점은 하나의 종교의식으로서의 할례 그 자체가 우리를 의롭게 하거나 구원하는 것이 아니라는 것입니다. 몸에 부착한 일종의 '부적'(符籍)과 같은 구실을 하는 '할례'를 받았다고 할지라도 자신의 삶 전체로 그리스도께서 친히 보여주신 '사랑의 계명'(Liebesgebot)을 실천하지 않는다면, 할례 그 자체는 아무런 효력을 발휘할 수 없다는 것입니다.

갈 5:6	그리스도 예수 안에서는, 할례를 받거나 안 받는 것이 문제가 되는 것이 아닙니다. 가장 중요한 것은, 사랑으로 역사하는 믿음입니다.
갈 6:15	할례를 받거나 안 받는 것이 중요한 것이 아니라, 새롭게 창조되는 것이 중요합니다.

노예나 자유인이나 그대로

바울은 "현 상태를 바꾸지 말라"는 모토를 두 번째로 강조합니다.

각 사람은 부르심을 받은 그 때의 처지에 그대로 머물러 있으십시오(20절).

이번에는 모토를 '노예제'(slavery)에 적용합니다. '노예' 하면 백인들에게 엄청난 압제를 당한 미국이나 남미의 흑인들을 떠올립니다. 이런 편견으로 노예 문제에 접근하면, 바울 서신이 말하는 노예를 바로 이해할 수 없습니다. 바울이 활동하던 시대에 로마나 고린도와 같은 대도시에는 전체 인구의 1/3 정도가 노예였습니다. 국가를 떠받치는 기간(基幹) 세력이 노예였던 것입니다. 부유한 권문세족(權門勢族)은 수많은 가노(家奴/household slave/Haussklaven)를 거느렸는데, 이들 가운데 상당수가 높은 교육을 받았고, 집안을 운영하기 위한 잡다한 행정 전문 업무를 떠맡았습니다. 따라서 로마 시대의 노예들은 어느 정도 경제적 안정과 신분 보호를 보장받을 수 있었고, 상당한 수준의 계층 상승까지도 넘볼 수 있었습니다. 이러다 보니 사회적으로 존경받는, 부유하고 유력한 집안에 노예로 들어가는 것은 큰 영광이었습니다. 물론 광산이나 채석장과 같이 열악한 환경에서 온갖 압제와 착취를 당하는 천민 노예들도 있었겠지만, 바울이 염두에 둔 노예들은 비교적 안정된 환경에 처한 '가노들'이었습니다. 바울은 질문 형식으로 노예를 예로 들어 "현 상태에 머물라"는 지침을 강조합니다(21절).

새번역	노예일 때에 부르심을 받았습니까? 그런 것에 마음 쓰지 마십시오. 그러나 자유로운 몸이 될 수 있는 기회가 있으면, 어떻게 해서든지 그것을 이용하십시오.
NRSV	Were you a slave when called? Do not be concerned about it. Even if you can gain your freedom, make use of your present condition now more than ever.

바울은 '할례자/무할례자' 예증의 경우처럼, 노예와 이 노예에 대비되는 '주인'을 나란히 병렬하지 않고, 노예만 언급합니다. 그러다가 22-23절에 가서 신학적 이유를 설명할 때는 '노예-주인'의 짝(pair)이 나란히 등장합니다. 노예 신분으로 있다가 그리스도인으로 부르심을 받은 사람에게 주는 권고는 두 가지입니다.

먼저 소극적 권고입니다. "노예냐 자유인이냐는 중요하지 않기에 노예라는 신분 상태에 괘념치 말라"는 것입니다. 바울은 할례 예증 경우와 달리, 노예를 예로 들 때는 "노예 상태로 그냥 머무르라"고 하지 않습니다. "노예 신분을 염려하지 말라"(개역개정) 혹은 "그런 것에 마음을 쓰지 말라"(새번역), "Do not be concerned about it"(NRSV)라고 번역했습니다. 독신과 결혼, 할례와 무할례의 처지와 달리 노예 신분은 자기 맘대로 바꿀 수 없다는 현실 때문입니다! 엄청난 빚을 진 자유인이 그 채무를 변제하기 위해 채주(債主) 집에 노예로 팔려 가는 경우는 왕왕 있었겠지만, 노예가 자유민으로 신분 상승이 되는 것은 자기가 스스로 선택할 수 있는 문제가 아니었습니다.

긍정적인 권고는 '노예 상태에서 풀려나 자유민'(freedman, 노예 신분으로 있다가 해방된 사람. 본래부터 노예가 아닌 '자유인'[free-born citizen]과 구분되어야 함)이 될 기회를 포착한 사람은 그 기회를 적극 선용하라는 것입니다. 우리는 노예제에 대해 바울이 지닌 입장의 한 단면을 읽을 수 있습니다. 그리스-로마 시대에 노예가 오늘날 자동차나 냉장고를 소유하듯이 합법적으로 소유할 수 있는 재산과 같았다고 할지라도, 바울은 노예 신분에서 풀려나 자유민이 되는 것을 긍정했다는 사실입니다. 노예제를 기본적으로 긍정하면서 7장 곳곳에서 그런 것처럼 예외 경우를 둡니다.

바울은 '노예 예증'을 할 때 '질문' → '명령' → '명령에 대한 신학적 근거 제시' 순으로 논리를 풀어갑니다. 그리스도인으로 부름을 받을 때 노예와 같은 사회적 신분이 대수가 아닌 이유는 무엇일까요? 두 가지 중요한 신학적 이유가 있습니다. 먼저 22절을 봅니다.

새번역	주님 안에서 노예로서 부르심을 받은 사람은 주님께 속한 자유인입니다. 그와 같이 자유인으로서 부르심을 받은 사람은 그리스도의 노예입니다.
NRSV	For whoever was called in the Lord as a slave is a freed person belonging to the Lord, just as whoever was free when called is a slave of Christ.

그리스도를 믿고 하나님의 부르심을 받게 되면 세상의 정치-사회적 신분과 전혀 다른, 영적 신분의 대변화가 일어납니다. '뒤집힘'(reversal)입니다. 바울이 그리스도를 지칭할 때 노예를 거느리는 '주님'(κύριος/퀴리오스/Lord)을 골라 쓴 것은 다분히 현재의 문맥이 '노예-주인 관계'를 다루기 때문입니다. 다시 말해 세상의 노예나 주인 모두가 진정한 주인으로 섬겨야 할 분이 예수님이라는 것입니다. 'ἐν κυρίῳ'(엔 퀴리오/in the Lord), 즉 우리의 진정한 주님이신 "예수 안에 있게 되면", 세상의 신분 질서가 더 이상 중요하지 않습니다. 그리스도 안에서 새로운 신분으로 바뀝니다.

---

① 현재 노예 신분으로 있는 사람: '노예'라는 세상의 신분에는 변동이 없으나 영적으로 새로운 주인이신 예수 안에서 '그 주인에게 속한 자유인'(ein Freigelassener des Herrn)이 된다.

② 현재 노예를 거느린 주인으로 있는 사람: '주인'이라는 세상 신분에는 변동이 없으나 영적으로 새로운 주인이신 예수 안에서 그리스도의 '노예'(ein Sklave Christi)가 된다.

그리스-로마 시대에 노예로 있다가 풀려난 '자유민'은 법적으로는 자유를 얻었지만, 여전히 옛 주인의 집에 머무르면서 주인집을 돕는 일을 계속했습니다. 노예 신자가 예수 안에서 영적인 자유를 얻었다고 할지라도, 세상적으로는 여전히 현 주인의 권위 아래 묶여서 주인집 일을 돌보며 충성을 다해야 하는 이치와 같습니다.

> 내가 모든 사람에게서 자유로우나 스스로 모든 사람에게 종이 된 것은 더 많은 사람을 얻고자 함이라(고전 9:19).

노예였을 때 하나님이 부르신 사람은 모든 것이 이 신분 하나에 달린 것처럼 그 신분 상태에 지나치게 신경을 쓰지 말아야 합니다. 그리스도 안에서 이 세상의 신분보다 훨씬 더 소중한 '영적인 자유'를 얻었기 때문입니다. '자유인'으로 부르심을 받은 사람은 그 자유를 소중하게 행사하기 위해서 '그리스도의 종'이요, '만인의 공복(公僕)'이라는 자세로 새로운 삶을 살아야 합니다. 그리스도 안에서 새로운 신분 질서의 변화를 강조한 바울은 노예나 자유민 모두에게 권고합니다(23절).

새번역	여러분은 하나님께서 값을 치르고 사신 사람입니다. 그러므로 사람의 노예가 되지 마십시오.
NRSV	You were bought with a price; do not become slaves of human masters.

우리는 죄의 노예가 되어서 죄가 시키는 대로 종노릇하며 살다가 그리스도께서 십자가에서 피 흘려 값을 치르신 덕분에 자유를 얻게 되었습니다. 누군가의 종이 된 사람을 그만큼의 속전(贖錢/ransom)을 치르고 사주셔서 자유인이 된 것입니다. 그러기에 현재 노예 상태에 있는 그리스도인은 자신이 섬기는 세상의 주인보다 훨씬 더 고귀한 천상의 주인을 모시게 된 것입니다. 자유인 역시 세상적으로는 노예를 거느리는 주인의 위치에 있지만, 죄에 팔려서 죄의 종노릇 하기는 마찬가지였습니다. 그러나 이제 그리스도의 핏값으로 사주신 진정한 자유인의 몸이 되었습니다.

노예는 "누군가에게 팔려서 그의 권위 아래 복속된다"는 데 정체성이 있습니다. 노예냐 자유인이냐를 불문하고 그리스도께서 십자가의 희생이라는 엄청난 값을 치르고 우리를 죄의 노예 상태에서 벗어나도록 사주셔서 '그리스도의 종들'(δοῦλοι Χριστοῦ/둘로이 크리스투/Christ's serv-ants)이 되었습니다. 그러기에 더 이상 '사람들의 노예들'(δοῦλοι ἀνθρώπων/둘로이 안드로폰/slaves of men)이 되지 말고, 그리스도를 주님으로 섬기는 신령한 종들이 되어야 합니다.

Relax & Remain!

본문은 "현 상태로 지내라"는 모토를 다시 한번 강조하는 것으로 끝납니다(24절).

새번역	형제자매 여러분, 각각 부르심을 받은 그 때의 처지에 그대로 있으면서 하나님과 함께 살아가십시오.
NRSV	In whatever condition you were called, brothers and sisters, there remain with God.

'하나님과 함께'(παρὰ θεῷ/파라 데오/with God)가 강조됩니다. 독일어 성경은 'vor Gott', '하나님 앞에서'로 번역했습니다. 더 좋은 번역입니다. 하나님의 부르심을 받은 사람들 각자가 하나님 앞에서 책임적인 삶을 살아야 한다는 것입니다. 독신이든 결혼이든, 할례자든 무할례자든, 노예든 자유인이든, 어떤 처지에서 하나님의 부르심을 받았다고 할지라도, 일부러 그 처지를 바꾸려고 하지 말고 각자의 상황에 합당하게, 하나님 앞에서 책임적 삶을 살아가라는 명령입니다. 그리스도인의 자유는 '주인 없는 자유'가 아닙니다. 그리스도를 통해서 계시된 하나님을 진정한 주인으로 모시고 사는 '책임적 자유'(responsible freedom)입니다.

본문은 갈 3:28을 풀어놓은 것처럼 유사합니다.

개역개정	너희는 유대인이나 헬라인이나 종이나 자유인이나 남자나 여자나 다 그리스도 예수 안에서 하나이니라.
	① 유대인이나 헬라인이나 → (고전 7:18-19) 할례자(유대인)나 무할례자(헬라인)
	② 종이나 자유인이나 → (고전 7:21-23) 종이나 자유인이나
	③ 남자나 여자나 → (고전 7장 전체) 독신자나 결혼자나 이혼자나 재혼자나
NRSV	There is no longer Jew or Greek, there is no longer slave or free, there is no longer male and female; for all of you are one in Christ Jesus.

바울은 그리스도인이 결코 현재의 신분 상태에서 변화를 꾀하는 일을 포기하라고 권면하지 않습니다. 일체의 신분 상승을 도모하지 말라는 뜻이 아닙니다. 독신으로 사는 것이 더 좋으냐? 결혼하는 것이 더 좋으냐? 이혼은? 재혼은? 결혼과 가정과 관련된 문제를 다루는 문맥에서 현재의 신분 상태에 지나치게 안달하지 말라는 것뿐입니다. 결혼한 사람은 부부간의 성관계를 고의로 기피하거나 이혼을 통해서 합법적으로 가정을 깨려고 하지 말고, 결혼한 상태에서 정상적인 부부관계를 가지며 하나님과 이웃을 잘 섬기라는 것입니다. 독신자 역시 하나님이 독신의 은사를 주셨음에도 굳이 배우자를 찾아 억지로 결혼할 필요가 없다는 것입니다.

예수 안에 있게 될 때 우리의 삶은 더 이상 세상의 신분 상태에 따라서 결정되는 것이 아니고, 하나님의 부르심이 결정하기 때문입니다. 리처드 B. 헤이스(Richard B. Hays, 1948~)가 바울의 기본적인 충고를 잘 요약해줍니다.

여러분이 어떤 처지에 있든지 긴장을 푸시고 하나님과 함께 살아가세요

(Relax and remain with God wherever you find yourself).

4. 있어도 없는 것처럼

고전 7:25-40

'교리' 가는 데 '윤리'가 가고

바울서신에는 하나의 공통점이 있습니다. "바늘 가는 데 실 가고 바람 가는 데 구름 가듯이" 언제나 '교리'(신학)와 '윤리'(실천)가 나란히 갑니다. 순서상 '교리적 설명'이 '윤리적 명령' 앞에 나올 때도 있고, 뒤로 빠질 때도 있지만 둘이 부부처럼 항상 같이 다닌다는 특징이 있습니다. "~하니"(교리 신학적 설명/직설법) "~해야만 한다"(윤리 실천적 명령/명령법)는 것입니다. 윤리적 실천 없는 교리는 '공허'(leer)하고, 교리적 진리 없는 윤리는 '맹목적'(blind)입니다. '성'과 '결혼'과 '가정'이라는 주제를 다루는 7장에서도 어김없이 교리와 윤리가 함께 갑니다. 그러기에 기독교적 '성윤리'나 '결혼과 가정 윤리'는 허공에서 나온 것이 아니고, 교리신학적 진리 위에 근거합니다. 본문 역시 교리적 진술과 윤리적 명령이 절묘하게 조합되었지만, 고린도전서를 통틀어 가장 난해한 구절로도 유명합니다.

'처녀'는 누구?

본문은 전반적으로 '처녀'와 '과부'에게 주는 교훈인 동시에 7장 전체를 마감하는 결론부이기도 합니다. 문제는 바울이 말하는 처녀가 도대체 어떤 부류의 여성인지 가늠하기 어렵다는 데 해석의 난감(難堪)함이 있습니다. 학자들 가운데 숱한 논란이 있지만, 본문을 주제별로 구분하면 아래와 같습니다.

7:25-35	**처녀들에게 주는 권고**
	① 임박한 환난과 관련된 처신(26-28절)
	② 종말에 대비하는 처신(29-31절)
	③ '결혼'과 '염려'의 관계(32-34절)
7:36-38	**약혼녀에 대한 약혼자 혹은 친정아버지의 처신에 대한 권고**
7:39-40	**과부의 재혼에 관한 권고**

7:25-38까지의 주제는 25절에 제시됩니다.

개역개정	처녀에 대하여는 내가 주께 받은 계명이 없으되 주의 자비하심을 받아서 충성스러운 자가 된 내가 의견을 말하노니.
새번역	주님께서 처녀들에 대해서 하신 명령을, 나로서는 받은 것이 없습니다. 그러나 나는 주님의 자비하심을 힘입어 믿을 만한 사람이 된 사람으로서, 의견을 제시합니다.
NRSV	Now concerning virgins, I have no command of the Lord, but I give my opinion as one who by the Lord's mercy is trustworthy.

가장 논란이 되는 말은 '처녀들'입니다. 처녀는 28절과 34절, 36-38절에서 계속 나타나기에 바울이 주제를 이끌어가는 주대상이 틀림없습니다. 처녀가 어떤 부류의 여성이며, 고린도교회에서 어떤 형편에 처해 있었기에 바울이 주대상으로 삼게 되었는지가 논란거리입니다. 처녀는 헬라어로 'παρθένος'(파르데노스/virgin)인데, '약혼은 했지만 아직 결혼하지 않은 젊은 여성'(a young woman who are betrothed but not yet married to a man)을 말합니다. 중요한 것은 처녀가 영어 'virgin'이 시사하듯

이 한 번도 남성과 동침한 적이 없는 '숫처녀'(童貞女)를 말한다는 사실입니다.

교회에서 처녀들이 직면한 문제는 "결혼하지 않고 약혼 상태로 머물러야 하는지", 아니면 "서둘러 결혼해서 가정을 이루어야 하는지"에 대한 갈등입니다. 7장 전체가 성과 결혼과 가정에 대해서 부정적인 태도를 지닌 금욕주의자들에 대한 바울의 논박이라고 한다면, 바울에게 주어진 곤혹스러운 과제가 있습니다. '영적 순결'이라는 미명하(美名下)에 부부관계를 기피하고, 이혼이라는 합법적 수단을 통해서 가정까지 해체하려는 금욕주의자들에게 맞서서 어떻게 하면 '독신'을 선호하는 동시에 '결혼'과 '가정'의 정당성을 함께 긍정할 수 있느냐는 것입니다.

이런 딜레마를 놓고 볼 때 '독신자'나 '기혼 신자 부부', '홀아비와 홀어미 신자', '신자 + 비신자 부부'의 경우보다 현재 약혼 상태에 있는 신자들이 가장 미묘하면서도 어정쩡한 위치에 있다고 볼 수 있습니다. 영적인 금욕주의자들의 눈으로 볼 때 "결혼은 약속했지만, 아직 동거는 하지 않는 처녀, 총각들은 약혼마저도 깨야 하고 결혼해서는 안 된다"고 생각할 것입니다. 무엇보다도 약혼녀와 친정이 금욕주의에 빠진 가정일 경우에 이 문제는 더욱더 복잡하고 예민해집니다. "약혼을 깨야 하나?" "결혼으로 약혼을 완성해야 하나?" 이처럼 곤란한 문제에 대한 바울의 입장은 7장 전체에서 일관되게 주장한 것처럼 "현 상태, 즉 약혼한 처녀로 지내는 것이 더 좋지만, 그렇다고 해서 결혼하는 것도 죄가 되지 않는다"는 것입니다. '처녀들'과 관련해서 바울이 주장하는 핵심은 38절입니다.

개역개정	그러므로 결혼하는 자도 잘하거니와 결혼하지 아니하는 자는 더 잘하는 것이니라.
NIV	So then, he who marries the virgin does right, but he who does not marry her does even better.

종말에 대비하는 처녀들의 처신

바울은 처녀들에 대한 교훈은 주님의 '명령'(command)이 아닌 자신의 '의견'(opinion)을 말한다는 사실을 조심스레 밝힙니다(25절). '의견'으로 번역된 헬라어 'γνώμην'(그노멘)은 의견보다 더 강한 '충고'(advice)나 '판단'(judgment)이라는 의미가 있습니다. 예수께서 이런 문제에 대해서 어떤 말씀도 주신 적이 없기에 주님이 주시는 명령은 없을 수밖에 없습니다. 그리하여 바울은 자신의 개인적 견해나 판단을 제시할 수밖에 없는데, 그렇다고 해서 이런 견해나 판단이 독단적이거나 신뢰성이 떨어지지 않는다는 점을 강조하고자 자신을 주님의 자비하심을 힘입은 '믿을 만한 사람'(πιστὸς/피스토스/trustworthy)으로 소개합니다. 그렇다면 '약혼한 처녀들'이 결혼해야 하는지, 아니면 그냥 약혼 상태로 머물러야 하는지에 대한 바울의 견해는 무엇일까요?

지금 닥쳐오는 재난 때문에, 사람이 현재 상태대로 살아가는 것이 좋다고, 나는 생각합니다(26절).

'사람'(ἄνθρωπος/안드로포스)은 문맥의 주인공인 약혼한 처녀, 총각뿐만 아니라 독신을 비롯한 모든 종류의 결혼 상태에 있는 사람들을 포괄합니다. 바울의 기본 입장은 현재 독신으로 있는 사람은 독신으로, 결혼한 사람은 결혼한 채로 지내는 것이 좋다는 것입니다. 중요한 것은 지금 상태로 지내는 것이 왜 좋은가에 대한 이유인데, 그것은 "지금 닥쳐오는 재난 때문"입니다. '재난' 혹은 '환난'으로 번역된 헬라어 ἀνάγκην(아낭 켄)은 문자적으로 '불가피하게 겪는 일'(necessity)을 의미합니다. 안팎으로 예수를 믿는다는 이유 때문에 불가피하게 강압적으로 겪어야만 하는 모든 종류의 '위기'(crisis)와 '고통'(trouble), '재난'(calamity)을 말합니다. 이 재난은 종말의 시간에 겪게 될 미래적 재난일 뿐 아니라, 지금 이미 고린도인들이 겪고 있습니다. 어떤 학자는 바울이 고린도를 떠난 뒤와 고린도전서를 집필할 시점 사이에 그리스 전역을 휩쓴 대기근을 역사적 실례로 듭니다. 고린도와 같은 대도시 주민들은 로마 제국이 식량 문제를 해결해줄 것을 기대했지만, 기대와 달리 흉년으로 배를 곯는 역사적 상황을 염두에 둘 필요가 있습니다. 이런 재난은 그리스도께서 재림하실 때까지 그리스도인들이 필연적으로 직면해야 할 시험 거리입니다. 환난의 시대는 입에 풀칠하기도 힘든 판국인데, 결혼과 가정의 짐까지 더할 사람은 드물기에 바울은 "현 상태대로" 머물라고 제안합니다. 바울은 현 상태 그대로 지내는 것이 어떤 것인지를 구체적으로 설명합니다(27절).

① 결혼한 남성(약혼자 포함)에게 (새번역 + NRSV)	아내에게 매였으면, 그에게서 벗어나려고 하지 마십시오(Are you bound to a wife? Do not seek to be free).
② 결혼에서 벗어난 상태에 있는 모든 남성(독신자 + 이혼자 + 홀아비)에게 (새번역 + NRSV)	아내에게서 놓였으면, 아내를 얻으려고 하지 마십시오(Are you free from a wife? Do not seek a wife).

"현재 어떤 상태에 있든지 그대로 지내라"는 기본적인 권고를 준 뒤에 바울은 이 기본 권고에 제한을 둡니다(28절).

개역개정	그러나 장가 가도 죄 짓는 것이 아니요 처녀가 시집 가도 죄 짓는 것이 아니로되 이런 이들은 육신에 고난이 있으리니 나는 너희를 아끼노라.
새번역	그러나 결혼한다고 할지라도, 죄를 짓는 것이 아닙니다. 그리고 처녀가 결혼을 하더라도, 죄를 짓는 것이 아닙니다. 그러나 그들이 살림살이로 몸이 고달플 것이므로, 내가 아껴서 말해 주는 것입니다.
NIV	But if you do marry, you have not sinned; and if a virgin marries, she has not sinned. But those who marry will face many troubles in this life, and I want to spare you this.

임박한 환난 때문에 가급적이면 현 상태 그대로 머무는 것이 좋겠지만, 예외 상황이 허용됩니다. 남자나 여자나 다 결혼해도 좋다는 것입니다. 약혼녀도 결혼할 수 있습니다. 고린도 금욕주의자들은 결혼이 죄가 된다고 생각했는데, 바울은 죄가 아니라고 단언합니다. 독신은 물론이거니와 결혼 그 자체도 '죄의 범주'에 들지 않습니다. 이처럼 결혼 그 자체를 긍정하면서도 바울은 '결혼'에 또 한 가지 제약을 가합니다. 가뜩이나 안팎으로 큰 환난을 겪고 있는 마당에 결혼까지 감행할 경우, 출산과 육아, 가족 부양 등등 육체적으로 고달픈 일들이 생길 것이기에 아버지가 자녀를 아끼는 심정으로 결혼을 사양하고 독신으로 지내면 어떻겠느냐는 제안입니다. 독신과 결혼에 대한 권고는 어떤 '법'이나 '원칙'의 문제가 아니라, '목회적 배려'(pastoral concern)임을 보여줍니다.

기본적으로 독신을 권장하는 바울의 목회적 충고와 그 신학적 근거는 29-35절에 잘 나타납니다. 먼저 29-31절은 그리스도인이 종말을 대비해서 어떤 삶을 살아야만 하는지를 '다섯 쌍의 예'(illustration)를 들어서 회중 전체에게 가르칩니다. 모두 "~한 상태에 있지만, 그렇지 않은 것처럼"(As if not) 초연한 상태로 살라는 데 초점이 있습니다.

① 아내 있는 사람은 → 아내가 없는 사람처럼(those who have wives should live as if they had none, 29b절)

② 우는 사람은 → 울지 않는 사람처럼(those who mourn, as if they did not, 30a절)

③ 기쁜 사람은 → 기쁘지 않은 사람처럼(those who are happy, as if they were not, 30b절)

④ 무엇을 산 사람은 → 그것을 가지고 있지 않은 사람처럼(those who buy something, as if it were not theirs to keep, 30c절)

⑤ 세상을 이용하는 사람은 → 그렇게 하지 않는 사람처럼(those who use the things of the world, as if not engrossed in them.)

현재 어떤 결혼 상태, 어떤 감정 상태, 어떤 상거래와 어떤 물건을 이용하든지 간에 그게 전부인 양 살지 말고 초연하게 살라는 권고입니다. "가졌으나 가지지 않은 것처럼"(Haben, als hätten wir nicht) 살라는 것입니다. 이것은 문자 그대로의 의미라기보다는 종말에 대비한 '그리스도인의 의연한 삶'을 강조하기 위한 수사법이기에 그 반대 경우도 동일한 의미가 있습니다. 즉, '없어도 있는 것처럼' 살아야 한다는 것입니다. '있고, 없고'에 지나치게 신경을 쓰지 말고, 현재 가진 것에 자족하며 주님 일에 더욱 힘을 쓰라는 권고입니다. 그리스도인은 왜 세상이 전부인 양 아등바등하지 않고 의연하고 초탈한 삶을 살아야 할까요? 세 가지 기본 전제가 눈에 잡힙니다.

① 임박한 환난으로 말미암아(지금 닥쳐오는 재난 때문에, in view of the im-
pending crisis, 26a절)

② 그 때가 단축하여진 고로(때가 얼마 남지 않았으니, the appointed time
has grown short, 29a절)

③ 이 세상의 외형은 지나가기에(이 세상의 형체는 지나가기에, For the pres-
ent form of this world is passing away, 31b절)

모두 다 그리스도의 재림으로 이루어질 종말과 연관됩니다. "때가 단축되었다"는 표현이 중요합니다. '때'는 '기간'(period)이나 '시간의 지속'(duration of time)을 의미하는 Χρόνος(크로노스)가 아니고, '올바르고, 은혜롭고, 정해진, 특수한 시간'(right, favorable, appointed, specific time)을 뜻하는 '카이로스'(καιρός)를 말합니다. 평면적으로 흘러가는 일상적인 시간의 과정에 종지부(終止符)를 찍는 수직적인 시간이 카이로스인데, 우리 쪽에서 이 종점 시간으로 접근해가는 것이 아니라, 하나님 쪽에서 우리를 향해 돌진해오는 시간입니다.

'단축되었다'는 헬라어 분사는 'συνεσταλμένος'(쉬네스탈메노스)인데, '죄다'(constrict), '줄이다'(reduce), '제지하다'(restrain), '제한하다'(limit) 등의 의미가 있고, 시간과 결부될 때 '압축하다'(compress)는 뜻이 있습니다. 하나님이 우리 쪽으로 진격해 오시기에 종말의 시점이 점점 더 단축되고 있다는 데 강조점이 있습니다. 그리스도의 재림으로 성취될 종말의 시점이 도래하면, 이 세상의 형체는 다 소멸하고 맙니다. '형체' 혹은 '외형'은 헬라어로 'σχῆμα'(스케마)인데, '외적인 형식'(outward form)이나 '외관'(appearance)을 의미하지만, 영적인 것이든, 정신적인 것이든, 물질적인 것이든지 간에 현재 존재하는 모든 피조성을 총칭합니다. 결혼 상태를 비롯해서 우리의 감정 상태, 경제 활동 등등 우리가 지상에서 하는 모든 것은 종말의 날에 덧없이 사라지고 말 '세상의 형체'이기에 그런 소멸될 것에 가치를 두어서 안 됩니다. 종말론적 시각으로 성과 결혼과 가정을 바라본다면, 우리의 삶 전체는 쉬 사라지고 말 무상한 것에 의해 휘둘리지 않고 '내적인 거리'를 둘 것입니다. 죽음을 코앞에 둔 말기 암 환자가 세상을 보는 시각이나 세상을 대하는 자세가 예전과 확연히 달라지는 것과 같은 이치입니다.

> 근심하는 자 같으나 항상 기뻐하고 가난한 자 같으나 많은 사람을 부요하게 하고 아무것도 없는 자 같으나 모든 것을 가진 자로다(고후 6:10).

누가 더 염려가 많은가?: '독신자'? '결혼자'?

임박한 종말의 시대에 사는 우리의 신경을 빼앗고 번거롭게 하는 것들 가운데 하나가 결혼 생활입니다. 두 종류의 사람이 직면하는 염려와 헌신이 있습니다(32-34).

주님의 일에 신경을 더 쓰는 사람들	① '결혼하지 않은 남자'(the unmarried man): 어떻게 하면 주님을 기쁘게 해 드릴 수 있을까 하고, 주님의 일에 마음을 씀(anxious about the affairs of the Lord, how to please the Lord, 32절)
	② '결혼하지 않은 여자나 처녀'(the unmarried woman & the virgin): 몸과 영을 거룩하게 하려고 주님의 일에 마음을 씀(anxious about the affairs of the Lord, so that they may be holy in body and spirit, 34절)
주님의 일에 신경을 덜 쓰는 사람들	③ '결혼한 남자'(the married man): 어떻게 하면 자기 아내를 기쁘게 할 수 있을까 하고, 세상일에 마음을 쓰

| | 게 되므로, 마음이 나뉘어 짐(anxious about the affairs of the world, how to please his wife, and his interests are divided, 33-34a절) |
| | ④ '결혼한 여자'(the married woman): 어떻게 하면 남편을 기쁘게 할 수 있을까 하고, 세상 일에 마음을 씀(anxious about the affairs of the world, how to please her husband, 34b절) |

바울은 종말에 대비하며 하루하루를 살 때, 남녀를 불문하고 결혼하지 않은 사람들(약혼한 처녀 포함)이 결혼한 사람들보다 훨씬 더 '세상염려 없이'(ἀμερίμνους/아메림누스/without anxiety) 주님을 더 잘 섬길 수있다고 확신합니다. 이것은 어느 쪽이 옳으냐 그르냐, 우월하냐 열등하냐의 문제가 아닙니다. "어느 편이 주님을 더 잘 섬길 수 있는 처지에 있는가"의 문제일 뿐입니다. 배우자에게 묶여 있는 사람은 '마음이 나뉘어져'(μεμέρισται/메메리스타이/has been divided) 염려 거리가 많아진 나머지 주님의 일에 집중하기 어렵기 때문입니다. 바울은 이렇게 권고하는 목적이 무엇인지를 밝힙니다(35절).

긍정적	내가 이 말을 하는 것은 여러분을 유익하게 하려고 그러는 것이지(I am saying this for your own good).
	오히려 여러분이 품위 있게 살면서, 마음에 헛갈림이 없이, 오직 주님만을 섬기게 하려는 것입니다(but that you may live in a right way in undivided devotion to the Lord).
부정적	여러분에게 올가미를 씌우려고 그러는 것이 아닙니다(not to put any restraint upon you).

약혼녀에 대한 약혼자의 처신

36-38절은 가깝게는 25-35절의 결론이며, 멀게는 7장 전체의 요약이자 결론으로서 중요하지만 난해하기로 악명 높습니다. 그 이유는 이 문맥의 대상이 누구냐를 가리기 어렵기 때문입니다. 크게 두 가지 해석 가능성이 있습니다.

첫째로 약혼한 처녀 딸을 둔 친정아버지에게 주는 권고로 보는 해석입니다. 이것은 꼭 '아버지-딸' 관계뿐만 아니라 '입양자-피입양자', '주인-여성 노예' 등등 여러 경우를 가정할 수 있습니다. 약혼한 처녀 딸을 둔 아버지가 '가부장권'(patria potestas)을 행사해서 딸을 결혼시킬 것인가, 말 것인가에 대한 문제로 풀 수 있다는 것입니다.

둘째로 약혼한 남자가 약혼한 처녀에 대해서 어떤 결정을 할 것인가로 풀 수 있습니다. 우리말 개역개정과 새번역은 모두 두 번째 해석을 따르고 있지만, 각주에 친정아버지의 시각으로 해석할 수 있다는 점을 명기해놓았습니다. 우리 역시 두 번째 해석을 선호해서 본문에 접근합니다.

① 약혼자가 결혼을 결심한 경우(36절)	a) 결혼 단념이 약혼녀를 온당히 대하는 일이 못 된다고 생각해서
	b) 약혼녀의 혼기가 지났고 성적으로 남편을 맞기에 완숙해졌기에
	c) 결혼하기로 결심했으면 그대로 결혼하라. 결혼하는 것은 죄가 아니다.
② 약혼자가 결혼을 포기한 경우(37절)	a) 결혼하지 않기로 굳게 마음을 먹었고
	b) 결혼을 강압적으로 밀어붙여야 할 '부득이한 일'도 없고 자기 뜻을 제어할 수 있어서
	c) 약혼녀를 처녀 그대로 두기로 작정했다.

	d) 잘하는 일이다.
③ 결론(38절)	그러므로, 자기의 약혼녀와 결혼하는 사람도 잘하는 것이지만, 결혼하지 않는 사람은 더 잘하는 것입니다(So then, he who marries his fiancee does well; and he who refrains from marriage will do better).

과부의 재혼 가능성

맨 마지막 39-40절은 얼핏 보면 사족같이 붙어 있습니다. 7장 전체에서 남편과 아내의 성비에 균형을 맞추어서 접근했는데, 어떻게 하다 보니 36-38절은 남자만 대상이 되고 말았습니다. 이에 부랴부랴 '여성'에 대해서 그것도 독신이냐 재혼이냐의 문제를 마지막으로 정리해줄 필요를 느꼈을 수 있습니다. 39-40절이야말로 바울이 7장에서 말하려고 하는 요점을 요약한다고 볼 수 있습니다. 금욕주의 여성들로 골머리를 앓는 고린도교회의 여성들에게 마지막으로 재혼 가능성을 열어주되 자신은 개인적으로 독신을 선호한다는 사실을 최종적으로 강조한 것입니다(39-40a절).

새번역	아내는, 남편이 살아 있는 동안에는, 그에게 매여 있습니다. 그러나 남편이 죽으면, 자기가 원하는 사람과 결혼할 자유가 있습니다. 다만, 주님 안에서만 그렇게 해야 할 것입니다. 내 의견으로는, 그 여자는 그대로 혼자 지내는 것이 더 행복할 것입니다.
NIV	A woman is bound to her husband as long as he lives. But if her husband dies, she is free to marry anyone she wishes, but he must belong to the Lord. In my judgment, she is happier if she stays as she is – and I think that I too have the Spirit of God.

결혼의 유대와 구속력은 남편이 살아있을 때에만 작동하기에, 남편이 세상을 떠난 뒤에는 남편에게서 풀려나므로 누구와도 재혼할 수 있다는 것입니다. 재혼의 완전한 자유가 주어지지만, 한 가지 조건이 있습니다. "오직 주님 안에서만"(μόνον ἐν κυρίῳ/모논 엔 퀴리오/only in Lord) 재혼해야 한다는 것입니다. 좁게 해석하면 재혼하는 배우자가 크리스천이어야만 한다는 뜻일 수도 있지만, 넓게 해석해서 바울이 앞에서 강조한 종말론적 생활 양식의 테두리 안에서 그리할 것을 주문하는 말씀으로 보면 좋겠습니다. 바울은 "오직 주님 안에서만"이라는 조건을 달고 과부의 재혼 가능성을 열어두지만, 자신은 독신생활을 더 선호한다는 사실을 아울러 분명히 밝힙니다. 혼자 지내는 것이 더 좋은 이유는 단지 그녀가 더 행복할 것이기 때문이라고 말하는 것도 분분한 해석을 가능케 합니다.

'결혼'과 '가정' 문제를 다루는 7장은 바울 자신도 '하나님의 영'(πνεῦμα θεοῦ/프뉴마 데우/the Spirit of God)을 받았다고 생각한다는 말로 끝납니다. 급진적 종말론과 과도한 금욕주의에 사로잡혀 부부관계나 결혼까지 부인하는 고린도인들이 하나님의 영을 받았다는 빌미로 이런 주장을 했는데, 바울도 그들 못지않게 하나님의 영을 받아서 그들의 주장을 반박한다는 뜻일 것입니다. 다시 말해 금욕주의적 '성령주의자들'(pneumatics)에게 한 방 먹이는 것으로 결론을 짓는다고 볼 수 있습니다.

독신이 더 좋으나 결혼도 죄는 아니고

바울이 고린도 성령주의자들이 내건 금욕주의적 이상을 **무조건** 다 반대한 것은 아닙니다. 미혼 독신이든, 약혼이든, 결혼이든, 이혼이든, 재혼이든, 어떤 결혼 상태에 있다고 할지라도 "지금 상태로 지내는 것이 좋되", "주님의 일에 전력하기 위해서 독신으로 지내는 것이 더 좋다"는 속내를 감추지 않습니다. 이런 독신 선호 사상은 고린도 금욕주의자들과 일정 부분 동의하는 것이지만, 그런데도 결혼과 이혼, 재혼 등의 모든 가능성을 중요한 조건과 제약을 가한 뒤 열어둔다는 것은 그들과 신학적으로나 목회적으로 전혀 견해가 다르다는 사실을 보여줍니다.

바울도 '시대의 아들'입니다. 임박한 종말론이라는 시대적 분위기에서 성과 결혼과 가정 문제를 다루다 보니 그런 시대적 상황에 알맞게 지침을 줄 수밖에 없었을 것입니다. '결혼' 자체를 긍정하면서도 개인적으로 '독신'을 선호한다는 사실을 일관되게 강조한 것은 아무래도 '독신'이 긴박하게 다가오는 그리스도의 재림에 대비해서 훨씬 더 '홀가분하게'(without distraction) 하나님과 이웃을 더 잘 섬길 수 있는 생활 양식(Lebensform)이기 때문입니다.

오늘과 같이 재림과 종말이 현격히 지연되고 그 기대마저도 느슨해진 시대에 바울은 독신보다 결혼과 가정을 더 선호해서 결혼과 가정생활(특히 출산과 자녀 양육)에 대한 여러 중요한 지침들을 제시했을 것입니다. 예수께서 직접 말씀하신 것만 '명령'이라는 이름으로 어느 정도의 법적 구속력을 부여하고, 그 외에 약혼이나 이혼, 재혼, 별거 등등의 복잡하고 민감한 문제에는 '허용'이나 '의견'이라는 이름으로 중요한 조건과 제약을 달고 모든 가능성을 열어둘 것입니다. 우리는 성과 결혼과 가정에 대한 바울의 지침을 문자적으로 좁은 틀 안에서 볼 것이 아니라, 그리스도인 각자가 처한 시대적 상황을 충분히 고려해서 현실적이고 도덕적인 분별력과 융통성을 갖추고 신중하게 판단하라는 바울의 광대하고 개방된 자세에 주의를 기울여야 할 것입니다.

4장
우상 제물과 그리스도인의 권리와 자유

8:1-11:1

1. 지식과 사랑

고전 8:1-6

우상 제물 섭취 문제

고린도 교인들이 문의한 질문에 바울이 응답하는 부분은 '페리 데'(Πε
ρὶ δὲ/concerning now/이제 ~에 관하여)로 시작합니다.

7:1 (혼인 문제)	여러분이 적어 보낸 문제를 두고(새번역)
	Now concerning(Περὶ δὲ) the matters about which you wrote(NRSV)
8:1 (우상 제물 문제)	우상에게 바친 고기에 대하여(새번역)
	Now concerning(Περὶ δὲ) food sacrificed to idols (NRSV)

12:1 (은사 문제)	신령한 은사들에 대하여(새번역)
	Now concerning(Περὶ δὲ) spiritual gifts(NRSV)
16:1 (연보 문제)	성도들을 도우려고 모으는 헌금에 대하여(새번역)
	Now concerning(Περὶ δὲ) the collection for the saints(NRSV)

8:1-11:1은 '우상 제물과 관련된 그리스도인의 자유와 권리 문제'를 다룹니다. 바울은 8장 서두에서 이 문제를 푸는 기본 원리를 제시합니다. 지식과 사랑의 관계이지요. 그리스도인이 "우상에게 바친 고기를 먹을 수 있느냐"의 문제와 "우상 제사와 연후에 배설되는 연회에 참석할 수 있느냐"의 문제를 지식과 사랑의 관계로 풀어내려고 합니다.

왜 '우상 제물'이 고린도교회의 뜨거운 논쟁거리가 되었을까요? 고린도와 같은 로마의 대도시에 광범위하게 퍼진 '우상 숭배'(idol worship)와 '우상에게 바친 음식'(εἰδωλοθύτων/에이돌로뒤톤/food sacrificed to idols) 문제가 교인들이 피할 수 없는 일상 현실이었기 때문입니다. 고린도의 다양한 신전에서 아폴로나 비너스와 같은 우상들을 위한 동물 희생 제사가 빈번하게 일어났습니다. 로마 황제까지 신격화되어서 황제 숭배를 위한 제물도 바쳤습니다.

로마의 공식적인 축제에서 사적인 종교 행사에 이르기까지 다양한 형태의 우상 제사가 성행했는데, 희생 제사는 크게 '준비'와 실질적인 '희생 제사', 제사가 끝난 후 참가자들의 뒤풀이 '잔치' 등 삼 단계로 이루어졌습니다. 제물 고기도 삼등분했습니다. 우상 신에게 불로 태워 바친 고기(지방)와 우상 숭배 주관자들, 즉 제사장들이 먹는 제단 위의 고기, 일반 참가자들이 먹는 고기였습니다.

그리스도인이 "이런 행사에 참여할 수 있는가"와 "우상에게 바친 제물 고기를 먹을 수 있는가"의 문제가 일부 교인들에게 심각한 걸림돌이 되었습니다. 이런 행사에 참여하고 제물을 먹는 것 자체가 '우상 숭배'(idolatry)의 중죄를 저지르는 것으로 염려했습니다. '일부 예민한 그리스도인들'(주로 유대계 신자들)에게 이것은 로마 시민이면 누구나 다 참여하는 종교 행사나 제사 음식 나누기의 문제가 아니라, 신앙 양심이 걸린 문제로 인식되었기 때문입니다.

제물 고기 조달이 딸릴 때는 시장에서 일반인에게 파는 고기까지 신전으로 가져와야 했습니다. 고기가 남아돌 때는 제사장이 개인 수익을 얻고자 정육점에 팔아넘겼습니다. 이러다 보니 시장에서 파는 고기가 우상 제물인지 아닌지 구분할 수 없을 정도였습니다. 그러니 우상 숭배를 엄금하는 유대교 배경을 가진 교인들에게 이런 현실은 훨씬 더 예민한 양심 문제로 비화할 수밖에 없었습니다.

출 20:4	너를 위하여 새긴 우상을 만들지 말고 또 위로 하늘에 있는 것이나 아래로 땅에 있는 것이나 땅 아래 물 속에 있는 것의 어떤 형상도 만들지 말며.
출 34:15	너는 삼가 그 땅의 주민과 언약을 세우지 말지니 이는 그들이 모든 신을 음란하게 섬기며 그들의 신들에게 제물을 드리고 너를 청하면 **네가 그 제물을 먹을까 함이며.**

이처럼 우상 제작과 숭배, 우상에게 바친 제물의 섭취를 엄금하는 유대교 율법에 익숙한 사람들(주로 유대교인들)이 고린도교회에 들어온 뒤 가장 양심에 걸리는 문제가 우상 제물이었을 것입니다. 반면에 우상 제물을 먹는 문제가 고린도라는 대도시의 일반 문화였기에 이런 문화에 익숙한 이방계 기독교인들에게는 그리 심각하지 않았을 것입니다.

우상 제물에 대한 지식

바울이 볼 때 우상 제물이 구원에 하등의 영향을 미치지 않기에 그리스도인에게는 얼마든지 제물 고기를 먹을 수 있는 자유와 권리가 있습니다. 그러나 아직 지식이나 신앙이 굳건하지 못해서 나쁜 쪽으로 영향을 받을 수 있는 형제자매를 배려해서 자유와 관리를 자발적으로 포기하거나 자제해야 합니다. '강한 자'와 '약한 자' 관계를 다루는 로마서 14장을 참고하면, 거리낌 없이 제물 고기를 먹는 사람은 계몽된 자요, 믿음이 성숙한 강한 자입니다. 제물 문제에 예민하게 반응하며 주저하는 사람은 계몽되지 못하고, 미숙한 약한 자입니다. 강자의 신학 지식이 옳습니다. 그러기에 바울 자신도 신학 지식 문제만큼은 강자의 논리에 동의합니다. 그런데도 바울은 강자의 지식에 근거한 '제물을 먹는 자유와 권리 행사'가 약자를 걸려 넘어지게 할 수 있을 경우 자제되어야만 한다고 생각합니다.

우상의 제물에 대하여는 우리가 다 지식이 있는 줄을 아나 지식은 교만하게 하며 사랑은 덕을 세우나니(Knowledge puffs up, but love builds up, 8:1).

바울이 다루는 주제는 고린도인들이 문의한 '우상들에게 희생물로 바쳐진 음식'(food sacrificed to idols) 문제입니다. 그러나 이 문제에 곧바로 뛰어들지 않습니다. '먹는 것'(eating)도 '음식'(food)도 '우상들'(idols)도 먼저 언급하지 않습니다. 뜬금없이 "지식은 교만하게 하지만, 사랑은 덕을 세운다"는 명제부터 제기합니다. 도대체 이 명제가 우상 제물을 먹는 문제와 무슨 관계가 있을까요? 물론 7-12절에서 우상 제물 문제를 직접 다루지만, 이 문제를 곧바로 거론하지 않고 지식과 사랑의 관계를 먼저 말한 이유는 이것이 8:1-11:1까지의 '우상 제물 문제'를 풀어내는 데 결정적으로 중요하기 때문입니다. 우상 제물을 마음대로 먹을 수 있다고 생각하는 교인들은 '지식'(γνῶσις/그노시스/knowledge) 때문입니다. 이들이 아는 지식의 내용은 두 가지입니다.

첫째로 "우상은 아무것도 아니고, 오직 하나님 한 분만이 유일한 신"이라는 지식입니다(4-6절). 둘째로 이들은 우상 제물을 비롯한 어떤 음식도 하나님 앞에서 구원받는 데 관건이 아니라는 사실을 압니다(8절).

우상은 실체가 없는 인간의 마음에서 상상한 허깨비에 불과하고, 음식도 하나님 앞에서 큰 문제가 아니기에 제물 고기를 먹는 것도 문제가 되지 않고, 희생 제사가 끝난 뒤에 뒤풀이 신전 잔치에 참여하는 것도 문제가 될 것이 없다는 논리입니다. 제물을 먹는 문제가 자유이고 권리이기에 약한 자들 앞에서도 담대하게 제물을 먹을 수 있다고 생각합니다. 음식 문제에 아직 율법적인 사고에 사로잡힌, 계몽되지 못하고 미숙한 약한 자들을 바로 깨우치겠다는 의도로 보란 듯이 제물을 먹겠다는 태도입니다.

강한 자들이 제물 먹을 자유와 권리를 약한 자들 앞에서 행사하겠다고 나선 것은 그들이 지닌 '우상'과 '음식'에 대한 **지식** 때문입니다. 그러나 이 지식이 아무리 올바르다고 할지라도 이 지식 때문에 약한 자들이 걸려 넘어지고(13절), 그리스도께 죄를 짓고(9, 12절), 궁극적으로 망할 수 있습니다(11절). 자기 딴에는 올바른 지식으로 제물을 거리낌 없이 먹었다고 할지라도 이것을 지켜본 믿음이 약한 동료는 "우상 숭배의 죄를 짓는 현장을 지켜본다"는 두려움과 실망에 빠질 수 있습니다. 더욱이 점차 시간이 지나면서 약자가 강자의 이런 모습을 지켜보다가 자기도 모르게 그들을 닮아서 제물을 먹게 될 지경에 이를 수도 있습니다(10절).

장로님과 집사님이 한 직장에서 함께 근무하는데, 장로님이 회식 자리에서 술, 담배를 거리낌 없이 하는 광경을 지켜보는 집사님이 처음에는 실망하다가도 시간이 흐르면서, "아, 장로님도 저러는데 나도 술, 담배를 할 수 있구나" 생각할 수 있다는 것입니다. 약자가 강자를 따라 하는 것은 자신의 양심에 어긋나는 행위를 분위기에 따라서 억지로 하는 것일 수 있기에 강자는 약자를 걸려 넘어지게 하는 것입니다.

우상에 대한 지식

우상에게 바친 제물을 먹을 수 있다고 생각하는 것은 우상과 음식에 대한 지식 때문입니다. 우상에 대한 지식은 어떤 것일까요?

> 그런데 우상에게 바친 고기를 먹는 일을 두고 말하면, 우리가 알기로는, 세상에 우상이란 것은 아무것도 아니고, 오직 하나님 한 분 밖에는 신이 없습니다. 이른바 신이라는 것들이 하늘에든 땅에든 있다고 칩시다. 그러면 많은 신과 많은 주가 있는 것 같습니다(4-5절).

제물을 먹어도 된다고 생각하는 강자들은 올바른 '신지식'(knowledge of God)을 갖고 있습니다. 우상은 존재하지 않습니다. 사람이 상상해서 손으로 만들어 낸 인공 작품에 불과합니다. 사람들은 하늘이나 땅에 수많은 신이 있다고 생각합니다. '하늘을 주관하고'(日月星辰), '땅을 지배하는'(짐승, 木石, 山川) 신들이 많다고 할지라도 그 신들은 실체가 없습니다. 이런 허상을 강조하고자 바울은 '불리는'(개역개정) 혹은 '이른바'(所謂/so-called)라는 헬라어 동사 수동태 λεγόμενοι(레고메노이)로 '신들'을 수식합니다.

바울은 '신들'(θεοί/테오이/gods)과 '주들'(κύριοι/퀴리오이/lords)을 구분합니다. 신들은 그리스-로마인들이 로마의 만신전(萬神殿/pantheon)과 같은 신전에서 전통적으로 숭배해온 다양한 잡신들을 말합니다. 주들은 신비 제의 종교(mystery cult)나 동방 제국에서 들어온 신들을 의미하든지, 아니면 신으로 숭배한 로마 황제들을 의미할 수도 있습니다. 고린도 시내를 한 바퀴 돌다 보면, 이런 신들과 주들을 섬기는 신전들과 이 신들과 주들에게 바친 제물을 흔히 볼 수 있었습니다.

이런 신들과 주들은 실제로 존재하지 않을 뿐 아니라, '다수성'(plurality)을 특징으로 합니다. 여기에 반해서 참 신이신 하나님은 한 분입니다. 하나님이 유일하신 데 반해서, 우상 잡신들은 수없이 많다고 하는 사실은 이들이 취약하다는 것을 보여줍니다. 하나님이 우상 잡신들과 근본적으로 다르다는 것은 예수 그리스도를 통해서 계시된 하나님이 '아버지'와 같은 인격신일 뿐 아니라, 창조와 구원의 신이라는 사실에 있습니다.

> 그러나 우리에게는 아버지가 되시는 하나님 한 분이 계실 뿐입니다. 만물은 그분에게서 났고, 우리는 그분을 위하여 있습니다. 그리고 한 분 주님이신 예수 그리스도가 계십니다. 만물이 그분으로 말미암아 있고, 우리도 그분으로 말미암아 있습니다(6절).

'두 부분'(two part)으로 된 신앙 고백문입니다. '많은 신들'과 '많은 주들'에 대비되는 '유일한 신'이요, '유일한 주님'이신 하나님을 고백합니다. 이 고백문을 헬라어 원어대로 배치하면 아래와 같이 두 부분으로 나눠집니다.

한 분 하나님, 아버지	한 분 하나님, 아버지, 만물은 그분에게서 났고, 우리는 그분을 위해서 있다.
	One God, the Father, From whom are all things and we for him.
한 분 주님, 예수 그리스도	그리고 한 분 주님이신 예수 그리스도, 만물이 그분으로 말미암아 있고, 우리도 그분으로 말미암아 있습니다(그분으로 말미암아 하나님께로 갑니다).
	And one Lord, Jesus Christ, through whom are all things and we through him(we through him go to God).

이 찬송시 혹은 신앙 고백문은 그 유명한 '쉐마'(Shema, "들으라"라는 뜻)의 유일신 사상과 일치합니다.

이스라엘아 들으라 우리 하나님 여호와는 오직 유일한 여호와이시니 너는 마음을 다하고 뜻을 다하고 힘을 다하여 네 하나님 여호와를 사랑하라 오늘 내가 네게 명하는 이 말씀을 너는 마음에 새기고 네 자녀에게 부지런히 가르치며 집에 앉았을 때에든지 길을 갈 때에든지 누워 있을 때에든지 일어날 때에든지 이 말씀을 강론할 것이며 너는 또 그것을 네 손목에 매어 기호를 삼으며 네 미간에 붙여 표로 삼고 또 네 집 문설주와 바깥 문에 기록할지니라 (신 6:4-9).

유대인들은 매일 아침과 저녁에 쉐마 기도를 드렸는데, 유일신 주 하나님은 실체가 없는 일월성신이나 산천초목에 불과한 우상과 달리 살아서 역사하시는 인격신 아버지 하나님이십니다. 바울은 쉐마에서 고백한 '주 하나님 한 분'을 '예수 그리스도'와 일치시킵니다. 예수 그리스도는 유일신 주 하나님과 근본 동체이시며, 창조와 구원의 하나님이라는 것입니다. 예수 그리스도를 통해 계시된 유일신 하나님을 근거로 할 때 우상 자체가 허수아비인 까닭에, 우상에게 바친 희생 제물도 아무것도 아닌 것에 바쳐졌기에 대수가 아닙니다.

음식에 대한 지식

바울은 음식에 대한 강자의 바른 지식도 언급합니다.

> 그러나 '우리를 하나님 앞에 내세우는 것은 음식이 아닙니다.' 음식을 먹지 않는다고 해서 손해 볼 것도 없고, 먹는다고 해서 이로울 것도 없습니다(8절).

하나님과 우리의 관계는 음식에 의해 영향을 받지 않습니다. 제물로 바친 고기가 우리를 하나님 앞에 세우는 것도 무너뜨리는 것도 아닙니다. 어디까지나 음식은 중립적입니다.

> 음식으로 말미암아 하나님의 사업을 무너지게 하지 말라 만물이 다 깨끗하되 거리낌으로 먹는 사람에게는 악한 것이라(롬 14:20).

> 혼인을 금하고 어떤 음식물은 먹지 말라고 할 터이나 음식물은 하나님이 지으신 바니 믿는 자들과 진리를 아는 자들이 감사함으로 받을 것이니라 하나님께서 지으신 모든 것이 선하매 감사함으로 받으면 버릴 것이 없나니 (딤전 4:3-4).

이런 이유로 강자가 음식에 대한 자신의 지식으로 생각하는 것처럼 우상에게 바친 음식을 먹는다고 해서 이로울 것도 없고, 음식을 먹지 않는다고 해서 손해 볼 일도 없습니다. 강자의 지식처럼 안 먹는다고 해서 믿음이 연약해지는 것도 아니고, 먹는다고 해서 강해지는 것도 아닙니다.

지식은 사랑으로 이어져야

다름 아닌 '우상에게 바친 제물'이라는 점에서 바울은 우상과 음식에 대한 바른 지식이 어떤 것인지를 설명했습니다. 바울은 이 지식 문제에서는 먹을 수 있다고 주장하는 강자들과 같은 입장입니다. 문제는 바른 지식에 근거해서 우상 음식 먹을 자유와 권리를 남발하려는 자들이 자신의 자유와 권리 행사 때문에 연약한 자들을 걸려 넘어져 죄를 짓게 하고 망하게 할 수 있다는 사실입니다. 그러기에 '지식'(γνῶσις)은 '사랑'(ἀγάπη)에 의해서 제약을 받지 않으면 안 됩니다.

> 우상에게 바친 고기에 대하여 말하겠습니다. 우리는 우리 모두가 지식이 있는 줄로 알고 있습니다. 지식은 사람을 교만하게 하지만, 사랑은 덕을 세웁니다(8:1).

우리(바울 + 고린도교회의 강한 자들)는 앞에서 밝힌 그대로 '우상 제물'에 관한 나름의 올바른 신학 지식을 갖고 있습니다. 그러나 그 지식만 갖고 자유와 권리를 함부로 행사하다가는 사달이 일어납니다. 믿음이 연약한 형제자매가 강한 자들에게 영향을 받아 자신의 양심과 어긋나게 따라서 하다가 걸려 넘어져 그리스도에게 죄를 짓고, 궁극적으로 망할 수 있습니다. 따라서 올바른 지식에 근거한 자유와 권리 행사는 연약한 형제자매를 배려하는 사랑의 정신으로 제한되어야만 합니다.

'교만하다'는 헬라어 동사 'φυσιοῖ(퓌시오이)에는 풍선에 바람이 들어가듯 '부풀어 오르다'(puff up)라는 의미가 있습니다. 바람이 가득 차 터지기 직전의 풍선을 연상하면 교만이 어떤 것인지를 알 수 있습니다. '세우다'는 헬라어로 'οἰκοδομεῖ(오이코도메이)로, '집을 짓다'(construct) 혹은 '세우다'(build up)는 의미입니다.

강한 자들은 올바른 지식에 근거한 자유와 권리 행사가 자신과 공동체를 세워준다고 믿지만, 바울은 무너뜨린다고 생각합니다(10절 참조). 지식에만 근거한 자유와 권리 행사가 아닌 이웃의 유익을 배려하는 사랑이 기독교 윤리의 최종 목적이 되어야만 합니다. 그렇다고 해서 바울이 사랑만 강조하고 지식은 배제하는 것이 아닙니다. 사랑의 정신이 모자란 정통 신학 지식의 위험성을 지적하는 것뿐입니다. 바울은 지식의 한계와 사랑의 우선성을 강조하고자 지식과 사랑의 본질을 밝힙니다.

> 자기가 무엇을 안다고 생각하는 사람은, 아직도 그가 마땅히 알아야 할 방식대로 알지 못하는 사람입니다. 그러나 하나님을 사랑하는 사람은 하나님께서 그를 알아주십니다(2-3절).

아는 것은 밖에 있는 것이 안으로 들어오기에 풍선에 바람이 들어가듯이 지식이 축적될수록 자아가 팽창합니다. 한껏 부풀어 오릅니다. 언제나 자기중심적이 되어서 교만해집니다. 자기가 아는 것을 모르는 사람을 깔봅니다. 오만불손해지고, 자아도취에 빠지기 쉽습니다. 지식만으로는 이웃과 공동체를 둘러보고 배려하기가 어렵습니다. 반면에 사랑은 자기 것을 남에게 퍼주기에 자신은 점점 더 비워집니다. 자기가 아닌 사랑받는 사람이 초점이 됩니다. 밖에서 안으로 들어오는 지식은 자기가 아는 것으로 그치고 좀처럼 이웃과 공동체로 나아가기 어렵지만, 사랑은 안에서 밖으로 나눠주는 것이기에 이웃과 공동체에 알려지게 됩니다. 지식은 내가 아는 것으로 멈추지만, 사랑은 내가 다른 사람들에 의해 알려지게 됩니다.

이런 이유로 바울은 "하나님을 사랑하는 사람은 누구든지 하나님에 의해 알려진다"고(3절) 말씀합니다. '알려지다'(ἔγνωσται/에그노스타이/is known)는 수동태입니다. 지식은 '내가 아는 것'(I know, 능동태)이지만, 사랑은 자신을 소모해서 끝없이 비우고 나누어주는 행위이기에 궁극적으로 "사랑을 받는 사람들에 의해 자신이 알려지게" 됩니다. 우리가 하나님을 아는 것보다 하나님이 우리를 알아주시는 것, 다시 말해 하나님에 의해 알려지는 것이 훨씬 더 중요한데, 이것은 지식이 아닌 사랑으로 가능합니다. 나 자신이 아무리 하나님을 안다고 해도, 하나님이 나를 알아주셔야 하는데─다시 말해 하나님에 의해 알려져야 하는데─ 내가 하나님을 아는 것만으로 부족합니다. 하나님을 안다고 해도 여전히 내 자아가 중심으로 머무르기에 하나님께 알려지기에는 역부족입니다.

내가 하나님을 사랑하면 내 자아가 비워지고 무너져서 하나님께로 쏠리기에 하나님이 나를 알아주십니다. 내가 "하나님에 의해 알려지게"(ἔγνωσται ὑπ' θεοῦ/에그노스타이 휩 데우/known by God) 됩니다. 하나님이 우리를 알아주시는 지식으로 들어가는 것이 지식의 절정이라고 한다면, 이것은 지식만으로 되지 않고 하나님과 이웃을 사랑해야 합니다.

2. 걸림돌이 되지 않도록

고전 8:7-13

고린도 교인 상당수는 우상에게 바친 제물 먹는 문제를 대수롭지 않게 여겼습니다. 두 가지 신학적인 지식 때문입니다. 첫째로 우상은 실체가 없는 허깨비에 지나지 않기에 아무것도 아닌 대상에게 제물을 바친들 아무런 의미가 없습니다(4절). 예수 그리스도를 통해서 계시된 유일신이자 인격신이신 하나님 아버지만이 살아계신 참 신일 뿐 상천하지(上天下地)에 있는 모든 우상 잡신들은 가짜입니다(5-6절).

둘째로 지식은 '제물', 즉 '음식'에 대한 지식입니다. 바울은 음식에 대한 지식을 두 가지 경구(警句/aphorism)로 표현합니다(8절).

> ① 그러나 우리를 하나님 앞에 내세우는 것은 음식이 아닙니다.
> ② 음식을 먹지 않는다고 해서 손해볼 것도 없고, 먹는다고 해서 이로울 것도 없습니다.

첫 번째 경구를 **긍정적으로** 풀면 음식 때문에 우리가 하나님 앞에 '인정'(approval)을 받는 것이 아니라는 뜻일 것입니다. **부정적으로** 해석할 경우 음식 때문에 우리가 하나님 앞에서 '심판'(judgment)을 받는 것이 아니라는 뜻일 것입니다. 음식은 중립적이기에 그 자체로서는 하나님과 우리의 관계에 영향을 미치지 못합니다.

두 번째 경구가 어렵습니다. 여기에서 말하는 음식이 '우상에게 바친 제물 고기'이기에 이 경구를 첫 번째와 직결해서 해석하면, 하나님의 인정을 받으려는 의도로 제물을 먹지 않는다고 해서 손해 볼 것도 없고, 먹는다고 해도 이로울 것이 없다는 뜻으로 얼핏 들립니다. 아니면 하나님의 징벌을 두려워한 나머지 심판을 피하려는 의도로 음식을 먹지 않는다고 해서 손해 볼 것도, 안 먹는다고 해서 이로울 것도 없다고 풀이할 수도 있습니다.

그러나 두 경구가 고린도교회 안의 주류인, 우상 제물을 먹어도 하등에 문제될 것이 없다고 생각하는 '강자들'과 관련된 구호(slogan)라고 한다면, 두 경구를 바울이 제기했든지 아니면 고린도교회의 강자들이 주장했든지 상관없이 강자들의 시각에서 해석할 필요가 있습니다. (적어도 신학 지식에 있어서는 바울도 강자와 입장을 같이 한다는 사실도 중요합니다.) 강자들은 우상 제물을 먹는 것이 이롭다고 믿기에 제물 먹을 '권리'와 '자유'를 내세웁니다. 이런 이유로 바울은 강자들이 생각하는 것처럼 제물을 먹는다고 해서 더 이로울 것도, 먹지 않는다고 해서 손해 볼 것도 없다고 주장합니다. 다분히 음식(제물)에 대한 강자들의 나름대로 확고한 지식에 제동을 거는 것입니다!

음식에 대한 지식을 다루는 현재의 문맥이 '단순한 음식'이 아니라, '우상에게 바친 제물', 즉 '우상 숭배'(idolatry)와 직결되어 있다면, 바울의 '할례자 무할례자 논쟁'과 연관해서 해석할 수도 있습니다.

갈 5:6 (개역개정)	그리스도 예수 안에서는 할례나 무할례나 효력이 없으되 사랑으로써 역사하는 믿음뿐이니라.
갈 6:15 (새번역)	할례를 받거나 안 받는 것이 중요한 것이 아니라, 새롭게 창조되는 것이 중요합니다.

할례를 받았다고 해서 유익한 것도 아니고, 할례를 받지 않았다고

해서 무익한 것도 아닙니다. 마찬가지로 강자들이 생각하는 것처럼 제물을 먹는다고 해서 유익이 되거나 먹지 않는다고 해서 손해가 되는 것도 아닙니다. 유대인들의 음식 규례 'Kosher'의 경우에도 마찬가지입니다 (신 14:1-21). 정한 음식으로 규정한 '양고기'를 먹는다고 해서 이롭지 않고, 부정한 음식으로 규정한 '돼지고기'를 먹는다고 해서 해롭지도 않습니다. 바울은 음식에 대한 지식에 근거해서 강자들이 제물을 먹을 수 있는 권리와 자유를 주장하는 것을 제한하고자 두 번째 경구를 내세웁니다. 하지만 우상과 음식에 대한 지식을 고린도교회 성도들 **모두가** 공유한 것은 아닙니다.

> 그러나 누구에게나 다 지식이 있는 것은 아닙니다. 어떤 사람들은 지금까지 우상을 섬기던 관습에 젖어 있어서, 그들이 먹는 고기가 우상의 것인 줄로 여기면서 먹습니다. 그들의 양심이 약하므로 더럽혀지는 것입니다(7절).

바울도 동의하는바, 강자들의 우상과 음식에 대한 지식은 옳습니다. 문제는 교인들 모두가 이 지식에 동의하지 않는다는 현실입니다. 교인 일부는 과거에 우상을 섬기던 관습을 완전히 떨쳐내지 못했습니다. 얼마 전까지만 해도 일상 버릇처럼 신전을 출입하면서 우상 앞에 제사를 드렸고, 제사가 끝난 후 만찬에도 참여해서 제물을 먹곤 했는데, 그리스도인이 된 다음에도 이런 인습을 완전히 떨쳐내지 못한 교인들이 있습니다.

이런 사람들은 고기를 먹을 때마다 꺼림칙합니다. 고기를 먹을 때마다 혹시 우상 제물로 바쳐진 것이 아닐까 의심합니다. 무엇보다도 과거 신전에서 정기적으로 우상 제사를 드릴 때 신이 임재하는 느낌과 제물을 먹을 때 우상 신이 부리는 귀신이 몸에 들어오는 것처럼 느낀 신기한 경험이 있습니다. 교회에 들어온 다음에도 이런 '심리적인 망설임'이 쉬 사라지지 않는다는 것이 현실입니다.

머리로는 우상이 헛것이고, 그 허깨비와 같은 우상에게 바친 음식도 큰 문제가 아니라는 사실을 알지만, 가슴으로는 우상 숭배에 빠졌을 때의 기괴한 느낌이 있습니다. 기억과 상상에서 우상을 섬겼을 때의 으스스한 감정을 떨쳐내기 어렵다는 것입니다. 그러므로 이런 이들은 고기를 먹을 때마다 우상 제물로 알고 먹습니다. 바울은 이런 생각을 품고 고기를 먹는 이들의 '양심이 약하기에' 그런 상태에서 고기를 먹는 것 자체가 양심을 더럽히는 것이라고 주장합니다.

중요한 것은 양심이 연약해서 고기를 먹을 때마다 우상에게 바쳐진 제물을 연상하는 교인들이 아무렇지도 않게 고기를 먹는 사람들의 행위 때문에 걸려 넘어질 수 있다는 사실입니다. 10-12절은 7절에서 언급한 대로 "양심이 연약한 사람들이 어떻게 양심이 더럽혀질 수 있는가"를 자세히 설명합니다.

> 지식이 있는 당신이 우상의 신당에 앉아서 먹고 있는 것을 어떤 사람이 보면, 그가 약한 사람일지라도, 그 양심에 용기가 생겨서, 우상에게 바친 고기를 먹게 되지 않겠습니까?(10절)

우상과 음식에 대한 올바른 지식에 의거해서 강자가 우상 제사를 드린 뒤에 신당 식당에 앉아서 제물을 먹는 모습을 약자가 지켜봅니다. '본다'는 말은 이런 경우를 가정하는 것이 아니라, **실제로** 이런 일이 발생하고 있다는 사실을 암시합니다. 강자가 자신의 올바른 신학적 지식을 약자 앞에서 과시라도 하듯이, 버젓이 우상 집에 앉아서 제물을 먹습니다. 약자를 한 수 가르쳐 계몽시키고 성숙하게 만들겠다는 의도입니다.

문제는 이 광경을 지켜본 약자가 담력을 얻어서 강자의 행위에 참여할 수 있다는 사실입니다. 개역개정이 '담력을 얻다'(emboldened, NIV)로, 새번역이 '용기를 얻다'(encouraged, NRSV)로 번역한 헬라어 'οἰκοδομηθήσεται'(오이코도메데세타이/will be emboldened)는 1절에서 '사랑이 덕을 세운다'고 했을 때의 그 'οἰκοδομεῖ'(오이코도메이/build up)와 뜻이 같습니다. 강자가 자신의 신학적 지식으로 약자를 '세운다'고 생각하지만, 실제로는 '무너뜨립니다'. 강자가 다수일 경우 약자는 숫자에 밀려 자신의 양심과 상관없이 주류에 동화되어야 한다는 강박감을 느낄 수 있습니다. 그리하여 강자에게는 하나의 음식에 불과한 제물 고기가 약자에게는 '우상에게 바쳐진 꺼림칙한 제물'이 되어서 양심을 다치게 합니다.

강자의 올바른 지식 행사에 영향을 받아서 자신의 양심에 어긋나게 제물 고기를 먹는 약자에게 어떤 일이 일어납니까? 11-12절은 강자의 지식 행사가 약자에게 끼치는 악영향을 **기독론적으로** 해석합니다.

> 그러면 그 약한 사람은 당신의 지식 때문에 망하는 것입니다. 그리스도께서는 그 약한 신도를 위하여 죽으셨습니다. 이렇게 여러분이 형제자매들에게 죄를 짓고, 그들의 약한 양심을 상하게 하는 것은 그리스도께 죄를 짓는 것입니다.

양심이 연약한 형제는 강자의 지식 때문에 망합니다. '망한다'는 말은 약자가 예전의 우상 숭배 상태로 되돌아가서 '영원한 멸망'(eternal loss/ruin)에 이를 수 있다는 뜻입니다. 강자가 자신의 올바른 지식을 행사할 자유와 권리에만 집착한 나머지, 약자를 계몽시키겠다는 일념으로 보란 듯이 제물 고기를 먹을 때, 이 광경을 지켜보는 약자가 자신의 '가슴'(양심)과 달리 '머리'(지식)에만 이끌려 제물 먹는 일에 억지로 동참할 수 있습니다.

중요한 점은 약자를 망하게 한 것이 다름 아닌 '강자의 올바른 신학 지식'이라는 아이러니입니다. 더욱더 중요한 것은 이것은 강자와 약자라는 교인들끼리의 문제로만 끝나지 않고, 궁극적으로 그리스도의 대속(代贖/redemption) 사역까지 망가뜨리는 처사라는 사실입니다. 왜냐하면 그리스도께서 강자뿐만 아니라, 걸려 넘어진 그 약자를 위해서도 십자가에서 돌아가셨기 때문입니다! 따라서 강자가 자신의 올바른 지식을 행사할 자유와 권리에만 집착할 경우 강자는 그 지식 때문에 약자를 망하게 하는 죄를 짓고, 이렇게 양심에 상처를 주는 행위는 궁극적으로 그리스도께 죄를 짓는 것입니다.

> 이에 임금이 대답하여 이르시되 내가 진실로 너희에게 이르노니 이 지극히 작은 자 하나에게 하지 아니한 것이 곧 내게 하지 아니한 것이니라 하시리니 (마 25:45).

> 만일 음식으로 말미암아 네 형제가 근심하게 되면 이는 네가 사랑으로 행하지 아니함이라 그리스도께서 대신하여 죽으신 형제를 네 음식으로 망하게 하지 말라 (롬 14:15).

바울은 강자에게 경고하는 동시에 자신의 개인적 소신을 분명히 밝힙니다.

강자에게 주는 경고(9절)	그러나 여러분에게 있는 이 자유가 약한 사람들에게 **걸림돌**(stumbling block)이 되지 않도록 조심하십시오.
바울의 소신(13절)	그러므로 음식이 내 형제를 걸어서 넘어지게 하는 것이라면, 그가 걸려서 넘어지지 않게 하기 위해서, 나는 평생 고기를 먹지 않겠습니다.

강자는 '우상'과 '제물'(음식)에 대한 신학적 지식에 의지해서 약자를 한 수 가르치겠다는 의도로 우상 신당에 앉아 약자 앞에서 제물 고기를 보란 듯이 먹습니다. 이 광경을 지켜본 약자는 양심이 뜨끔뜨끔 아려움에도 불구하고 강자의 무언의 압력에 못 이겨서 고기를 먹습니다. 지식이라는 차원에서 본다면 강자나 약자는 모두 우상에게 바친 제물이 아닌 단순한 음식을 먹었을 뿐입니다. 그러나 양심과 감정이라는 차원에서는 강자와 달리 약자는 '우상 귀신에게 바쳐진 제물'을 먹었다고 생각할 뿐 아니라, 예전에 그런 풍속에 관여했을 때와 마찬가지로 우상 특유의 기괴한 영적 분위기에 휩싸여 우상 숭배의 죄를 저질렀다고 느낍니다. 강자가 지식의 자유와 권리를 정당하게 행사했다고 할지라도, 약자에게는 이 지식의 자유와 권리 행사가 '걸림돌'(πρόσκομμα/프로스콤마/stumbling block)이 됩니다. 우리말로 '자유' 혹은 '권리'로 번역된 헬라어 'ἐξουσία'(엑수시아)는 '자기 좋은 대로 아무 제약 없이 행할 권세나 자유'(authority or freedom to act as they please without restraint)를 의미합니다. 지식이 강자에게는 정당한 자유나 권리 행사가 될지 모르지만, 약자에게는 걸림돌이 됩니다.

이런 이유로 바울은 우상 제물과 관련해 자신의 소신을 피력합니다. "만일 음식이 형제자매를 걸려 넘어지게 하는 걸림돌이 된다면, 자기는 그 형제자매를 사랑으로 배려하려는 정신과 태도로 절대로 그 음식을 입에 대지 않겠다는 것"입니다.

바울은 제물 고기를 음식(βρῶμα/브로마/food)이라는 중립적이고 포괄적인 용어를 골라 씁니다. 고기를 먹는 육식주의자뿐만 아니라 채식주의자까지 고려한 것입니다. 아니, 고기나 채소를 불문하고 형제자매를 실족시킬 수 있는 음식 섭취를 비롯한 여하한 행위도 하지 않겠다는 자세입니다. 이웃을 위해서 자발적으로 자신의 자유와 권리를 제한하겠다는 것입니다!

지식은 교만하게 만들지만, 사랑은 덕을 세웁니다. 고린도교회의 강자들에게 지식은 지식에 도달하지 못한 약자들을 '세워준다'는 의도로 자기 멋대로 행사해야 할 자유와 권리 문제이지만, 본래의 의도와 상관없이 약자들을 걸려 넘어지게 하고 궁극적으로 망하게 할 수 있습니다. 아무리 지식이 올바른 것이라고 할지라도 모든 사람이 단숨에 이 지식에 도달할 수는 없고, 상당한 시간이 필요합니다. 때때로 문화적 상황에 따라서 지식과 양심이 일치하지 못하고, 양심이 지식을 쫓아가는 데는 상당한 시간이 걸릴 수 있습니다.

예컨대 벽장 속에 귀신이 있다고 믿는 다섯 살배기 아들에게 귀신이 없다고 확신하는 엄마의 지식은 당장 효력을 발휘할 수 없습니다. 아이의 키와 지혜가 자라나 어느 순간 철이 들어 벽장 안에 귀신이 없다는 사실을 스스로 깨우칠 때까지 엄마의 지식으로 윽박지를 것이 아니라 사랑으로 존중하고 인내하며 기다려줘야만 합니다.

지식과 사랑은 함께 가야 하지만, '지식'(γνῶσις/그노시스)보다 '사랑'(ἀγάπη/아가페)이 더 중요합니다. 바울이 고백한 그대로 지식으로 설득하는 데 상당한 시간과 인내가 필요할 경우 당장의 옳은 지식을 자유롭게

행사하기보다는 약한 자를 배려하는 사랑의 마음으로 자신의 권리와
자유를 기꺼이 포기하는 자세가 아름답습니다.

3. 권리라고 해서 다 쓰지 않고

고전 9:1-18

자비량 선교에 쏟아진 편견들

8장에서 바울은 "그리스도인이 우상에게 바친 제물을 먹을 수 있는가?"라는 문제를 다루었습니다. 우상은 아무것도 아니기에 그 허깨비에 불과한 우상에게 바친 제물이라고 해서 특별히 다른 것은 없습니다. 그러므로 우상에게 바친 제물도 먹을 수 있다는 것이 정통 신학이고 성숙한 신앙을 가진 '강자'가 취할 입장입니다. 그러나 아직 유대교의 율법 잔재를 떨쳐내지 못했고 충분히 계몽되지 못한 미숙한 신자에게는 우상 제물이 찜찜할 수 있습니다. 이른바 '약자'에게는 따가운 양심 문제로 곤혹스러울 수 있다는 것입니다. 바울은 연약한 형제자매를 존중하고 배려하기 위해서 자신의 자유와 권리를 내려놓겠다고 말씀합니다.

그러므로 음식이 내 형제를 걸어서 넘어지게 하는 것이라면, 그가 걸려서 넘어지지 않게 하기 위해서, 나는 평생 고기를 먹지 않겠습니다(8:13).

자유와 권리의 자발적 포기는 9장에 와서 바울이 고린도교회에 정당하게 요구할 수 있는 재정 지원의 권리를 양도하는 것으로까지 확대됩니다. 바울은 사도요 복음 전파 사역자로서 자신이 개척하고 막대한 영향력을 행사하는 고린도교회에 얼마든지 정당한 보수를 요구할 권리가 있지만, 복음 전파의 순수성을 위해서 그 권리를 내려놓겠다고 선언합니다.

바울이 활동하던 그리스-로마 시대에는 고명한 '궤변 철학자들'(so-phists)이 부잣집에 상주하면서 그 자제들을 가르쳤습니다. 이런 철학 교사들은 숙식 제공을 비롯해 상당한 보수를 받으면서 교육에 종사했습니다. 생계유지를 위한 별도의 직업에 종사하면서 철학적 사유를 하거나 제자들을 가르치는 일이 어려웠기에 저명한 철학자일수록 파격적인 대우를 받고 오롯이 교육에만 전념했습니다.

이런 관례를 놓고 볼 때 고린도교회의 초대 담임목사와 같은 바울은 특이하게도 고린도에 머무는 동안 자비량(自備糧)으로 선교했습니다. 로마에서 고린도로 건너온 아굴라와 브리스길라 부부가 바울과 '생업이 같으므로' 그 집에서 1년 6개월 동안 유숙하게 되었습니다. 천막 만드는 일로 돈벌이하면서 복음을 전파했던 것입니다(행 18:2-3, 11). 고린도 교인들은 명색이 '사도'라는 사람이 '천막 제조'라는 천한 수공업에 종사하면서 선교 활동을 하는 바울을 이상한 눈초리로 지켜보았습니다.

그 당시 관습대로 한다면 바울은 교회 내의 부유한 후견인들로부터 재정 지원을 충분히 받으면서 일종의 엘리트 유한(有閑) 계층 신분으로 사역을 해도 되는데, 육체노동으로 생계를 꾸려나가는 것 자체를 탐탁지 않게 여겼고, 교회 체면을 깎는 일로 간주했던 것입니다. 바울이 사도로서의 자격 미달자이기에 정당한 보수도 요구하지 못한 채 자기 손으로 일해서 밥벌이하는 것이 아니냐고 의심했던 것입니다. 부유한 신자들이 많고 재정이 넉넉한 교회를 섬기는 목사님이 자동차 정비공으로 생활비를 벌면서 목회를 한다고 할 때, 교인들이 좋지 않게 여기는 것과 비슷할 것입니다. (물론 교회가 연약해서 부득불 목사님이 이중 직업을 갖는 경우와는 사정이 다릅니다.)

바울 = 자유인 + 사도

고린도에서 자비량 선교를 하는 자신에게 따가운 눈총을 보내면서 '사도권'(apostolic rights)까지 의심하는 고린도 교인들에게 바울은 본인의 입장을 적극적으로 변호합니다. 교회에 정당한 보수를 요구할 수 있지만, 오로지 순수하게 복음을 전할 요량 하나로 이런 권리를 포기하겠다는 것입니다.

일부 궤변 철학자들은 귀족이나 부잣집에 가정교사로 들어가 좋은 대우를 받으면서 자녀들을 가르치다 보니 어쩔 수 없이 주인의 눈치나 보면서 시간을 때우는 일이 있었습니다. 먹고 사는 문제가 주인 손에 달려 있게 되자 소비자의 구매욕을 채워주는 것과 같은 형태의 진리와 상관없는 비굴한 교육으로 변질했던 것입니다. 바울 역시 돈주머니만 바라보며 복음을 전파할 때 복음 전파의 숭고함과 순수성이 훼손될 수 있기에 응당 받아야 할 재정 지원의 권리를 양도하겠다는 것입니다.

바울의 논증은 삼 단계로 진행됩니다. 첫째로 1-2절에서 바울은 자신의 사도권을 강조합니다. 둘째로 3-14절은 여러 가지 근거를 들어 교회에 정당한 보수를 요구할 수 있는 권리의 당위성을 열거합니다. 셋째로 15-18절은 세상의 상식적인 경제 원칙이나 구약의 율법, 심지어 예수님의 명령조차도 복음 전파자가 정당한 보수를 받을 수 있는 권리를 증거하지만, 바울 자신은 순전하게 복음을 전하려는 일념으로 이런 권리에 제한을 가하겠다고 선언합니다. 1-14절까지가 진정한 사도로서 얼마든지 정당한 대우를 요구할 수 있는 권리를 다양한 근거에 기초해 열정적으로 강조했기에 바울의 이런 권리 포기 선언은 다소 맥이 빠지는 의외의 결론이 아닐 수 없습니다.

어느 면으로 접근해도 바울이 사도로서 고린도교회에 정당한 처우를 요구할 수 있는 권리는 차고도 넘치지만, 돈의 권세에 짓눌려 복음 전파가 방해받지 않게 할 목적으로 그 권리를 기꺼이 포기할 수 있다는 사실이야말로 바울이 진정한 '자유인'(free man)이라는 사실을 보여줍니다.

내가 자유인이 아닙니까? 내가 사도가 아닙니까? 내가 우리 주 예수를 뵙지 못하였습니까? 여러분은 주님 안에서 내가 일해서 얻은 열매가 아닙니까? 다른 사람들에게는 내가 사도가 아닐지 몰라도, 여러분에게는 사도입니다. 여러분은 주님 안에서 나의 사도직을 보증하는 표입니다(9:1-2).

바울은 강력한 긍정형 대답을 기대하는 두 가지 반의법(反義法) 질문을 제기함으로써 논증을 시작합니다. "내가 자유인이 아닙니까?" 바울은 틀림없는 자유인입니다. 지금부터 바울이 전개해나갈 논증에서 자유인의 가장 중요한 특징은 누구보다도 강력한 권리가 있음에도 기꺼이 그 권리를 포기하는 데 있습니다. 바울은 자신이 자유인이라는 사실부터 공포하면서 말문을 엽니다. 바울은 자신이 사도(ἀπόστολος/아포스톨로스/apostle)라는 사실도 천명합니다. 바울이 자비량으로 선교하자 고린도 교인들은 그가 진짜 사도가 아니기에 당연히 찾아 먹어야 할 밥그릇도 제 발로 걷어찬다고 비웃었습니다.

바울은 자신의 사도권에 두 가지 근거를 댑니다. "부활하신 예수님을 직접 보았다"는 사실(행 9, 22, 26장)과 "자신이 고린도교회의 설립자"라는 사실입니다. 부활하신 예수님을 만난 사람은 오백 명 이상이나 되기에(고전 15:5-8) 예수님을 만났다는 사실 하나만으로 사도권 주장을 할 수 없습니다. 그러므로 바울은 자신이 예수님을 만났을 뿐 아니라, 사도로서 예수님의 부르심을 받아 고린도에 복음을 전한 결과 고린도교회가 생성했다는 사실을 덧붙입니다. 고린도 교인들이야말로 바울의 사도권을 확실히 입증하는 '인'(印/σφραγίς/스프라기스/seal, 소유의 진정성을 보여주는 외적 표식)입니다(고후 3:1-3 참조). 고린도교회야말로 사도로서 바울이 복음을 전파해서 생겨난 결과물이기 때문에 다른 사람들은 몰라도 고린도 교인들만큼은 이 사실을 부인할 수가 없습니다.

권리 주장에 관한 근거들

바울은 3-14절에서 몇 가지 근거를 들어서 자신이 고린도 교인들에게 정당한 보수를 요구할 권리가 있다는 사실을 강조합니다.

나를 비판하는 자들에게 변명할 것이 이것이니(3절).

현재의 문맥에서 바울을 비판하는 자들은 당연히 받아야 할 재정 지원을 마다하고 비천한 수공업으로 생계를 유지하는 바울의 모습을 비판하는 고린도 교인들입니다. 바울은 이런 이들에게 사도로서의 자신의 권리를 '변명'(ἀπολογία/아폴로기아/defense)하려고 펜을 듭니다. 바울의 권리 주장은 일종의 '기습 공격'과 같이 세 가지 날 선 수사학적 질문으로 이뤄집니다.

> ① 우리에게 먹고 마실 권리가 없습니까?(4절) → 바울이 오늘날의 성미(聖米)
> 와 같이 먹고 마실 음식을 고린도교회에 요구할 권리가 있다는 사실.

> ② 우리에게는 다른 사도들이나 주님의 동생들이나 게바처럼, 믿는 자매인 아내
> 를 데리고 다닐 권리가 없단 말입니까?(5절) → 바울이 아내와 가족을 부양
> 하는 데 필요한 경비를 교회에 요구할 권리가 있다는 사실.

> ③ 나와 바나바에게만은 노동하지 않을 권리가 없단 말입니까?(6절) → 바울이
> 천막 제조업과 같은 노동을 하지 않고서도 교회의 재정 지원을 받아 생활할
> 권리가 있다는 사실.

바울은 이 세 '권리'(ἐξουσία/엑수시아/right)가 자신에게 있다는 사실
을 강변하면서 이것을 지지하고자 일반적인 사례 셋을 더 듭니다(7절).

> ① 군인: 자기 비용으로 군에 복무하는 사람이 어디에 있습니까?
> ② 농부: 포도원을 만들고 그 열매를 따먹지 않는 사람이 어디에 있습니까?
> ③ 목자: 양 떼를 치고 그 젖을 짜 먹지 않는 사람이 어디에 있습니까?

군인에게는 국가가 침식과 피복을 비롯한 일체의 경비를 책임집니
다. 농부는 열매를 얻고자 포도 농사를 짓습니다. 목자는 젖을 짜 먹기
위해서 양을 칩니다. 군인으로 복무하든 농업이나 목축업을 하든 간에
그 노동 행위에 대한 정당한 보수를 기대하는 것은 인지상정(人之常情)입
니다. 일상생활에는 반드시 노동과 수고에 대한 정당한 보수와 공정한
보상이 뒤따릅니다. 바울은 이런 예를 '사람의 예'(사람의 관례), 즉 '사람의
관점'(κατὰ ἄνθρωπον ταῦτα/카타 안드로폰 타우타/from a human point of
view)에서 본 경제 상식이라고 말씀합니다(8a절). 세상의 이치가 이렇다
면 바울이 고린도교회에서 복음 전파라는 수고를 한 뒤에 교인들로부터
재정 지원을 받는 것은 당연한 권리 행사입니다. 경제 정의만으로는

고린도교회에 요구할 자신의 권리 주장의 근거가 부족하다고 생각해서 인지 이번에는 구약의 율법을 예로 듭니다. 먼저 신명기 25:4를 인용해서 성경의 증거를 댑니다.

신 25:4	곡식을 밟으면서 타작하는 소의 입에 망을 씌우지 마십시오.
고전 9:9-10	"모세의 율법에 기록하기를 '타작 일을 하는 소에게 망을 씌우지 말아라' 하였습니다. 하나님께서 소를 걱정하신 것입니까? 그렇지 않으면, 우리 모두를 위하여 말씀하신 것입니까? 그것은 우리를 위하여 하신 말씀입니다. 밭을 가는 사람은 마땅히 희망을 가지고서 밭을 갈고, 타작을 하는 사람은 한 몫을 얻으리라는 희망을 가지고 그 일을 합니다."

하나님께서 타작 일을 하는 소에게 망을 씌우지 말라는 계명을 주셨습니다. 말 못 하는 짐승도 자신의 수고에 정당한 대우를 받아야 마땅하다는 것입니다. 그런데 이 계명의 정신은 '소'를 배려하는 데 있는 것이 아닙니다. 미천한 짐승조차도 노동에 따른 합당한 보상을 받아야만 한다면, **하물며** 소보다 훨씬 더 중요한 사람은 더욱 노동에 상응하는 대우를 받을 권리가 있다는 사실에 강조점이 있습니다.

밭을 가는 농부도 노동의 수고에 대한 이득을 기대하고, 타작하는 사람 역시 열매로 보상을 기대합니다. 육체노동을 해도 대우를 받는 것이 세상의 정의로운 경제 법칙이라고 한다면, 복음을 전하는 훨씬 더 거룩하고 복된 영적인 수고에 물질적인 보상이 따라붙는 것은 당연합니다.

우리가 여러분에게 영적인 것으로 씨를 뿌렸으면, 여러분에게서 물질적인 것으로 거둔다고 해서, 그것이 지나친 일이겠습니까?(11절)

바울은 여기에서 그치지 않고 제사장과 레위인에 관한 율법 규정을 요약 형태로 끌어들입니다.

성전에서 일하는 사람은 성전에서 나는 것을 먹고, 제단을 맡아보는 사람은 제단 제물을 나누어 가진다는 것을, 여러분은 알지 못합니까?(13절)

성전 일을 맡은 레위인은 성전에서 나는 것으로 생계를 유지합니다. 제단 일을 맡은 제사장 역시 제단에서 남은 제물을 자기 몫으로 정해서 생활할 권리를 갖습니다. 마찬가지로 고린도교회라는 '성전'에서 강단에서의 설교라는 '제단' 일을 맡은 자신에게도 새로운 레위인이요 제사장으로서 물질적인 책임 보장을 고린도교회에 요구할 수 있다는 것입니다.

바울은 자신의 복음 전파 수고에 상응하는 고린도교회의 물질 보상 권리를 주장하고자 세상의 일반 이치를 끌어들였고, 구약의 율법도 전거(典據)로 내세웠는데, 마침내 예수님의 명령까지 언급합니다.

이와 같이 주님께서도, 복음을 전하는 사람들에게는 복음을 전하는 일로 살아가라고 지시하셨습니다(14절).

예수님은 제자들을 파송하시면서 전도자의 본분에 대해서 말씀하신 적이 있습니다.

마 10:10	여행을 위하여 배낭이나 두 벌 옷이나 신이나 지팡이를 가지지 말라 이는 **일꾼이 자기의 먹을 것 받는 것이 마땅함이라**.
눅 10:7	그 집에 유하며 주는 것을 먹고 마시라 일꾼이 **그 삯을 받는 것이 마땅하니라** 이 집에서 저 집으로 옮기지 말라.

복음 전도자는 할 수 있으면 청빈하게 살아야 하겠지만, 피전도자들이 전도자에게 먹고 마시는 문제를 비롯해 정당한 삯을 지불해서 전도자가 오로지 복음 전파에 전력할 것을 예수께서 가르치셨습니다. 이런 예수님의 가르침을 알았기에 바울도 전도자가 받아야 할 정당한 보수를 강조한 적이 있습니다.

> 잘 다스리는 장로들은 두 배로 보수(보상)를 받아야 합니다. 특히 말씀을 전파하는 일과 가르치는 일에 수고하는 장로들은 더욱 그러하여야 합니다. 성경에 이르기를, '타작마당에서 낟알을 밟아 떠는 소의 입에 망을 씌우지 말라'(신 25:4) 하였고, '일꾼이 자기 삯을 받는 것은 마땅하다'(민 18:31; 대하 15:7) 하였습니다(딤전 5:17-18).

권리를 다 쓰지 아니하였고

다양한 근거를 들어 사도로서 정당한 대우를 받아야 할 자신의 권리를 역설한 바울은 이런 권리를 다 쓰지 않았다는 사실을 강조합니다.

> 다른 사람들이 여러분에게 이런 권리를 가졌다면, 하물며 우리는 더욱 그러하지 않겠습니까? 그러나 우리는 이런 권리를 쓰지 않았습니다. 우리는 그리스도의 복음을 전하는 일에 지장을 주지 않도록, 모든 것을 참았습니다(12절).

다른 사람들도 경제 법칙에 따라 수고한 만큼의 대가(代價)를 요구할 수 있다면, 고린도교회의 설립자로서의 바울은 더욱더 강력한 권리를 주장할 수 있습니다. 그러나 바울은 이 당연한 권리를 쓰지 않았습니다.

혹여나 재정 지원을 받음으로써 복음 전파에 지장을 주지 않을까 노심초사(勞心焦思)했기 때문입니다. 교회로부터 보수를 받는 일에 길들어지다 보면 자발적인 헌신보다 경제적 물물교환의 틀 안에서 자기가 받는 보수만큼만 일하려는 월급쟁이로 전락할 수 있습니다. 바울은 '물질의 횡포'로부터 자유롭게 되어 순전한 복음 전파자가 되고자 자기 권리를 제한하고 모든 불편을 감내했다는 것입니다.

바울의 자발적 권리 포기는 15-18절에서 극명하게 드러납니다. 지금까지의 논리 흐름으로 본다면, 바울은 고린도 교인들에게 정당한 대우를 해달라고 요구하는 것으로 결론을 내려야 합니다. 그러나 바울은 권리가 있지만, 그 권리를 포기하겠다고 선언합니다. 9장의 절정은 15-16절입니다.

> 그러나 나는 이런 권리를 조금도 행사하지 아니하였습니다. 또 나에게 그렇게 하여 달라고 이 말을 쓰는 것도 아닙니다. 그렇게 하느니, 차라리 내가 죽는 편이 낫겠습니다. 아무도 나의 이 자랑거리를 헛되게 하지 못할 것입니다. 내가 복음을 전할지라도, 그것이 나에게 자랑거리가 될 수 없습니다. 나는 어쩔 수 없이 그것을 해야만 합니다. 내가 복음을 전하지 않으면, 나에게 화가 미칠 것입니다.

바울은 자신이 고린도교회에 주장할 수 있는 공궤(供饋) 권리를 전혀 쓰지 않았습니다. 그런 요구를 하고자 지금 이 편지를 쓰는 것도 아닙니다. 그렇다면 지금까지 장황한 논리를 총동원한 목적은 자기도 누구 못지않게 정당한 대우를 받아야 할 권리가 있지만, 그 권리를 쓰지 않았다는 사실을 알려주는 데 있습니다. 그러면서 바울은 다소 극단적인 표현까지 서슴지 않습니다. "내가 차라리 죽을지언정"(I would rather die than)이라는 표현은 자신이 고린도교회에 보수를 요구할 바에는 죽는 게 낫다는 말입니다.

완강한 발언 바로 다음에 '자랑거리'(καύχημά/카우케마/boast)가 등장합니다. "아무도 나의 자랑거리를 헛되게 하지 못하리라." 고린도교회의 설립자요 사도로서 바울이 물질적인 보상을 요구하는 것이 자칫 자신의 자랑거리를 헛되게 만들 수 있다는 것입니다. 바울이 말하는 자랑거리는 역설적입니다. 16절을 놓고 보면, 바울이 제아무리 열심히 복음을 전하더라도 그것은 전혀 자랑할 일이 못 됩니다. 자기가 원해서 하는 일이 아니라, 하나님께서 강압적으로 맡기신 일이기 때문입니다. 하나님께서 복음 전파의 사명을 하나의 '의무'(obligation)로 '위임하셨기'(entrusted with a commission) 때문에 안 할 수가 없습니다. 바울은 복음 전파를 '강요'(ἀνάγκη/아낭케/compulsion) 받았습니다. 예레미야의 그 유명한 고백이 연상됩니다.

> 내가 다시는 여호와를 선포하지 아니하며 그의 이름으로 말하지 아니하리라 하면 나의 마음이 불붙는 것 같아서 골수에 사무치니 답답하여 견딜 수 없나이다(렘 20:9).

바울은 자신이 복음을 전하지 않으면 '화'(οὐαὶ/우아이/woe)가 미칠 것이라고 말씀합니다. 복음 전파는 자기의 수고나 공로를 내세울 수 있는 영역이 아니라, 하나님께서 강압적으로 맡겨서 어쩔 수 없이 해야 할 일이기에 전혀 자랑할 내용이 못 된다는 것입니다. 17절은 삶과 관련해서 이것을 더 명확히 설명합니다.

내가 자진해서 이 일을 하면 삯을 받을 것입니다. 그러나 내가 마지못해서 하면, 직무를 따라 한 것입니다.

복음 전파가 바울의 인간적인 뜻에 따라 스스로 선택한 일이라고 한다면, 정당한 보수를 받아야 마땅합니다. 하지만 자신의 자율적 의지가 아닌 하나님께서 억지로 시켜서 하는 일이라고 한다면, 그것은 종이 주인이 맡긴 일을 하듯이 당연히 해야 할 일을 한 것뿐입니다.

이처럼 복음 전파가 하나님이나 사람 앞에서 자랑거리가 되지 못한다면, "아무도 자신의 자랑거리를 헛되게 하지 말라"는 말은 또 무슨 뜻일까요? 바울이 진정으로 내세우고 싶은 자랑거리는 복음의 숭고하고 순수한 전파를 위해서 자신이 당연히 요구할 수 있는 권리 주장을 기꺼이 포기한다는 데 있습니다. 계속 '보수'와 관련해서 18절을 봅니다.

그리하면 내가 받을 삯은 무엇이겠습니까? 그것은, 내가 복음을 전할 때에 값없이 전하고, 복음을 전하는 데에 따르는 나의 권리를 이용하지 않는다는 그 사실입니다.

바울이 고린도교회에 요구할 수 있는 권리를 양도한다면, 그 대신에 그가 받는 진짜 보수가 있는데 그것은 자신의 권리를 내려놓고 어떤 '보수도 없이'(값없이/free of charge) 복음을 전하는 정신과 자세입니다. 이런 특별한 보수야말로 사람이 주는 땅의 보수가 아니라 하나님이 주시는 하늘의 보수요, 바울이 내세우고 싶은 진짜 자랑거리입니다. 자신의 권리가 '오용'(misuse)될 수 있기에 그 권리를 '사용'하지(use) 않겠다는 결기에 그 어떤 사람의 눈치도 보지 않고 순전히 복음에만 충성하겠다는 자유인으로서의 바울의 자부심이 있습니다. 자랑거리와 관련해서도 바울은 자유인이면서 종이고, 종이면서 자유인입니다.

> ① **종으로서의 바울**: "종이 주인의 명을 받들 듯이, 복음 전파 사명자로 부름을 받아 어쩔 수 없이 복음을 전해야 함" → "종이 주인의 명에 순종할 때 자랑할 것도 없고 보수도 기대할 수 없듯이, 복음 전파를 했다고 해서 자랑할 것도 보수도 기대할 수 없음"
>
> ② **자유인으로서의 바울**: "교인들에게 고용된 월급쟁이가 아님" → "값없이 복음을 전함으로써 경제 논리에서 벗어나 복음 전파에 방해받지 않음" → "허허로운 자유인 정신과 자세가 바울의 자랑거리".

황금이 아닌 복음의 종

교회에서 받아야 할 보수와 보상 문제에 대한 바울의 권리 유보 선언은 오고 가는 시대에 모든 사역자가 본받아야 할 한 모범을 제시합니다. 예수께서 '삯꾼 목자'(hired hand, 요 10:12)라는 표현을 쓰신 것처럼, 자본주의 경제 원리에 물들 경우 하나님의 일도 오로지 돈 되는 일에만 뛰어들려고 할 것입니다. 특히 자신의 생계를 부담해주는 '큰손'을 의식하고 눈치를 보면서 하나님의 뜻이나 경제적으로 어려운 교인들의 처지는 아랑곳 하지 않고 부유한 고객들을 만족시키는 형태의 사역으로 변질된다면, 이는 큰 문제입니다.

연암(燕巖) 박지원(朴趾源, 1737~1805) 선생이 쓴 『황금대기』(黃金臺記)에 나오는 이야기입니다. 옛날에 세 명의 도둑이 무덤을 도굴해서 엄청난 황금을 손에 거머쥐게 됐습니다. 한 명이 술과 밥을 사러 나갔다가 욕심이 생겼습니다. 밥에다 독을 타서 두 사람을 죽이고 황금을 독차지하려고 했습니다. 이 사람이 술과 밥을 사서 돌아왔을 때 두 도적도 황금에 눈이 먼 나머지 밥을 사 온 사람을 때려죽이고 황금을 둘로 나누었습니다. 결국 황금에 대한 욕심으로 세 도둑이 모두 도굴한 무덤 옆에서 죽고 말았다는 이야기입니다.

박지원 선생은 동서고금(東西古今)을 막론하고 황금 하나는 여태껏 변함이 없지만, 황금을 소유한 사람들은 계속 변하고 있다는 사실을 꼬집습니다. 황금으로 만난 사람은 황금 때문에 서로 죽고 죽인다면, 인간은 한 번도 황금의 진짜 주인이 된 적이 없다는 것이지요. 황금이 사람들을 소유했을 뿐이라는 말입니다.

바울의 생각도 마찬가지입니다. 교회와 교회를 섬기는 사역자들은 황금보다 더 찬란한 그리스도와 복음에 시선을 고정해야 합니다. 그리하여 '황금의 종'이 아닌 '그리스도와 복음의 종'이 될 때 '진정한 자유인'이 된다는 역설입니다.

4. 종이 된 자유인

고전 9:19-23

자유로운 종?

자유를 위협하는 가장 무서운 적은 돈입니다. 먹고 사는 문제는 너무나 중요하고 긴박하기에 사람들은 하나님 대신에 돈을 섬길 수 있습니다. '맘모니즘'(mammonism), 즉 '물신 숭배'라는 말이 있습니다. 돈과 소유와 재물을 절대시해서 그것에 최고의 가치와 의미를 부여하는 태도이지요. 바울은 이런 배금주의의 위험성을 누구보다도 잘 알았기에 고린도교회에 당연히 요구할 수 있는 물질 지원의 권리를 양보하겠다고 말씀했습니다. 혹여나 '부유한 교인들'(patrons)로부터 재정 후원을 받다 보면 오롯이 복음 전파에 전력하는 자유를 잃을 수도 있다고 우려했기 때문입니다.

바울이 물질에서 자유롭게 되어 교회로부터 마땅히 받아야 할 보수를 포기한다고 할 때 받게 되는 훨씬 더 값비싼 보수가 있습니다. 값없이 복음을 전해서 수많은 영혼을 구원하는 일입니다. '영혼 추수'야말로 자유인으로서 바울이 기대하는 최고의 보수요 보상입니다.

9:19-23에서 바울은 자유인의 정신과 자세를 복음 전파 사역 전반에 확대해서 적용합니다. 바울이 말하는 '자유인'은 역설적입니다. 자유인과 종은 양립 불가능한 개념들입니다. 자유인은 종이 아니기에 자유인이며, 종은 주인의 수하에 붙들려 자유가 없기에 종입니다. 그러므로 '자유가 있는 자유인'과 '자유가 없는 종'은 서로 배치(背馳)됩니다. 그런데도 바울은 놀라운 주장을 합니다(19절).

새번역	나는 어느 누구에게도 얽매이지 않은 자유로운 몸이지만, 많은 사람을 얻으려고, 스스로 모든 사람의 종이 되었습니다.
NIV	Though I am free and belong to no man, I make myself a slave to everyone, to win as many as possible.

바울은 누구에게도 구속되지 않은 자유인입니다. 예수 그리스도를 믿고 구원받음으로써 어떤 것에도 예속되지 않은 '새 피조물'(고후 5:17)이 되었습니다. 사망이나 생명이나 천사들이나 권세자들이나 그 무엇도 바울이 누리는 자유를 뺏을 수 없습니다(롬 8:37-39). '모든 사람에게서'(ἐκ πάντων/에크 판톤/from everybody) 자유롭습니다. 그러나 바울은 이와 동시에 '모든 사람에게'(πᾶσιν/파신/to all) 스스로 종이 되었습니다. 바울은 '종이 된 자유인'(a free man who became a slave)입니다.

주 안에서 부르심을 받은 자는 종이라도 주께 속한 자유인이요 또 그와 같이 자유인으로 있을 때에 부르심을 받은 자는 그리스도의 종이니라(고전 7:22).

바울의 이런 역설적 고백은 마르틴 루터의 『그리스도인의 자유』(*Von der Freiheit eines Christenmenschen*)에 아름답고 정교하게 표현되었습니다.

Ein Chritenmenschen ist ein freier Herr über alle Dinge und nie-mandem untertan. Ein Christenmenschen ist ein dienstbarer Knecht, eine diesntbare Magd in allen Dingen und jedermann un-tertan(그리스도인은 만물에 대해서 자유로운 주인이며 누구에게도 예

속되지 않는다. 그리스도인은 만물을 섬기는 종이며 만물에 예속된다).

루터는 바울처럼 그리스도인의 정체성이 자유인이면서 종이고, 종이면서 자유인인 역설과 모순에 있다고 생각했습니다. 중요한 것은 "아무에게도 얽매이지 않는 자유인이 **왜 무엇을 위해서** 모든 사람을 섬기는 종의 자리로 스스로 내려왔느냐?"라는 물음입니다. 할 수 있으면 더 많은 사람을 얻기 위해서입니다!

바울은 다섯 번에 걸쳐서 '얻는다'(κερδήσω/케르데소/win)라는 말을 쓰다가(19, 20, 21, 22) 22절 후반부에 가서야 '구원하다'(σώσω/소소/save)로 바꿉니다. 그러므로 '얻는다'는 '구원하다'는 뜻입니다. 바울은 최대한 더 많은 사람을 그리스도의 복음으로 구원하고자 자유인에서 내려와 종이 되었습니다. 할 수 있으면 더 많은 영혼을 구원하고자 피전도인의 처지로 내려와 그의 상황에 '순응'(accommodation) 혹은 '적응'(adaptation)하겠다는 의지를 보입니다. 이런 상황은 피전도인이 처한 모든 종류의 상황, 즉 정치 경제 교육 인종 문화 등등 일체의 인간 조건을 포괄합니다. 바울은 한 영혼이라도 더 구원하고자 전도 대상자가 처한 모든 상황에 자신을 맞추는 '복음 전도의 조정자'(the conciliator of evangelism)가 되겠다는 자세를 보입니다.

모든 사람에게 모든 것이

한 영혼이라도 더 구원하려고 만물의 자유인이 만물의 종으로 내려가겠다는 의지는 22절 후반부에 요약됩니다.

개역개정	내가 **여러 사람**에게 **여러 모습**이 된 것은 **아무쪼록** 몇 사람이라도 구원하고자 함이니.
새번역	나는 **모든 종류의 사람**에게 **모든 것**이 다 되었습니다. 그것은, 내가 어떻게 해서든지, 그들 가운데서 몇 사람이라도 구원하려는 것입니다.
NRSV	I have become **all things to all people**, that I might **by all means** save some.

'모든 종류의 사람에게'와 '모든 것'이 중요합니다. 개역개정은 '여러 사람에게'와 '여러 모습'으로 번역했습니다. 헬라어 성경에는 'πᾶσιν'(파신), 즉 '모든 사람에게'(all men)와 'πάντα'(판타), 즉 '모든 것'(all things)으로 되어 있기에 새번역이 원문에 가깝습니다. '모든 사람'은 온 인류가 전도 대상이라는 사실을 보여주는데, 바울이 그 모든 사람에게 '모든 것'이 되었다는 말은 무슨 뜻일까요? 그 모든 사람의 처지로 내려가 섬기는 종의 정신과 자세로 복음을 전하겠다는 뜻입니다.

복음을 듣는 모든 사람이 저절로 돌아오는 것은 아니기에 바울은 "그들 가운데서 **몇 사람**(τινὰς/티나스/some)이라도"라는 현실적인 용어를 골라 씁니다. "모든 사람에게 모든 것이 되어서 그 모든 이 가운데 일부를 구원한다"는 문장에는 '모든'과 관련된 또 하나의 부사 'πάντως'(판토스)가 걸려 있습니다. 개역개정은 '아무쪼록'으로, 새번역은 '어떻게 해서든지'로 번역했습니다. NIV는 'by all possible means'(모든 가능한 수단을 써서)로, NRSV는 'by all means'(무슨 수를 쓰더라도/기어코)로 원문에 맞게 번역했습니다. 헬라어 22절 후반부는 '모두'(all) 혹은 '전체'(whole)를 의미하는 'πᾶσ'(파스)와 'πάν'(판)과 관련된 용어 셋이 나란히 병렬되어 있습니다.

복음 전도의 범위	복음 전도의 방법	복음 전도의 자세
πᾶσιν(모든 사람에게)	πάντως(가능한 모든 수단을 동원해서)	πάντα(모든 것이)

　'모든 종류의 사람에게' 그들 중에 몇 사람이라도 더 구원하고자 '모든 것'이 되어서 '모든 종류의 수단'을 총동원해 복음을 전하겠다는 것이 요지입니다. '모든 종류의 사람'은 복음 전도의 대상이 인종이나 민족, 언어, 문화, 종교, 성, 계급, 신분, 연령을 뛰어넘는 세계 만민을 총칭합니다. 바울은 모든 이에게 복음을 전하기 위해 모든 것이 되겠다는 자세를 보입니다. 모든 것이야말로 한 영혼이라도 더 구원하려는 일념으로 복음을 전파할 때마다 자유인의 자리에서 피전도인의 처지로 내려와 종이 되겠다는 '섬김'의 본질을 보여줍니다.

'모든 것'이 된 실례

　바울은 자신이 모든 것이 되어서 가능한 모든 수단을 써서 복음을 전하는 것이 어떤 것인지를 4가지 범주를 들어 예증합니다(20-22a절).

① '유대인들'에게는 → 그 유대인들을 얻고자 '유대인' 같이 되었다.

② '율법 아래 있는 사람들'에게는 → 그 율법 아래 있는 사람들을 얻고자 '율법 아래 있는 자' 같이 되었다.

③ '율법이 없는 사람들'에게는 → 그 율법 없는 사람들을 얻고자 '율법 없는 자'와 같이 되었다.

④ '약한 자들'에게는 → 그 약한 자들을 얻고자 '약한 자'가 되었다.

바울은 '모든 종류의 사람'을 예시하고자 자신이 복음을 전파할 때 맞닥뜨린 네 부류의 사람들을 대표로 선별해서 범주화합니다.

첫째로 '유대인들'에게 복음을 전할 때에 바울은 '유대인처럼' 되었습니다(20절). 바울은 이미 유대인인데, 어떻게 유대인들에게는 유대인이 되었다고 고백할까요? 그가 유대인이 되었다는 말은 인종적으로 유대인이 되었다는 뜻이 아니라, '유대인'이 시사하는 모든 종류의 유대 문화와 윤리와 관습 일체에 자신을 맞춘다는 말입니다. 한국에 사는 외국인이 한국말도 잘하고, 한국 음식도 잘 먹고, 한국 예절이나 풍속도 잘 따라 하면, "한국 사람이 다 되었다"고 덕담을 합니다. 이것은 그 외국인이 인종적으로 한국인이 되었다는 말이 아닙니다. 피부색이나 언어문화를 100% 다 바꿀 수는 없습니다. 한국인이 다 되었다는 말은 우리와 잘 어울려 살 수 있게 되었다는 뜻입니다.

바울은 유대인으로 태어났으나 그의 언어나 문화와 관습은 헬라적 요소가 훨씬 더 강했습니다. 따라서 '할례'나 '코셰르'(Kosher)와 같은 유대 '음식 규례'(레 11장; 신 14:1-21)를 자신의 기독교 신념 때문에 다 받아들일 수는 없지만, 유대인을 구원할 수만 있다면 이런 유대 문화와 풍속까지도 기꺼이 수용하겠다는 자세를 보입니다. 실제로 바울은 이방인이 기독교로 개종할 때 할례받을 필요가 없다고 확신했지만, 유대인들에게 호감을 주고자 디모데에게 할례를 행했습니다(행 16:3). 자신은 얼마든지 우상에게 바친 제물 고기를 먹을 자유가 있지만, 이것을 찜찜하게 여기는 유대인이 있다면 그를 구원하고자 음식에 대한 자신의 자유를 포기하고 그의 종이 되겠다는 태도를 취합니다.

둘째와 셋째 그룹은 온 인류를 두 범주로 나눈 것과 같기에 인류 전체를 통칭한다고 볼 수 있습니다. 두 번째 그룹부터 살펴봅니다.

율법 아래 있는 사람들에게는, 내가 율법 아래 있지 않으면서도, 율법 아래에 있는 사람을 얻으려고 율법 아래 있는 사람같이 되었습니다(20b절).

유대인들이 곧 '율법 아래 있는 사람들'일 텐데, 군이 두 범주를 구분한 이유는 무엇일까요? 유대인들의 종교적 특수성을 또 한 차례 강조하고자 그럴 수도 있고, 아니면 이방인들 가운데에도 유대교로 개종해서 '하나님을 경외하는 이들'(God-fearers)이 있을 수 있기 때문입니다. 둘째 그룹은 인종이나 민족성과 상관없이 하나님을 경외하는 모든 사람을 포함합니다. 바울은 율법을 준수하는 이들에게는 그들을 얻으려는 일념으로 그들처럼 율법 아래 있겠다고 말씀합니다.

여기 삽입어구에는 매우 중요한 단서가 붙습니다. 바울 자신은 율법 아래 있지 않다는 것입니다! 그는 율법을 준수만 해서는 구원받을 수 없다는 것을 확신합니다. 오직 그리스도를 믿음으로써 값없이 주시는 하나님의 은혜로 구원받을 수 있습니다. 따라서 자신은 율법이 아닌 복음 아래 있지만, 율법 아래 있는 자들을 구원하고자 복음의 자유를 잠시 내려놓고 그들과 같은 처지로 내려가겠다는 것입니다.

바울은 고린도를 떠나 수리아로 가기 전에 율법적으로 서원한 것이 있어서 겐그레아 항에서 머리를 깎은 적이 있습니다(행 18:18). 예루살렘 성전에서는 나실인의 서원도 이행했습니다(행 21:17-26). 복음의 자유를 누리는 바울로서는 불필요한 율법 행위들이었지만, 율법 아래 있는 자들을 얻고자 이와 같은 율법적 순응 행위도 불사한 것입니다.

셋째 그룹은 '율법 없이 사는 이방인들'입니다. 율법 아래 사는 사람들과는 정반대 진영입니다. 바울은 세 번째 부류를 언급할 때도 특유의 신중한 조건을 답니다.

율법이 없이 사는 사람들에게는, 내가 하나님의 율법이 없이 사는 사람이 아니라 그리스도의 율법 안에서 사는 사람이지만, 율법 없이 사는 사람들을 얻으려고 율법 없이 사는 사람같이 되었습니다(21절).

'율법 없는 자들'(ἀνόμοις/아노모이스)은 말 그대로 모세의 율법을 받지 못한 이방인들입니다. 율법 아래 있는 유대인들과 정반대 진영에 속한 사람들입니다. 그러나 이들은 '율법 바깥에'(outside the law) 사는 사람들일 뿐, '무법자들'(the lawless)이나 '불법자들'(the illegal), '악한 자들'(the wicked)은 아닙니다. 바울이 율법 없는 자들을 얻기 위해서 그들처럼 율법 없는 자가 되었다는 말을 곡해해서 그가 무(無)율법주의자나 반(反)율법주의자가 되었다고 해석하면 곤란합니다. 바울은 결코 율법 무용론자나 율법 폐기론자가 아닙니다!

이런 오해를 불식(拂拭)하고자 바울은 매우 중요한 조건을 삽입합니다. 자신이 '하나님께 율법 없는 자'(ἄνομος θεοῦ/아노모스 데우)가 아니요, '그리스도의 율법 아래 있는 자'(ἔννομος Χριστοῦ/엔노모스 크리스투)라는 사실을 강조합니다. '율법 없는 자'처럼 되었다고 해서 자기 멋대로 사는 방종주의자 아니라, 그리스도의 새로운 율법 아래 있으면서 하나님을 향해서 윤리적으로 더더욱 엄격하게 산다는 말입니다(고후 4:10-12; 갈 2:19-20; 빌 2:5-8; 3:10-11; 고전 11:1 참조). 자신이 하나님을 향해 율법이 있는 자요, 그리스도의 새로운 율법 아래 있는 자이지만, 그런데도 율법 없는 자들을 얻고자 그들의 처지로 내려왔다는 것뿐입니다. 바울이 이방인을 위한 사도로서 '이방인 개종을 위한 율법 강요'를 배격한 것은 유명합니다.

약한 자들에게는 약한 자가 되고

가장 흥미로운 그룹은 네 번째입니다.

믿음이 약한 사람들에게는, 약한 사람들을 얻으려고 약한 사람이 되었습니다(22a절).

유대인은 인종, 율법 아래 있는 자와 율법 없는 자는 종교 문화와 각각 관련된 범주라고 한다면, '약한 자'는 인종 종교 문화 신분 계급성 등등 인간 삶의 모든 영역에서 힘이 밀리는 약자 쪽을 말합니다. 바울이 세 그룹을 예로 든 것은 넷째 그룹을 강조하고자 준비 단계로 그랬다는 인상이 듭니다.

고린도전서의 문맥 상황으로 볼 때 약한 자는 **직접적으로는** 율법 잔재를 떨쳐내지 못하고 우상 제물 먹는 문제를 꺼리는 미숙한 교인들을 말할 것입니다. 하지만 맨 마지막 그룹으로 약자들을 거론한 것은 **여하한 종류의** 강자와 약자의 우열 관계에서든지 간에 약한 진영에 속한 이들을 초점으로 삼으려는 의도 때문입니다.

새번역은 약한 자를 특정하려는 과욕 때문에 '**믿음이 약한 사람들**'로 번역했지만, 헬라원어 성경에는 '믿음이'라는 수식구 없이 'ἀσθενέσιν'(아스데네신), 즉 '약한 자들에게'(to the weak)로만 되어 있습니다. '믿음' 뿐만 아니라 모든 영역에 걸친 약자들을 고려해서 개방된 형태로 표현한 것입니다!

강자와 약자는 기본적으로 신분이나 계급상의 우열 관계처럼 보이지만, 외적인 상태와 기준에 의해서만 기계적으로 두 진영이 나뉘는 것은 아닙니다. 믿음의 영역에서 신분이 낮은 사람이 성숙한 강자가 될 수 있고, 높은 사람이 미숙한 약자가 될 수 있습니다. 건강에서도 계급이 높은 사람이 불치병을 앓는 등 약자이고, 낮은 사람이 건강한 강자일 수 있습니다. 회사에서도 사장이 강자이고 부하 직원이 약자처럼 보이지만, 때때로 격렬한 노사분규가 보여주듯이 직책과 무관하게 사장이 약자의 처지로 내몰릴 때도 있습니다. 바울이 말하는 약자(die Schwachen)는 외적인 신분이나 계급과 상관없이 밑으로 내몰릴 수 있는 처지의 모든 사람을 고려한 포괄적 용어입니다. 존중과 배려와 사랑의 돌봄이 필요한 모든 부류의 '곤궁한 사람'(person in need)을 일컫는 신학 용어입니다. 그러므로 누구나 강자도 되고 약자도 될 수 있습니다.

바울은 자신이 "강자에게는 강자가 되었다"는 말을 하지 않습니다. 부자를 얻고자 부자가 된다거나 권력자를 얻고자 권력자가 된다는 뉘앙스를 보이지 않습니다. 게다가 세 그룹을 언급할 때 사용한 'ὡς'(호스 /as/like/~처럼)와 같은 종속 접속사를 넷째 그룹에는 쓰지 않습니다. 다시 말해 "내가 약한 자와 같이 되었다"(I became as the weak)가 아니라, "약한 자가 되었다"(ἐγενόμην ἀσθενής/에게노멘 아스데네스/I became weak) 고 직설적으로 표현합니다.

자유인이 종의 자리로 내려오는 것은 "약자를 존중하고 배려해서 자신이 그 약자"가 되는 일입니다. 이것은 예수 정신이 "높은 곳에서 낮은 곳으로 내려오는"("from upward to downward" mobility) "κένωσις" (케노시스) 정신(빌 2:5-8)이기 때문에 바울은 어떤 사람을 만나든지 간에 높은 자리에서 낮은 곳으로 내려와 겸손히 섬김으로써 복음을 전하겠다는 자세를 보입니다.

복음 전파의 자세를 밝히는 소단락의 결론은 23절입니다.

내가 복음을 위하여 모든 것을 행함은 복음에 참여하고자 함이라.

누구에게도 얽매이지 않는 자유인임에도 스스로 종의 자리로 내려온 목적은 복음을 전파하기 위함입니다. 복음에 동참해서 복음이 더 널리 확장하게 하려는 것입니다. "유대인에게는 유대인처럼, 이방인에게는 이방인처럼"이라는 슬로건이 자칫 줏대 없는 카멜레온처럼 생각될 수 있습니다. "영혼을 건질 수만 있다면 뭐든지 다 할 수 있다"는 가벼운 실용주의가 아닌가 의구심을 살 수가 있습니다. 바울은 결코 복음의 본질을 포기하지 않습니다. 복음이 전하는 메시지에는 추호도 타협이 없고, 다만 복음을 듣는 피전도인의 정치 사회 문화 종교 등등의 모든 처지에 걸맞게 순응하면서 복음을 전하겠다는 자세입니다. 복음의 메시지는 한결같되 복음을 전하는 메신저는 자신의 자유와 권리를 포기하고 종의 자리에 서서 상황에 맞게 변하겠다는 신축성을 보입니다.

형제자매 여러분, 하나님께서는 여러분을 부르셔서, 자유를 누리게 하셨습니다. 그러나 여러분은 그 자유를 육체의 욕망을 만족시키는 구실로 삼지 말고, 사랑으로 서로 섬기십시오(갈 5:13).

5. 내 몸을 쳐 복종하게 함은

고전 9:24-27

그리스도의 마음: "위에서 아래로!"

8장에서 바울은 우상 제물 먹는 문제를 그리스도인의 자유와 연관시켰습니다. 그리스도인은 우상에게 바친 제물을 먹을 수 있는 자유가 있습니다. 그러나 기독교로 개종했다고는 하나 아직도 구약의 음식 규례에 얽매인 신자들은 우상 제물을 먹을 때 혹시나 오염되지 않을까 전전긍긍했습니다. 이것은 음식이 아닌 신앙 양심의 문제이기에 누가 설득한다고 해서 해결될 일이 아닙니다. 바울은 그런 형제자매를 실족시키지 않기 위해서 스스로 우상 제물을 먹을 수 있는 자유를 포기하겠다고 말씀합니다(고전 8:13). 바울은 '음식'(βρῶμα/브로마/food)이라는 중립어를 씁니다. 자신은 대수롭지 않게 여기는 모든 종류의 음식이 양심이 예민한 형제자매에게는 심각한 문제일 수 있습니다. 예컨대 담배나 술은 개인의 기호일 뿐, 구원과 직결되지 않습니다. 그런데도 주초(酒草)를 죄로 여기는 사람이 있다면, 그가 걸려 넘어지지 않도록 스스로 술과 담배를 끊거나 적어도 그 사람 앞에서만큼은 삼가겠다는 것이 바울의 자세입니다.

9장으로 넘어와 그리스도인의 자유는 바울이 고린도교회에 정당하게 요구할 수 있는 권리 문제로 확대됩니다. 세상의 경제 원리나 구약의 율법, 심지어 예수님의 가르침으로 보더라도 바울이 고린도교회에 보수를 요구할 권리는 차고도 넘칩니다. 그러나 복음 전파 사역이 자본주의 경제 논리에 휩쓸리지 않게 할 요량으로 바울은 그 권리를 기꺼이 포기하겠다고 선언합니다.

자유와 권리는 복음 전도와 선교 사역의 근본 원리를 제시하는 데까지 이어집니다. 먼저 전도와 선교의 범위는 '모든 종류의 사람'(πᾶσιν/파신/all people)에게까지 두루 미칩니다.

> **하나님은 모든 사람이 구원을 받으며 진리를 아는 데에 이르기를 원하시느**
> **니라(딤전 2:4).**

그다음에 전도하고 선교할 때 채택하는 수단과 전략은 'πάντως'(판토스), 즉 '모든 가능한 방법'(by all possible means)을 총동원해야 합니다. 한 영혼이라도 더 건질 수 있다면, 그 어떤 전도 수단과 그 어떤 선교 전략도 마다하지 말아야 합니다.

> **나와 같이 모든 일에 모든 사람**(πάντα πᾶσιν/판타 파신/everybody in ev-
> **ery way)을 기쁘게 하여 자신의 유익을 구하지 아니하고 많은 사람의 유익**
> **을 구하여 그들로 구원을 받게 하라(고전 10:33).**

가장 중요한 것은 전도자 혹은 선교사의 복음 전파 자세입니다. 모든 종류의 사람에게 모든 가능한 수단을 총동원해 복음을 전할 때마다 전도 말을 듣는 사람의 상황을 존중하고 배려하면서 그를 섬기는 종의 자리로 내려가는 자세입니다. 바울은 이런 종의 자세를 'πάντα'(판타), 즉 '모든 것'(all things)이 되는 것으로 정의합니다. "유대인들에게는 유대인처럼", "율법 아래 있는 사람들에게는 율법 아래 있는 사람처럼", "율법 바깥에 있는 사람들에게는 율법 바깥에 있는 사람처럼" 그 사람의 처지로 내려가 섬기는 종의 모습으로 복음을 전파하라는 것입니다. 이런 원리는 우리가 처할 수 있는 모든 상황으로 확대될 것입니다.

"모든 사람에게, 모든 가능한 방법을 총동원해, 모든 것"이 되는 전도와 선교의 대원리는 "약한 자들에게는 약한 자가 된다"(ἐγενόμην τοῖς ἀσθενέσιν ἀσθενής/에게노멘 토이스 아스데네신 아스데네스/to the weak I became weak) 는 정신과 자세로 요약 귀결됩니다. 빈부귀천, 남녀노소, 인종, 경제 지위, 계급, 신분, 성 등등의 차이를 뛰어넘어 돌보고 섬겨야 할 약한 자에게 그 자리로 내려가 약한 자가 되라는 것입니다.

험악한 세상살이를 하다 보면 누구나 약해질 수 있습니다. 마음도 약해지고, 몸도 약해질 수 있습니다. 믿음도 약해지고, 경제도 약해질 수 있습니다. 삶의 모든 영역에서 약해질 수 있습니다. 이것은 신분이나 직책의 높고 낮음과 상관없습니다. 때때로 건강이나 믿음에 사장이 약자가 되고, 직원이 강자가 될 수 있습니다. 중요한 것은 어떤 이가 어떤 영역에서 약해졌을 때 우리는 그와 같이 약한 자가 되어서 그를 섬기는 종이 되어야 한다는 사실입니다. 이것은 연약한 사람의 처지로 내려가 똑같이 약한 자가 되어서 돌보고 섬기는 것이 '성육신의 본질'이기 때문입니다. 빌립보서 2:5-8은 최고의 강자이신 예수님이 어떻게 우리와 같은 약자가 되셨는지를 한 폭의 그림처럼 묘사합니다.

> … 곧 그리스도 예수의 마음이니 그는 근본 하나님의 본체시나 하나님과 동등됨을 취할 것으로 여기지 아니하시고 오히려 자기를 비워 종의 형체를 가지사 사람들과 같이 되셨고 사람의 모양으로 나타나사 자기를 낮추시고 죽기까지 복종하셨으니 곧 십자가에 죽으심이라.

세상의 논리는 약육강식(弱肉強食), 즉 "강한 자에게는 강한 자로", 아니면 "약한 자에게는 강한 자로"이지만, 그리스도인은 예수께서 친히 본을 보여주신 그대로 "약한 자에게는 약한 자"로 언제나 위에서 아래로 내려가는 자세로 살아야만 합니다. 이것이 누구에게도 예속되지 않은 자유인이지만, 스스로 모든 사람의 종으로 내려오는 자세입니다.

상을 받을 수 있도록 달리라

자유와 권리가 있지만 오로지 복음을 위해서, 복음을 듣는 형제자매의 구원을 위해서 그 자유와 권리를 제한하겠다고 선언한 바울은 이 원리를 고린도인들과 자신에게 엄격하게 적용합니다. 그 당시 아테네와 고린도와 같은 로마의 대도시에서 열리던 운동 경기를 비유로 들어 권고합니다.

바울이 활약한 시대에는 4년마다 올림픽 경기가 열렸습니다. 고린도에서도 2년에 한 번씩 올림픽 다음으로 유명한 '이스트미아 경기'(Isthmian Games)가 개최되었습니다. 사로니코스만(灣)에 위치한 고린도에서 14킬로미터 정도 떨어진 이스트미아 지협(地峽)에서 봄마다 열리는 대축제입니다. 바울은 고린도에 체류하면서 이스트미아 운동 경기를 지켜보았을 것입니다. 로마 제국 전역에서 몰려든 선수들과 관중이 천막 아래에서 구슬땀을 흘리면서 연습도 하고 구경도 하는 모습을 생생하게 목격했을 것입니다. (그 천막들 가운데는 바울이 만든 것도 있었겠지요!) 바울은 고린도 시민이라면 누구나 다 아는 운동 경기를 예로 들어 최대한 시청각 효과를 높입니다. 운동 경기를 비유로 해서 고린도 공동체에 권고한 뒤에 자신을 엄하게 다그치는 순서로 말씀합니다.

경기장에서 달리기하는 사람들이 모두 달리지만, 상을 받는 사람은 하나뿐이라는 것을 여러분은 알지 못합니까? 이와 같이 여러분도 상을 받을 수 있도록 달리십시오(24절).

바울은 두 종목을 예로 듭니다. '달리기'(running)와 '권투'(boxing)입니다. 교회에 권고할 때는 달리기 비유만 들고, 자신의 결심을 피력할 때는 달리기와 권투 비유 모두를 적용합니다. 당시 올림픽 경기에는 개인전만 있었고, 단체전은 없었습니다. 축구나 농구와 같은 집단 경기가 있었더라면 우승해서 상을 받는 선수가 여럿이었을 텐데, 개인전만 가능했기에 상을 받는 사람은 하나였습니다. 올림픽에는 6가지 기본종목이 열렸습니다. 달리기, 레슬링, 높이뛰기(멀리뛰기), 권투, 투창, 원반던지기였습니다. 가장 일반적인 경기가 '달리기'였기에 바울은 달리기를 예로 들어 훈련과 절제의 중요성을 강조합니다.

참가한 선수들이 다 열심히 달린다고 할지라도 1등은 한 사람밖에 없습니다. "상을 받는 사람은 한 사람밖에 없다"는 사실을 언급할 때 바울의 강조점은 '한 사람'이 아니라 '상을 받는다'에 있습니다. (단체전이 있었더라면 바울의 비유는 훨씬 더 풍부해졌을 것입니다.) 이런 이유로 바울은 고린도인들에게 1등이 되라고 하지 않고, "이와 같이 상을 받도록 달리라"라고 권면합니다. 곰곰이 생각해보면 바울과 같이 신중하고 섬세한 대석학이 기독교인의 삶이 운동 경기와 같은 '경쟁'(contest)이니 다른 사람을 물리쳐 1등 해서 상을 받도록 하라고 가르칠 리 만무합니다. 그러기에 '우승하는 한 사람'도, '상을 받는 것'도 진짜 요점은 아닐 것입니다. 이것은 "상을 받을 수 있도록 달리라"라는 권고 앞에 붙은 '이와 같이'(οὕτως/후토스/in such a way)라는 부사가 잘 말해줍니다. "상을 받을 수 있도록 달려야만 한다"는 데 강조점이 있습니다. 그렇게 되기 위해서 가장 중요한 것은 무엇일까요? '극기'(克己/self-control) 훈련입니다.

> 경기에 나서는 사람은 모든 일에 절제를 합니다. 그런데 그들은 썩어 없어질 월계관을 얻으려고 절제를 하는 것이지만, 우리는 썩지 않을 월계관을 얻으려고 하는 것입니다(25절).

올림픽에 참가하는 선수마다 금메달을 목표로 피눈물 나는 연습을 합니다. 몇 달 몇 년 동안 피눈물 나는 훈련에 매진합니다. 권투나 레슬링과 같이 체급이 정해진 경기에는 체중 조절이 중요합니다. 체중을 감량하거나 증량해야 하는데, 보통 어려운 일이 아닙니다. 먹는 것 잠자는 것 노는 것도 마음대로 할 수 없습니다. 그러므로 운동선수가 우승하기 위해서 가장 중요한 미덕은 '절제'입니다.

'상'(βραβεῖον/브라베이온/prize)의 본질이 중요합니다. 그 당시 올림픽에서 우승하면 솔잎이나 셀러리(celery) 등으로 만든 '월계관'(στέφανος/스테파노스/crown)을 상으로 받았습니다. 오늘과 같이 금메달을 받았더라면 오래라도 가겠지만, 솔잎이나 셀러리로 만든 관은 금방 썩고 맙니다. 바울은 운동선수가 받는 상은 썩어 없어질 월계관이지만, 그리스도인이 받을 상은 영원히 썩지 않을 면류관, 즉 '의의 면류관'(딤후 4:8), '생명의 면류관'(약 1:2), '영광의 면류관'(벧전 5:4)이라는 사실을 강조합니다. 불멸의 면류관은 그리스도를 통해 얻는 구원, 즉 종말론적인 최종 '승리의 상'(Siegespreis)인 '영생'을 말합니다. 올림픽에서 시들고 말 월계관을 얻기 위해서도 '모든 일에' 치열한 극기 훈련을 한다면, **하물며** 영원히 시들지 않을 영생의 면류관을 얻기 위해서는 얼마나 더 치열하게 절제 훈련에 몰입해야 할까요?

내 몸을 쳐 굴복시키리라

절제 훈련은 바울이 경기 비유를 그리스도인의 한 모범(example)으로서의 자신에게 적용하는 데에서 더욱 강화됩니다. 모든 그리스도인이 영원히 썩지 않을 영생이라는 면류관을 얻기 위해서 극기 훈련을 해야 한다면, 이것은 더더욱 자신에게 적용해야 할 문제입니다. '그러므로'(τοίνυν/토아넌/therefore)라는 부사가 이와 같은 논리 흐름을 잘 보여줍니다. 바울은 절제와 관련해서 "~을 하지 않겠다"라는 부정형과 "~을 하겠다"라는 긍정형으로 나누어서 자신의 결심을 밝힙니다.

절제와 관련된 바울의 단호한 결심	
부정형 (26절)	① 나는 목표 없이 달리듯이 달리기를 하지 않는다(I do not run like a man running aimlessly).
	② 나는 허공을 치듯이 권투를 하는 것이 아니다(I do not fight[box] like a man beating the air).
긍정형 (27a절)	나는 내 몸을 쳐서 굴복시킨다(I punish my body and enslave it).

당시에는 무의미하고 잔인한 격투기가 난무했습니다. 사람이 맹수와 싸우기도 했고, 사람끼리 목숨을 걸고 싸우기도 했습니다. 검투사 대부분은 죄수였기에 피 튀기는 격투는 죄인을 징벌하는 수단에 불과했습니다. 관중은 선수가 죽든 살든 상관없이 오락거리로 즐기기만 하면 됩니다. 이런 싸움이야말로 아무 목적도 없는 무의미한 시합입니다.

달리기의 생명은 말 그대로 힘써 내달리는 데 있습니다. 100미터 경주 선수가 목표에 집중하지 않고 대충대충 걸어서는 우승할 수 없습니다. '그리스도인의 삶'이라는 달리기 경주를 할 때 '목적 없이'(ἀδήλως/아델로스/aimlessly) 하지 않습니다. 달리기 선수는 결승선을 목표로 달립니다. 그러기에 바울은 복음을 위해, 한 영혼이라도 더 구원하려는 일념을 목표로 하루하루를 살아갑니다.

권투에서 중요한 것은 상대편의 정확한 신체 부위에 정밀한 펀치를 날려 득점하거나 상대편을 KO 시켜 때려눕히는 일입니다. 헛주먹질해서는 안 됩니다. 헛주먹질은 혼자서 하는 권투 연습 '새도복싱'(shadow-boxing)에서 두드러집니다. 링 위에서 상대 선수와 싸우지 않고 홀로 연습하는 것이기에 유효타를 날릴 수 없습니다. 적수에게 주먹을 날리지 않고 공중에다 대고 헛주먹질을 하는 것은 달리기 선수가 결승선을 주목하지 않고 맹목적으로 달리는 것처럼 허망한 일입니다.

바울은 복음 전파라는 삶의 목적이 분명했기에 이 목표에 도달하고자 절제에 최선을 다했습니다. 복음을 위해서 자신의 자유와 권리를 양도하는 행위는 절제 없이 될 수 없습니다. 그리하여 바울은 절제와 극기를 위해서 자기 몸을 쳐서 굴복시킨다고 고백합니다. '몸'(σῶμα/소마/body)은 영혼에 반(反)하는 고깃덩어리가 아닙니다. 바울은 결코 육체를 멸시하고 영혼만 소중하게 여기는 '영지주의적 이원론자'(gnostic dualist)가 아닙니다. 그러기에 몸은 영혼과 육체 모두를 아우르는 우리의 '인격'(self) 전체를 말합니다.

'치다'는 헬라어로 'ὑπωπιάζω'(휘포피아조)인데, '눈두덩이 밑을 가격하고'(strike under the eye), '시퍼렇게 멍이 들게 한다'(to give a black eye to)는 뜻입니다. 바울은 권투 선수가 정확한 펀치를 날리듯이 '자아'(self) 전체를 정밀 타격해서 넘어뜨립니다. '자신을 쳐서 넘어뜨린다'

는 말은 금욕 고행의 삶을 산다는 뜻이 아니라, 육체의 본능적 욕심에 끌려다니지 않고 '자제'(self-restraint)하며 살겠다는 결심입니다. 바울이 우상 제물 먹는 자유를 포기하고 재정 지원 권리를 양도하고 자비량 선교를 하는 것, 한마디로 '자유인에서 종의 자리로 내려오는 삶'은 자제 훈련 없이 불가능합니다.

바울은 27절 후반부에서 자기 몸을 쳐서 복종시키는 목적을 밝히는 것으로써 9장의 결론을 맺습니다.

그것은 내가, 남에게 복음을 전하고 나서 도리어 나 스스로는 버림을 받는, 가련한 신세가 되지 않으려는 것입니다.

이 구절은 해석하기 쉽지 않습니다. 바울이 타인에게 복음을 전해서 구원받게 했는데, 정작 자기관리를 잘못해서 자신은 구원을 상실할 수 있다는 말일까요? '버림받은'이라는 형용사는 헬라어로 ἀδόκιμος(아도키모스)인데, 시험에 떨어져서 '실격당하는 것'(unqualified/disqualified)을 의미합니다. '인정받은'(proven/bewährt)이라는 δόκιμος(도키모스)의 반대말이기에 '인정받지 못한', '부적합한'이라는 뜻도 있습니다. 따라서 '구원을 상실한다'고 번역하는 것은 지나치기에 NIV가 의역한 것처럼 '상을 받기에 실격인'(disqualified to the prize) 혹은 '상 받기에 적합지 않은'(unfitting to the prize)으로 번역하는 것이 좋을듯싶습니다. 달리기 선수가 목표물에서 벗어나 실격패를 당하는 것과 같습니다. 자제력이 부족한 권투 선수가 체중 감량에 실패해서 실격당하는 것과도 비슷합니다. 달리기나 권투 선수가 자신의 자유와 권리만 내세운 나머지 목표물에 올인하지 못하거나 극기 훈련을 등한시해서 실격당해 상을 받지 못하듯이, 바울 역시 남을 구원한다고는 하나 자유나 특권을 포기하는 '극기 훈련'(Bewährungsprobe/입증 시험)을 제대로 하지 못할 경우 최후 심판 날에 상 받는 일에 실패할 수 있다는 '자기 경고'입니다. 바울이 자기 검열을 더더욱 매섭게 하겠다는 다짐은 고린도 교인들에게도 좋은 자극 과 표상(表象)이 될 것입니다.

6. 본보기로 삼아 깨우치고자

고전 10:1-13

세례와 성찬으로 본 이스라엘과 그리스도인의 관계

9:1-13은 출애굽 당시의 역사적 실례를 들어서 우상 제물을 먹다가 우상 숭배에 젖어 들 가능성이 있는 고린도 교인들을 엄중하게 경고합니다. 고린도와 같은 로마의 항구 도시에는 워낙 다양한 우상 잡신들이 있었고, 이 신들을 섬기는 신전들도 즐비했기에 제사가 끝난 뒤에 신전에서 제물을 먹는 뒤풀이 잔치가 다반사로 일어났습니다. 고린도교회의 헬라계 이방 신자들에게 이런 생활은 몸에 배어 친숙했기에 교회에 들어온 다음에도 쉽게 떨쳐낼 수 없었던 것입니다.

예수를 믿어 구원받고 하나님의 가족으로 편입시키는 '세례'를 받고 그리스도의 십자가 죽음을 기억하고 감사하는 '성만찬' 예식에 주기적으로 참여하면서도 이런 악습을 끊어내지 못하는 교인들이 있었습니다. 이런 자들이야말로 믿음이 강한 자로 자부하면서 그리스도인의 자유와 권리를 마음껏 행사할 수 있다고 주장하지만, 약자를 배려하고 존중하는 낮은 자리로 내려가 자신의 자유와 권리를 제한하는 절제 훈련을 받아야 합니다. 바울은 자제 훈련에 실패한 운동선수가 상을 받을 수 없는 것처럼, 자유와 권리 문제에도 절제하지 않는다면 영원히 썩지 않는 영생의 면류관을 얻는 일에 실격패 당할 수 있음을 경고합니다.

8-11장은 교회에서 강자로 자처하는 이들이 버젓이 우상 신전을 들락거리며 제물 고기를 먹으면서 믿음이 연약한 자를 위험에 빠뜨리는

동시에 가증한 우상 숭배의 악습에 젖어 있던 옛날로 되돌아갈 수 있음을 경고합니다.

본문은 세 부분으로 구성됩니다. 첫째로 출애굽 당시의 역사적 사실을 상기시킵니다(1-5절). 둘째로 구약의 '출애굽 백성'을 고린도교회의 현실을 염두에 두고 그리스도인과 비교해 영적 교훈을 제시합니다(6-11절). 셋째로 이 교훈을 그리스도인의 삶 전체에 적용해 경계하는 동시에 격려합니다(12-13절).

바울이 '출애굽한 이스라엘 백성'과 '고린도 교인들'을 비교하는 목적이 있습니다. 이집트의 잡다한 우상을 섬기며 바로의 학정에 신음하던 이스라엘 백성이 모세의 영도로 '이집트를 탈출'(Exodus)한 것은 유일신 여호와 하나님을 경배하는 '언약 백성'으로 나서기 위한 자유와 해방의 여정이었지만, 수많은 이스라엘 사람들은 다시금 옛 이집트 생활을 동경해 바로와 우상이 지배하던 시대로 역행했습니다. 마찬가지로 온갖 우상이 판치는 그리스-로마 문화와 종교에 빠져 살던 고린도인들 역시 이교도 시절의 악습을 완전히 청산하지 못하고 다시금 죄악이 관영하는 세상 나락으로 '굴러떨어질 수 있음'(backsliding)을 보여주는 데 바울의 목적이 있습니다.

바울은 1-2절에서 출애굽 사건을 '세례'와 연관해서 상징적으로 해석합니다.

> 형제자매 여러분, 나는 여러분이 이 사실을 알기를 바랍니다. 우리 조상들은 모두 구름의 보호 아래 있었고, 바다 가운데를 지나갔습니다. 이렇게 그들은 모두 구름과 바다 속에서 세례를 받아 모세에게 속하게 되었습니다.

바울은 이방계 신자들이 주류를 이루는 고린도교회를 향해 이집트를 탈출한 이스라엘 사람들을 '우리 조상들'이라고 부릅니다. 그리스도 안에서 더 이상 국가나 민족이 중요하지 않기에 헬라계 신자들 역시 구약의 유대인 조상들까지 포함하는 '우주적 하나님 가족'의 일원이 되었음을 보여줍니다(롬 11:17-24; 갈 6:16 참조). 그러므로 출애굽 이야기는 고린도교회의 이방계 신자들에게도 영적 조상들의 이야기가 된 것입니다. 그러면서 이스라엘 사람들이 '구름'(cloud) 아래 있었다는 사실을 언급합니다.

> 주님께서는, 그들이 밤낮으로 행군할 수 있도록, 낮에는 구름기둥으로 앞서가시며 길을 인도하시고, 밤에는 불기둥으로 앞길을 비추어 주셨다. 낮에는 구름기둥 밤에는 불기둥이 그 백성 앞을 떠나지 않았다(출 13:21-22).

"낮에는 구름 기둥, 밤에는 불기둥"은 하나님의 임재를 말합니다. 하나님께서 이스라엘을 보호하고 친히 인도하셨다는 것입니다. 그다음에 바울은 출애굽 백성이 '바다'(sea) 가운데를 지나간 사실을 언급합니다.

> "모세가 바다 위로 팔을 내밀었다. 주님께서 밤새도록 강한 동풍으로 바닷물을 뒤로 밀어내시니, 바다가 말라서 바닥이 드러났다. 바닷물이 갈라지고, 이스라엘 자손은 바다 한가운데로 마른 땅을 밟으며 지나갔다. 물이 좌우에서 그들을 가리는 벽이 되었다"(출 14:21-22).

바울은 '구름 아래 있었음'과 '바다를 지나갔음'을 이스라엘이 모세에게 속하려고 '세례를 받은 것'으로 해석합니다. '바로'의 압제하에 우상숭배에 젖은 노예 백성으로 있다가 하나님을 자유롭게 예배하고자 '구름 아래 있고 바다를 지난 것'이 '모세'에게 속하는 세례 행위로서 비유적 해석을 한 것입니다. 고린도인들을 비롯한 모든 그리스도인을 그 옛날 우상 잡신을 섬기는 이집트에 살다가 탈출해 '물'(구름)과 '성령'(바다)으로(요 3:5) 세례를 받고 '그리스도'(모세)에게 속한 사건으로서 상징적 해석을 시도한 것입니다. 우상과 죄악이 지배하던 '이집트'를 탈출한 이스라엘이나 그리스도를 믿고 우상과 죄악에 젖은 '이교 문화'(paganism)를 청산한 그리스도인이 '동일한 구원 드라마'를 경험했다는 것이 바울의 생각입니다.

① '이스라엘 백성': 이집트의 바로에서 탈출해 **구름과 바다로 세례**를 받고 **모세**와 연합한 언약 백성	② '**고린도 교인**': 그리스-로마의 이교 문화와 종교에서 탈출해 **물**과 **성령**으로 **세례**를 받고 **그리스도**와 연합한 구원 백성

3-4절은 '성만찬'의 시각으로 출애굽 사건을 해석합니다.

그들은 모두 똑같은 신령한 음식을 먹고, 모두 똑같은 신령한 물을 마셨습니다. 그들은 자기들과 동행하는 신령한 바위에서 물을 마신 것입니다. 그 바위는 그리스도였습니다.

출애굽 백성은 광야에서 '신령한 음식'을 먹고, '신령한 음료'를 마셨습니다. '음식'(food)은 만나와 메추라기를 말하고(출 16장), '음료'(drink)는 므리바에서 마신 생수를 말합니다(출 17:1-7). 광야 생활 내내 하나님께서 만나와 메추라기라는 음식을 주셨고, 반석에서 샘물이 터지게 하셨으므로 이것은 자연에서 저절로 생긴 것이 아니라 하나님이 베푸신

'신령한'(πνευματικòν/프뉴마티콘/spiritual) 선물입니다.

바울은 이스라엘이 마신 생수가 터진 '바위'(πέτρα/페트라/rock)를 '그리스도'(Χριστός/크리스토스)로 해석합니다. 그리스도께서 이미 출애굽 사건 때에도 임재하셨다는 것입니다. 이스라엘이 마신 생수는 반석에서 왔는데, 이 반석이 '그리스도'라고 한다면 그들은 다름 아닌 그리스도로부터 생수를 얻어 마신 것입니다.

> **나를 믿는 자는 성경에 이름과 같이 그 배에서 생수의 강이 흘러나오리라**
> **하시니(요 7:38).**

바울은 구약의 출애굽 사건을 세례와 성만찬의 시각에서 비유적으로 해석합니다. 그 옛날 이스라엘이 '구름'과 '바다'로 세례를 받아 '모세'와 연합한 것처럼, 오늘 우리는 '물'과 '성령'으로 '세례'를 받아 그리스도와 연합했습니다. 이스라엘이 만나와 메추라기라는 신령한 '음식'과 반석(그리스도)에서 흘러나온 '생수'를 마심으로써 생명을 유지한 것처럼, 오늘 우리 그리스도인은 신령한 '빵'을 먹고 신령한 '포도주'를 마시는 성만찬에 참여함으로써 그리스도의 생명에 참여하게 되었습니다.

참으로 중요한 것은 "바울이 왜 **출애굽 백성**과 **고린도 교인들**을 **세례**와 **성만찬**의 관점으로 비교하느냐?"라는 질문입니다. 이스라엘이 절제 훈련에 실패해 심판받은 것을 상기해서, 세례를 받고 성만찬에 참여하는 고린도 교인 역시 자신의 자유와 권리를 절제하는 일에 실패해서 옛 세상의 이교 우상 문화로 되돌아가고 있음을 깨우치기 위함입니다.

> **그러나 그들의 대다수를 하나님께서는 좋아하지 않으셨습니다. 그들은**

광야에서 멸망하고 말았습니다(5절).

바울은 1-4절에서 '모두'(πάντες/판테스/all)라는 말을 무려 다섯 번이나 사용합니다. 출애굽 백성 '전원'(all of them)이 구름과 바다로 세례를 받아 바로에게서 벗어나 모세에게 속하게 되었고, 성만찬의 빵과 포도주와 같이 하나님이 주신 신령한 음식을 먹고 신령한 음료를 마셨습니다. 하지만 그들 가운데 '대다수'(πλείοσιν αὐτῶν/플레이오신 아우톤/most of them)가 이런 세례와 성찬의 거룩한 의미를 잃고 타락했습니다. '모두'가 하나님의 은혜로 구원의 영광에 참여했는데, '대다수'가 하나님을 실망시켰고, 그 결과 광야에서 죽고 말았습니다. '멸망했다'는 헬라어로 'κατεστρώθησαν'(카테스트로데산)인데, '널리 퍼지다'(spread out) 혹은 '산산이 흩어지다'(scatter about)라는 의미가 있습니다. 광야에 널브러진 시체를 연상시키는 표현입니다.

너희 가운데 스무 살이 넘은 사람으로, 인구조사를 받은 모든 사람들, 곧 나를 원망한 사람들은, 이 광야에서 시체가 되어 뒹굴게 될 것이다(민 14:29).

영적인 본보기로 삼아 깨우치고자

바울은 6-11절에서 출애굽 사례를 고린도교회에 적용해서 영적 교훈을 얻고자 합니다. 먼저 자신이 왜 이스라엘과 그리스도인을 비교했는지에 대해서 본심을 밝힙니다(6절).

이런 일들은, 우리 조상들이 악을 좋아한 것과 같이 우리가 악을 좋아하는 사람이 되어서는 안 된다는 것을, 우리에게 가르쳐주는 본보기가 되었습니다(6절).

이스라엘을 '본보기'(τύπος/튀포스/Vorbild)로 삼아서 오늘을 사는 그리스도인이 경계를 삼게 하도록 출애굽 사건을 되새긴다는 것입니다. 구름과 바다로 세례를 받아 모세에게 속했고, 하나님이 주신 신령한 음식과 신령한 음료를 받아먹은 이스라엘이 하나님의 은혜를 저버리고 세상의 악을 더 좋아해서 하나님의 심판을 받은 것을 경계로 삼아 우리는 그런 전철(前轍)을 밟아서는 안 된다는 것입니다. 이런 비교 목적은 11절에서 또 한 차례 강조됩니다.

이런 일들이 그들에게 일어난 것은 본보기가 되게 하려는 것이며, 그것들이 기록된 것은 말세를 만난 우리에게 경고가 되게 하려는 것입니다.

출애굽기에 등장하는 이스라엘의 죄와 타락은 오늘을 사는 우리에게 '본보기'(example)가 되고, '종말의 시대'(τέλη τῶν αἰώνων/텔레 톤 아이오논/das Ende der Zeiten)를 사는 우리에게 경종을 울린다는 것입니다. '이스라엘'과 '그리스도인'을 비교하는 목적을 밝힌 6절과 11절이 수미쌍관(inclusio)을 이루어 그 가운데 네 사건을 열거하며 고린도인들을 향해 경고합니다.

첫째는 '우상 숭배'에 대한 경고입니다(7절).

그들 가운데 얼마는 우상을 숭배했습니다. 성경에 기록하기를 '백성들이 앉아서 먹고 마셨으며, 일어서서 춤을 추었다' 하였습니다. 여러분은 그들과 같이 우상 숭배자가 되어서는 안 됩니다.

출애굽기 32장에 기록된 금송아지 숭배 사건을 떠올립니다. 바울은 이스라엘 백성이 우상을 섬길 때 앉아서 우상에게 바친 제물을 먹고 마실 뿐만 아니라, 성적으로 난잡한 주지육림(酒池肉林/orgy)을 암시하는 "일어서 춤을 추었다"(rose up to play/일어나 놀았다)라는 표현까지 가미합니다. 고린도 교인 일부가 신전 제사에 참여해 제사가 끝난 뒤에 진탕 먹고 마시는 광경을 염두에 두었을 것입니다. 이교도의 신전 제사에 참여하는 고린도 교인들이 주(主) 타깃이라고 한다면, 바울이 첫 번째 죄악으로 우상 숭배를 거론한 것이야말로 여기에서 다른 모든 죄악이 파생하기 때문입니다.

둘째는 '음행'에 대한 경고입니다(8절).

간음하지 맙시다. 그들 가운데 얼마가 간음을 하였고, 하루에 이만 삼천 명이나 쓰러져 죽었습니다.

민수기 25:1-9에 기록된 그대로 이스라엘이 모압 족속의 딸들과 음행을 저지른 사건과 직결됩니다. 육적 음행은 언제나 영적 음행인 우상 숭배와 쌍둥이처럼 붙어 다니기에 이스라엘은 모압 사람들이 섬기던 신 '바알브올'에게 머리를 숙였던 것입니다. 음행에 대한 징벌로 하나님께서 전염병을 돌게 하셔서 '2만 4천 명'이 목숨을 잃었는데(민 25:9), 바울은 '2만 3천 명'이 죽었다고 인용합니다. 천 명이나 오차가 생기는데, 왜 이런 착오가 일어났을까요? 바울이 『70인역』(LXX)을 암기해 인용했기에 기억에서 착오가 났을까요? 정확히 2만 3천이라는 숫자는 레위인의 인구 계수를 할 때 레위 남자 '2만 3천 명'이라는 기록에 나오는데(민 26:62), 바울이 이것을 혼동했기 때문일까요? 알 수 없습니다. 바울이 이스라엘의 음행 사건을 고린도 교인 일부가 유곽(遊廓)을 들락거리는 음행과 결부시킨 것은 분명합니다(고전 5:1-13, 6:12-20, 7:2-5).

셋째는 '하나님(그리스도)을 시험하는 것'에 대한 경고입니다(9절).

그리스도를 시험하지 맙시다. 그들 가운데 얼마는 그리스도를 시험하였고, 뱀에게 물려서 죽었습니다.

"뱀에 물려 죽었다"라는 말로 보건대 민수기 21:4-9에 등장하는 독뱀과 놋뱀 사건을 떠올리게 합니다. 이스라엘이 지름길로 가지 못하고 에돔 땅을 우회해서 훨씬 더 먼 길을 가게 되자 하나님과 모세를 원망했습니다. "왜 이집트에서 데리고 나왔느냐?"라며 온갖 불평을 쏟아냈습니다. 바울은 이것을 "그리스도를 시험했다"고 영적으로 해석합니다. 시험이 양심이 무디어진 불신앙에서 나온다고 한다면, 고린도인들 가운데 강자로 자처하는 이들이 우상 신전 제사에 참여하고 믿음이 연약한 자들 앞에서 보란 듯이 우상 제물을 먹는다면, 이것 역시 그리스도를 시험하는 행위라고 할 수 있습니다.

넷째는 '원망과 불평'에 대한 경고입니다(10절).

그들 가운데 얼마가 불평한 것과 같이 불평하지 마십시오. 그들은 파멸시키는 이에게 멸망을 당하였습니다.

'불평기' 혹은 '원망기'로 알려진 민수기에는 여러 차례 이스라엘이 하나님과 모세를 향해 원망하는 이야기가 나오는데, 원망을 일삼다가 "멸망당했다"라는 사실로 보건대 특히 14장에 나오는 가나안 땅 정탐 후의 원망이 연상됩니다. 바울은 고린도교회 역시 하나님과 바울에 대해 불평불만을 토로한 사실을 염두에 두고 이 사건을 언급했을 것입니다.

네 사례를 들 때 눈여겨보아야 할 대목이 둘 있습니다. 네 가지 예 모두에 '그들 가운데 얼마'(τινες αὐτῶν/티네스 아우톤/some of them)라는 표현을 씁니다. 이스라엘이 '모두 다' 구름과 바다로 세례를 받고 모세에게 속해 하나님의 백성이 되었고, 성만찬과 같이 하나님이 공급하신 신령한 음식과 음료를 먹었다고 할지라도 하나님께서 그들의 '대다수'를 기뻐하시지 않았습니다. 이제 '그들 가운데 얼마'는 노골적으로 우상 숭배와 음행과 하나님 시험과 원망을 서슴지 않아 심판당했습니다. 또 한 가지 공통점은 네 사례의 결과는 그런 죄에 가담한 사람들이 "모두 다 멸망했다"라는 사실입니다. 죄에 상응하는 준엄한 심판이 있었다는 것입니다.

바울이 오래전 구약에서 일어난 출애굽 사건을, 그것도 인종적으로 이방계 비유대인 신자가 다수인 고린도교회를 염두에 두고 현재의 기독론적 시각에서 상징적으로 해석한 것은 놀랍습니다. 그리스도를 믿고 유대인이나 헬라인이나 다 하나님의 우주적 가족에 편입된 다음에는 구약의 유대인이 겪은 사건이 '우리 조상'이 겪은 사건이 될 뿐 아니라, 현재와 무관하지 않다는 해석은 놀랍습니다.

"역사는 되풀이된다"(History repeats itself)는 말도 있듯이 출애굽 때 이스라엘이 보인 행태는 고린도인들에게 그대로 반복될 수 있고, 오늘 우리에게도 재현될 수 있습니다. 운동선수가 극기 훈련에 실패해

실격당하듯이, 그리스도인이 자신에게 주어진 자유와 권리를 함부로 남용할 때 이전의 죄악과 우상 숭배가 판치던 이교 문화로 다시 굴러떨어질 수 있다는 것입니다. 이런 점에서 바울은 구약 시대 이스라엘의 모습에서 오늘 우리 그리스도인의 모습을 읽어내고, 영적인 교훈을 찾아내 경계로 삼습니다.

경고와 격려

바울은 12절에서 이스라엘과 고린도인들을 비교하며 경계하는 목적을 밝힙니다.

그러므로 서 있다고 생각하는 사람은 넘어지지 않도록 조심하십시오.

구름과 바다로 세례를 받았고 만나와 메추라기와 반석에서 솟아난 생수와 같이 하나님이 주신 신령한 음식과 음료를 먹었던 이들 가운데 상당수가 넘어졌습니다. 절제하지 못해서 상 받는 일에 실패하고 말았던 것입니다. 고린도 교인들도 세례를 받았고 성만찬에 참여한다고 해서 그것이 영적인 나태와 해이와 타락을 저절로 막아주지는 않습니다. 9장 말미에서 말씀한 그대로 자기 몸을 쳐서 복종하는 극기 훈련을 하지 않는다면 언제 어떻게 세상으로 굴러떨어질지 알 수 없다는 경고입니다.

바울은 그리스도인들이 절제와 극기 훈련을 하는 가운데 생기는 시험에 대해서 위로와 격려의 말씀으로 결론을 맺습니다(13절).

여러분은 사람이 흔히 겪는 시련 밖에 다른 시련을 당한 적이 없습니다.

하나님은 신실하십니다. 여러분이 감당할 수 있는 능력 이상으로 시련을 겪는 것을 하나님은 허락하지 않으십니다. 하나님께서는 시련과 함께 그것을 벗어날 길도 마련해 주셔서, 여러분이 그 시련을 견디어 낼 수 있게 해주십니다.

시험은 헬라어로 'πειρασμὸς'(페이라스모스)인데, '유혹'(temptation/Versuchung)도 되고, '시험'(testing/Probe)도 됩니다. 우리를 넘어뜨리기 위해 사탄이 흔드는 계략일 수 있고, 하나님이 우리의 믿음의 정도를 떠보고 더 성숙한 신앙인으로 연단하시기 위한 시험일 수도 있습니다. 우리가 당하는 시험이 유혹이든 시련이든 간에 모든 사람이 다 겪을 만한 것입니다. 초인간적 시험 거리는 없다는 것입니다.

중요한 것은 하나님이 신뢰할 만한 분이신 까닭에 모든 시험이 하나님의 통제하에 있다는 사실입니다. 더욱이 하나님은 우리가 시험당할 즈음에 '피할 길'(ἔκβασιν/에크바신/'출애굽'[exodus]과 같은 의미, 하나님께서 이스라엘을 이집트에서 건져내신 것처럼 우리를 시험에서 건져내심)을 열어주셔서 능히 이겨내도록 도우십니다(눅 9:31의 'ἔξοδος'[엑소도스/별세/떠나가심/departure] 참조).

7. 우상 숭배를 피하라

고전 10:14-22

'우상 숭배' 경계

8:1-11:1은 "그리스도인이 우상에게 바친 제물을 먹을 수 있는가"의 문제를 다룹니다. 바울은 "먹을 수 있다, 없다"라는 단순 논리를 뛰어넘어 권리와 자유의 틀 안에서 복잡한 신학 논리를 구사합니다. 우상이 실체가 아니라 허깨비이고, 모든 음식은 선한 것이기에 먹을 수 있다는 것이 정통 신학이며, '믿음이 강한 자'의 지식입니다.

바울 역시 이런 강자 쪽에 동조하지만, 우상 제물을 먹는 문제에 양심상 예민하게 반응하는 '믿음이 약한 자'가 있을 때는 먼저 그를 존중하고 배려할 수밖에 없다는 자세를 보입니다. 지식으로는 강자의 입장이 옳지만, 약자를 사랑하는 마음을 가질 때 강자는 자신의 권리와 자유를 스스로 제한해야 마땅하다는 것입니다. 이런 맥락에서 바울은 "지식은 교만하게 하며 사랑은 덕을 세운다"(8:1)라는 고린도전서 전체를 관통하는 대원리를 내세웁니다. 바울은 우상 제물 문제를 정리하고, 결론을 내려야 합니다.

바울은 본문에서 "성만찬을 통해 그리스도의 몸과 피에 참여하는 그리스도인이 이와 동시에 우상 제물을 먹음으로써 그 제물이 바쳐진 우상에게 참여할 수 없다"는 사실을 강조합니다. 우상 제물을 먹는 것이 음식 먹는 문제가 아니라, 그 제물이 바쳐진 '귀신'을 섬기는 우상 숭배가 될 수 있기 때문입니다. 바울은 8:1-11:1 전체의 결론이라고 할 수 있는 명령문으로 말문을 엽니다.

그러므로 나의 사랑하는 여러분, 우상 숭배를 멀리하십시오(10:14).

'그러므로'(Διόπερ/디오페르/therefore)는 8장부터 시작한 '우상 제물' 주제 전체에 걸리는 접속 부사입니다. '피하라'의 헬라어 'φεύγετε'(퓨게테)는 '계속 도망쳐라'(keep running from)는 뜻입니다. "음행을 피하라"(6:18)고 했을 때와 동일한 동사입니다. 육적인 음행과 영적인 음행인 우상 숭배는 사람의 힘으로 막아내기 어렵습니다. 조사해보거나 자신의 절제력을 시험해볼 수 있는 영역이 아닙니다. 코로나바이러스와 같은 전염병 앞에서 무조건 도주하듯이 피해야 합니다. 이단 종파가 어떤 것인지 알아보고 되돌리겠다고 이단의 소굴로 들어간 이들 상당수가 이단으로 넘어갑니다. 악령이 준동하기에 이성이나 상식으로 물리치기 어렵습니다. 따라서 음행이나 우상 숭배는 삼십육계 줄행랑을 치는 것이 최고입니다. 도망가되 계속 도망쳐야 합니다. 가다가 뒤돌아보면 안 됩니다.

바울은 우상 숭배를 경계하는 교훈을 '지각 있는 사람들에게'(as to sensible people) 한다고 말함으로써 스스로 지혜 있고 합리적인 것처럼 착각하는 고린도인들을 은근히 비꼽니다(15절). 지각 있고 분별력 있는 사람들이니 바울이 말씀하는 내용을 분별력을 갖고 지각 있게 판단하라는 주문입니다.

성만찬: '그리스도에의 참여'

바울은 우상 신전을 출입하며 제사가 끝난 다음 뒤풀이 자리에서 우상 제물을 먹는 행위가 음식을 먹고 마시는 문제가 아니라, 그 제물이 바쳐진 귀신과 친교하는 우상 숭배의 형태가 될 수 있다는 사실을 논증하고자 성만찬의 신학적 의미부터 풀어냅니다.

> 우리가 축복하는 축복의 잔은, 그리스도의 피에 참여함이 아닙니까? 우리가 떼는 빵은, 그리스도의 몸에 참여함이 아닙니까? 빵이 하나이므로, 우리가 여럿일지라도 한몸입니다. 그것은 우리가 모두 그 한 덩이 빵을 함께 나누어 먹기 때문입니다(16-17절).

성만찬은 '빵과 포도주'의 이종(二種) 성찬(聖餐)으로 이뤄집니다. 예수께서 잡히시던 날 밤에 제정된 성만찬(마 26:26-28;눅 22:17-20)은 빵을 먼저 분급하고 연이어 포도주 잔을 분급합니다(고전 11:23-26). 그런데 바울은 먼저 '잔'부터 언급합니다. 그것은 특별한 의미가 있어서가 아니라, 15절에서 잔과 빵을 언급한 후 곧바로 16절에서 '성체로서의 빵'의 의미를 연결해서 설명하기 위함입니다.

바울이 잔과 빵을 말할 때 두 가지를 주목해야 합니다. 잔을 '축복의 잔'으로 부르고, "빵 하나가 여러 개로 나눠 분급된다"는 사실을 강조합니다. 포도주 잔은 우리가 그 잔을 마심으로써 그리스도의 보배로운 피에 참여하고, 이로써 모든 죄가 씻어진다는 점에서 복됩니다(εὐλογίας/율로기아스/blessed). 이것은 '귀신에게 바치는 잔'(21절)이 복되지 않다는 사실과 대비됩니다.

"하나의 빵이 성찬에 참여하는 사람의 숫자에 따라서 나뉜다"라는 사실은 "우리 모두가 그리스도의 한몸에 참여함으로써 하나가 된다"는 사실을 상징적으로 보여줍니다. 성만찬에 참여해 하나의 빵을 나눌 때마다 우리는 인종이나 신분이나 계급이나 성의 차이를 뛰어넘어 그리스도의 한몸으로 연합됩니다.

바울이 우상 제물을 다루는 맥락에서 성만찬을 예로 든 이유는 무엇일까요? 성만찬의 본질이 'κοινωνία'(코이노니아), 즉 '참여'(participation), '나눔'(sharing), '교제'(fellowship), '동업'(partnership)에 있다는 사실을 보여주기 위함입니다. 그리스도의 십자가 죽음을 기억하고 감사하는 성찬식에서 잔과 빵을 나눌 때의 중요한 신학적 의미는 '참여'입니다. 빵을 먹고 잔을 마시는 음식 섭취 행위가 아니라, 우리를 위해 십자가에 달려 돌아가신 그리스도의 삶과 죽음에 우리도 실존적으로 참여한다는 데 의미가 있습니다. 잔을 마시면서 그리스도의 피에 참여해 죄가 깨끗이 씻겨지고, 빵을 먹음으로써 그리스도의 몸에 참여해 거룩해집니다. 그러므로 성만찬은 우리를 그리스도와 '교제'하게 해서 그분의 '동반자' (partner/길벗)가 되게 하는 최고 가는 '은혜의 수단'(means of grace)입니다. '하나의 빵'을 '많은 우리'가 함께 나눌 때 우리는 다 그리스도의 몸에 참여해 하나가 됩니다.

성찬은 성찬에 참여하는 우리를 그리스도와 교제하도록 만들 뿐 아니라, 많은 우리를 하나가 되도록 결합시킵니다. 성찬에 참여하는 그리스도인은 이중의 참여와 교제를 경험합니다. **수직적으로** 그리스도께 참여해 그리스도와 하나가 됩니다. **수평적으로** 성찬에 참여하는 동료 교인들과 교제하고 연합해 한몸이 됩니다.

바울의 초점은 성만찬 자체에 있는 것이 아니라, 성만찬의 가장 중요한 신학적 의미가 '참여'와 '교제'와 '협력'에 있듯이, 우상 제물을 먹는 행위도 그 제물이 바쳐진 우상에 '참여'하는 형태의 우상 숭배가 될 수 있다는 사실을 지적하는 데 있습니다. 그러기에 성찬에 참여해 그리스도와 교제하고 연합된 그리스도인이 동시에 우상 제물을 먹고 우상 숭배에 참여하는 것은 있을 수 없다는 점을 강조합니다. 양다리를 걸칠 수 없다는 것입니다.

구약 시대의 희생 제사 후의 회식: '제단에의 참여'

바울은 제물을 먹는 행위가 단순한 음식 섭취의 문제가 아니라, 제물이 바쳐진 신성(神性/deity)에 참여하는 문제임을 보여주고자 구약의 희생 제사를 인용합니다.

> **육신상의 이스라엘 백성을 보십시오. 제물을 먹는 사람들은, 그 제단에 참여하는 사람이 아닙니까?(18절)**

구약 시대의 이스라엘에게는 하나님께 제사를 지낸 뒤 음식을 함께 나누는 관습이 있었습니다(신 14:22-26). 제사장이 먹을 수 있는 몫이 있었고, 일반 백성이 먹을 수 있는 분량이 있었습니다. 바울이 강조하고자 하는 초점은 희생 제사 후에 나누는 회식이─성만찬 예식과 마찬가지로─ '제단에 참여하는'(participating in the altar) 의미가 있다는 사실입니다. 제물을 함께 나눌 때 이스라엘은 하나님의 임재하에 제물이 바쳐진 하나님과의 언약 관계를 재확인하게 되고, 함께 제사를 드리고 함께 제물을 나누는 동료들과 선민으로서 연합됩니다. 유일신 하나님을 예배하는 이스라엘 공동체의 일원으로서 연결된다는 것입니다. 그러므로 성만찬에 참여하는 이들과 마찬가지로 제물을 먹는 이들도 음식을 나누는 것으로 그치지 않고, 제단에 '참여하는 자들'(κοινωνοὶ/코이노노이/sharers/partners/participants)이 됩니다.

이교도들의 제사 후 회식: '귀신들에의 참여'

바울이 '신약 시대의 성만찬 예식'과 '구약 시대의 희생 제사 후의 공동체 회식'을 끄집어낸 결정적 이유는 19절에 나옵니다.

그러니 내가 무엇을 말하려는 것입니까? 우상은 무엇이고, 우상에게 바친 제물은 무엇입니까?

성만찬과 이스라엘의 제사 후 회식을 인용한 본심을 두 가지 질문으로 표현합니다. "우상은 무엇이고", "우상에게 바친 제물은 무엇이냐"는 것입니다. 우상은 아무것도 아닙니다(8:4). 인간이 손으로 만든 것에 불과합니다. 이사야 44:9-20에서 말씀하는 것처럼, 목공이 나무를 찍어 우상을 만들지만, 같은 나무에서 나온 목재로 땔감이나 불을 피워 빵을 굽는 연료로도 사용합니다. 불을 때고 남은 나무토막으로 신상을 만들어 절을 합니다. 그러므로 우상은 실체가 없는 허깨비입니다.

우상에게 바친 제물은 **영적으로** 묘한 뉘앙스를 갖는다는 점에서 특이점이 있습니다. 우상 배후에 도사리고 있는 악한 영들, 즉 귀신의 세력이 있다는 것입니다. 우상이 아무것도 아님에도 불구하고 그 배후에는 인간의 영혼을 혼탁하게 만들고 병들고 망하게 하는 '악한 힘'(evil forces)이

도사리고 있다는 것입니다.

> 우리의 씨름은 혈과 육을 상대하는 것이 아니요 통치자들과 권세들과 이
> 어둠의 세상 주관자들과 하늘에 있는 악의 영들을 상대함이라(엡 6:12).

바울은 두 가지 질문, "우상은 무엇이고", "우상 제물은 무엇이냐"는
질문에 대답합니다.

> 아무것도 아닙니다. 이방 사람들이 바치는 제물은 귀신에게 바치는 것이
> 지, 하나님께 바치는 것이 아닙니다(20a절).

우상은 아무것도 아닙니다. 아무것도 아닌 우상에게 바친 제물은
어떨까요? 음식 자체는 중립적이기에 우상에게 바쳐졌다고 해서 달라질
것은 없습니다. 그런데도 바울은 우상 배후에 도사린 영적 실체(귀신들)
와 제물을 바치는 사람들의 우상 숭배적 참여 행위를 놓치지 않습니다.
그리스도인들이 보기에는 하나의 목석에 불과한 신상(神像)에게 제물을
바치고 절을 하고 비는 미신 행위에 불과하지만, 그 행위에 직접 참여하
는 사람들은 제물을 바치는 대상, 즉 '귀신들'(δαιμονίοις/다이모니오이스/
demons)에게 '참여하는 자들'(κοινωνοὺς/코이노누스/participants)이 된
다는 사실이 중요합니다.

> 너희는 하나님도 아닌 신들에게 제사를 드렸다. 너희가 알지도 못하는 신
> 들, 새롭게 나타난 새 신들, 너희 조상이 섬기지 않던 신들이다(신 32:17).

제물을 먹는 이들은 음식을 먹는 것으로 그치지 않고 귀신에 참여해 귀신과 교제하게 되는 것인데, 이것은 유대-기독교의 유일신 신앙과 양립할 수 없습니다. 우상 숭배를 미워하시는 하나님을 섬기는 그리스도 인들, 무엇보다도 주기적으로 성찬을 분급 받음으로써 그리스도의 삶과 죽음에 참여하는 그리스도인들은 제물을 먹는 식탁에 참여할 수 없습니다. 그리스도를 통해 계시된 하나님을 온전히 섬기기 위해서는 '주님의 식탁'(the Table of the Lord)과 '귀신의 식탁'(the table of demons)에 동시에 참여할 수 없습니다.

> 여러분이 귀신과 친교를 가지는 사람이 되는 것을 나는 바라지 않습니다. 여러분은, 주님의 잔을 마시고, 아울러 귀신들의 잔을 마실 수는 없습니다. 여러분은, 주님의 식탁에 참여하고, 아울러 귀신들의 식탁에 참여할 수는 없습니다(20b-21절).

바울은 신약 시대의 '기독교 회식'(Christian meal)과 구약 시대의 '유대인 회식'(Jewish meal), 우상을 숭배하는 '이교도들의 회식'(pagan meal)을 차례로 언급하면서 그 식사 자리에는 '영적인 참여'(spiritual participation)라는 보이지 않는 차원이 있음을 주목합니다. 종교 행위 후의 회식은 일반 회식과는 다른 **영적으로** 숨겨진 차원이 있다는 것입니다.

유일신 하나님을 믿으면서 성만찬 예식에 참여하는 그리스도인은 오로지 그리스도와만 연합하고 그분과만 교제해야지, 이와 동시에 우상 잡신에게 바쳐진 제물을 먹으며 귀신과 교제할 수 없다는 것입니다. 우상과 우상에게 바쳐진 음식에 대해서 분별력이 있다고 할지라도, 정통 신학을 빌미로 우상 신전을 자유롭게 출입하고 제물을 보란 듯이 먹는 행위는 자칫 귀신과 교제하는 우상 숭배의 나락으로 굴러떨어질 수 있기에 금물(禁物)입니다.

강자들에 대한 경고와 금령

우리가 주님을 질투하시게 하려는 것입니까? 우리가 주님보다 더 힘이 세다는 말입니까?(22절)

신명기 32:21을 연상시키는 경고입니다.

그들이 하나님이 아닌 것으로 내 질투를 일으키며 허무한 것으로 내 진노를 일으켰으니 나도 백성이 아닌 자로 그들에게 시기가 나게 하며 어리석은 민족으로 그들의 분노를 일으키리로다.

하나님은 '질투하시는 하나님'(출 20:5, 34:14; 신 5:9)이시므로 귀신들의 식탁에 참여함으로써 하나님을 화나게 하지 말라는 경고입니다. "우리가 주님보다 더 힘이 세단 말인가?"(Are we stronger than God?)라는 표현이 흥미롭습니다. 제물을 먹을 수 있다고 생각하는 자들은 믿음이 강하다고 자처하는 이들이고, 강자 그룹에는 바울도 속하기에 '우리'라는 일인칭 복수를 씁니다.

그러나 제아무리 믿음이 강하다고 해도 하나님보다 강할 수 없기에 바울은 강자들의 자성을 촉구합니다. 성만찬에 참여하면서도 여전히 우상 신전을 출입하며 제물을 자유롭게 먹는, 양다리를 걸친 자들에게 —'교회'와 '교회에 들어오기 이전의 세상 문화와 풍속' 둘 다를 붙들고 있다가 다시 세상으로 굴러떨어질 가능성이 농후한 자들에게— 둘 가운데 하나를 선택하라고 일갈합니다.

우상 신전을 출입하고 제물을 먹는 문제에 강경한 태도를 보이는 바울이 어떻게 강자들이 제물을 먹는 일에 양심상 꺼리는 약자들을 존중하고 배려해서 먹을 수 있는 자유와 권리를 스스로 양도하라고 부드럽게 권유할 수 있는가는 의문입니다. 바울이 염두에 둔 진리는 "인간의 마음은 우상 제조 공장"이라고 갈파한 장 칼뱅(John Calvin, 1509~1564)의 통찰인 것 같습니다. 정통 신학이나 지식으로 보건대 아무 문제 될 것이 없고, 당연한 자유요 권리이기에 "내 마음대로 하고 싶은 것을 다 하겠다"는 생각이 우상 숭배로 빠질 수 있다는 사실을 알았다는 것입니다. 문제 될 것이 없으니 맘대로 신전을 출입하고 제물을 먹는 회식 자리에 참여하다가 믿음이 약한 자들의 양심을 다치게 하는 것은 물론이고, 하나님께서 가장 미워하시는 우상 숭배의 죄를 저지를 수도 있다는 것입니다.

바울은 신전 출입이나 제물 섭취에 대해서 지식에 근거해 자유와 권리라는 이름으로 이런 행위를 당연시하는 '강자들'에게 그 지식과 자유와 권리를 제한할 것을 권고했습니다. 바울의 본심이 제물과 관련해 "지식과 자유와 권리라는 이름으로" 무언의 횡포를 저지르는 강자들을 저지하는 데 있다는 사실은 막바지에 드러납니다. 고린도인들이 지각 있는 체하며 지식으로 볼 때 제물 먹는 문제가 하등의 대수가 아니라고 생각하고, 때때로 제물을 꺼리는 약자들 앞에서 과시하고 강요하듯이 제물을 먹는 만용을 부리는데, 이것은 귀신에게 참여해 귀신과 연합하는 우상 숭배의 위험성에 빠질 수 있음을 경고합니다.

바울은 지금까지 강자의 신학 지식을 수긍하는 것처럼 일면 진보적이고 자유주의적 입장을 보였지만, 진짜 속내는 지식만으로 다 풀 수 없는 영계의 신비를 일깨우며, 제물과 관련된 '지식과 자유와 권리의 행사'가 우상 숭배의 방편으로 전락할 수도 있음을 분명히 밝힙니다. 그의 초점은 강자의 자만을 비판하고, 강자가 약자 쪽으로 내려와 섬기는 종의 자세를 취하라고 요구하는 데 있습니다.

이교 문화와 풍속의 수용은 어디까지?

바울의 교훈이 우리 시대에도 적절한 것은 우리 역시 세상의 강력한 이교 문화와 종교에 둘러싸여 있다는 현실 때문입니다. 단적으로 그리스도인이 점집을 출입하고, 사주팔자(四柱八字)를 보고, 이사 길일(吉日)을 잡는 문제를 어떻게 보아야 할까요? 직장에서 고사(告祀)를 지낼 때 어떻게 해야 할까요? 회사에 액운(厄運)이 없어지고 풍요와 행운이 오도록 비는 고사에 아무 일도 없다는 듯이 참여해도 괜찮을까요? 고사가 끝난 뒤에 소머리와 돼지머리 등 제물을 먹는 회식 자리에 참여해도 문제는 없을까요? 바울이 보기에 고사 행위 자체도 그 대상이 영적으로 귀신에게 드리는 종교 행위인 한, 얼마든지 우상 숭배가 될 수 있습니다.

천주교에 '진산(珍山) 사건'(1791)이라는 유명한 사건이 있습니다. 윤지충(尹持忠, 1759~1791)과 권상연(權尙然, 1751~1791) 등이 조상 제사를 거부하고 부모의 신주(神主)를 불태워 참수형을 당한 사건입니다. 당시에도 조상 제사가 하나의 문화적 관습이라는 의견과 명백한 우상 숭배라는 입장이 팽팽하게 대립했습니다. 그러나 교황청이 조상 제사가 미신적 요소가 많은 우상 숭배라는 지침을 하달하고, 조상 제사를 금하게 되자 금지령을 지키려던 신자들 다수가 목숨을 잃었습니다.

지식의 차원에서 조상 제사는 조상을 공경하는 동양의 미풍양속의 하나로 볼 수 있지만, 제사 음식을 조상신이 직접 먹는다는 미신을 갖는 사람들이 있고, 제사에 쓴 음식을 나누어 먹는 음복(飮福)에 대해서도 미신적 믿음이 있을 수 있기에 쉬운 문제는 아닙니다.

바울이 가르치는 원리는 우상 신전 출입이나 우상 제물을 먹는 행위에는 종교적이고 영적인 차원이 있기에 각별히 조심해야 한다는 것입니다. 제물을 바친 대상에 참여하고 교제하는 영적 차원이 있다면, 유일하신 하나님 이외에 다른 귀신들에게 참여하고 교제하는 일은 용납될 수 없을 것입니다.

8. 모든 것을 하나님의 영광을 위하여

고전 10:23-11:1

지식과 자유와 권리의 자발적 제한

바울은 10:14-22에서 기독교인의 회식인 성만찬과 이스라엘 백성의 희생 제사 후의 회식, 이교도의 우상 제사 후의 회식을 나란히 소개했습니다. 목적은 세 가지 회식에는 '참여자'(participant)와 '신적 대상'(deity) 사이에 '코이노니아'가 있다는 사실을 입증하는 데 있습니다. 종교성이 개입된 회식은 음식을 먹고 나누는 자리가 아니라, 신적 실체와 교제하고 동료와 친교하는 '코이노니아'가 개재되는 자리이기에 각별한 주의가 요청됩니다.

신학적 '지식'이나 하고 싶은 것을 할 수 있는 '자유'와 당연히 요구할 수 있는 '권리'의 시각으로 본다면, 우상에게 바쳐진 제물을 먹을 수 있습니다. 그러나 제물을 신앙 양심상 찜찜하게 생각하는 이들을 배려하고 존중한다면, 자신의 지식과 자유와 권리를 기꺼이 내려놓아야 합니다. 이것은 '지식'(γνῶσις/그노시스/knowledge)과 '자유'(ἐλευθερία/엘류데리아/freedom)와 '권리'(ἐξουσία/엑수시아/right)보다 훨씬 더 소중한 가치가 '사랑'(ἀγάπη/아가페/love)이기 때문입니다.

로마서나 고린도전서에 등장하는 '강자들'은 신학 지식과 자유와 권리를 빙자(憑藉)해 '약자들' 앞에서 제물을 얼마든지 먹을 수 있다고 생각합니다. 바울은 자신도 '강자' 진영에 속하지만, 강자들이 약자들에게 상처를 주지 않으려면 그 당연한 지식과 자유와 권리까지도 스스로 포기하는 것이 참된 그리스도인의 자세라는 사실을 역설합니다. 운동선수가 상을 받기 위해서 극기 훈련을 해야 하듯이, 강자들도 당연히 주장할 수 있는 지식과 자유와 권리를 포기하려면 '자기 몸을 쳐서 복종하는 절제'가 필요하다는 사실도 강조했습니다.

시종 강자들을 타이르는 논조의 연장선상에서 제물을 먹는 행위가 그 제물이 바쳐진 우상에게 '참여한다'는 점에서 우상 숭배가 될 수 있기에 지식과 자유와 권리로는 제물을 먹는 회식 자리에 참여할 수 있지만, 유일신 신앙을 고수하는 유대-기독교 신앙의 입장으로는 출입을 중단하는 것이 옳다고 주장했습니다. 깊은 생각 없이 어영부영 우상 회식 자리에 앉다 보면 자기도 모르게 우상 숭배의 덫에 빠질 수 있다는 것입니다.

'허용된 것'의 이중 제한

바울은 본문에서 일반 원리를 제시하고, 이 원리를 매우 구체적인 사례에 적용해서 중요한 지침을 제시합니다. 제물을 먹는 문제는 상황에 따라서 다양한 사례가 있을 수 있습니다. 그러나 어떤 시간 어떤 장소에서 발생하는 사례라고 할지라도 모든 사례의 근저에는 그리스도인이 잊지 말아야 할 기본 원리가 있습니다. 나의 지식과 자유와 권리의 행사가 이웃에게 폐를 끼친다면, 그 지식과 자유와 권리는 사랑과 배려와 존중의 정신으로 제한되어야만 한다는 원리입니다(23-24절).

새번역	'모든 것이 다 허용된다'고 사람들은 말하지만, 모든 것이 다 유익한 것은 아닙니다. '모든 것이 다 허용된다'고 사람들은 말하지만, 모든 것이 다 덕을 세우는 것은 아닙니다. 아무도 자기의 유익을 추구하지

	말고, 남의 유익을 추구하십시오.
NIV	'Everything is permissible(lawful)' — but not everything is beneficial. 'Everything is permissible' — but not everything is constructive(build up). Nobody should seek his own good(advantage), but the good of others.

"모든 것이 허용되었으나 모든 것이 유익한 것은 아니다"는 구호 (slogan)는 이미 6:12에서 언급되었습니다. 음식 문제만 보더라도 모든 음식을 먹을 수 있는 자유가 있습니다. 그러나 바울은 항상 두 가지 기준을 따져보라고 조언합니다. '유익성'과 '건덕성'입니다. 내가 술과 담배를 할 수 있는 자유가 있지만, 나의 건강이나 이웃을 배려할 때 유익하지 않습니다. 무익하고 해를 끼칠 수도 있습니다. 이웃과 공동체에 덕을 세우는 것도 아닙니다. '덕을 세우다'의 헬라어 'οἰκοδομεῖ'(오이코도메이)는 '세우다'(build up) 혹은 '건설하다'(construct)라는 뜻인데, 어떤 사람이나 공동체를 그리스도 안에서 '자라나도록 돕는 것'(edifying)을 말합니다.

지식과 자유와 권리가 '다'(πάντα/판타/all things) 허용된다고 해서 '다'(πάντα/판타/all things) 나 자신이나 이웃에게 유익이 되는 것은 아니고, '다'(πάντα/판타/all things) 나와 이웃을 세워주는 것도 아니라면 제물을 먹는 문제가 꼭 그렇습니다. 우상 숭배적 요소가 숨어있다면 자신에게나 믿음이 약한 이웃에게나 다 유익하지 않습니다. 공동체의 건덕을 세워주지 않습니다. (바울이 모든 것이 허용된 자유에 '유익성'과 '건덕성'이라는 이중 제한을 가할 때, '모두 다'라는 형용사를 연거푸 쓰는 것은 허용된 것들 가운데 일부는 유익하고 건덕을 세운다는 사실을 인정하기 때문입니다.)

이웃과 공동체에 유익을 주지 않고 건덕도 세우지 않는 'ἐξουσία'(엑수시아), 즉 '자유와 권리'는 진정한 엑수시아가 아닙니다. 진정한 엑수시아는 언제나 자신의 유익을 구하지 않고 타인의 유익을 구하는 사랑과 존중과 배려에서 비롯되기 때문입니다.

일반 시장에서 파는 고기 먹을 자유

바울은 25-30절에서 '고기 시장'(meat market)과 관련한 개인 자유의 두 가지 구체적 실례를 가정합니다. 첫째는 시장에서 파는 음식 일반에 대한 자유입니다(25-26절). 둘째는 불신자가 기독교인을 자기 집에 초대한 사례입니다(27-30절). 불신자가 초대한 식사 자리에도 두 가지 특수한 경우를 가정하는데, 바울은 각각의 경우에 따라 다르게 처신할 것을 주문합니다. 먼저 시장 정육점에서 파는 고기 문제입니다(25-26절).

새번역	시장에서 파는 것은, 양심을 위한다고 하여 그 출처를 묻지 말고, 무엇이든지 다 먹으십시오. '땅과 거기에 가득 찬 것들이 다 주님의 것'이기 때문입니다.
NRSV	Eat whatever is sold in the meat market without raising any question on the ground of conscience, for 'the earth and its fullness are the Lord's.'

고린도와 같은 로마의 대도시에서 정육점은 정중앙, 즉 광장이나 신전 가까이에 있었습니다. 우상 신전이 많았고, 제사용 고기에 대한 주문량도 많았기에 시장 중앙에서 파는 고기 상당수는 제물로 사용된 다음에 민간에 유통되기 일쑤였습니다. 이러다 보니 제물을 꺼리는 유대인들을 위해 '제물로 쓰이지 않은 고기'라는 표시를 해서 따로 팔기도

했습니다. 정육점 고기조차도 믿을 수 없을 만큼 종교적으로 오염된 상황에서 바울은 중요한 지침을 내립니다. 시장에서 파는 일반 고기는 굳이 출처를 따지지 말고 그냥 먹으라는 것입니다. 자신의 양심을 다치지 않게 하려고 일일이 어디서 왔느냐를 따지지 말고 대담하게 먹어도 좋다는 말입니다.

이런 점에서 바울은 신축성이 뛰어난 현실주의자입니다. 고기를 먹고 싶은데 고린도 시장에서 파는 고기라는 고기는 거의 다 신전 제사용으로 쓰인 것으로 의심이 됩니다. 양심에 손상을 입지 않으려고 고기마다 출처를 일일이 조사하다 보면 고기를 입에 대기 어려운 것은 물론이고, 일상생활 자체가 흔들릴 정도로 피곤해집니다. 그러므로 바울은 일반 시장에서 파는 고기는 자신의 양심을 고려해 고기의 도축 장소와 용도를 따지지 말고 그냥 사서 먹으라고 권면합니다. 고기는 고기일 뿐이므로 아무 걱정하지 말고 사서 먹어도 좋다는 것입니다. 이런 면에서 바울은 '이방인을 위한 사도'로서 유대교 율법에 얽매이지 않는 강자 그룹에 속합니다(고전 7:19 참조).

바울은 "그리스도인의 자유 행사에 관한 자유주의적 입장"의 신학적 근거로 시편 24:1을 인용합니다. "땅과 그 안에 가득 찬 것이 모두 다 주님의 것"이기 때문에, 시장에서 파는 고기를 비롯한 모든 음식의 궁극적 기원이 하나님께 있기에 감사함으로 먹어도 된다는 것입니다(롬 14:14 참조).

하나님께서 지으신 것은 모두 다 좋은 것이요, 감사하는 마음으로 받으면, 버릴 것이 하나도 없습니다. 모든 것은 하나님의 말씀과 기도로 거룩해집니다(딤전 4:4-5).

불신자가 신자를 초대한 식탁에서의 자유

바울은 흥미로운 사례를 하나 가정합니다. 불신자 가정에서 기독교 신자를 초대해서 음식을 대접하는 경우입니다. '식탁 교제'(table fellowship)가 가장 친밀한 친교라고 한다면, 바울은 기독교인이 불신자와 교제하는 것을 금하지 않습니다. 기독교인이 세상 사람들이나 그들의 문화와 완전히 단절할 것을 요구하지 않습니다.

그리스-로마 시대에 개인이 집에 식사 초대를 하는 것은 부유한 특권층만 할 수 있는 일이었기에 바울이 가정한 사례에 등장하는 '주인'(host)이나 '손님'(guest)은 모두 지체가 높은 사람들일 것입니다. 불신자의 식사 초대에는 두 가지 경우를 가정할 수 있기에 각각의 경우에 따라 조심스럽게 처신해야 합니다.

불신자가 신자를 초대한 식사의 첫 번째 사례(27절)	
새번역	불신자들 가운데서 누가 여러분을 초대하여, 거기에 가고 싶으면, 여러분 앞에 차려 놓은 것은 무엇이나, 양심을 위한다고 하여 묻지 말고, 드십시오.
NIV	If some unbeliever invites you to a meal and you want to go, eat whatever is put before you without raising questions of conscience.

여기에서 명심해야 할 것은 '불신자'(ἄπιστος/아피스토스/unbeliever)가 '신자'(πιστός/피스토스/believer)를 초대한 상황입니다. 불신자가 신자를 식사에 초대해서 음식의 출처에 대해 아무 말도 하지 않고 음식상을 차려줄 경우 신자 손님은 자신의 양심 때문에 전전긍긍할 필요 없이 그냥 먹어도 좋다는 것입니다. '일반 시장에서 나온 음식에 대한 지침'(25

절)과 동일합니다. 자신의 꺼림칙한 양심 하나에 집착해 그 음식이 우상 제물로 쓰였는지를 묻지 말고 감사함으로 먹으라는 것입니다. 이것은 그리스도인의 기본 자세가 "자신의 유익이 아닌 남의 유익을 구하는 것"(24절)이라고 할 때, 자기를 초대해 귀한 음식을 대접하는 주인을 배려하고 감사하는 것이 자신의 양심을 위해 따지는 것보다 더 중요하기 때문입니다. 그러나 조금 더 까다롭고 복잡한 시나리오를 가정할 수 있습니다.

불신자가 신자를 초대한 식사의 두 번째 사례(28절)	
새번역	그러나 어떤 사람이 '이것은 제사에 올린 음식입니다' 하고 여러분에게 말해 주거든, 그렇게 알려준 사람과 그 양심을 위해서, 먹지 마십시오.
NIV	But if anyone says to you, 'This has been offered in sacrifice,' then do not eat it, both for the sake of the man who told you and for conscience' sake.

기독교인을 식사 자리에 초대했는데 어떤 사람이 상에 차려진 음식이 우상에게 바친 제물이라는 사실을 알려줍니다. 그리하여 신자 손님이 제단에 바쳐진 '우상 고기'(idol meat)라는 사실을 명백히 알게 된 경우입니다. 바울은 "이 사실을 알려준 사람이 누구인지"와 "알려준 동기가 무엇인지"에 대해서 정확히 설명하지 않습니다. 다만 한 가지, 신자는 이 사실을 알려준 사람의 유익을 위해서, 즉 "그의 양심을 다치지 않게 하기 위해서" 그 음식을 먹지 말아야 한다는 것입니다.

그렇다면 이 정보를 제공한 사람은 누구이며, 무슨 동기로 그랬을까요? 얼핏 '유대교 배경을 가진 약자 그룹의 신자'부터 떠올릴 수 있습니다. 이 일이 불신자 가정에서 발생했다면, 그 '불신자 집에서 일하는 가노(家

奴) 신자'이거나 '함께 초대받은 동료 신자'를 상정할 수 있는데, 둘 다 "우상에게 바친 고기가 그리스도인을 오염시킨다"라는 신앙 양심을 가진 약자 그룹의 일원이라고 볼 수 있습니다. 그러나 우상 제물에 예민한 신앙 양심을 소유한 동료 신자라면, 불신자가 식사 초대를 했을 때 수락하지 않았을 가능성이 더 크기 때문에 동료 신자라고 보기는 어렵습니다.

불신자 집에서 일하는 '신자 종'이나 함께 초대받은 '신자'가 아니라면, '불신자 주인이나 그 가족' 혹은 그 집에서 일하는 '불신자 종' 혹은 '함께 초대받은 불신자 동료'일 수도 있는데, 이 경우에는 "제물이 기독교인들에게 문제가 될 수 있다"는 사실을 잘 알고 있는 불신자일 것입니다. 여기에서 중요한 것은 정보를 알리는 사람이 유대교적 용어인 '우상고기'(εἰδωλόθυτον/에이돌로뒤톤/idol meat)라는 표현을 쓰지 않고, 중립적인 용어 '제사에 올린 음식'(ἱερόθυτόν/히에로뒤톤/sacrificial meat)이라는 표현을 쓰는 것으로 보아서 유대계 약자 진영의 신자는 아닌 것 같습니다. 정보를 제공한 사람이 '어떤 사람'(τις/티스/anyone)이라는 막연한 불특정 대명사를 쓰기에 '주인'이나 그 '가족' 혹은 '종들'도 아닐 것입니다.

그렇다면 이 사실을 알린 사람은 신자와 함께 초대받은 이교도(pagan)일 가능성이 가장 높습니다. '불신자 손님'일 확률이 있다는 것입니다. 불신자 동료 손님이라고 한다면, 신자가 제물을 먹고 안 먹는 일이 "왜, 어떻게" 그의 양심에 영향을 미치는 것일까요? 어쩌면 이 불신자 동료가 신자에게 정보를 **미리** 알려준 것을 고려할 때, 신자를 시험해보려는 의도보다는 신자의 종교 문화적 배경을 잘 알기에 세심하게 배려해서 양심에 저촉(抵觸)되지 않도록 도와주려는 선한 의도로 그랬다고 볼 수 있습니다. 바울은 이런 정보를 알려준 사람과 그의 양심을 위해 사실을 알게 된 이상 그 음식을 먹지 말라고 가르칩니다. 중요한 것은 바울이 말한 양심은 '초대받은 신자의 양심'이 아닌 '정보를 발설한 사람의 양심'이라는 사실입니다.

> **내가 여기에서 양심이라고 말하는 것은, 내 양심이 아니라, 다른 사람의 양심입니다(29a).**

동료 불신자 손님은 제물이 기독교인들에게 문제가 된다는 사실을 잘 알고 있었기에 어떤 도덕적 의무감으로 이 사실을 미리 귀띔해주었을 것입니다. 이때 신자는 제물을 먹을 수 있는 자신의 **자유**보다 자신의 처지를 염려해 사실을 미리 알려준 불신자의 **유익**을 구하기 위해 음식을 입에 대지 말아야 합니다. 이런 맥락에서 바울은 계속 신자 자신의 유익이 아닌 불신자의 유익을 구해야 한다는 사실을 강조합니다.

> **어찌하여 내 자유가 남의 양심의 비판을 받아야 하겠습니까? 내가 감사하는 마음으로 참여하면, 내가 감사하는 그 음식 때문에 비방을 받을 까닭이 어디에 있습니까?(29b-30절)**

신자가 어떤 음식이든지 먹을 수 있는 자유가 식탁 위의 음식이 제물이라는 사실을 알려준 사람의 양심에 의해 판단 받게 해서는 안 된다는 것입니다. 누군가 신자에게 상에 차려진 음식이 우상에게 바친 제물이라는 사실을 알려주는 이유는 신자를 배려해서 미리 귀띔해준 것인데, 신자가 자신의 자유만 앞세운 나머지 불신자의 배려를 무시하고 보란 듯이 음식을 먹는 행위는 그 정보를 알려준 사람의 양심을 해칠 수 있습니다. 이 경우 신자의 자유가 타인의 양심에 의해 판단 받게 됩니다. 그러므로 어떤 음식이든지 간에 하나님과 이웃에게 감사하는 마음으로 참여해야 할 식사 자리가 다른 이의 유익을 구하지 않고 내 자유만 고집한 나머지 비방 받는 자리로 변질되게 해서는 안 될 것입니다.

모든 것을 하나님의 영광을 위하여

바울은 우상 제물에 관해 세 가지 결론을 내립니다(10:31-11:1). 8장부터 시작된 주제 전체의 결론이라고 할 수 있는데, 세 가지 명령어로 요약됩니다.

> ① 모든 것을 하나님의 영광을 위해 하라(Do everything for the glory of God).
> ② '걸림돌'(거치는 자)이 되지 말라(Do not cause anyone to stumble).
> ③ 나를 본받는 자가 되라(Be imitators of me. Follow my example).

첫째로 무엇을 하든지 하나님의 영광을 위해 해야 합니다.

그러므로 여러분은 먹든지 마시든지, 무슨 일을 하든지, 모든 것을 하나님의 영광을 위하여 하십시오(31절).

제물을 먹는 문제뿐만 아니라 '모든 일'(πάντα/판타/whatever)을 하나님의 영광을 위해서 해야 합니다. 음식을 먹는 문제가 하나님의 영광을 가린다면 포기해야 합니다. 식사를 비롯한 모든 일에 우리가 명심해야 할 기준은 "이 일이 하나님께 영광이 되느냐? 안 되느냐?"입니다.

둘째로 모든 일에 누구에게나 구원의 걸림돌이 되지 말아야 합니다

(32-33절).

새번역	여러분은 유대 사람에게도, 그리스 사람에게도, 하나님의 교회에도, 걸림돌이 되지 마십시오. 나도 모든 일을 모든 사람의 마음에 들게 하려고 애씁니다. 그것은, 내가 내 이로움을 구하지 않고, 많은 사람의 이로움을 추구하여, 그들이 구원을 받게 하려는 것입니다.
NIV	Do not cause anyone to stumble, whether Jews, Greeks or the church of God — even as I try to please everybody in every way. For I am not seeking my own good but the good of many, so that they may be saved.

바울 당시 유대인의 세계관은 온 세상이 '유대인'과 '비유대인', 즉 '유대인'과 비유대인을 대표하는 '헬라인' 두 부류로 구성되었다는 것인데, 제3 그룹으로 '하나님의 교회'(ἐκκλησία τοῦ θεοῦ/에클레시아 투 데우/church of God)를 듭니다. '유대인들'은 구약의 율법 아래 사는 사람들이고, '헬라인들'은 율법 밖에 있는 사람들인데, 이들과 구별되는 제3 진영, 즉 유대인이든 헬라인이든 그리스도의 복음 아래 사는 '교회 사람들'이 있습니다. 중요한 것은 누구에게도 "걸림돌이 되지 말아야"(ἀπρόσκοποι/아프로스코포이/not causing anyone to stumble, 고전 8:9 'πρόσκομμα'[프로스콤마/stumblingblock]의 부정형 형용사) 한다는 사실입니다. '걸림돌' 혹은 '거치는 자'는 어떤 사람일까요? 자신의 유익만 구해서 이웃을 구원받지 못하도록 가로막는 사람입니다. 자신의 이기심만 계산해서 지식과 자유와 권리를 행사한 나머지 다른 이를 걸려 넘어지게 하고 복음을 못 듣게 해 구원에 이르지 못하게 하는 사람입니다.

이런 이유로 바울은 자신이 "모든 일에 모든 사람"(πάντα πᾶσιν/판타 파신/everyone in everything)을 기쁘게 하는 삶을 산다고 고백합니다.

바울을 비롯한 누구도 "모든 일에 모든 사람을 기쁘게 하는 것"(to please everyone in everything)은 불가능합니다. 유대인을 기쁘게 하다 보면, 헬라인은 기쁘지 않습니다. 헬라인을 기쁘게 하다 보면, 유대인이 실망합니다. 현실적으로 불가능한 말이지만, 적어도 한 영혼이라도 더 구원받게 할 생각으로 그런 치열한 자세를 잃지 않겠다는 바울의 숭고한 다짐입니다. 9:23에서 밝힌 위대한 고백—즉, "나는 모든 종류의 사람에게 모든 것이 되어서 모든 가능한 수단을 총동원해 그들 가운데 몇 사람이라도 구원하겠다"(I have become all things to all people so that I might by all possible means save some)—을 되풀이한 것입니다. 무엇을 하든지 자신의 유익이 아닌 타인의 유익을 먼저 구하는 자세로 복음을 전해 그 사람을 구원받게 해서 하나님께 영광을 돌리는 것이 바울의 궁극적 목적이라는 것입니다.

나를 본받으라?!

우상 제물 문제에 대한 바울의 논증은 자신을 본받아야 할 '모범'으로 제시하는 것으로 갈무리됩니다.

내가 그리스도를 본받는 사람인 것과 같이, 여러분은 '나를 본받는 사람'(μι μηταί μου/미메타이 무/imitators of me)이 되십시오(11:1).

누군가에게 자신을 본받으라고 말하는 것은 건방져 보일 수 있습니다. 자만심의 발로로 비칠 수 있습니다. 중요한 것은 바울의 강조점입니다. 고린도인들이 본받아야 할 것은 바울의 인격이나 언행이나 개성이 아니라, 바울이 예수 그리스도를 본받는 바로 그 정신과 자세입니다. 그러므로 '바울'이 초점이 아니라, '예수 그리스도'가 초점입니다!

바울은 그리스도인이 반드시 엄수해야 할 '절대 원칙'(absolutes/essentials)과 상황에 따라 얼마든지 융통성 있게 대응할 수 있는 '비본질적인 것들'(ἀδιάφορα/아디아포라/adiaphora/non-essentials)을 분별하는 지혜를 가르칩니다. 제물을 먹는 문제가 우상 숭배 행위라면 반드시 피해야 합니다(10:1-22). 그러나 우상 숭배와 상관없고 자신이나 타인의 양심에 저촉되지 않는 한 자유와 융통성이 있습니다. 다만 언제 어느 곳에서나 우리가 관계하는 사람을 사랑하고 배려하고 존중해서 그가 구원받게 해 하나님께 영광을 돌리는 궁극적 목적을 잊지 말아야 합니다.

본질적인 것에는 일치를, 비본질적인 것에는 자유를, 모든 것에는 자비를(unity in essentials, liberty in non-essentials, charity in all things/ in necessariis unitas, in non-necessariis(dubiis) libertas, in ominibus caritas).

5장
남녀 예절과 성만찬에 대한 지침
11:2-34

1. 관습과 질서
고전 11:2-16

11장은 7장부터 시작된 고린도인들의 질문에 대한 바울의 답변이 계속되는 부분입니다. 특히 11-14장은 고린도교회의 공중 예배에서 '남용'(abuse) 혹은 '오용'(misuse)되고 있는 실제 문제들을 다루고 있습니다. 11장의 전반부(2-16)는 교회에서 예배를 드릴 때 여성의 '머리 모양'과 관련된 관습 문제를 다루고, 후반부(17-34)는 고린도교회에서 시행되고 있는 성만찬의 그릇된 관행을 바로잡기 위한 지침을 줍니다. 12-14장은 방언이나 예언과 같은 신령한 은사 문제를 다룹니다. 11장은 바울이 말문을 여는 어법의 차이에서 두 부분으로 갈라집니다.

11:2	여러분이 나를 모든 면으로 기억하며, 또 내가 여러분에게 전해 준 대로 전통을 지키고 있으니, **나는 여러분을 칭찬합니다.**
11:17	다음에 지시하려는 일에 대해서는 **나는 여러분을 칭찬할 수 없습니다.** 그것은 여러분이 모여서 하는 일이 유익이 되기보다는 오히려 해가 되기 때문입니다.

바울은 전반부에서 칭찬하는 것으로, 후반부에서는 칭찬할 수 없는 것으로 각각 말문을 엽니다. 칭찬하는 것은 두 가지입니다. 첫째는 고린도인들이 모든 면에서 바울을 기억해준 것을 칭찬합니다. 둘째는 바울이 교회에 전해 준 '전통들'(traditions)을 잘 지키고 있다는 사실을 칭찬합니다. 바울이 고린도에 18개월 동안 체류하면서 교회를 개척하고 지도했을 때 기독교의 원리가 될만한 '신학 교리'와 '생활 윤리'를 가르쳤을 것이기에 '전통들'은 크게 교리와 윤리를 말할 것입니다.

여자는 머리를 가려야 한다고?

전통들을 잘 지키고 있는 것은 칭찬할만하지만, 바울은 전통과 관련해서 또 하나의 원칙을 가르치고자 합니다. 그것은 바울이 활동하던 당대의 문화와 관습에 따라서 교회에서도 이런 문화와 관습에 어긋나지 않게 예절과 질서를 잘 지키는 일입니다. 이 전통은 창조의 질서에 따른 남성과 여성의 '성적인 구별'(gender distinction)과 직결됩니다. 이것은 '성차별'(sexual discrimination)과는 차원이 전혀 다릅니다!

고린도교회의 공중 예배 시간에 일부 여신도들이 기도와 예언을 하면서 머리를 가리는 '덮개'(coverings)나 '쓰개'(headdress)를 쓰지 않고 머리카락을 치렁치렁 흘러내린 채로 예배를 드렸던 것 같습니다. 이들은 그리스도 안에서 얻은 자유의 표시로 이렇게 한다고 생각했겠지만, 당대의 문화적 습속(習俗)에 예민한 남성 교인들은 크게 당황했고 혐오감을 느꼈던 것 같습니다. 이 소문이 바울의 귀에까지 들어갔기에 바울은 이 문제에 관한 올바른 원칙을 제시하려고 합니다.

3-6절은 남자와 여자가 하나님이 지어주신 자연 본성에 따라 각각 갖추어야 할 예법을 일러줍니다. 예배 도중에 기도하거나 예언할 때 남자는 머리에 무엇을 써서 안 되고, 여자는 머리에 무엇을 써야 한다는 것입니다. 이른바 '머리쓰개'(head covering)와 관련된 지침을 제시하는 것입니다.

> 남자가 머리에 무엇을 쓰고 기도하거나 예언하는 것은 자기 머리를 부끄럽게 하는 것입니다. 그러나 여자가 머리에 무엇을 쓰지 않은 채로 기도하거나 예언하는 것은 자기 머리를 부끄럽게 하는 것입니다. 그것은 머리를 밀어버린 것과 꼭 마찬가지입니다. 여자가 머리에 아무것도 쓰지 않으려면, 머리를 깎아야 합니다. 그러나 머리를 깎거나 미는 것이 여자에게 부끄러운 일이면, 머리를 가려야 합니다(4-6절).

바울은 예배 자리에 갖추어야 할 헤어스타일을 가르칩니다. 남자는 머리에 아무것도 쓰지 말아야 합니다. 여자는 머리를 가리기 위해서 너울같은 덮개를 써야 합니다. 가톨릭교회는 이 본문에 근거해서 미사 시간에 여신도들이 '미사보'(veil)를 쓰는 전통을 지킵니다. 그러나 바울이 말씀하는 '머리 가리개'가 어떤 것인지에 대해서는 학계에서 논란이 그치지 않습니다. 이슬람교에서 여성들이 착용하는 '히잡'(Hijab)이나

'차도르'(Chador)와 같이 눈만 빼꼼히 내놓고 머리와 얼굴 전체를 가리는 형태의 천은 아니었으리라는 것이 학계의 중론입니다. 어떤 학자는 허리춤까지 내려오는 '숄'(shawl)이라고 주장합니다. 고린도와 같은 초대교회의 예배 시간에 남자는 머리에 아무것도 써서 안 되고, 여자는 무엇을 두르고 머리를 가려야만 한다는 가르침은 '어떤 상황'에서 '어떤 교리적 신념' 때문에 나온 풍속일까요?

고린도전서 11장은 양성평등과 여성 인권과 여성해방을 주장하는 '페미니스트들'(feminists)이 기독교가 남성 중심의 가부장 종교라고 비판할 때 자주 끌어들이는 성구입니다. 그러나 바울 서신 전체를 고려할 때 바울은 결코 '성차별주의자'(sexist)가 아닙니다. 남성 못지않은 여성의 지도력을 인정했고, 그리스도 안에서 남자와 여자의 성적인 차별이 무너졌다고 주장합니다.

> 여러분은 모두 세례를 받아 그리스도와 하나가 되고, 그리스도를 옷으로 입은 사람들이기 때문입니다. 유대 사람도 그리스 사람도 없으며, 종도 자유인도 없으며, 남자와 여자가 없습니다. 여러분 모두가 그리스도 예수 안에서 하나이기 때문입니다(갈 3:27-28).

여성 리더십을 인정하고 그리스도 안에서 양성평등을 존중한 바울이 가부장적 남성우월주의에 찌들어 "남자는 머리를 가리지 말고 여자는 머리를 가려야만 한다"고 주장할 리 만무합니다. 이것은 바울이 예배 시간에 남자나 여자나 똑같이 "기도하고 예언할 수 있다"는 사실을 인정하는 데에서 분명합니다.

> "**남자**가 머리에 무엇을 쓰고 기도하거나 예언하는 것은"(4절)
>
> "**여자**가 머리에 무엇을 쓰지 않은 채로 기도하거나 예언하는 것은"(5절)

예언하는 일은 점쟁이가 점을 치듯이 앞으로 일어날 일을 미리 말하는 것이라기보다는 성경을 풀어주고 가르치며 권면하는 설교 행위입니다. '기도'와 '예언'이라고 하는 거룩한 직능을 남성과 여성이 똑같이 행했다는 사실은 초대교회가 여성을 차별하는 남성 중심의 공동체가 아니라는 사실을 입증합니다.

여자가 머리를 가려야 하는 이유는?

"남자는 머리를 가리지 말고", "여자는 머리를 가려야만 한다"는 원칙은 어떤 상황에서, 어떤 근거로 나왔을까요? 이것은 그 시대의 문화 풍속과 관계가 있을 것입니다. 바울이 활동하던 시대의 고급 정부(情婦)나 신전 매춘부들은 머리에 아무것도 쓰지 않은 채로 거리를 활보했다고 합니다. 당대 여성들이 바깥출입을 할 때 머리를 가리고 다녔는지에 대해서는 밝혀진 증거가 없습니다. 그런데도 여성의 머리카락이 성적인 매력을 발산하는 포인트이기에 성적으로 헤픈 여성일수록 머리를 단정히 묶지 않고 아무렇게나 풀어헤친 채로 다녔을 것입니다. 하물며 남녀가 함께 모이는 신성한 예배 공간에서 여성의 머리 모양이나 복장 등은 매우 중요한 문제였을 것입니다. 다시 말해 조신(操身)한 여성일수록 남성을 유혹하지 않으려는 의도에서 머리에 너울을 쓰고 가렸을 가능성이 있습니다. 오늘날 결혼식에서 신부가 면사포(面紗布)를 쓰고 얼굴을 가리는 풍속도 이런 문화 전통과 무관하지 않을 것입니다.

이런 이유 때문인지 바울은 여성이 머리를 가리지 않는 것은 머리를 밀어 버린 행위와 같다고 주장합니다(5b절). 그러면서 머리에 아무것도 쓰지 않으려면 차라리 머리를 싹둑 잘라버리라고까지 주장합니다(6b절). 그 옛날 험악했던 시절의 군대나 교도소와 같은 곳에서는 머리를 밀게 합니다. 개인의 인격성을 인정하지 않겠다는 표시입니다. 바울 당시에도 노예는 머리를 밀었고, 간음죄를 저지른 여성도 벌을 받는 의미로 머리를 밀었다고 합니다. 용모에서 머리카락이 차지하는 비중이 워낙 크기에 여성이 머리를 미는 행위는 굉장히 치욕적인 일입니다.

당대의 문화 관습을 고려할 때, 바울은 고린도교회의 여신도들이 그리스도 안에서 얻은 자유를 과도하게 해석한 나머지 여성으로서 마땅히 지켜야 할 예법을 무시하는 경향성에 제동을 건다고 할 수 있습니다. 남성과 여성에 대한 전통적인 '성 구별'마저 폐기하려는 극단적 움직임을 우려했던 것 같습니다. 고린도교회와 같이 유독 신령한 은사를 풍성히 받은 공동체에서는 일부 여성들이 영적으로 광적인 흥분에 사로잡혀 머리에 쓴 너울을 벗어던지고 마구 머리카락을 흩트린 채로 방언이나 예언을 하는 등 예배 질서를 문란케 하는 위험성을 염려했다는 것입니다.

그리스도 안에서 새로운 자유를 얻었다고 할지라도 남녀가 서로의 성적인 차이를 인정하고 존중하기 위해서는 마땅히 지켜야 할 나름의 예절이 있는데, 바울은 교회 안에서 일부 여신도들이 예배 시간에 머리를 풀어 헤친 채로 기도하고 예언하는 것이 기독교 '관습'(custom)에 걸맞지 않기에 영적 '질서'(order)를 강조하게 된 것입니다. 바울은 관습과 질서에 대한 원칙을 제시하기 위해 '머리'(κεφαλή/케팔레/head) 사상을 전개하는데, 그 신학적 근거를 창조론에서 찾습니다.

그런데 각 남자의 머리는 그리스도요, 여자의 머리는 남자요, 그리스도의 머리는 하나님이신 것을, 여러분이 알기를 바랍니다(3절).

바울은 '머리 사상'을 개진하는데, '남자와 그리스도', '여자와 남자', '그리스도와 하나님'의 세 차원의 관계성을 언급합니다. 이것을 '머리'와 관련해서 내림차순으로 위계질서를 따져본다면, 하나님 → 그리스도 → 남자 → 여자 순입니다. 바울이 말하는 '머리'는 일종의 '은유적'(meta-phorical) 표현인데, '지배권'(ruler)이나 '통치권'(sovereignty)을 말하기보다는 '기원'(source)을 의미한다고 해석하면 좋겠습니다. 다시 말해 하나님께서 가장 우월하시기에 최고 통치권을 갖고 계시고, 그 밑에 예수님, 그 밑에 남자, 맨 밑에 여자가 있기에 "여자가 남자의 지배를 받아야만 한다"는 논리가 아니라는 것입니다. 남편이 아내보다 우월하기에 아내는 남편의 명령에 순종해야만 한다는 식으로 해석하는 것은 신학적으로 무리라는 말입니다.

창세기 2:21-22이 보여주듯이 여자가 남자의 갈빗대에서 나왔기에 "여성의 기원이 남성에게 있다"는 사실이 초점입니다. 그리스도께서 하나님으로부터 나오셨다고 해서 성자가 성부보다 더 열등하지 않듯이 여성의 기원이 남성에게 있다고 해서 여성이 남성보다 더 열등한 것은 아닙니다. 이런 이유로 바울은 11-12절에서 남자와 여자의 동등성을 강조함으로써 균형을 잡습니다.

그러나 주님 안에서는, 남자 없이 여자가 있지 않고, 여자 없이 남자가 있지 않습니다. 여자가 남자에게서 난 것과 마찬가지로, 남자도 여자의 몸에서 났습니다. 그리고 모든 것은 다 하나님에게서 났습니다.

남자와 여자가 동등하다는 사실이 바울의 기본 논조이지만, 중요한 것은 바울이 양성의 성적인 구분과 연관된 사회적 '관습'과 이 관습을 어기지 않는 범위 내에서의 공동체의 '질서'를 동시에 강조한다는 사실입니다. 바울은 머리와 관련해서 남성은 남성대로 머리를 가리지 않는 예법을 지켜야 하고, 여성은 여성대로 머리에 너울을 쓰는 예법을 지켜야 하는 신학적 이유를 제시합니다.

> **그러나 남자는 하나님의 형상이요, 하나님의 영광이니, 머리를 가려서는 안 됩니다. 그러나 여자는 남자의 영광입니다. 남자가 여자에게서 난 것이 아니라, 여자가 남자에게서 났습니다. 또 남자가 여자를 위하여 지으심을 받은 것이 아니라, 여자가 남자를 위하여 지으심을 받았습니다. 그러므로 여자는 천사들 때문에 그 머리에 권위의 표를 지니고 있어야 합니다(7-10절).**

남자가 머리를 가리지 말아야 하는 이유는 남자가 '하나님의 형상'(the image of God)이요, '하나님의 영광'(the glory of God)이기 때문입니다. 적어도 창세기 1:26과 2:18-25을 놓고 볼 때 남자가 하나님의 형상대로 먼저 지어졌다면, 남자는 창조주 하나님을 닮은 존재요, 하나님의 영광을 나타내는 동시에 하나님께 영광을 돌려야 할 존재이기에 남자는 머리를 가려서 안 된다는 것입니다.

가장 논란거리가 되는 구절은 그다음입니다. 여자가 너울을 써서 머리를 가려야 하는 이유가 여자가 '남자의 영광'(the glory of man)이자 여자가 남자에게서 났고, 여자가 남자를 위해서 지으심을 받았기 때문이라는 것입니다. 여자가 남자를 돕는 배필이 되기 위해 남자의 갈빗대에서 창조되었다는 창세기 2장 말씀을 연상시킵니다. 기원 순서로 볼 때 여자가 남자로부터 비롯되었기에 여자는 남자의 영광일 뿐 아니라 남자를 영화롭게 해야 할 필요가 있으므로 그 표시로서 머리에 관을 써야 한다는 것이 바울의 논리입니다.

여성이 머리에 무엇을 '쓰고'(covering), '안 쓰고'(uncovering)는 개인의 자유 문제가 아니라, 하나님이 정해주신 창조 질서에 따라 여성이 남성을 '존중하거나'(respect) '존중하지 않는'(disrespect) 문제라는 것이 바울의 요점입니다. '머리 모양'이 하나님이 정해주신 남자와 여자의 성적인 차이를 가시적으로 보여줄 뿐 아니라, 남녀의 인격적 관계에 심각한 영향을 미칠 수 있다는 것입니다. 따라서 예배 시간에 남자가 머리에 무엇을 쓰는 행위는 자신의 머리뿐만 아니라 **은유적으로** 자기의 머리인 '그리스도'를 부끄럽게 하는 일이고, 여자가 머리를 가리지 않는 행위는 자신의 머리뿐만 아니라 은유적으로 자신의 머리인 '남자'를 부끄럽게 하는 일이 된다는 것입니다(4-5절). 본문의 초점이 '여성의 머리 모양'에 집중되어 있다고 한다면, 여성이 머리를 풀어 헤친 채 기도와 예언을 하는 것은 무엇보다도 현장에 있는 남성들에게 수치심(shame)을 불러일으키는 행위입니다.

10절의 "천사들 때문에"(because of the angels) 여자가 권위의 상징으로 머리에 관을 써야 한다는 구절은 숱한 논쟁을 불러왔습니다. 어떤 학자들은 여성들이 너울을 쓰지 않은 상태에서 머리카락을 아무렇게나 풀어 헤쳐서 천사들을 성적으로 유혹하는 장면을 연상합니다. 그러나 천사들이 예배를 돕는 수호자들이라고 한다면 여성들이 머리를 단정히 묶고 너울을 쓰는 것이 천상의 질서를 수호하는 천사들의 정신에도 부합하기 때문에 천사들을 언급한 것 같습니다.

바울은 창조 질서에 따른 기원 순서를 놓고 볼 때 남자는 남자대로,

여자는 여자대로 각각 예법에 맞게 처신할 필요가 있다는 사실을 역설합니다. 창조론에 따르면 분명히 남성과 여성 사이에는 '구별'이 있습니다. ('차별'이 아닙니다!) 혹시라도 남녀 구별과 관련된 관습과 질서에 대한 강조가 남성우월주의로 오해될 수도 있기에 바울은 11-12절에서 남자와 여자의 동등성과 상호 의존성을 언급합니다. '주님 안에서는' 남자만 있는 세상이나 여자만 있는 세상은 불가능하다는 것입니다(11절). 남자와 여자는 서로 돕고 보완해야 할 동반자 관계이지, 주종관계가 아니라는 것입니다. 창조 순서상 여자가 남자의 갈빗대에서 나왔지만, 출생상으로는 남자가 여자의 몸에서 나오기에 양자는 동등합니다(12a절). 양성이 동등한 결정적 이유는 남자나 여자를 불문하고 '모든 것'(πάντα/판타/all things)이 하나님에게서 났기 때문입니다(12b절). 다시 말해 하나님만이 남자와 여자를 비롯한 만물의 유일한 창조주이시기에 남자와 여자 둘 중에 누가 먼저냐를 따지는 것 자체가 무익하다는 뜻입니다. 바울은 남녀 사이의 '기능적 동등성'(functional equality)은 인정하지만, 여성이 머리를 가리는 예법을 통해서 창조 질서에 따른 남녀의 '성적인 차이'(sexual difference)를 존중하는 관습을 동시에 강조합니다.

여자가 머리를 길게 하는 것은?

13-15절은 '머리 모양과 관련해서 또 한 가지 중요한 원칙을 제시합니다.

여러분은 스스로 판단하여 보십시오. 여자가 머리에 아무것도 쓰지 않은 채로 하나님께 기도하는 것이 마땅한 일이겠습니까? 자연 그 자체가 여러

분에게 가르쳐 주지 않습니까? 남자가 머리를 길게 하는 것은 그에게 불명예가 되지만, 여자가 머리를 길게 하는 것은 그에게 영광이 되지 않습니까? 긴 머리카락은 그의 머리를 가려 주는 구실을 하는 것입니다.

바울은 예배를 비롯한 교회 생활 전반에서 남자와 여자가 각각 지켜야 할 예법을 충분히 설명했다고 생각해서 그런지 이번 원칙은 고린도인들 스스로가 판단해보라고 권면합니다. 아마도 바울 시대에는 사회적 관습에 따라 여성은 머리를 길게 길렀고, 남자는 머리를 짧게 잘랐던 것 같습니다. 바울은 이것이 '자연'(φύσις/퓌시스/nature) 본성이 가르친다고 말씀하는데, 이때의 '자연'은 그 시대 사람들이 문화적 관습으로 자연스럽게 여기는 것을 의미합니다. 그 당시의 문화 기준으로 볼 때 남성은 머리를 짧게 하고, 여성은 머리를 길게 기르는 것이 자연스럽다는 것이지요. 이런 풍속 때문에 남자가 머리카락을 길게 기르는 것은 부끄러운 일이고, 여자가 머리를 짧게 자르는 것 역시 부끄러운 일이라는 것입니다. 그러므로 '본성'(nature) 혹은 '자연 질서'(natural order)라는 것은 결국 헤어스타일이나 복장과 관련된 일종의 '문화적 관례'(cultural code)와 같은 것입니다.

바울은 여성의 긴 머리카락은 자기 머리를 가려 주기 때문에 여성의 영광이 된다고 말씀합니다(15b절). 긴 머리를 가진 여성의 경우 구태여 머리에 덮개나 쓰개를 착용할 필요가 없다는 뜻일까요? (어떤 학자는 4-6절의 "여성이 머리를 가리는 행위 자체"를 13-15절과 연결해 "머리를 길게 기르되 단정하게 묶는 것"으로 해석하기도 합니다.)

어쨌거나 바울이 머리와 관련해서 강조하려는 요점은 하나님이 남자와 여자를 각각 다르게 창조하셨기에 남자와 여자가 갖추어야 할 문화적 관습이나 예절도 각각 달라야 마땅하다는 것입니다.

바울은 16절에서 머리와 관련된 남자와 여자가 취해야 할 예법에 대해서 결론을 내립니다.

이 문제를 두고 논쟁을 벌이려고 생각하는 사람이 있을지는 모르나, 그런 풍습은 우리에게도 없고, 하나님의 교회에도 없습니다.

세상에서나 교회에서나 여성이 머리에 너울을 써서 가리지 않는 풍속(custom)은 '우리', 즉 사도들에게도, '하나님의 교회' 전체에도 없다는 강경한 주장입니다. '머리쓰개'와 '머리 모양'과 관련해서 바울이 제시한 원칙과 지침은 고린도교회뿐만 아니라 그 당시 각처에서 생겨나고 있는 초대교회 모두에 해당된다는 것입니다. 고린도인들 가운데 이 문제를 놓고 논쟁을 걸어오려는 이가 있을지 모르지만, 이런 일은 관습상으로나 교회의 영적 질서 유지 차원에서나 유례가 없으므로 허용할 수 없다는 것이 바울의 입장입니다. 결국 고린도교회가 시대적 관습을 거스르고 교회 질서를 흐트러뜨린다면, 그것은 '자유'가 아니라 '방종'이라는 것이 바울의 결론입니다.

'머리쓰개'와 '머리 모양'과 관련해서 특히 여성이 공중 예배 시간에 준수해야 할 바울의 지침을 오늘 우리는 어떻게 해석하고 적용해야 할까요? 천주교회가 그런 것처럼 미사 시간에 여성은 미사보를 착용하는 것이 성서적이고 합당한 일일까요?

성경의 모든 말씀이 특수한 문화적 상황에서 비롯되었다고 한다면 본문도 예외가 아닙니다. 바울은 창조의 질서를 놓고 볼 때 남자와 여자의 성적인 차이가 뚜렷하다는 사실을 부인하지 않습니다. 더욱이 그 시대가 엄격한 가부장 중심의 사회였기에 남녀의 성적 구별을 강조하는 **문화적 대세**를 무시할 수 없었을 것입니다. 그러므로 예배 시간에 여성이 긴 머리를 단정히 묶거나 너울을 써서 가리지 않고 기도하고 예언하는 것은 동석한 남성들을 곤혹스럽게 하는 '일탈'(deviation)로 간주했을 것입니다. 오늘로 치면 여성이 교회 올 때 야한 반바지를 입거나 슬리퍼를 신고 오는 것이 좋아 보이지 않듯이 2천 년 전에는 이런 예절 문제가 더더욱 예민했을 것입니다.

시대와 상황을 막론하고 결혼식이나 장례식에 갈 때도 '복장 규정'(dress code)이라는 것이 있어서 행사에 어울리지 않는 용모나 파격적인 의상을 착용하고 오는 것 자체가 불손해 보입니다. 그렇다면 우리 시대가 제아무리 'unisex'(남녀 공용) 시대라고 할지라도 "남성은 남성답게, 여성은 여성답게" 용모나 복장에 있어서 예법을 잘 지켜야 한다는 것이 바울이 우리에게 주는 교훈입니다. 특히 교회 안에서 남자와 여자의 창조적인 본성과 질서를 이에 걸맞은 문화 예절로 잘 살려내는 것이 기독교 정신이기도 합니다.

중요한 것은 성적인 차이와 관련된 문화 관습이나 예절이 결코 여성을 깎아내리는 남성우월주의에서 나온 주장이 아니라는 사실입니다. 고린도교회 안에서 여성은 남성과 똑같이 기도와 예언과 같은 영적인 리더십을 발휘했을 뿐 아니라, 바울 역시 본문에서 양성의 동등성과 상호 의존성을 긍정합니다. 따라서 '그리스도인의 자유'라는 것은 문화적 습속을 폐기하지 않으며, 오히려 창조 질서를 보존하는 차원에서 문화 예절을 잘 지키는 것에 그 명맥(命脈)이 달려 있다고 하겠습니다.

2. 성만찬의 정신과 자세

고전 11:17-34

성만찬으로 분열된 고린도교회

세례와 성만찬은 기독교의 두 가지 성례전이고, 모두 예수님으로부터 직접 비롯되었습니다. 본문은 초대교회가 성만찬을 어떻게 지켰는가를 보여주는 매우 흥미로운 이야기입니다. 내용상 세 부분으로 나누어집니다. 첫째로 17-22절은 고린도교회가 집회를 열 때 성찬과 관련해서 갈등이 있었다는 사실을 보여줍니다. 둘째로 23-26절은 예수님으로부터 유래한 성만찬 제정의 원리를 상기합니다. 셋째로 27-34절은 고린도교인들이 성만찬 제정의 본래 정신에 따라 화목과 일치의 자세로 나아갈 것을 촉구합니다.

먼저 고린도교회를 비롯한 초대교회에서 성만찬 예식을 거행할 때의 '상황'(setting)을 이해할 필요가 있습니다. 당시에는 오늘과 같은 독립 건물로서의 예배당이 없었습니다. 부유한 교인의 가정집에 모여서 예배와 친교를 나누었습니다. 고위층 교인들은 고급 저택(villa)의 식당에서 모였는데, 식당은 평균 36평방미터, 즉 18피트×18피트(약 5미터×5미터) 정도의 넓이로 9~12명 정도를 수용할 수 있었습니다. "삼면으로 되어서 비스듬히 누울 수 있는 안락의자가 붙은 식탁"(triclinium)이 있는 식당에는 이처럼 주로 부유한 귀족 교인들이 모여서 예배와 친교를 가졌습니다. 신분이 낮은 자유민들(freedmen)이나 노예들(slaves)은 '입구 안뜰'(entry courtyard)에 모였는데, 평균 30~50명 정도 수용할 수 있는 공간이었습니다.

초대교회는 부유한 가정집에서 집회를 열었는데, 주인 신자는 자기와 비슷한 수준의 지체 높은 교인들을 초대해서 주택 안에 있는 안락한 식당에 모였고, 신분이 낮은 교인들은 바깥쪽 마당에서 모였습니다. 문제는 이런 '가정교회'(house church)에서 심각한 차별과 위화감(違和感)이 조성되고 있다는 소식이 자신의 귓전에 들려와서 바울은 고린도교회의 집회에 유감을 표하는 것으로 말문을 엽니다.

> 다음에 지시하려는 일에 대해서는 나는 여러분을 칭찬할 수 없습니다. 그것은 여러분이 모여서 하는 일이 유익이 되기보다는 오히려 해가 되기 때문입니다(11:17).

고린도 교인들의 집회에 무슨 문제가 있었길래 바울은 칭찬할 수 없다고 말할 뿐 아니라, 집회가 '유익'(good)보다는 '해'(harm)가 된다고 단정하는 것일까요? '분열'(σχίσματα/스키스마타/divisions)이 생겼기 때문입니다. 이 분열은 '앞에서 일어난 분쟁'(고전 3장)과는 성격이 다른데, 성만찬과 직결된 분쟁입니다.

18절	첫째로 여러분이 교회(예배 모임)에 모일 때에 여러분 가운데 **분열**이 있다는 말이 들리는데, 그것이 어느 정도는 사실이라고 믿습니다.
20절	그렇지만 여러분이 **분열**되어 있으니, 여러분이 한자리에 모여서 먹어도, 그것은 주님의 만찬(the Lord's Supper)을 먹는 것이 아닙니다.
21절	먹을 때에, 사람마다 제가끔 자기 저녁을 먼저 먹으므로, 어떤 사람은 배가 고프고, 어떤 사람은 술에 취합니다.

고린도인들은 유력한 신자의 가정집에 모여서 예배를 드릴 때 성만찬을 시행했는데, 오늘과 같은 형태의 약식으로 된 성만찬이 아니라 '애찬'(love feast)과 '성찬'(Eucharist)이 교묘하게 섞인 형태의 '정식'(full meal)이었던 것 같습니다. 풀코스의 식사였다면, 먼저 애찬을 나눈 뒤 성찬을 했는지, 아니면 성찬을 나눈 뒤 식사를 했는지, 그도 아니면 두 가지를 동시에 병행했는지 알 수 없습니다. 중요한 사실은 부유한 가정집 저택에 '부유한 교인들'(haves)과 '가난한 교인들'(have-nots)이 함께 모여 예배를 드리면서 성찬과 애찬이 합해진 형태의 식사를 나누는데, 부자들은 자기가 준비해온 빵과 포도주를 미리 먹고 가난한 사람들은 먹을 것이 없어서 굶주리는 사태가 일어났다는 것입니다. '주님의 만찬'(the Lord's Supper)을 나눈다는 명목으로 모인 '공동 식사'(communal meal) 자리인데, 부자들은 부자들끼리 풍족하게, 그것도 **먼저** 먹어서 배가 부른데, 가난한 사람들에게는 먹을 것이 주어지지 않아서 쫄쫄 굶게 되었다는 것입니다. 바울은 21절 후반부에서 이런 대조적인 현상을 다소 해학적으로 표현합니다.

> **어떤 사람은 굶주리고, 어떤 사람은 술에 취합니다**(One remains hungry, another gets drunk).

성만찬이 빵과 포도주로 이루어진다면, 가난한 신자는 빵은 물론이고 포도주는 아예 입에 대지도 못한 채 배가 고픈 데 반해, 부유한 신자는 빵도 풍족하게 먹고 포도주까지 잔뜩 마셔서 취할 지경이 되었다는 것입니다. 바울이 볼 때 이것은 더 이상 '주님의 만찬', 즉 '주님께 속한'(κυρ ιακòν/퀴리아콘/belonging to the Lord) 성찬에 참여하는 것이 아니고, '사적인 식사 자리'(private meals), 즉 '자신에게 속한'(ἴδιον/이디온/his own) 사식을 먹는 것에 불과합니다. 성만찬이 모든 계층을 넘어서 한 가족으로 연합하는 화목의 자리가 되어야 하는데, 부자와 빈자 사이에 갈등과 균열을 초래하는 해로운 자리가 된 것입니다. 바울은 약간 비꼬는 투로 논평까지 합니다.

> 하기야 여러분 가운데서 바르게 사는 사람들이 환히 드러나려면, 여러분 가운데 파당도 있어야 할 것입니다(19절).

평소에는 누가 더 진실한 신자인지 알 수 없는데, 종말론적인 시각에서 볼 때 분쟁이 일어나봐야지만, 알곡과 쭉정이, 즉 옥석(玉石)이 가려진다는 것입니다. 십자가에 달려 돌아가신 예수님을 기억하고 감사하는 성만찬 식탁이 부자가 빈자를 민망하게 하는 분쟁의 자리가 되었다면, 이런 분쟁의 시련을 통해 누가 더 성만찬의 본정신에 부합하는지가 가려지게 된다는 것입니다.

가정교회에서 애찬을 겸한 성찬과 교제가 함께 이루어질 때 먹고 마시는 문제 때문에 부자와 빈자가 갈라지게 되었다는 이야기는 인권 평등의 시대를 사는 우리에게는 잘 이해가 되지 않지만, 바울 시대에는 극히 정상적인 일상이었을 것입니다. 마치 비행기를 탈 때 경제적 여유에 따라서 일등석과 비즈니스석, 이코노미석이 구분되는 것이 자연스럽듯이 그 시대의 대저택에 속속 교인들이 모였을 때도 신분이 높은 신자들은 빈자들보다 훨씬 더 좋은 대우를 받았을 것입니다.

그러나 아무리 '신분 구별'(status distinctions)이 당연한 시대라고 해도 바울이 분개한 것은 '예배'라는 이름으로 다름 아닌 '성찬'을 나누는 거룩한 자리에서 부자들만 잔뜩 먹고 취하고, 빈자들은 빈 배를 움켜잡고 돌아갔다는 사실이 성만찬 제정 정신에 부합하지 않기 때문입니다. 그러므로 바울이 주시하는 것은 '사회적 불평등'(social inequality)의 문제가 아니라, 빈자들에 대한 부자들의 무관심과 '나쁜 예절'(bad manners)이었을 것입니다. 바깥에서 대기하고 있는 빈자들을 전혀 고려하지 않고 준비한 음식을 미리 다 먹어 치우는 식의 '애찬식 + 성찬식'에 실망했다는 것입니다. 단적으로 부자 교인들은 자기들의 배만 채우는 데 급급했고, 빈자들의 처지에는 무신경해서 음식을 함께 나눌 생각이 전혀 없었던 것입니다.

따라서 적어도 교회에서의 공동 식사만큼은 예수님의 살과 피를 상징하는 빵과 포도주는 물론이고 부유층이 준비해온 음식까지 차별 없이 다 함께 나눔으로써 '화목과 일치'(harmony & unity)를 추구해야만 한다는 것이 바울의 요점입니다. 바울은 가지지 못한 사람들의 '아래쪽 시각'에서 가진 자들의 '위쪽 시각'을 비판하고 교정하는 입장을 취합니다.

바울은 부유층 교인들의 행태를 네 가지 질문 형식으로 비판합니다 (22절).

① 여러분에게 먹고 마실 집이 없습니까?
② 그렇지 않으면, 여러분이 하나님의 교회를 멸시하고, 가난한 사람들을 부끄럽게 하려는 것입니까?
③ 내가 여러분에게 무슨 말을 해야 하겠습니까?
④ 여러분을 칭찬해야 하겠습니까?

결론으로서의 넷째 질문에 대한 바울의 대답은 단호합니다. 칭찬할

수 없다는 것입니다!

예수께서 제정하신 성만찬의 원정신

교회의 집회 시간에 일어난 부자와 빈자의 갈등 상황을 '사실'로 믿은 (18절) 바울은 성만찬 제정에 담긴 중요한 신학적 진리를 천명합니다. 바울은 성만찬에 관해 고린도인들에게 자신이 전해준 교리가 주님으로부터 직접 온 것임을 밝힙니다(23a절). 바울은 육신의 예수님을 만난 적이 없기에 이것은 예수님으로부터 직접 혹은 계시를 통해서 받았다는 말이 아니라, 예수님의 십자가 죽음과 새 계약의 표시로서의 빵과 잔을 함께 나누는 초대교회의 전승 자체가 예수님으로부터 유래했다는 뜻일 것입니다. 성만찬의 궁극적 기원이 예수님께 있다는 것이 바울의 요점입니다. 성만찬 제정은 마태(26:26-28)와 마가(14:22-24), 누가복음(22:19-20)에 등장하는데, 바울은 누가의 버전을 선호합니다.

성만찬의 유래	
눅22:19-20	예수께서는 또 빵을 들어서 감사를 드리신 다음에, 떼어서 그들에게 주시고 말씀하셨다. "이것은 너희를 위하여 주는 내 몸이다. 이것을 행하여 나를 기억하여라." 그리고 저녁을 먹은 뒤에, 잔을 그와 같이 하시고서 말씀하셨다. "이 잔은 너희를 위하여 흘리는 내 피로 세우는 새 언약이다."
고전 11:23b-25	곧 주 예수께서 잡히시던 밤에, 빵을 들어서 감사를 드리신 다음에, 떼시고 말씀하셨습니다. "이것은 너희를 위하는 내 몸이다. 이것을 행하여 나를 기억하여라." 식후에, 잔도 이와 같이 하시고서, 말씀하셨습니다. "이 잔은 내 피로 세운 새 언약이다. 너희가 마실 때마다 이것을 행하여, 나를 기억하여라."

바울은 고린도인들이 주기적으로 반복해야 할 성만찬의 기원을 언급하는데, 성만찬 예식이야말로 그리스도의 십자가 죽음이라는 구속 사건을 기억하고 감사하는 교회의 중심 예전이었습니다. 예수께서 체포당하시던 밤에 시작된 성만찬은 예수님의 '십자가 죽음'과 '재림' 그 사이에 반복적으로 지속하여야 할 성례전입니다. 그 순서는 ① 먼저 빵을 들어 감사를 드리신 후에 말씀하십니다. "이것은 너희를 위하는 내 몸이니 이것을 행하여 나를 기념하라"(This is my body that is for you. Do this in remembrance of me). 빵을 들고 일련의 '행동'을 하신 후에 '말씀'을 하십니다. 빵은 십자가에 달려 돌아가실 '주님의 몸'이니 빵을 먹을 때마다 주님의 몸을 기억하고 기념하라는 것입니다. ② 빵을 먹은 뒤에 이번에는 '잔'(cup)을 드시는 행동을 하시면서 말씀하십니다. "이 잔은 내 피로 세운 새 언약이니 이것을 행하여 마실 때마다 나를 기념하라"(This cup is the new covenant in my blood; do this, whenever you drink it, in remembrance of me).

홍미로운 것은 '포도주'라는 음료보다 그릇인 '잔'을 강조한다는 사실입니다. 그러므로 오늘날 알코올 성분이 있는 포도주 대신에 포도즙이나 웰치스(Welch's)와 같은 청량음료를 쓰는 것은 타당합니다. '잔'에는 예수께서 십자가에서 피를 흘리심으로써 새 언약이 성취되었다는 의미가 있습니다. 빵을 먹고 잔을 마시는 성찬 예식에서 결정적으로 중요한 것은 "나를 기억하라"(in remembrance of me)는 당부입니다. 반복해서 성찬식을 행할 때마다 우리가 기억해야 할 것은 '집례자'도 '참여자'도 아니고, 우리를 위해 우리를 대신해 우리를 대속하기 위해서 십자가에 달려 돌아가신 '예수 그리스도' 한 분입니다. 이런 이유로 바울은 26절에서 성찬의 가장 중요한 기능을 강조합니다.

그러므로 여러분이 이 빵을 먹고 이 잔을 마실 때마다, 주님의 죽으심을 그가 오실 때까지 선포하는 것입니다.

유월절이 하나님께서 이스라엘 백성을 구속(拘束)의 명에에서 풀어내 주신 것을 기억하고 기념하는 날이듯이(출 12:14) 성만찬은 우리를 죄와 죽음에서 구속(救贖)하셔서 새 언약을 성취하신 예수 그리스도를 기억하는 것입니다. 무엇보다도 주님의 '죽으심'을 선포하는 성만찬 자리는 과거에 나를 위해 십자가에 달리신 예수님을 되돌아보아 기억하고, 주님께서 현재에 우리와 함께 계심을 체험하고, 미래에 다가올 주님의 재림(parousia)을 예견하며 천국 잔치를 미리 맛보는 자리입니다.

성만찬은 예수님의 살과 피를 먹고 마심으로써 '새로운 언약 백성'으로 진입하는 자리인데, 일부 고린도 교인들은 이러한 신학적 의미를 상실한 채 거룩한 성만찬 자리를 차별과 위화감을 조장하는 이기적인 식사 자리로 변질시키고 말았습니다. 주님의 죽으심을 기억하고, 주님의 죽으심을 선포하는 성만찬이 부유한 교인들은 배불리 먹고 취하는 자리가 되었고, 가난한 교인들은 배가 고파서 낙심한 채로 있다가 허망하게 돌아가는 자리가 되었다면, 제아무리 온 교인이 한자리에 모여 공동 식사를 나누는 자리라고 하더라도 그것은 주님의 십자가 죽음을 가리키는 '주님의 식탁'이 아니라는 것이 바울의 판단입니다(20절).

심판을 자초하는 합당치 못한 성찬식

성만찬과 관련해서 교회에서 일어나고 있는 갈등과 분열의 실상을 폭로하고 성만찬 제정의 진정한 정신과 원리를 제시한 후 바울은 마침내 자신의 속내를 여과 없이 드러냅니다. 고린도교회의 성찬식이 잘못되었다는 사실을 질타합니다.

> 그러므로 누구든지, 합당하지 않게 주님의 빵을 먹거나 주님의 잔을 마시는
> 사람은, 주님의 몸과 피를 범하는 죄를 짓는 것입니다(27절).

바울은 '주님의 빵'과 '주님의 잔', '주님의 몸'과 '주님의 피'를 연거푸 나열합니다. 고린도 교인들이 준비해온 '빵'과 '잔'은 일단 성찬식을 위해 성별된 빵과 잔이 된 이상 그들의 것이 아니라, 주님의 살과 피를 상징하는 '주님의 빵'과 '주님의 잔'이 된 것인데, 이를 '합당하지 않게'(unworthily) 먹고 마시는 자는 '주님의 몸과 피를 범하는 죄를 짓는 행위'(guilty of sinning against the body and blood of the Lord)를 한 것입니다. 단지 성찬식 자체를 범했다는 것이 아니고, 성찬식의 주인공이신 예수 그리스도께 죄를 지었다는 것입니다. '합당치 않다'는 것은 주로 부자가 빈자를 무시하고 배려하지 않는 매너를 말할 것입니다.

그렇다면 어떻게 해야지만 성만찬을 최초로 제정하신 주님의 뜻에 **합당하게** 성찬식을 거행할 수 있을까요? 바울은 '자기 성찰'(self-scrutiny)이 긴요하다고 역설합니다.

> 그러니 각 사람은 자기를 살펴야(examine) 합니다. 그런 다음에 그 빵을
> 먹고, 그 잔을 마셔야 합니다(28절).

'살핀다'는 말은 헬라어로 'δοκιμαζέτω'(도키마제토)인데, '시험하다'(to put to the test)라는 뜻입니다. 대개 다른 사람이 나를 시험할 때가

많은데, 바울은 자기를 시험하라고 권면합니다. 여기에서는 부유층 교인들이 그리스도의 몸인 교회에서 성찬을 나눌 때 어떻게 빈자들을 소외시켰는지를 한번 깊이 반성해보라는 뜻일 것입니다. 주님의 죽으심을 기억하고 선포하는 '성찬'은 친교의 자리인 '애찬'과는 차원이 다른데, 고린도교회의 지도층 인사들은 성찬과 애찬을 혼동했을 뿐 아니라, 부자나 빈자나 차별 없이 모두를 위해 십자가에 달리신 주님의 죽음을 올바로 깨닫지 못했던 것입니다. 자신을 제대로 살피지 못했기 때문입니다.

몸을 분별함이 없이 먹고 마시는 사람은, 자기에게 내릴 심판을 먹고 마시는 것입니다. 이 때문에 여러분 가운데는 몸이 약한 사람과 병든 사람이 많고, 죽은 사람도 적지 않습니다(29-30절).

'몸을 분별하다'(discerning the body)라는 말은 '그리스도의 교회'가 부자나 빈자를 막론하고 '한몸 공동체'(one body community)라는 사실을 바로 깨닫는다는 뜻입니다(고전 10:16-17; 12:12-31a 참조). 다시 말해 부자 교인들이 성찬에 참여한 빈자들을 배려하지 않고 자신의 개인적 신앙과 자신의 사회적 특권만을 내세움으로써 주님의 거룩한 몸을 분별하지 못했다는 것입니다. 이렇게 해서 성만찬이 하나님의 은혜를 받아 누리는 자리가 아닌 하나님의 심판을 자초하는 자리가 되었습니다. 빵을 먹고 잔을 마시는 행위가 심판을 먹고 심판을 마시는 행위가 되고 만 것입니다.

흥미로운 것은 바울의 예언자적 진단입니다. 부자나 빈자를 막론하고 모든 사람을 위해 십자가에 달리신 주님의 죽으심을 기억하고 기념하는 성찬식에 대한 올바른 '분별력'과 치열한 '자아 성찰' 없이 성찬에

참여했다가 심판을 자초한 사례를 적시합니다. 그 심판의 강도는 점점
더 높아져 "몸이 약해지고(weak) → 병들고(ill) → 심지어 죽기도 했
다"(died)는 것입니다. 성만찬을 남용하고 오용했다고 해서 이런 심판을
받는다는 사실을 바울이 거론한 것은 매우 예외적입니다. 그만큼 성찬식
이 중요하기에 '자기 살핌'이나 '주님의 몸에 대한 분별력' 없이 성찬식에
참여한 사람들에 대한 하나님의 징계를 예시함으로써 고린도 교인들에
게 경각심을 심어 주려는 목적이었을 것입니다. 31-32절은 바울의
진정한 의도가 교인들의 오류를 시정하고, 그들이 하나님의 심판에서
벗어나게 하려는 데 있음을 재차 강조합니다.

> 우리가 스스로 살피면, 심판을 받지 않을 것입니다. 그런데 주님께서 우리
> 를 심판하시고 징계하시는 것은, 우리가 세상과 함께 정죄를 받지 않게
> 하시려는 것입니다.

서로 용납하고 참고 기다려라

성찬식과 관련해서 고린도교회 안에서 일어난 문제에 대한 진단과
처방과 해법을 제시한 바울은 33-34절에서 결론을 맺습니다.

> 그러므로 나의 형제자매 여러분, 여러분이 먹으려고 모일 때는 서로 기다리
> 십시오. 배가 고픈 사람은 집에서 먹어야 할 것입니다. 그것은, 여러분이
> 모이는 일로 심판받는 일이 없도록 하려는 것입니다. 그 밖에 남은 문제들은
> 내가 가서 바로잡겠습니다.

성찬식과 관련해서 바울이 고린도교회에 주는 경고는 주님의 죽으심을 기억하는 거룩한 예전을 '사적인 만찬 자리'(private dinner party)로 만들지 말라는 것입니다. 만일 분별력 없이 이런 식으로 성찬식을 계속 거행한다면 하나님의 심판이 있을 것이라는 으름장도 놓치지 않습니다. 결론부에서 바울은 특히 두 가지를 당부합니다.

첫째로 음식을 먹기 위해 모일 때에 "서로 기다리라"(wait for one another)고 부탁합니다. 부자가 빈자를 고려하지 않고 성급하게 성찬에 손을 대는 일이 없어야 한다는 것입니다. 물론 바울의 진정한 의도는 '타이밍'에 있다기보다는 부자들이 빈자들과 음식을 '골고루 나누라'는 데' 있습니다. 신분이 낮은 빈자라고 할지라도 그리스도 안에서 진정한 귀빈으로 영접하고 존중하라는 뜻도 있습니다(롬 15:7). 그리스도 안에서 신분의 장벽을 허물고 한 형제자매로서 빵과 잔을 함께 나누라는 것입니다.

둘째로 성찬은 배고픔과 목마름을 해소하는 자리가 아니기에 육적인 허기를 채우려면 자기 집에서 하라고 경고합니다. 부자나 빈자나 배가 고프면 자기 집에서 먹을 일이지, 성찬과 친교를 나누는 거룩한 집회 자리에서 한 쪽에서는 배불리 먹고, 다른 쪽에서는 쪼르르 굶는 일이 없어야 한다는 것입니다. 배가 고프면 자기 집에서 음식을 먹는 편이 '예배'라는 이름으로 모여서 성찬식의 근본정신을 훼손함으로써 심판받는 일을 피하는 길이기도 합니다.

본문은 고린도교회를 비롯한 초대교회에서 성만찬이 얼마나 잘못될 수 있는지를 보여주는 사례입니다. 아직 오늘과 같은 상징적 의미로서의 약식 성찬식이 자리를 잡지 않았기에 애찬과 성찬이 교묘하게 섞인 식사 자리에서 예수께서 최초로 성찬식을 제정한 의도와 다르게 성찬식이 차별과 소외가 발생하는 자리로 오염되고 변질되는 일이 왕왕 있었다는 것입니다. 그러기에 바울은 '주님의 식탁'(the Lord's Table)이 참여하는 모든 신자가 하나님의 새로운 계약 백성으로서 한몸으로 연결되는 사랑과 화해와 일치의 자리가 되어야 한다는 사실을 역설합니다.

주님의 식탁은 육적으로 먹고 마시는 자리가 아니라, 온 교회가 주님의 대속의 죽음을 기억하고 선포하는 거룩한 자리가 되어야 합니다. 자신의 죄를 회개하고 살피는 성찰 없이 주님의 거룩한 몸을 분별하지 못한 채 합당치 않게 성찬식에 참여했다가는 주님의 임박한 심판을 피할 수 없다는 경고도 잊지 말아야 합니다.

6장
신령한 은사에 대한 지침
12:1-14:40

1. 은사의 기원과 목적
고전 12:1-11

'영에 속한 사람'의 두 기준

고린도전서는 적지 않은 분량을 '공중 예배' 문제에 할애합니다. 12-14장도 집회 도중에 일어난 은사 사용 문제를 다룹니다. 고린도 교인들은 신령한 은사들을 풍성하게 받아 누렸지만, 각자가 받은 은사가 더 우월하다는 착각과 교만 때문에 시기와 다툼이 일어났습니다. 바울은 은사 분쟁의 문제점을 지적하고 올바른 해결책을 제시합니다. 먼저 12장은 '은사'의 다양성과 기원, 목적 등을 다룸으로써 은사와 관련된 일반 주제를 신학적으로 개관합니다. 13장은 이미 살펴본 것처럼 고린도교회가 '은사 우열'을 놓고 다투는 것은 사랑이 없어서 일어난 문제임을 주지시키면서 진정한 사랑이 어떤 것인지를 보여줍니다.

은사가 고린도교회에서 왜 말썽거리가 되고 있는가를 보여주는 곳은 14장입니다. 고린도인들은 여러 은사 가운데 유독 '방언'을 높이 쳤는데, 바울은 '방언'과 '예언', 두 은사를 콕 집어서 실질적인 예배 현실과 연관해서 설명한 뒤 처방을 제시합니다.

12:1-3은 주제와 별반 상관이 없는 '은사의 다양성과 통일성'을 다룹니다. 그러나 '신령한 은사'(spiritual gifts/Geistesgaben) 문제로 교회가 시끄럽다면, 1-3절은 이 문제를 해결하기 위한 가장 근본적인 전제를 제시합니다. 교인 각자가 자신의 은사를 우쭐대며 남이 받은 은사를 깎아내리는 행위는 '어떤 영에 속했는가의 문제'이기에 '은사를 주시는 하나님의 영에 속한 사람'과 '그렇지 않은 사람'을 가리는 신학적 '기준'이 필요합니다.

형제자매 여러분, 신령한 은사들에 대하여 여러분이 모르고 지내기를 나는 바라지 않습니다(12:1).

새번역이 '신령한 은사들'로 번역한 헬라어 'πνευματικῶν'(프뉴마티콘)은 개역개정에서 '신령한 것'으로 번역되었습니다. 프뉴마티콘은 '신령한 사람들'(spiritual persons)이나 '신령한 것들'(spiritual things) 양쪽으로 다 읽힐 수 있는데, 본문이 '은사'(χαρισμα/카리스마/gift)를 중심 주제로 삼고 있기에 인격 명사보다는 사물을 지시하는 중성으로 읽는 것이 좀 더 적절할 것입니다. 그러나 은사를 과시하는 '자칭 신령한 교인들'이 시기와 분쟁을 일으키는 주역들이라면, '신령한 사람들'로 해석해도 무방합니다.

12장에서부터 새로 시작하려는 주제가 '신령한 것들'이나 '신령한 사람들'이라고 한다면, 바울은 2-3절에서 굉장히 아리송한 이야기를 합니다. 먼저 고린도 교인들 다수가 이전에 이방 문화와 우상 종교에 젖어 살았다는 사실을 상기시킵니다.

> **알다시피 여러분이 이방 사람일 때는, 여러분은, 이리저리 끄는 대로, 말 못하는 우상(mute or dumb idol)에게로 끌려다녔습니다(2절).**

로마 식민지로 있던 고린도에는 다양한 우상 잡신들과 이 신들을 섬기기 위한 다양한 신전들과 다양한 문화와 제의가 있었습니다. 유대인들을 제외한 대부분의 이방계(헬라계) 신자들은 교회에 들어오기 전에 우상 종교가 이끄는 대로 휩쓸려 살았던 사람들입니다. 바울이 과거의 사실을 끄집어내는 이유는 간단합니다. 고린도인들이 지금 기독교인들이 된 다음에 가지가지 신비한 은사들을 받아 누리면서 서로 더 신령한 사람들이라고 큰소리를 치고 있는데, 과거에 그들은 전혀 신령하지 못한 우상 문화에 젖어 살았다는 사실을 잊지 말라는 경고입니다. 도저히 '신령한' 혹은 '영적인'이라는 형용사를 붙일 수 없는 우상 숭배에 젖어 살던 사람들이 지금은 서로가 더 신령하다고 자랑한다면, 과거에 악한 영에 사로잡혀 부평초(浮萍草)처럼 떠돌며 미친 듯이 살았던 경험을 한번 떠올려 보라는 것입니다. 바울은 여전히 알쏭달쏭 어려운 말씀을 계속합니다.

> **그러므로 나는 여러분에게 알려드립니다. 하나님의 영으로 말하는 사람은**

아무도 '예수는 저주를 받아라'(Jesus be cursed) 하고 말할 수 없고, 또 성령을 힘입지 않고서는 아무도 '예수는 주님이시다'(Jesus is Lord) 하고 말할 수 없습니다(3절).

여기에서 두 가지 표현, 즉 '하나님의 영으로 말하는 사람'(one speaking by the Spirit of God)이나 '성령을 힘입지 않고서는'(except by the Holy Spirit) 모두 12장에서 다루는 '신령한 것들' 혹은 '신령한 사람들'과 직결됩니다. 한마디로 이방 문화와 우상 종교에 젖어 살던 사람이 그리스도를 믿고 진정으로 "거룩한 하나님의 영에 속해서 다양한 은사를 받아 누리는지 아닌지"를 판단하는 기준은 두 가지입니다.

부정형으로 "예수는 저주를 받아라"고 말하면서 예수를 부인하는 사람은 '신령한 사람'도 아니고, 예수님이 주시는 '신령한 은사'를 받을 수도 없습니다. 긍정형으로 "예수는 주님이시다"라는 기독론적 신앙고백을 하는 사람이 신령한 사람입니다. "신령한 사람인가 아닌가"를 가리는 가장 기본적인 기준은 "예수님을 부인하지 않고, 예수님을 주님으로 고백"하는 것입니다. 1-3절의 요점은 겉으로 드러나는 영적인 현상만으로 신령한 사람인지 아닌지를 가릴 수 없다는 데 있습니다. 우상을 섬기는 사람들 가운데에도 접신한 무속인들이 그렇듯이 신비로운 황홀경에 빠질 수 있기 때문입니다. 그러므로 예수님을 주님으로 고백하는 내적 신앙이 신비한 외적 현상보다 훨씬 더 중요하다는 것입니다!

은사의 기원은?

바울은 '신령한 사람' 혹은 '신령한 것'과 관련해서 당연한 대전제이자

기본적인 기준을 제시한 뒤 '은사'에 대한 신학 일반론을 전개합니다. 4-11절의 골자는 단순명료합니다. "은사는 다양하나 이 다양한 은사는 같은 성령에서 온다"(different kinds of gifts, but from the same Spirit)라는 진실입니다. 4-6절은 은사의 다양성과 은사의 공통 기원을 삼위일체론 적으로 풀어냅니다.

성령(4절)	은사는 여러 가지지만, 그것을 주시는 분은 같은 성령이십니다.
성자(5절)	섬기는 일은 여러 가지지만, 섬김을 받으시는 분은 같은 주님이십니다.
성부(6절)	일의 성과는 여러 가지지만, 모든 사람에게서 모든 일을 하시는 분은 같은 하나님이십니다.

세 가지를 언급하는데, '은사들'(χαρισμάτα/카리스마타/gifts)과 '섬기는 일들'(διακονιαί/디아코니아이/services)과 '일의 성과들', 즉 '사역들'(ἐνεργημάτα/에네르게마타/works or activities)입니다. 개역개정이 번역한 것처럼 '은사'와 '직분'과 '사역'을 다루는데, 세 가지의 공통점은 '다양하다'는 사실입니다. 교회는 다양성을 자랑하는 공동체이지, 동종성(同種性/homogeneity)으로 이루어진 획일적이고 전체주의적 기관이 아닙니다.

바울은 삼위일체론이 성립되기도 전에 세 사역이 역순으로 '성령 → 성자 → 성부'와 관계되어 있음을 밝힙니다. 다양한 은사는 주로 성령에 의해서 주어지는 선물입니다. 은사는 다양하지만, 이 모든 은사의 공통 기원은 '성령'입니다. 방언이나 예언과 같은 모든 은사가 같은 성령께서 하시는 일이라는 것입니다. 섬기는 '직분' 역시 다양하지만, 모든 직분이 공동으로 지향하는 목표는 하나입니다. 그리스도를 섬기는 데 있습니다. 하나님의 일을 하는 '사역'도 다양하지만, 이 모든 '일을 하게 하시는'(activating or empowering) 분은 성부 하나님이십니다. 중요한 것은 삼위일체 하나님이 그러하시듯이 "은사는 꼭 성령과만", "직분은 꼭 성자와만", "사역은 꼭 성부와만" 관계되는 것은 아닙니다. 각자의 영역에 삼위일체 하나님 전체가 한꺼번에 함께 역사하십니다. 은사와 직분과 사역이 서로 따로 떨어지지 않고 유기적으로 연결되듯이, 세 영역에 역사하시는 하나님도 '세 위격'이면서도 본질에서는 '일체'이십니다.

바울은 특별히 성부 하나님의 근원성을 "모든 사람에게 모든 일"(πάντα ἐν πᾶσιν/판타 엔 파신/all of them in everyone)이라는 구절로 절묘하게 표현합니다. 바울의 강조점은 다양한 은사, 다양한 직분, 다양한 사역이 "모든 사람에게 모든 일"과 관련되어 있는데, 이 '모든 것'의 궁극적 기원은 한 분 하나님이시라는 데 있습니다. 은사와 직분과 사역은 각각의 기능이 다르기에 서로 '구별'(distinction)은 되지만, 다 같이 한 분 하나님으로부터 오기에 서로 '분리'(separation) 될 수는 없습니다.

은사의 목적은?

7절은 다양한 은사를 '성령의 나타내심'(ἡ φανέρωσις τοῦ πνεύματος/헤 파네로시스 투 프뉴마토스/the manifestation of the Spirit)으로 요약하면서 다양한 은사의 공동 목적을 명시합니다.

각 사람에게 성령을 나타내 주시는 것은 공동 이익을 위한 것입니다.

은사는 '각 사람'에게(ἑκάστῳ/헤카스토/to each one) 주어지는데, 각 개인의 개성이나 각각의 형편에 맞게 성령께서 역사하셔서 나타나는 현상입니다. 무엇보다도 3절에서 강조된 것처럼 은사는 '예수를 주님으로 고백하는 모든 이들'에게 성령께서 역사하셔서 나타나는 현상입니다. 중요한 것은 은사는 결코 사적인 이득이나 자기 과시, 자기 영광을 위해서가 아니라, 예수님의 몸된 교회 전체의 '공동의 유익'을 위해서 주어졌다는 사실입니다. 예수님을 주님으로 고백하는 그리스도인 각자의 개성과 처지에 맞게 성령의 능력으로 나타나는 은사는 사사롭게 자기 자랑이나 하고 과시하기 위해서가 아니라, 교회 전체의 선익을 위해서 주어진 은총의 선물입니다.

은사(恩賜)는 헬라어로 '카리스마'(복수는 χαρισμάτα/카리스마타)인데, 은혜를 뜻하는 'χάρισ'(카리스)에서 온 말입니다. 누군가 잘 났고, 공로가 있고, 자격이 있어서 그 대가로 주어진 것이 아니라, 하나님이 주시는 은총의 선물이라는 뜻입니다.

9가지 은사 목록

8-10절은 크게 세 그룹으로 된 9가지의 은사 목록을 소개합니다.

① 지적인 은사 (2)	어떤 사람에게는 성령을 통하여 지혜의 말씀을 주시고, 어떤 사람에게는 같은 성령을 따라 지식의 말씀을 주십니다 (8절).
② 방언과 관련된 은사 (2)	어떤 사람에게는 여러 가지 방언을 말하는 은사를 주시고, 어떤 사람에게는 그 방언을 통역하는 은사를 주십니다 (10d절).
③ 랜덤하게 뽑은 은사 (5)	어떤 사람에게는 같은 성령으로 믿음을 주시고, 어떤 사람에게는 같은 성령으로 병 고치는 은사를 주십니다. 어떤 사람에게는 기적을 행하는 능력을 주시고, 어떤 사람에게

첫 번째 그룹은 이지적인 것과 관계된 은사들인데, '지혜의 말씀'(the utterance of wisdom)과 '지식의 말씀'(the utterance of knowledge) 둘입니다. 두 번째 그룹은 방언과 직결된 은사 두 가지인데, '다양한 방언을 말하는 은사'(various kinds of tongues)와 '방언을 통역하는 은사'(the interpretation of tongues)입니다. 세 번째 범주는 다소 랜덤하게 나열한 은사 목록인데, '믿음'(faith), '병 고치는 은사'(gifts of healing), '기적 행하는 능력'(the working of miracles), '예언'(prophecy), '영 분별'(discern-ment of spirits) 5가지가 여기에 속합니다. 이 밖에도 더 많은 은사가 있겠지만(롬 12:6-8; 엡 4:11-13; 고전 12:28-30), 바울은 은사의 다양성과 통일성을 예시하고자 고린도 교인들이 체험한 것으로 추정되는 9가지를 대표로 듭니다.

각 개인에게 각각 다른 은사가 선물로 주어진다는 사실을 강조하고자 바울은 'ἄλλῳ'(알로/another of the same kind/같은 부류의 어떤 사람)와 'ἑτέρῳ'(헤테로/another of a different kind/다른 부류의 사람에게)라는 용어를 교대로 사용합니다. 은사를 주시는 하나님의 뜻에 따라서 "각기 다른 사람에게 각각 다른 은사가 주어진다"는 것입니다.

14장에 가면 드러나겠지만, 바울이 9가지 은사를 소개할 때 고린도 교회의 핫 이슈가 되고 있는 '예언하는 은사'와 이와 결부된 '영 분별하는 은사'와 '방언 말하는 은사'와 이와 결부된 '방언 통역하는 은사'를 맨 나중에 들고 있는 것은 의도적입니다. 특별히 고린도 교인들이 가장 높이 평가하는 '방언' 은사를 맨 끝에 배치한 것은 방언 역시 다른 은사들 가운데 하나일 뿐이라는 바울의 본심을 보여줍니다.

바울이 하나님의 뜻과 각자의 개성과 처지에 따라서 가지가지 다른 은사가 선물로 주어진다는 사실을 강조하는 목적은 "은사는 다양하더라도 이 은사를 주시는 분은 동일한 하나님이시라는 사실"을 강조하기 위함입니다. 성부 성자 성령 삼위일체 하나님께서 교회 전체의 '공동선'을 위해 서로 돕고 보완하며 더 잘 섬기고, 더 잘 돌보게 하도록 교인 각자에게 각기 다른 은사를 주신다는 것입니다. 그러므로 은사를 받은 그 누구도 자기가 잘 난 대가로 주어진 것으로 착각해서 자신이 받은 은사를 자랑하고 과시해서 안 될 일입니다.

누가 그대를 별다르게 보아줍니까? 그대가 가지고 있는 것 가운데서 받아서 가지지 않은 것이 무엇이 있습니까? 모두가 받은 것이라면, 왜 받지 않은 것처럼 자랑합니까?(고전 4:7)

'한 분 성령'이 '각자'에게 주신 은사

은사 일반에 대한 바울의 신학적 요점은 11절에서 명쾌하게 정리됩니다.

이 모든 일은 한 분이신 같은 성령이 하시며, 그는 원하시는 대로 각 사람에게 은사를 나누어주십니다.

두 가지를 강조합니다. 첫째로 은사는 다르지만, 수여자는 '동일하신 성령'(one and the same Spirit)입니다. 따라서 고린도 교인들이 각각 다른 은사를 받았다고 해서 남을 시기하고 다투고 나누어질 이유가 없습니다. 그들이 받은 은사는 같은 하나님으로부터 받은 선물이기 때문입니다.

둘째로 은사는 각자가 원한다고 해서 자기 마음대로 선택할 수 있는 대상이 아닙니다. 오로지 성령께서 선택의 주권을 행사하십니다. 그렇다면 남이 받은 은사를 부러워하거나 업신여길 이유가 없습니다. 자신이 받은 은사가 최고라고 뻐길 이유가 없습니다. 자기의 공로나 업적으로 얻은 것이 아니기 때문입니다. 주시는 분의 호의가 없다면 받을 수 없기에 겸손한 마음으로 주신 분께 감사하고 영광을 돌려야 합니다. '수여자'(Giver)보다 '받은 선물들'(gifts)이 더 중요할 수는 없습니다.

은사 문제로 서로 샘을 내고 다투는 것은 얼핏 오케스트라 단원들이 서로가 최고라고 다투는 것에 비유할 수 있습니다. 오케스트라는 관악기와 현악기와 타악기가 함께 어우러져 하모니를 이루는 연주입니다. 그런데 관악기가 으뜸이라고 자랑하거나 현악기가 자기가 없으면 안 된다고 주장하거나 타악기가 하는 일은 별로 없다고 깎아내리는 것은 위험합니다.

현악기 가운데에도 "바이올린이 최고다, 비올라가 최고다, 첼로가 최고다"라고 말할 수 없습니다. 목관악기 가운데에도 "플루트가 최고다, 오보에, 클라리넷, 바순이 서로 자기가 더 낫다"고 말할 수 없습니다. 금관악기도 마찬가지입니다. "호른, 트럼펫, 트롬본이 서로가 최고다"라고 말할 수 없습니다. 타악기군(群)에서도 "큰 북, 작은 북, 심벌즈, 실로폰"이 다툴 수 없습니다. 모차르트의 〈마술 피리〉(The Magic Flute)나 드보르작의 〈신세계〉(New World Symphony)와 같은 곡을 연주할 때 어느 한 악기도 빠지면 문제가 생깁니다. 따라서 지휘자는 물론이고, 모든 연주자는 모두가 다 중요하기에 서로를 존중하며 인정할 수밖에 없습니다. 바울이 은사의 다양성과 통일성을 강조하는 것도 각기 받은 은사는 다르지만, 은사를 주신 하나님은 한 분이시기에 공동체 전체의 유익을 위해서 서로 존중하고 합력하여 선을 이루어야 하기 때문입니다.

2. 몸 = 지체들의 총합체

고전 12:12-31

'몸 비유'를 예화로 든 까닭은?

본문은 교회론을 말할 때 널리 인용되는 말씀입니다. '한몸을 이루는 다양한 지체(肢體)들' 비유가 등장하기 때문입니다. 우리 몸에는 다양한 기관들이 있습니다. 겉으로 드러난 신체 부위만 보더라도 얼굴이 있는데, 눈과 코와 입과 귀가 함께 모여 얼굴을 이룹니다. 손과 발, 손가락과 발가락, 팔과 다리가 있습니다. 보이지 않는 장기는 훨씬 더 복잡합니다. 심장, 간, 폐, 위, 신장, 대장, 소장 등등이 있습니다. 외부에 노출된 부위든, 안으로 숨은 내장이든 간에 어느 하나에 문제가 생기면 몸 전체가 고통을 겪게 됩니다. 다양한 기관이 각기 고유한 역할과 기능을 하기에 몸을 구성하는 그 어떤 기관도 따로 떨어져 놀 수 없고, 그러기에 어느 것 하나도 경시할 수 없습니다.

고린도교회에서 일어난 '은사 경쟁'을 고려할 때, 바울의 몸 비유는 '은사의 다양성과 통일성'을 강조하기 위해서 나온 것입니다. 한 성령을 통해 은혜의 선물로 주어진 다양한 은사에는 미추(美醜)와 우열(優劣)이 없습니다. 여러 지체가 모여서 한몸을 이루듯이 한 분 하나님께서 하나님과 이웃을 더 사랑하고, 더 잘 섬기도록 우리에게 주신 특별한 선물이기에 주신 분께 감사하고, 다른 은사를 가진 이들을 존중하고 배려해야 마땅합니다.

고린도교회가 그랬던 것처럼 '방언' 은사와 이에 결부된 '방언 통역'

은사만이 최고이고 다른 은사들을 별 볼 일 없다고 우긴다면, 우리 얼굴에 눈 하나만 달랑 있고 코와 입과 귀가 없는 괴물(monster)처럼 되고말 것입니다. 다양한 신체 부위가 각기 고유한 역할과 기능을 수행함으로써 한몸을 지탱하듯이, 성령의 나타나심으로 주어진 다양한 은사 역시한 분 하나님으로부터 온 선물이기에 주님의 교회를 섬기는 데 오롯이사용되어야 합니다.

'한몸을 이루는 다양한 지체들' 비유는 12-14장에서 다루는 신령한은사 문제와 직결되지만, 11장의 성만찬으로 불거진 '가진 자'와 '가지지못한 자'의 갈등과도 연결됩니다. 아니, 이 비유는 고린도전서가 처음부터 계속 들추어내고 있는 고린도 교인들의 고질적인 자랑과 교만으로인한 '분쟁 상황 전체'를 염두에 두고 나온 '바울의 교회론'이라고 할수 있습니다. 본문은 주제와 강조점에 따라서 다음과 같이 나눌 수 있습니다.

12-13절	한몸을 이루는 다양한 지체들: 교회의 다양성과 통일성
14-20절	몸과 지체들의 비유 ①: 교회의 다양성 강조
21-26절	몸과 지체들의 비유 ②: 교회의 상호 의존성과 통일성 강조
27-31절	몸과 지체들 비유의 적용: 교회 안의 다양한 은사와 직분과 사역

교회 = '다양성을 자랑하는 한몸 공동체'

성만찬 때문이든, 신령한 은사 때문이든, 아니면 세례자 문제 때문에생긴 사색당쟁이든 간에 교회가 갈등과 분쟁에 휩싸이는 것은 한몸을이루는 여러 지체끼리 갈라져 서로 다투는 형국에 비유할 수 있습니다.바울은 12-13절에서 '몸과 지체들 비유'의 대전제와 그 신학적 근거부터 먼저 제시합니다.

> 몸은 하나이지만 많은 지체가 있고, 몸의 지체는 많지만 그들이 모두 한몸이 듯이, 그리스도도 그러하십니다(12절).

전반부, 즉 "몸(body)은 하나이지만, 지체들(parts)은 많다"는 진술과 후반부, 즉 "몸의 지체들은 많지만, 몸은 하나다"라고 하는 진술은 똑같은 내용이지만, 강조점에는 차이가 있습니다. 전반부에서는 하나인 몸에 '지체가 많다'는 사실에 엑센트가 있기에 15-20절의 '몸 비유'에서 한몸을 이루는 지체들의 '다양성'을 강조합니다. 후반부에는 많은 지체가 연합하고 조화를 이루어 '한몸'을 이룬다는 '통일성'에 엑센트가 있기에 21-26절의 '몸 비유'에서는 다양한 지체들의 '상호 의존성'과 '유기적 통일성'이 부각됩니다.

한몸을 이루는 다양한 지체를 말할 때 우리는 "주님의 몸된 교회도 이와 같다"라는 말씀을 기대할 텐데, 바울은 "그리스도도 그러하다"고 말씀합니다. 역사적이고 경험적인 교회보다 이 교회의 토대와 원형이 되시는 그리스도의 우선성을 강조한 것입니다. 다시 말해 다양한 교인이 하나이신 '그리스도'와 연합하는 것이 우선이지, 어떤 가시적 교회에 가입한다고 해서 저절로 한몸으로 연합하는 것은 아니라는 것입니다. 다양한 배경을 가진 이들이 그리스도를 믿고 교회에 들어올 때 십자가에 달리고 부활하신 그리스도와 연합해 한몸을 이룬다는 것입니다.

그렇다면 다양한 지체가 한몸을 이루듯이, 다양한 교인이 그리스도의 한몸을 이루는 신학적 근거는 무엇일까요?

우리는 유대 사람이든지 그리스 사람이든지, 종이든지 자유인이든지, 모두 한 성령으로 세례를 받아서 한몸이 되었고, 또 모두 한 성령을 마시게 되었습니다(13절).

바울은 세상 모든 부류의 사람들을 포괄하고자 '인종'과 '신분' 두 영역만 대표로 예를 듭니다. 다른 곳에서는 "남성과 여성도 그리스도 안에서 하나가 되었고"(갈 3:28), "할례자와 무할례자, 야만인과 문명인의 차이도 무너졌다"고 선언했는데(골 3:11), 여기에서는 두 범주만 들었습니다. 중요한 것은 '모두가'(πάντες/판테스/all)라는 표현처럼 모두가 세상에서 어떤 형편에 있었든지 간에 한 성령으로 세례를 받음으로써 그리스도의 한몸에 편입되었으며, 그 결과 성령의 은혜를 충만히 받게 되었다는 사실입니다. 한마디로 세상에서 온갖 다양한 배경을 가진 이들이 한 성령의 능력으로 하나가 되었다는 것입니다.

'몸 비유'로 예증한 교회의 다양성

바울은 교회의 '다양성 안에서의 통일성'(unity in diversity) 주제를 다루고자 '몸의 비유'(the body analogy)를 듭니다. 고대 그리스-로마 사회에서도 몸의 비유는 정치나 철학을 불문하고 사회(polis)의 화합과 일치를 강조하기 위해 자주 사용되었습니다. 그러나 언제나 '상부의 시각'으로 사용되었습니다. 다시 말해 피라미드식의 신분 위계질서가 엄격했던 시대에 하부 계급의 사람이 자기 자리를 충실히 잘 지켜서 질서와 안정을 유지해야 한다는 경각심을 주려는 '선전용'(propaganda) 비유로 활용되었던 것입니다. 낮은 계층의 사람이 높은 계층을 넘보지도 말고 반항하지도 말라는 경고용으로 사용했던 것입니다.

바울은 철저히 낮은 이들의 자리에서 '하부의 시각'으로 몸 비유를 예증합니다. '낮은 자리 시각'이야말로 강자가 약자를 섬기고 돌보아야만 한다는 바울의 기본 신념과 일치합니다. 바울은 몸 비유에서 매우 당연한 사실을 전제하는데, 그 강조점은 '다양성의 필수성'(the necessity of diversity)에 있습니다.

몸은 하나의 지체로 되어 있는 것이 아니라, 여러 지체로 되어 있습니다(14절).

몸이 하나이지만, 다양한 지체로 구성된다는 사실에서 바울이 강조하려는 교훈은 교회 역시 그리스도의 몸으로서 하나이지만, 다양한 은사를 받은 다양한 교인으로 구성된다는 사실입니다. 바울은 몸의 다양성을 천명한 후에 발과 손과 귀와 눈, 네 지체를 들어 가상의 독백을 하는 식으로 인격화시킵니다.

발의 독백	발이 말하기를 "나는 손이 아니니까, 몸에 속한 것이 아니다" 한다고 해서 발이 몸에 속하지 않은 것이 아닙니다(15절).
귀의 독백	또 귀가 말하기를 "나는 눈이 아니니까, 몸에 속한 것이 아니다" 한다고 해서 귀가 몸에 속하지 않은 것이 아닙니다(16절).

먼저 발은 대척점에 있는 손에 묘한 시기심과 열등감을 느낍니다. 손은 위쪽에, 발은 맨 아래쪽에 있기에 자격지심 때문에 이런 한탄을 하는 것 같습니다. 발은 늘 무거운 무게를 지탱하며 땅만 밟고 다니다 보니 공중에서 자유롭게 활동하는 손을 부러워하고 열등감을 느껴서 '자기 비하' 내지 '신세 한탄'을 합니다. 하지만 발은 몸에서 매주 중요한

기능을 하기에 '발이 없는 몸'은 상상하기 어렵습니다.

귀도 옆에 붙어 있다 보니 얼굴 맨 위쪽에서 반짝반짝 빛나는 눈을 생각할 때 자격지심을 느낍니다. "나는 눈보다 못하니까 몸에 속한 것이 아니다"라고 푸념합니다. 그러나 귀가 없는 몸 역시 상상할 수 없습니다. 이렇게 생김새나 자유로운 활동성에 있어서 상대적 소외감과 열등감을 느낀 나머지 자기 비하에 빠진 발과 귀를 향해 바울은 반론을 제기합니다.

온몸이 다 눈이라면, 어떻게 듣겠습니까? 또 온몸이 다 귀라면, 어떻게 냄새를 맡겠습니까?(17절)

바울은 각 지체가 하는 역할과 기능이 다르다는 사실을 특히 시각(눈)과 청각(귀)과 후각(코)과 관련해서 강조합니다. 귀가 눈을 시기하고 열등감을 느껴서 "나는 눈보다 못하니 몸에 아무 소용도 없어" 하고 자조 섞인 말로 한탄한다면, 온몸이 눈으로만 된 상태를 상상해보라는 것입니다. 보는 것 외에 듣는 것은 누가 하느냐는 말이지요. 다른 한편으로 눈을 부러워하는 귀만으로 된 몸 역시 후각 기능을 맡은 코가 없다면, 큰 문제가 생깁니다. 이처럼 바울은 우리 몸이 각기 고유의 역할과 기능을 담당하는 다양한 지체로 구성될 수밖에 없다는 사실을 역설합니다.

그런데 실은 하나님께서는, 원하시는 대로, 우리 몸에다가 각각 다른 여러 지체를 두셨습니다. 전체가 하나의 지체로 되어 있다고 하면, 몸은 어디에 있습니까?(18-19절)

몸이 단 하나의 지체가 아닌 다양한 지체로 되어 있는 것은 하나님께서 원하시는 질서입니다. '다양한 지체가 없는 몸'은 있을 수 없는데, 손 하나 혹은 눈 하나만 달랑 있는 몸은 괴물에 불과합니다. 따라서 고린도인들은 하나님의 원하시는 뜻에 따라 받은 신령한 은사들을 자랑하지 말고 서로의 다양성을 존중해서 공동체 전체의 유익을 구해야 합니다.

'몸 비유'로 예증한 교회의 통일성

21-26절은 몸 비유를 계속 활용하되 지체들의 상호 의존성과 통일성을 강조하는 데 주력합니다. 이번에는 눈이 손을 업신여기고, 머리가 발을 무시하는 경우를 예로 듭니다(21절).

눈이 손에게	너(손)는 나에게 소용이 없다(I don't need you!).
머리가 발에게	너는 내게 쓸 데가 없다(I don't need you!).

앞에서 한몸에 붙은 신체 기관들의 다양성을 강조할 때는 한 지체가 다른 지체를 부러워하고 열등감을 느낀 나머지 자기 비하를 한다는 식으로 예화를 들었는데, 여기에서는 '타인을 무시하는 경우'를 예로 듭니다. 먼저 손보다 더 높이 얼굴에 붙은 눈이 손을 깔봅니다. 신체에서 얼굴이 제일 눈에 띌 뿐 아니라, 얼굴에서도 눈이 제일가는 매력 포인트라고 눈이 자평하기에 자신만 최고라고 뻐기면서 손이 하는 기능을 무시합니다. 훨씬 더 흥미로운 가상의 대화는 맨 위에 붙은 머리가 맨 아래쪽에 붙어서 허드렛일만 하는 것처럼 보이는 발을 업신여깁니다. 발 따위는 필요 없다고 큰소리를 치는 것입니다. 하지만 몸 전체의 통일성을 고려할 때 손도 눈 못지않게 중요한 일을 하고, 발 역시 머리 못지않

게 중요한 역할을 합니다.

'눈과 머리만 있는 몸', '손도 없고 발도 없는 몸', 이런 몸이 어떤 모양을 하게 될 것인지, 어떤 기능을 할 것인지는 불을 보듯 뻔합니다. 아름답고 조화로운 몸이 아니라, 보기 흉하고 일방적인 기능만 하는 괴물이 됩니다. 그렇다면 바울의 강조점은 고린도교회 안에 눈과 머리 역할을 하는 지체 높고 부유한 신자들, 우월한 은사를 받았다고 착각한 나머지 다른 은사를 깎아내리는 교인들을 겨냥해서 손과 발의 역할과 기능을 하는 낮은 처지에 있는 교인들이 얼마나 중요한가를 생각해보라는 데 있습니다. 위쪽 시각이 아닌 아래쪽 시각에서 강자들이 약자들의 처지를 돌아보고 존중할 것을 주문합니다.

> 그뿐만 아니라, 몸의 지체 가운데서 비교적 더 약하게 보이는 지체들이 오히려 더 요긴합니다. 그리고 우리가 덜 명예스러운 것으로 여기는 지체들에게 더욱 풍성한 명예를 덧입히고, 볼품없는 지체들을 더욱더 아름답게 꾸며 줍니다(22-23절).

① 약한 지체들(the weaker) → 요긴하다(indispensable).

② 덜 명예스러운 지체들(the less honorable) → 더욱 풍성한 명예를 덧입힌다(clothe with greater honor).

③ 볼품없는 지체들(the unpresentable/the less respectable) → 아름답게 꾸며 준다(treated with greater respect).

새끼발가락이 '약한 지체'인 것처럼 보이지만, 보행하는 데 필수 불가결합니다. 덜 명예스러운 지체는 '생식기'(sexual organs)를 말할 것입니다. 얼굴은 예쁘게 단장해서 늘 공개하고 다니고 싶어 하지만, '성기'(性

器)는 '수치스럽다'(shameful)고 생각해서 옷으로 가립니다. 그러나 생식기의 기능 때문에 인간은 후사를 이어갈 수 있습니다. 따라서 바울은 이런 지체에 더욱 풍성한 명예를 '옷 입힌다'는 비유로 말합니다.

그 옛날 전제 군주 시대에 황제는 신변 보호를 위해서 경호원에 둘러싸여 공개 노출을 삼갑니다. 행차할 때 얼굴이나 신체를 보이지 않기 위해 여러 겹으로 치장한다고 해서 황제가 영예롭지 않은 것이 아닙니다. 정반대로 너무나 영예롭기에 보호할 요량으로 여러 보호막을 쳐서 보이지 않게 가리는 것뿐입니다. 마찬가지로 생식기를 부끄럽게 여겨 옷으로 가린다고 해서 자기 몸에 그것이 없기를 바라는 사람은 없습니다. 오히려 너무너무 중요하기에 공개 노출을 꺼리는 것뿐입니다! 이런 맥락에서 바울은 '얼굴'과 같이 그 자체로서 아름다운 지체는 숨길 필요가 없다면서 지체들의 평등성을 강조합니다.

> 그러나 아름다운 지체들은 그럴 필요가 없습니다. 하나님께서는 몸을 골고루 짜 맞추셔서 모자라는 지체에게 더 풍성한 명예를 주셨습니다. 그래서 몸에 분열이 생기지 않게 하시고, 지체들이 서로 같이 걱정하게 하셨습니다 (24-25절).

얼굴과 같이 언제나 '드러나야 하는 지체들'(presentable parts)은 옷으로 가리는 등의 특별 대우가 필요 없습니다. 그러나 그것은 결코 얼굴이 생식기보다 더 우월하기 때문이 아닙니다. 모든 지체가 몸 전체의 통일된 기능을 수행하기 위해서 다 필요합니다. 하나님은 오히려 모자라 보이는 지체에 더 풍성한 영예를 주셔서 지체들 가운데 누구도 자랑할 수 없도록 골고루 균형을 잡게 하십니다. 한쪽 지체만 우월하고 다른 지체는 열등해서 지체들 사이에 '분열'(σχίσμα/스키스마/division)이 생기지 않게 하셨고, 서로가 서로를 존중하고 배려하도록 만드셨다는 것입니다. 지체들 사이에 치고받고 싸우는 전쟁이 일어나면, 몸에 붙어 있는 지체 모두가 다 죽습니다!

몸에 분열이 생기지 않으려면, 두드러진 지체는 잘난 체해서 안 되고, 부족해 보이는 지체는 자신을 과소평가해서 안 됩니다. 다양한 역할과 고유한 기능을 인정하고 상호 의존성(interdependence)을 존중할 때, 각 지체는 물론이고 몸 전체가 골고루 건강해질 수 있습니다. 밥을 먹을 때 손이 "왜 나만 진탕 고생하고 입은 받아 처먹기만 하냐?"고 불평할 수 없습니다. 손이 입에 음식을 먹여줌으로써 손 자신이 건강하게 됩니다. 몸에 붙은 모든 지체의 '유기적 통일성'(organic unity)은 26절에서 공동의 고통과 공동의 기쁨으로 요약됩니다.

> 한 지체가 고통을 당하면, 모든 지체가 함께 고통을 당합니다. 한 지체가 영광을 받으면, 모든 지체가 함께 기뻐합니다.

보잘것없는 사랑니가 아프거나 무용지물인 것처럼 보이는 맹장이 탈이 나면, 그것은 그 지체 하나만의 고통으로 끝나지 않습니다. 몸을 이루는 모든 지체가 다 함께 괴롭습니다. 손이 바이올린을 잘 켜서 콩쿠르에서 우승하면, 손 하나의 영광이 아닙니다. 몸 전체가 영광을 받습니다. 발 하나가 잘 뛰어서 올림픽 마라톤 경기에서 금메달을 따더라도 영광은 모든 지체에 다 돌아갑니다.

주님의 몸 된 교회를 이루는 교인들, 아니 한 교회나 한 교단에 속한 교인들뿐만 아니라 시공을 초월해 전 세계에 흩어진 "모든 교회에 속한 모든 그리스도인"은 서로 유기적으로 연결되어 있기에 한 사람의 고통은 그리스도인 전체의 고통이 되고, 한 사람의 영광 역시 교회 전체의 영광이 된다는 '보편적 교회 의식'이 긴요합니다.

'그리스도의 한몸'을 이루는 '다양한 지체들'

바울은 27절에서 지금까지 사용한 '몸 비유'를 고린도교회와 교인들에게 적용합니다.

여러분은 그리스도의 몸이요, 따로 따로는 지체들입니다.

"고린도 교인들이 그리스도의 몸"이라고 할 때는 **통일성**이, "따로 따로는 지체들"이라고 할 때는 **다양성**이 강조됩니다. 다양한 교인이 각기 떨어져 고유한 역할과 기능을 하지만, 유기적으로 연결되어 그리스도의 한몸을 이룬다는 사실이야말로 교회론의 요체입니다. 그러므로 그 어떤 지체도 우월감으로 뻐길 수 없고, 그 어떤 지체도 열등감으로 주눅들 수 없는 공동체가 교회입니다. 바울은 교회의 다양성과 통일성을 강조하고자 28절에서 대표적인 '은사'(gifts)와 '직분'(offices) 여덟 가지를 열거합니다.

초대교회의 권위 질서에 따른 3가지 '직분'	① 사도(apostles) ② 예언자(prophets) ③ 교사(teachers)
랜덤하게 배치한 5가지 '은사'와 '사역'	④ 능력 행함(deeds of power) ⑤ 병 고치는 은사(gifts of healing) ⑥ 남을 도와주는 사역(forms of assistance) ⑦ 지도력 사역(forms of leadership) ⑧ 다양한 방언(various kinds of tongues)

흥미롭게도 바울은 고린도 교인들이 가장 높이 평가하고 자랑하는 방언을 은사 목록 맨 끝에 배치합니다(12:11, 30 참조). 방언도 다양한 은사들 가운데 하나라는 것을 은근히 강조한 것입니다. 바울은 마침내 강력한 '부정 대답'(No!)을 기대하는 수사학적 질문을 던짐으로써 몸 비유를 끝맺습니다(29-30절).

그러니, 모두가 사도이겠습니까? 모두가 예언자이겠습니까? 모두가 교사 이겠습니까? 모두가 기적을 행하는 사람이겠습니까? 모두가 병 고치는 은사를 받은 사람이겠습니까? 모두가 방언으로 말하는 사람이겠습니까? 모두가 통역하는 사람이겠습니까?

"팔방미인은 없다"라는 속담도 있듯이, 한 사람이 바울이 열거한 모든 은사와 직분을 모조리 다 행사할 수 없습니다. 따라서 교회 안에서의 다양성은 건강을 위해서 필수적입니다.

성만찬이나 은사 경쟁으로 불거진 고린도교회의 갈등과 분쟁은 교회의 다양성과 통일성을 제대로 깨닫지 못한 소치입니다. 교회론의 부재가 이런 상황을 불러온 것입니다! 무엇보다도 이런 문제를 해결할 수 있는 사람들은 머리와 눈처럼 '위에 있는 교인들'이기 때문에 먼저 이들이 손과 발처럼 '아래에 있는 교인들'을 사랑의 정신으로 존중하고 배려할 때 갈등과 분쟁은 치유될 수 있습니다.

3. 사랑 없이 하는 모든 일은?

고전 13:1-3

'사랑' 없이 하는 일체의 행위는?

고린도전서 13장은 서정적인 산문체와 눈부시게 아름다운 문장 때문에 바울이 별도로 기록한 송가를 12장과 14장 사이에 끼워놓았다는 오해를 받습니다. 그러나 13장은 고린도교회가 각종 성령의 은사들을 자랑하고 다투는 12장의 현실에 대한 바울의 질책과 경고를 반영하기에 고린도교회의 상황이나 고린도전서의 전후 문맥에 정확하게 부합한다는 것이 학계의 중론입니다.

12장은 고린도교회가 가지가지 신령한 은사를 넘치게 누리되 뻐기고 다투는 공동체임을 보여줍니다. 각자가 받은 은사에 겸손히 감사하면 좋겠지만, 자기가 받은 은사가 다른 사람이 받은 은사보다 우월하다고 생각해서 으스대고 깔보는 등 은사 때문에 교회가 시끄럽고 갈라지게 되었습니다. 바울은 이런 사람들에게 "더욱 큰 은사들(χαρίσματα/카리스마타)을 사모하라"(strive for the greater gifts)고 권면합니다(12:31a). '은사'가 단수가 아니라 복수이기에 '사랑'을 말하는 것이 아니라, 12장에서 쭉 열거해온 은사들을 비롯해 더욱 큰 은사들, 즉 14장에서 드러나겠지만 예언과 같이 덕을 세우는 은사들을 사모하라는 권고입니다. 그러면 바울은 '가장 좋은 길(ὁδός/호도스)'(the most excellent way)을 보여주겠다고 말씀합니다.

이 말씀 직후에 13장의 사랑의 찬가가 시작되는데, 그 가장 좋은 길이 바로 '사랑'입니다. 그러므로 사랑은 방언이나 예언과 같은 은사 중의 하나가 아닙니다. 고린도인들이 각자 받은 은사를 자랑하고 다른 은사들을 헐뜯을 때, 어떻게 싸우지 않고 화해와 일치의 공동체를 바로 세워나갈 것인가를 가리키는 가장 좋은 길이 사랑입니다. 바울은 결코 고린도 교인들이 받은 은사들을 비판하고 깎아내리기 위해서가 아니라, 사랑의 원리에 따라서 그 은사들을 겸손하게 잘 사용해서 공동체에 덕을 세울 것을 역설합니다. 바울이 제시하는 사랑의 본질과 속성은 고린도교회의 분열을 치료하는 명약이요, 치료제입니다.

바울이 제시하는 사랑은 낭만적 감정이나 황홀한 기분이 아니라, 예수 그리스도의 성육신과 십자가 죽음에서 드러난 매우 비장한 사랑입니다. 바울이 말한 사랑에 우리 자신을 대입하면 어느 것 하나도 충족하기 어려울 만큼 가장 순수하고 완벽한 형태의 이상적 사랑이기에 13장을 연애편지에서 인용하거나 결혼식이나 추도식에 읊조리는 것은 바울이 제시하는 사랑의 심도와 엄숙성을 잘 모르기 때문일 것입니다.

13장은 세 부분으로 나눌 수 있습니다.

① 13:1-3	사랑의 필수성: 사랑 없이 하는 것은 아무것도 아니며 아무 유익도 없다.
② 13:4-7	사랑의 찬가: 사랑의 15가지 속성에 관한 기술(記述)
③ 13:8-13	사랑의 영원성: 사랑 이외의 모든 것(특히 각종 신령한 은사들)은 다 일시적이고 부분적이다.

첫째로 바울은 사랑 없이 하는 신비한 언어가 공허하다고 말씀합니다(1절).

내가 사람의 모든 말과 천사의 말을 할 수 있을지라도, 내게 사랑이 없으면,
울리는 징이나 요란한 꽹과리가 될 뿐입니다.

바울은 고린도 교인들이 그토록 자랑하는 방언(tongues)부터 언급하
는데, '사람들의 방언'과 '천사들의 방언'으로 나눕니다. 지상에서 최고가
는 달변과 웅변 형식의 방언을 구사하고, 천상에서 하는 천사들의 신비한
방언까지 구사한다고 할지라도 사랑이 없으면, '울리는 징'(noisy gong)
이나 '요란한 꽹과리'(clanging cymbal)에 불과합니다. 삑삑거리고 공허
한 소음에 지나지 않는다는 것이지요.

두 번째로 사랑 없는 '예언'과 사랑 없는 '지식'과 사랑 없는 '믿음'
세 가지 은사를 모조리 질타합니다(2절).

내가 예언하는 능력을 가지고 있을지라도, 또 모든 비밀과 모든 지식을
가지고 있을지라도, 또 산을 옮길 만한 모든 믿음을 가지고 있을지라도,
사랑이 없으면, 아무것도 아닙니다.

앞으로 하나님께서 하실 신비한 일을 '예언하는 것', 대단한 은사입니
다. 하나님만이 아시는 말세에 일어날 '비밀'과 이에 대한 신령한 '지식'도
아무나 가질 수 있는 것이 아닙니다. 하물며 산을 옮길 만한 믿음을
소유하는 것도 대단합니다(막 11:22-24; 마 17:20). 그러나 그 모든 일에
사랑이 수반되지 않는다면, '아무것'(nothing)도 아닙니다.

셋째로 바울은 종교 행위를 넘어서 개인적인 희생의 예까지 들면서
그 범위와 강도를 더 높입니다. 사랑 없는 '구제'와 사랑 없는 '희생'의
무익함을 역설합니다(3절).

내가 내 모든 소유를 나누어줄지라도, 내가 자랑삼아 내 몸을 넘겨줄지라도, 사랑이 없으면, 내게는 아무런 이로움이 없습니다.

사랑 없이도 구제할 수 있는데, 예컨대 자신의 선행을 과시하기 위해서도 그럴 수 있습니다. 사랑 없는 구제는 아무리 구제의 범위나 정도가 대단하더라도 구제하는 사람 자신에게 아무런 이득이 없습니다. 개역개정에 "내 몸을 불사르게 내준다"(I surrender my body to the flames)는 말은 화형으로 순교 당하는 장면을 연상시킵니다. 그러나 바울 시대에는 화형으로 순교하는 경우가 없었기에 새번역은 "자랑삼아 내 몸을 넘겨준다"(I hand over my body so that I may boast)는 표현으로 순화해서 번역했습니다. 문맥을 고려할 때 순교로 목숨을 내놓는다는 표현이 훨씬 더 어울립니다. 그리스도나 남을 위해서 자신의 목숨을 내어놓는 순교자적 믿음과 용기는 참으로 가상합니다. 그러나 사랑 없이 하는 순교의 희생에는 아무런 이득도 없습니다.

바울은 "내가 만일"(If I)이라는 조건문으로 사랑 없이 하는 일체의 종교 행위와 구제와 희생이 무의미하다는 사실을 강조하는데, 사실은 고린도인들이 사랑 없이 하는 종교 행위를 염두에 두고 한 말씀입니다. 그런데도 '내가'라는 주격 단수로 말문을 연 것은 앞으로 제시할 '사랑의 길'에 '자신'부터 모자란다는 성찰과 무관하지 않을 것입니다.

2절에 '모든'이라는 형용사가 세 번 나옵니다. '모든(πάντα/판타) 비밀', '모든(πᾶσαν/파산) 지식', '모든(πᾶσαν/파산) 믿음'입니다. 3절에도 '모든(πάντα/판타) 소유'가 나옵니다. 사랑 없이 하는 '모든 행위'를 포괄하려는 의도가 엿보입니다. 그러므로 여기에 적시한 행위뿐만 아니라 우리가 교회나 사회에서 생활할 때 자부심을 느끼는 일체의 행위를 다 떠올려야 할 것입니다. '아무것'도 아니라는 2절의 형용사 'οὐθέν'(우덴/nothing)과 3절의 'οὐδὲν'(우덴/nothing)은 모두 사랑 없는 행위의 '아무것도 아님'을 강조합니다. 그러므로 1-3절에 자신의 이름을 대입해서 우리가 한껏 뻐기는 모든 행위를 열거한다면 매우 좋은 독법이자 알뜰한 적용이 될 것입니다.

예컨대 저의 경우에는 "내가 최고의 설교문을 준비해서 최고의 설교를 한다고 할지라도 사랑이 없으면 아무 유익이 없다"라고 하겠지요. 아니면 "내가 최고의 지성과 최고의 문필력을 갖추어 최고의 베스트셀러를 써낸다고 할지라도 사랑이 없으면 아무 소용이 없다"라고도 할 수 있겠습니다.

4. 사랑의 15가지 속성

고전 13:4-7

사랑의 본질

4-7절은 '사랑의 본질'(Das Wesen der Liebe)을 제시합니다. 바울은 사랑을 '인격화'(personification)하고, 15개의 헬라어 동사를 연속적으로 사용해서 사랑의 본질을 기술합니다. 본문의 구조를 도표로 요약하면 아래와 같습니다.

사랑의 본질(특성)	
긍정문 형태의 '하나님 사랑'의 두 근본 속성(4a절)	① 사랑은 오래 참는다(Love is patient). ② 사랑은 온유(친절)하다(Love is kind).
9개의 동사로 구성된 부정문 형태의 사랑에 대한 기술(4b-6절)	③ 사랑은 시기하지 않는다(Love does not envy). ④ 사랑은 자랑하지(뽐내지) 않는다(Love does not boast). ⑤ 사랑은 교만하지 않다(Love is not arrogant). ⑥ 사랑은 무례하지 않다(Love is not rude). ⑦ 사랑은 자기의 유익을 구하지 않는다(Love does not insist on its own way; not self-seeking). ⑧ 사랑은 성을 내지 않는다(Love is not easily angered; not irritable). ⑨ 사랑은 원한을 품지 않는다(Love keeps no record of wrongs; not resentful). ⑩ (부정문 형태로) 사랑은 불의를 기뻐하지 않는다 (Love does not delight in evil[wrongdoing]). ⑪ (긍정문 형태로) 사랑은 진리와 함께 기뻐한다 (Love rejoices with the truth).

스타카토 형식의 4개의 동사로 된 긍정문 형태의 사랑에 대한 요약(7절)	⑫ 사랑은 모든 것을 참는다(Love bears all things). ⑬ 사랑은 모든 것을 믿는다(Love believes all things). ⑭ 사랑은 모든 것을 바란다(Love (hopes all things). ⑮ 사랑은 모든 것을 견뎌낸다(Love endures all things).

사랑의 근본 속성 둘

사랑의 15가지 속성을 열거할 때 어떤 것을 가장 먼저 언급하느냐의 문제는 중요합니다. 왜냐하면 바울이 차례로 나열하는 사랑은 예수님을 통해 드러난 하나님의 사랑이기 때문입니다. 제일 먼저 언급하는 사랑의 속성은 하나님 사랑의 제일가는 특징과 다름없습니다.

하나님의 본질에서 나온 사랑은 수동적 사랑과 능동적 사랑으로 짝을 이룹니다. "사랑은 오래 참습니다." 이것은 가벼운 곤란이나 가벼운 악을 견뎌낸다는 말이 아닙니다. 극심한 고난과 극악무도한 악을 오래 참는다는 것입니다. 하나님 사랑의 제일가는 특징은 '오래 참음'에 있습니다. 우리가 하나님 자리에 있었더라면 지구는 억만 번도 더 심판받았을 것입니다. 온갖 종류의 범죄와 악행 한가운데에도 세상이 돌아가는 배후에는 하나님의 오래 참으시는 사랑이 있기 때문입니다. 이런 이유로 유진 피터슨의 메시지 성경은 '오래 참는 사랑'을 '절대로 포기하지 않는 것'(never gives up)으로 번역합니다.

하나님 사랑은 "친절하고 온유합니다." 메시지 성경은 "자기보다 다른 사람에게 더 마음을 쓰는 것"(cares more for others than for self)으로 풀이합니다. 불친절하고 사나운 것은 사랑이 아닙니다.

동전의 앞뒷면처럼 하나님 사랑의 두 가지 근본 속성은 '오래 참으심'과 '온유하심'입니다.

> 여호와는 긍휼이 많으시고 은혜로우시며 노하기를 더디 하시고 인자하심이 풍부하시도다(시 103:8).

사랑이 아닌 것은?

바울이 고린도교회를 겨냥해서 정말 강조하려는 사랑의 본질은 사랑이 아닌 것들을 차례로 열거하는 데 있습니다. 사랑이 무엇인지를 알려면 사랑의 반대를 짚어보면 됩니다. 바울은 4b-6절에서 각 동사 앞에 부정형 부사 'οὐ'(우/not) 혹은 'οὐκ'(우크/not)를 붙여서 사랑이 하지 않는 것들을 나열합니다. 이것은 고린도 교인들이 하고 있는 행태를 그대로 반영하는 것이기에 시대적 상황이나 문맥을 놓고 볼 때 바울이 강조하려는 가장 중요한 주제이기도 합니다.

첫째로 "사랑은 시기하지 않습니다." 메시지 성경은 "자기가 갖지 못한 것을 바라지 않는다"(Love doesn't want what it doesn't have)로 풀이합니다. 고린도 교인들은 파벌을 이루어 시기하고 싸웁니다(고전 3:3). 타인을 이겨야만 하는 경쟁자로 생각해 그가 가진 지혜나 능력이나 은사를 부러워하고 미워하다 보니 시기하게 된 것입니다.

둘째로 "사랑은 자랑하지 않습니다." 마구 으스대며 뽐내는 태도입니다. 고린도 교인들이 자신의 지혜와 가문과 은사를 자랑하는 태도를 빗댄 것입니다(1:29-31; 3:21; 4:7; 5:6).

셋째로 "사랑은 교만하지 않습니다." 풍선에 바람이 가득 차 터지기

일보 직전까지 한껏 부풀어 오른 상태를 말합니다. 자신과 자신이 이득을 중심에 놓고 타인과 타인의 이득은 가장자리에 놓는 행위입니다.

넷째로 "사랑은 무례하지 않습니다." 원문은 매우 강력한 표현인데, 동성애 행위와 같이 수치스러운 행동을 하지 않는다는 것입니다(롬 1:27). 메시지 성경은 "다른 사람에게 자신을 강요하지 않는다"(doesn't force itself on others)로 번역합니다. 상대편을 존중하거나 배려하지 않고, 종 부리듯이 폭언을 하거나 거칠고 상스럽게 구는 행위를 하지 않는 것이 사랑입니다.

다섯째로 "사랑은 자기의 유익을 구하지 않습니다." 메시지 성경은 "내가 먼저야"(me first)라고 말하지 않는 것으로 의역합니다. 사랑은 자신의 유익보다 먼저 타인의 유익을 구하는 자세입니다(빌 2:4).

여섯째로 "사랑은 성을 내지 않습니다." 다른 사람을 격동시켜 화나게 하지 않는 것은 물론이고, 설령 남이 나를 화나게 할 때가 있더라도 쉽게 자극받고 발끈하지 않습니다.

일곱째로 "사랑은 원한을 품지 않습니다." 개역개정은 "악한 것을 생각하지 않는다"로 번역하는데, 원뜻은 남이 잘못한 것을 장부에 적듯이 일일이 기억하지 않고 용서한다는 말입니다(고후 5:19). 메시지 성경은 "다른 사람의 죄를 꼬치꼬치 따지지 않는다"(doesn't keep score of the sins of others)로 번역합니다.

여덟 번째와 아홉 번째는 부정형과 긍정형이 짝을 이룹니다.

부정형	사랑은 불의를 기뻐하지 않는다.
긍정형	사랑은 진리와 함께 기뻐한다.

사실 이 둘은 하나입니다. 흥미로운 것은 '불의'의 반대를 '정의'가 아닌 '진리'로 말한다는 사실입니다. 이것은 진리가 정의보다 훨씬 더 큰 범주일 뿐 아니라, 오로지 진리 안에 있을 때 불의에 빠지지 않기 때문입니다.

하나님의 진노가, 불의한 행동으로 진리를 가로막는 사람의 온갖 불경건함과 불의함을 겨냥하여, 하늘로부터 나타납니다(롬 1:18).

진리와 함께 기뻐하는 사람은 불의를 기뻐할 수 없습니다. 불의를 기뻐하지 않는 이가 진리를 슬퍼할 리 만무합니다. 그렇다면 사랑은 무턱대고 아무거나 다 좋다 하고 기뻐하는 태도가 아닙니다. 불의와 진리를 가려내는 안목과 판단력이 필요합니다. "우리가 어디 남이가?" 하는 자세로 불의에 동조하는 것은 사랑이 아닙니다. 진리가 아님에도 자신의 편리와 이득 때문에 눈과 귀를 감는 것도 사랑이 아닙니다.

사랑의 총괄 속성 요약

고린도교회 상황을 염두에 두고 교인들이 하는 행위가 사랑과 정반대라는 사실을 조목조목 지적한 바울은 마침내 지금까지 열거한 사랑의 속성 전체를 요약해서 결론을 내립니다. 사랑의 총괄 속성을 열거할 때, 단연 돋보이는 것은 네 번 모두 등장하는 '모든'(πάντα/판타/all)이라는 형용사입니다. 너무나 강력한 표현이기에 턱하고 숨이 막힐 지경입니다. 사랑이 하는 일에는 한도 끝도 없다는 사실을 강조하기에 '언제나'(always)로 풀어서 읽으면 뜻이 통할 것입니다.

"사랑은 모든 것을 참습니다." 참아내는 데에는 한계가 없습니다. 죽음이 인내의 최종 마지노선(Maginot線)이라고 한다면, 순교까지도 참아내는 것이 사랑이라는 것입니다. "사랑은 모든 것을 믿습니다." 하나님이 계시다는 사실에 반대되는 증거가 넘쳐나고, 하나님께서 역사 속에서 행동하신다는 사실에 어긋나는 증거가 넘쳐난다고 해도 끝까지 하나님을 신뢰하는 믿음은 사랑에서 옵니다. "사랑은 모든 것을 바랍니다." 어떤 경우에도 장차 하나님이 가져오실 의의 최후 승리를 믿으며 끝까지 희망을 포기하지 않는 것이 사랑입니다. 끝으로 "사랑은 모든 것을 견뎌냅니다."

15가지 속성에서 첫 번째가 '오래 참는 것'이었는데, 마지막 속성은 그보다 훨씬 더 강도가 큰 '모든 것을 끝까지 견뎌내는 것'입니다. 수미상관법(inclusio)으로 끝을 맺은 것입니다. 사랑은 종말의 순간이 올 때까지 온갖 시련과 온갖 역경과 온갖 악을 끝까지 참고 이겨내는 '끈기'(perseverance)에 있습니다. 참고 믿고 바라고 견뎌내는 사랑의 총괄 속성에는 '언제나' 한계가 없습니다.

바울이 지금까지 15가지의 동사로 열거한 사랑의 속성은 격한 시기와 분쟁에 빠진 고린도교회를 치유와 화해와 일치로 이끌 수 있는 '가장 좋은 길'(ὑπερβολὴν ὁδὸν/휘페르볼렌 호돈/the most excellent way)입니다. 방언이나 예언과 같은 은사가 아닙니다!

5. 그 중의 제일은 사랑이라

고전 13:8-13

분쟁에 빠진 고린도교회

13장은 '사랑의 찬가'(Das Hohelied der Liebe)로 유명합니다. 바울은 1-3절에서 사랑 없이 하는 모든 행위가 아무것도 아님을 역설했습니다. 종교 행위든, 도덕 행위든 사랑의 동기로 하지 않는 그 어떤 행위도 아무런 유익이 없습니다. 특히나 자신이 자랑스럽게 생각하는 행위일수록 사랑의 정신으로 하지 않을 때 아무 소용이 없습니다. 4-7절은 동사 15개를 차례로 사용해서 사랑이 어떤 것인지를 기술했습니다. 명사가 아닌 동사가 사용되었다는 사실에서 사랑은 언제나 구체적인 행위로 나타난다는 것을 알 수 있습니다. 아우구스티누스(St. Augustinus, 354~430)가 말한 대로 사랑은 '운동'(movement)입니다. 연기가 하늘로 올라가고 공중에 던진 돌은 아래로 떨어지듯이, 사랑하면 언제나 우리의 마음과 몸이 사랑하는 대상을 향해 움직이기 마련입니다. 바울이 기술하는 사랑의 속성도 마음과 몸을 비롯한 우리 인격 전체의 운동입니다.

사랑의 목록을 소개한 바울은 오늘 봉독한 8-13절에서 잠시 주제에서 벗어난 이야기를 하는 것처럼 보입니다. 사랑 하나에만 절대적이고 영원한 가치가 있고, 다른 모든 것은 상대적이고 일시적이라고 주장합니다. 왜 뜬금없이 '사랑의 불멸성'(Die Unvergänglichkeit der Liebe)을 강조할까요? 그러나 12, 13, 14장을 나란히 놓고 연속적으로 읽는다면, 다른 은사들과 달리 사랑에는 영원한 가치가 있다는 바울의 주장은 순서상으로도 매우 논리적이라는 사실을 알 수 있습니다.

　12장은 고린도교회가 각양 신령한 은사들을 받아 누린 '은사 공동체'라는 사실을 알려줍니다. 이 세상에서 얻을 수 없는 각종 진기한 은사들을 하늘로부터 받아 누린다는 사실은 보통 큰 영광이 아닙니다. 방언이나 예언이나 신유와 같은 영적인 은사들을 체험한 사람들에게 세상의 모든 것이 시시하게 보였을 것입니다. 고린도인들은 특히 방언을 자랑했습니다. 사람과 땅의 말이 아닌 천사와 하늘의 언어로 하나님과 대화할 수 있다는 것은 다른 어떤 채널도 필요 없이 하나님께 직통 전화를 거는 것과 마찬가지로 신비한 현상입니다. 문제는 방언을 하는 이들이 다른 은사들을 깎아내리며 한껏 우쭐거렸다는 교만에 있습니다. 가뜩이나 여러 파벌로 나누어져 다투던 고린도 교인들은 은사 때문에 또 한 차례 내홍을 치르게 된 것입니다.

　바울은 은사 때문에 교만하고 무례해진 고린도 교인들에게 '한몸과 여러 지체의 비유'(12:12-31a)를 통해서 은사의 다양성과 통일성을 강조합니다. 은사는 '여러 가지'지만, 그 은사를 주시는 분은 '동일한 성령'이시며, 섬기는 일은 '여러 가지'지만 섬김을 받으시는 분은 '동일한 주님'이십니다(12:4-5). '신유의 은사', '방언의 은사', '방언 통역의 은사', '예언의 은사'는 모두 한 분 하나님에게서 나왔기에 어느 것이 더 낫고 모자라는 차이가 없습니다. 우리 몸을 구성하는 다양한 지체들이 각자에게 주어진 고유한 역할과 기능을 수행함으로써 하나로 된 몸 전체를 살려내듯이, 하나님이 주신 다양한 은사들은 그리스도의 한몸인 교회를 더 잘 섬기라고 주신 선물일 뿐이지, 서로 자랑하고 다툴 문제가 아닙니다.

가장 좋은 길 = 사랑

교회를 잘 돌보기 위해서 은사는 필요하지만, 그 은사 때문에 교인들끼리 서로 싸우고 갈라진다면, 이것은 무엇인가가 근본적으로 잘못되었기 때문입니다. 그러므로 바울은 교인들이 각기 받은 은사를 올바로 사용하는 자세, 즉 교회가 화해와 일치로 향할 수 있는 최선의 '길'을 가르쳐주려고 하는데, 그 길이 바로 '사랑'입니다.

바울은 13장에서 '사랑의 길'을 제시한 후 14장에서 '방언의 은사'와 '예언의 은사'를 비교하는 것으로써 말문을 엽니다. 방언이 참으로 귀한 은사인 것은 틀림없지만, 다른 사람들이 알아들을 수 없다는 데 문제가 있습니다. 하나님께 올려 드리는 언어가 방언인데, 이 은사를 받지 못한 동료 교인들뿐만 아니라 교회에 처음 와서 예배드리는 사람들에게는 도무지 이해되지 않습니다. 이처럼 방언의 가장 심각한 장애가 '가해성' (可解性/intelligibility/understandability)에 있다고 한다면, 바울은 방언을 알아듣지 못하는 사람들을 위해서 차라리 '예언'(설교)이 더 낫다고 주장합니다. 하나님이 주시는 계시의 영으로 죄를 책망하고 회개와 회심을 촉구하는 예언은 사람들이 알아들을 수 있기 때문입니다.

12장과 14장의 중간인 13장에서 바울이 '사랑의 본질'을 역설한 것은 충분한 이유가 있었습니다. 공중 예배에 방언으로 말하면서 자기만 하나님과 직통으로 대화한다면서 다른 이들을 배려하지 않고 무시하는 것은 '사랑'이 없기 때문입니다. 그런데도 바울은 결코 방언이 예언보다 못하다고 폄하하지 않습니다. 단지 다 함께 소통하는 방법으로 공중 예배를 드려야 한다면, 알아듣지 못하는 방언보다는 알아들을 수 있는 예언으로 하는 것이 사랑의 정신에 더 부합한다는 뜻일 뿐입니다. 만일 예언조차도 다른 이들을 존중하고 배려하는 사랑의 정신으로 하지 않는다면, 바울은 이마저도 비판할 것이 분명합니다.

이처럼 13장을 바로 이해하려면 '은사'를 주제로 한 12장에서 14장까지의 맥락 전체와 고린도교회가 처한 상황 모두를 고려해야 합니다. 이것은 특히 13장 바로 앞과 바로 뒤의 문맥을 살펴보면 분명히 알 수 있습니다.

12:31	너희는 더욱 큰 은사를 사모하라 내가 또한 **가장 좋은 길**을 너희에게 보이리라.
13장	사랑 장
14:1	**사랑을 추구하며** 신령한 것들을 사모하되 특별히 예언을 하려고 하라.

12장은 사실상 31절 전반부로 끝납니다. 바울이 말한 '큰 은사'는 헬라 원문에는 복수인 'χαρίσματα'(카리스마타/gifts/Gnadengaben)로 되어 있습니다. 이 '은사들'은 앞에서 열거한 것과 같은 다양한 은사들—특히 덕을 세우기에 역부족인 방언보다 덕을 세우는 예언—을 사모하라는 것이지, 사랑이 더 큰 은사이기에 그 은사를 사모하라는 뜻이 아닙니다.

그렇다면 13장은 12장 31절 후반부에서 시작합니다. 바울은 고린도 교인들이 은사를 바로 사용해서 화해와 일치의 공동체로 나아갈 수 있는 길(way/Weg)을 보여주고자 합니다. 사랑은 여러 은사 가운데 하나가 아니라, 모든 은사를 바로 사용해서 '하나님 사랑'과 '이웃 사랑'에 이르도록 이끄는 가장 좋은 길입니다. 이런 이유로 13장에서 '사랑'을 주제로 말씀을 끝낸 바울은 14장 첫머리에서도 "신령한 은사들을 사모하라"고 권면하기 직전에 "사랑을 추구하라"(Follow the way of love)는

명령부터 먼저 합니다. 정리하면 "가장 좋은 길(사랑)을 보이리라"(12:31b)
→ "사랑의 본질 제시"(13:1-13) → "사랑을 추구하라"(14:1a)입니다.

12-14장까지의 바울의 일관된 관심은 '사랑의 우선성 원리'에 따라
'은사의 우월성 다툼'에서 벗어나라고 충고하는 데 있습니다. 특별히
고린도 교인들이 '방언 은사'에 과도하게 집착하는 현상을 개탄하면서
고린도교회가 그리스도의 몸으로서 화해와 일치의 공동체가 되기 위해
서 가장 좋은 길인 '사랑의 길'을 따라가야만 한다는 사실을 역설합니다.

일시적이고 부분적인 은사

바울은 아름다운 서정체로 된 일련의 대조법을 통해서 사랑의 절대
성과 영원성을 강조합니다. 사랑 이외의 모든 것은 지금 여기에서 현세적
으로만 필요할 뿐이지만, 사랑은 지상에서뿐만 아니라 장차 예수께서
재림하셔서 하나님의 나라가 완성될 그때에도 여전히 유효한 가치라는
것입니다.

바울은 제일 먼저 고린도 교인들이 높이 평가하는 세 가지 은사의
'일시성'(temporality)과 '부분성'(partiality)을 강조합니다. 이것은 그런
은사들 자체가 해롭거나 열등하기 때문이 아닙니다. 만일 그렇다면 바울
이 "은사를 사모하라"고 권면한 것은 모순일 것입니다. 다양한 은사들은
고린도 교인들이 현재 신앙생활을 할 때 나름대로 적절한 기능과 역할을
하기에 필요하지만, 결코 사랑보다 더 온전하지 않고 사랑보다 더 오래가
지 않기 때문에 결코 사랑에 앞설 수 없다는 것이 바울의 요점입니다.

사랑은 언제까지나 떨어지지 아니하되 예언도 폐하고 방언도 그치고 지식

도 페하리라(8절).

8-13절까지 바울의 초점은 '사랑'보다는 모든 은사의 '무상성'(tran-sience)을 강조하는 데 있기에 '사랑'은 8절에 한 번, 13절 마지막에 두 번 언급될 뿐입니다. 예언과 방언과 지식과 같은 은사들은 현재에는 필요하지만, 최후 종말의 순간이 도래하면 사라지고 맙니다. 바울은 이런 은사들 자체가 교회의 건덕을 세우는 데 해로우므로 그 '상대성'을 강조하는 것이 아닙니다. 예수께서 재림하셔서 하나님의 나라가 완성되면 사라지고 말 것이기에 이런 은사들에 과도하게 집착해서 절대적이고 영원한 것으로 오해하지 말라고 충고하는 것뿐입니다.

예언과 방언과 지식과 같은 은사들은 '시간들 사이'(between times), 즉 예수님의 '초림'과 '재림' 사이의 중간기에만 필요할 뿐 영원하지 않습니다. 그러나 사랑은 재림 이후에도 떨어지지 않습니다. '하나님이 사랑'이시라면(요일 4:8, 16), 하나님이 사라지시지 않는 한 사랑도 계속될 것입니다. 바울은 사랑 이외의 은사들이 끝까지 지속되지 않는다는 사실을 9-10절에서 부연 설명합니다.

우리는 부분적으로 알고 부분적으로 예언하니 온전한 것이 올 때는 부분적으로 하던 것이 페하리라(9-10절).

바울은 세 은사 가운데 '지식'과 '예언' 둘을 본보기로 해서 은사의 '부분성'을 강조합니다. 하나님의 신비한 계시를 아는 지식의 은사를 받았고, 하나님이 보여주시는 미래의 일을 말하는 예언의 은사를 받았다고 할지라도, 어디까지나 그것은 '전부'가 아니라 '부분'일 뿐입니다.

우리의 태생적 한계 때문에 숨어 계시는 하나님의 전모를 다 알 수도 없고, 우주에 펼쳐질 하나님의 구원 드라마 전체를 다 예언할 수도 없다는 것입니다. 그러므로 주님이 다시 오실 그때에만 숨겨진 모든 것이 백일하에 드러날 텐데, 그 '온전한 것'(the complete/the perfect)이 올 때는 은사와 같이 '부분적인 것'(the incomplete/the imperfect)은 소멸하고 맙니다. 따라서 그리스도인은 현재 누리는 은사들뿐만 아니라 **모든 것**을 종말론적 시각에서 조망하고 해석할 필요가 있습니다.

사랑의 영원성

바울은 은사의 '일시성'과 '부분성' 대(對/vs.) 사랑의 '영원성'과 '전체성'을 대조하기 위해서 두 가지 비유를 듭니다.

'은사의 일시성과 부분성' VS. '사랑의 영원성과 전체성'	
'어린아이'와 '어른'의 비유(11절)	내가 어렸을 때는 말하는 것이 어린아이와 같고 깨닫는 것이 어린아이와 같고 생각하는 것이 어린아이와 같다가 장성한 사람이 되어서는 어린아이의 일을 버렸노라.
'거울'과 '실물'의 비유(12절)	우리가 지금은 거울로 보는 것 같이 희미하나 그때는 얼굴과 얼굴을 대하여 볼 것이요 지금은 내가 부분적으로 아나 그때는 주께서 나를 아신 것 같이 내가 온전히 알리라.

어린아이가 키와 지혜가 자라나 어른이 되면, 어린아이 때의 유치한 생각이나 경솔한 행동은 사라집니다. 물론 다 그런 것은 아닙니다. 어른이 되어서도 철들지 않고 여전히 미숙하게 사는 사람들도 적지 않습니다. 바울도 이런 사실을 알았기에 '어린아이'와 '어른'의 대립 구도를 '미

숙'(immaturity)과 '성숙'(maturity)의 대조로 풀어내지 않습니다. 다시 말해 "미숙했던 어린이가 어른이 되면 성숙해진다"는 단순 논리가 초점이 아닙니다. '은사의 일시성과 부분성'을 '사랑의 영원성과 절대성'과 대비시키고자 '유아기'와 '성년기'를 대조할 뿐입니다. 유년 시절의 언어 소통방식과 인식, 사고 등등은 성인이 되면 끝납니다. 마찬가지로 예언이나 방언이나 지식과 같은 신령한 은사들도 유년기와 같은 **지금 여기에서**(현재) 한시적으로 필요할 뿐, 성년기의 종말의 날이 오면 사라지고 맙니다.

두 번째로 '거울과 실물의 비유'는 훨씬 더 강력한 이미지로 바울의 요점을 생생하게 전달해줍니다. 그 당시 고린도에는 청동 거울을 제조하는 공장이 있었기에 '거울 비유'는 고린도 교인들에게 피부로 와닿는 비유였을 것입니다. 당대의 제작 시설이나 기술로 볼 때, 그때의 거울은 우리 시대의 거울과는 비교할 수 없을 정도로 성능과 선명도가 심각하게 떨어졌을 것입니다. 그러나 바울이 강조하려는 요점은 거울이라는 기구 자체의 성능이나 선명도가 아닙니다. '거울로 보는 것'(간접성)과 '실물로 보는 것'(직접성)의 차이점이 바울의 요점입니다. 그때나 오늘이나 거울로 보는 것은 실물을 직접 보는 것만 못합니다. 거울로 보는 것은 실물을 반사해서 상(像)을 보는 것이기에 '간접적'(indirect)입니다. 그러나 얼굴과 얼굴을 맞대고 보는 것은 '직접적'(direct)입니다.

오늘날과 같이 사진과 영상 기술이 뛰어난 시대에도 바울의 논점은 동일합니다. 제아무리 초정밀 카메라로 찍은 인물 사진이고, 제아무리 해상도가 뛰어난 FHD(Full High Definition)나 UHD(Ultra High Definition)의 초고선명도 화질과 화면으로 보는 영상이라고 할지라도, 실물을 직접 보는 것과는 비교할 수 없습니다. 사진이 아무리 잘 나와도 사진에 입을 맞추는 것과 실물에 입을 맞추는 것 사이에는 큰 차이가 있습니다.

고린도인들이 자랑하는 예언과 방언과 지식과 같은 영적인 은사들은 실물 그 자체가 아닌 '실물이 거울에 반사된 상(像)'을 보는 것에 불과합니다. 그러므로 얼굴과 얼굴을 맞대고 실물을 직접 보는 것에 비하면 희미할 수밖에 없습니다. 그리하여 **지금은** 예언이나 방언이나 지식과 같은 '은사라는 거울'에 비친 하나님의 모습을 간접적으로 희미하게 보지만, 주님이 재림하실 **그때는** 하나님의 얼굴과 얼굴을 맞대고 직접 보듯이(민 12:6-8) 선명히 보게 될 것입니다. 내가 "하나님에 의해 온전히 알려지듯이"(as I have been fully known), 즉 "하나님께서 나를 온전히 아신 것처럼" 나도 하나님을 온전히 알게 될 것입니다(갈 4:9).

여기에서 중요한 시간 부사는 '지금'(ἄρτι/아르티/now/jetzt)과 '그러나 그때는'(τότε δὲ/토테 데/but then/aber dann)입니다. 지금은 우리가 각양 은사나 각양 은혜의 수단, 성경과 설교와 간증 등등을 통해 하나님을 보는 것이 '거울에 비친 하나님의 형상'을 보듯이 부분적으로 희미하게 보지만, **그때는** 얼굴과 얼굴을 맞대고 하나님의 실체와 전모를 선명히 다 보게 될 것이라는 말씀입니다.

바울은 두 가지 비유를 써서 방언과 같은 은사를 받은 고린도 교인들이 이미 영적인 완숙과 기독교적 완전에 도달했다고 자부하는 것에 경종을 울립니다. 고린도 교인들은 '하늘'과 '땅'이라는 공간의 차이만 알았지, '지금'과 '그때'(종말)라는 시간의 차이에는 관심이 없었기에 바울은 종말론적 시각에서 현재의 은사를 바라볼 것을 촉구한 것입니다. 자기들이 땅에 사는 그 누구도 갖지 못한 하늘의 신비와 비밀을 누린다는 사실에 과도하게 흥분한 나머지 한껏 우쭐거리는 고린도 교인들에게 종말의 시각에서 오늘의 것들을 바라볼 것을 요구합니다. 그들이 착각하는 것과 달리 모든 은사는 일시적이고 부분적이고 상대적이기에 끝나는 지점이 있지만, 오직 사랑 하나는 끝까지 갑니다!

그중의 제일은 사랑

13절은 13장의 결론이자 '사랑 장'의 절정입니다.

그런즉 믿음, 소망, 사랑, 이 세 가지는 항상 있을 것인데 그 중의 제일은 사랑이라.

모든 은사는 사라질 날이 오겠지만, '신망애'(信望愛)라는 삼보(三寶)는 다른 은사들과 달리 오래 존속합니다. 그런데 우리말 성경은 헬라어 원문에도 없고 영어 성경에도 없는 부사 '항상'을 넣었는데, 매우 조심해야 할 대목입니다. '항상'이라는 부사가 다른 은사들이 일시적인 데 반해서, 이 셋은 '언제까지나 영원하다'는 뜻으로 해석되면 안 됩니다. 바울이 시종일관 종말론적 시각으로 은사를 비롯한 '모든 것'을 해석하고자 한다면, 믿음과 소망과 사랑도 동일한 종말론적 관점에서 해석되어야 합니다. 그러기에 이 세 가지 역시 주님이 오실 때까지 한시적으로 필요합니다. 그런데도 바울은 왜 "그 중의 제일은 사랑"이라고 말씀할까요? 믿음과 소망은 주님이 재림하실 때까지만 필요하지만, 사랑은 지상에서나 천상에서나 지금이나 그때에나 여전히 폐하지 않는 마지막 가치이기 때문입니다!

바울은 예수님의 성육신과 십자가와 부활에서 드러난 하나님의 사랑에 근거해서 사랑의 본질을 제시함으로써, 그리스도인의 신앙생활과 일상생활 전체를 판단하고 평가하는 궁극적 기준은 '사랑'이어야 함을 보여줍니다. 그러므로 우리는 언제 어디에서 무슨 일을 하든지 간에 항상 '사랑의 동기'로 그 일을 하는지를 반문해야 합니다.

6. 교회의 덕을 세우는 길

고전 14:1-25

'더 큰 은사'와 '가장 좋은 길'

고린도교회에서 발생한 분쟁이 은사 때문인 것은 분명하지만, 구체적으로 어떤 은사들 때문에 갈등이 불거졌는지는 적어도 14장에 이르기까지 알 수 없습니다. 변죽을 울리듯이 이따금씩 힌트만 줄 뿐입니다. 예컨대 은사 목록을 제시할 때 바울은 '방언'과 '방언을 통역하는 은사'를 의도적으로 맨 끝에다 배치합니다(12:8-11, 27-30). 이것은 그 유명한 사랑 장인 13장에 와서도 방언 은사를 맨 먼저 거론하고, 그다음에 예언 은사를 언급한 것에서 또 한 차례 암시를 줍니다.

그런데도 실질적으로 어떤 은사들 때문에 다툼이 일어났는가는 14장에 와서야 확실히 밝혀집니다. 이런 이유로 은사 문제로 촉발된 고린도교회의 구체적 분쟁 상황은 12-14장까지 전체를 다 읽어야 알 수 있고, 특별히 14장을 면밀히 검토한 뒤에 12-13장을 **거꾸로** 읽어 나갈 때에만 확실하게 전모를 파악할 수 있습니다.

바울은 12장 막바지에서 '한몸을 이루는 다양한 지체들'의 비유를 들어서 은사와 직분과 사역의 다양성을 옹호하면서 교인들 간의 상호 존중과 유기적 통일성과 조화를 강조했습니다. '다양성 안에서의 통일성'을 변증한 바울은 맨 끄트머리 31절에서 12-14장 전체를 관통하는 매우 중요한 주제를 던집니다.

| 31a | 그러나 여러분은 **더 큰 은사들**(the greater gifts)을 열심히 구하십시오. |
| 31b | 이제 내가 **가장 좋은 길**(the most excellent way)을 여러분에게 보여 드리겠습니다. |

전반부에서 말씀하는 '더 큰 은사들(χαρίσματα/카리스마타)'은 무엇이며, 후반부의 '가장 좋은 길'이 무엇인지는 12-14장 전체를 다 읽어보아야 알 수 있습니다. 바울이 언급한 더 큰 은사들은 14장의 핵심 주제인 '예언'의 은사이며, '가장 좋은 길'은 13장의 주제인 '사랑'입니다. 그러기에 사랑은 방언이나 예언과 같은 은사들 가운데 하나가 아니라, 이 은사들을 올바르게 사용할 수 있는 근본 방법을 제시하는 길입니다.

① 더 큰 은사들(12:31a) → 신령한 것들(신령한 은사들/πνευματικά/프뉴마티카/the spiritual gifts)을 열심히 구하십시오. 특히 예언하기를 열망하십시오(14:1b).

② 가장 좋은 길(12:31b) → 사랑(ἀγάπην/아가펜/love)을 추구하십시오 (14:1a).

'예언'이 '방언'보다 나은 이유는?

13장이 가장 좋은 길인 '사랑'을 제시했다면, 14장은 고린도인들이 가장 높이 치는 방언보다 더 큰 은사가 어떤 것인지를, 특히 방언과 예언을 비교하고 대조함으로써 논증합니다. 두 은사를 비교할 때 바울이 중시하는 평가 기준은 "어떤 은사가 주님의 몸된 교회 전체의 덕을 세워주느냐"입니다. 본문을 내용에 따라 네 단락으로 나누면 아래와 같습니다.

① 1-5절	예언이 교회의 덕을 세워주기 때문에 방언보다 더 큰 은사이다.	
② 6-13절	방언과 예언 두 은사 중에 어떤 은사가 더 이해할 수 있고 (intelligible) **공동체의 덕을 세워주는가**(edifying the community)를 세 가지 비유(analogies)를 들어서 예증 (illustration)함.	
③ 14-19절	방언 은사를 집회(공중 예배)에 적용해 그 효과를 따져봄.	
④ 20-25절	방언과 예언이 **대상들**(신자 + 불신자)에게 끼치는 영향을 평가함.	

먼저 방언과 예언을 비교하는 2-3절을 살펴봅니다.

방언으로 말하는 사람은 사람에게 말하는 것이 아니라, 하나님께 말하는 것입니다. 아무도 그것을 알아듣지 못합니다. 그는 성령으로 비밀을 말하는 것입니다. 그러나 예언하는 사람은 사람들에게 말하는 것입니다. 그는 덕을 끼치고, 위로하고, 격려하는 말을 합니다.

요점을 정리하면 아래와 같습니다.

방언 은사	예언 은사
① 사람이 아닌 하나님께 말하는 것이다.	하나님이 주시는 말씀을 사람에게 전달하는 것이다.
② 영으로 **비밀들**(mysteries)을 말하는 것이기에 아무도 알아들을 수 없다.	하나님이 주시는 말씀을 사람들에게 전달해서 **덕을 끼치고**(upbuilding), **격려하고**(encouragement), **위로하기에**(consolation) 사람들이 알아들을 수 있다.
③ 방언하는 사람들에게게만 덕을 끼친다(building up themselves).	교회에 덕을 끼친다(building up the church).

세 가지 이유로 바울은 "예언이 방언보다 더 훌륭한 은사"라고 결론을 내립니다.

> 여러분이 모두 방언으로 말할 수 있기를 내가 바랍니다마는, 그보다도 예언할 수 있기를 더 바랍니다. 방언을 누가 통역하여 교회에 덕을 끼치게 해주지 않으면, 방언으로 말하는 사람보다, 예언하는 사람이 더 훌륭합니다(5절).

바울은 결코 방언을 무시하지 않습니다. 그러나 방언을 가장 큰 은사로 평가한 고린도 교인들은 바울이 방언을 말하지 못한다고 해서 무시했을 가능성은 있습니다. 하지만 실제로 바울은 고린도인들보다 훨씬 더 방언을 잘한다는 사실을 자랑합니다.

> 나는 여러분 가운데 누구보다도 더 많이 방언을 말할 수 있음을 하나님께 감사합니다(18절).

따라서 바울은 방언 그 자체를 평가절하하는 것이 아니라, "어떤 은사가 사랑의 정신으로 그 은사를 받지 못한 사람들을 더 존중하고 배려하는가"와 그렇게 함으로써 "공동체 전체의 덕을 세워서 교회에 유익이 되는가"의 평가 기준 때문에 방언보다 예언이 신자나 불신자를 막론하고 이웃과 더 잘 소통할 수 있고, 교회의 덕을 세워줄 수 있기에 예언을 더 높이 평가하는 것뿐입니다.

중요한 것은 방언이 하나님께 기도하고 찬양할 때만 할 수 있는 **개인적** 은사라고 한다면, 예언은 하나님의 말씀을 사람들에게 전달함으로써 덕을 끼치고 격려하고 위로할 수 있는 **공동체적** 은사라는 사실입니다.

그러므로 하나님만 알아들을 수 있는 방언은 사적으로 기도하고 찬양할 때만 사용하는 것이 좋고, 공중 예배 시간에는 사람들이 알아듣지 못하는 방언을 자제하는 것이 이웃을 존중하고 배려하는 사랑의 정신에 더 부합하고, 공동체 전체의 유익을 구하는 길이 됩니다. "다른 사람들이 이해할 수 있느냐"(intelligibility/communicability)의 문제와 이로 말미암아 "공동체의 덕을 세울 수 있느냐"(edification/building up)의 기준으로 본다면, 남을 배려하는 사랑의 정신으로 보더라도 방언보다 예언이 더 낫다는 것이 바울의 확신입니다.

방언의 불가해성을 논증하기 위한 세 비유

6-13절에 바울은 '방언'에 집중해서 이 은사의 '불가해성'(unintelligibility)을 세 가지 비유를 들어 예증합니다. 바울은 먼저 방언이 공동체의 유익이 되지 않는다는 사실부터 분명히 합니다.

형제자매 여러분, 내가 여러분에게로 가서 방언으로 말하고, 계시나 지식이나 예언이나 가르침을 전하는 방식으로 말하지 않는다면, 여러분에게 무슨 유익이 되겠습니까?(6절)

'계시'(Offenbarung)나 '지식'(Erkenntnis), '예언'(Prophetie), '가르침'(Lehre)은 말하는 자나 듣는 자나 서로 이해하고 소통이 될 수 있는 매체(medium)이지만, 방언은 하나님과 자신만 아는 언어이기에 이웃과의 소통이 불가능하기에 공동체의 유익을 끼칠 수 없다는 것입니다. 바울은 방언이 이웃과 소통하는 데 문제가 있기에 개인적 차원으로 그쳐야지, 공중 집회에서 자제하는 것이 좋겠다는 취지에서 세 가지 비유를 들어 방언의 불가해성과 소통 불가능성을 강조합니다(7-11절).

① 악기 비유 (7절)	피리(flute, 관악기)나 거문고(harp, 현악기)와 같이 생명이 없는 악기도, 각각 음색이 다른 소리를 내지 않으면, 피리를 부는 것인지, 수금을 타는 것인지, 어떻게 알 수 있겠습니까?
② 전투용 나팔 비유(8절)	또 나팔(trumpet)이 분명하지 않은 소리를 내면, 누가 전투를 준비하겠습니까?
③ 다양한 외국어 비유(10-11절)	이 세상에는 수많은 종류의 말(all sorts of languages)이 있습니다. 그러나 뜻이 없는 말은 하나도 없습니다. 내가 그 말의 뜻을 알지 못하면, 나는 그 말을 하는 사람에게 딴 세상 사람이 되고, 그도 나에게 딴 세상 사람이 될 것입니다.

관악기든 현악기든 악기는 비인격체인 사물에 불과하지만, 곡조에 따라 연주하지 않으면 울리는 징이나 요란한 꽹과리(13:1)처럼 소음만 요란하고 의미가 전달되지 않는 불협화음이 되고 맙니다. 피리는 피리대로 거문고는 거문고대로 소리만 내지 않고 '고유한 음'(distinct notes)을 따라서 연주할 때 피리와 거문고가 어떻게 다른지를 식별할 수 있습니다. 전투할 때 신호용으로 사용되는 나팔 역시 각각 다르게 나팔을 불어서 공격과 퇴각을 알려주어야 군인들이 알아듣고 일사불란하게 움직일 수 있습니다.

생명이 없는 악기들도 '소리'만 내서 안 되고, 일정한 의미와 메시지를 전달해야만 한다면, 사람이 쓰는 언어는 두말할 필요가 없습니다. 독일어를 전혀 못 알아듣는 사람에게 중간에 통역이 끼지 않은 상태에서 독일어를 말한다면 상대방은 윙윙거리는 소리만 들을 뿐 뜻을 알 수 없어서 이내 소외감을 느낄 수밖에 없습니다. 공중 집회 시간에 말하는 방언도 다른 사람이 알아듣지 못한다는 점에서 똑같습니다.

> 이와 같이 여러분도 방언을 사용하기 때문에 분명한 말을 하지 않는다면,
> 그 말이 무슨 뜻인지 남이 어떻게 알겠습니까? 결국 여러분은 허공에다
> 대고 말하는 셈이 될 것입니다(9절).

방언은 이성으로 뜻을 파악할 수 없는 말을 하기에 다른 사람들이 알아들을 수 없고, 결국 방언을 못 하는 사람들을 공중 예배 자리에서 소외시키기 때문에 문제가 됩니다. 이런 이유로 바울은 공동체 전체의 건덕을 세우고 유익을 끼칠 수 있는 은사를 구하라고 권면합니다.

> 이와 같이 여러분도 성령의 은사를 갈구하는 사람들이니, 교회에 덕을 끼치
> 도록, 그 은사를 더욱 넘치게 받기를 힘쓰십시오. 그러므로 방언으로 말하
> 는 사람은 그것을 통역할 수 있기를 기도하십시오(12-13절).

방언의 문제점과 유효한 영역

교회에 덕을 끼치는 은사를 구하는 것이 중요한데 전체 문맥으로 볼 때, 이것이 '이해 가능성'과 직결된다면 '방언 통역'과 '예언' 두 가지가 이런 은사들이라고 할 수 있습니다. 바울은 14-19절에서 방언이 '영적인 것'과 이외 동시에 '이성적인 것'을 다 갖추지 못한 은사이기에 사적으로 기도하고 찬송하고 축복(감사)할 때만 사용하는 것이 좋겠다는 의견을 피력합니다.

① 방언으로 기도하는 것과 찬송하는 것의 문제점(14-15절)	내가 방언으로 기도하면 내 **영**(πνεῦμά/프뉴마/spirit/Geist)은 기도하지만, 내 **마음**(νοῦς/누스/mind/Verstand)은 아무런 열매를 얻지 못합니다. 그렇다면 어떻게 해야 하겠습니까? 나는 영으로 기도하고, 또 **깨친 마음**으로도 기도하겠습니다. 나는 영으로 찬미하고, 또 **깨친 마음**으로도 찬미하겠습니다.
② 방언으로 축복하고 감사할 때의 문제점 (16-17절)	그렇지 않고, 그대가 영으로만 **감사의 찬양**(εὐλογῆς/율로게스/praise/Lobpreis)을 드리면, 갓 믿기 시작한 사람은, 그것이 무슨 뜻인지를 알아듣지 못하므로, 어떻게 그 감사기도(εὐχαριστία/유카리스티아/thanksgiving/Dankgebet)에 '아멘' 하고 말할 수 있겠습니까? 그대가 훌륭하게 감사기도를 드린다고 해도, 다른 사람에게는 덕이 되지 않습니다.

바울이 말하는 '영'과 '마음'은 '가해성'(understandability)으로 풀이할 수 있습니다. 방언은 하나님께 드리는 신비한 기도이기에 영적인 현상으로서 이성적으로 풀어내어 전달하기가 어렵습니다. 그러나 방언을 통역하고 예언하는 것은 '신비한 영'과 '이해 가능한 이성'이 함께 작동하기에 하나님과 사람들에게 다 전달될 수 있습니다. 따라서 '방언'과 같이 이성이 동반되지 않은 영적인 현상은 개인 기도나 찬양할 때만 쓰는 것이 좋고, 공중 집회 시간에는 영과 이성이 다 작동해서 모든 사람이 다 이해할 수 있는 '방언 통역'이나 '예언 은사'를 쓰는 것이 좋습니다. 이런 맥락에서 바울은 "자신이 고린도 교인들을 비롯한 누구보다도 방언을 더 잘할 수 있음에도"(18절) '영'과 '이성'으로 이웃과 소통하고 공동체 전체의 선익을 구하기 위해서 공중 예배에서는 방언 사용을 자제하겠다는 의지를 보입니다.

그러나 나는, 방언으로 만 마디 말을 하기보다도, 다른 사람을 가르치기
위하여 나의 깨친 마음으로 교회에서 다섯 마디 말을 하기를 원합니다(19절).

방언은 이성으로 이해되지 않는 영적인 현상인데, 하나님만이 알아
들을 수 있는 방언 '만 마디'를 하는 것보다 다른 사람과 소통해서 가르칠
수 있는 '이성'의 말 다섯 마디를 하겠다고 고백합니다. 여기에서 '만
마디'는 헬라어 형용사로 'μυρίου'(뮈리우스)인데, 헬라어로 셈을 할 수
있는 가장 큰 단위를 의미하기에 '헤아릴 수 없는'(countless/in-
numerable)으로 번역하면 좋을 것입니다. 알아들을 수 없는 방언을 무수
히 말하는 것보다 알아들을 수 있는 이성적인 말 몇 마디를 해서 듣는
사람에게 영적이고 인격적인 감화를 주어서 깨우치는 쪽을 선택하겠다
는 것입니다. '무분별한 은사주의'나 '영성 신비주의'보다 영과 이성이
합해진 상태에서 다른 사람들을 이해시켜 바로 가르치고 교회의 건덕을
세워서 공동체에 선익을 끼치는 편을 택하겠다는 것이 바울의 소신입니
다. 바울은 일종의 '영성 합리주의'(spiritual rationalism) 혹은 '합리적
영성주의'(rational spiritualism)를 신봉하는 듯이 보입니다. 바울의 이런
합리적인 의지를 놓고 본다면, 방언보다는 '방언 통역'과 '예언' 은사가
이웃과 소통할 수 있고, 바로 깨우치고 공동체의 덕을 세울 수 있는
대표적인 은사들이라고 할 수 있습니다.

예언은 이웃과 소통이 가능하고 교회의 덕을 세우는 모든 은사를
대표하는 '제유법'(提喩法/synecdoche, 사물의 한 부분으로 전체를 나타내는
수사법, 예컨대 "사람은 빵으로만 살 수 없다"라고 할 때 빵은 '식량 전체를 나타낸
다) 형식으로 사용되고 있습니다. 마찬가지로 방언은 이웃에게 전달되
지 않고 교회의 덕을 끼치는 데 역부족인 은사를 제유법 형태로 지목한

은사라고 하겠습니다.

'방언'과 '예언'이 청중에게 끼치는 영향

20-25절은 방언과 예언이 이것을 듣는 사람들에게 어떤 영향을 미치는가를 설명합니다. 교회 안에 있는 '신자'와 밖에 있는 '불신자'를 막론하고 두 은사가 어떤 효과를 가져오는지를 따져보기 전에 먼저 바울은 20절에서 고린도 교인들에게 성숙한 태도를 요청합니다.

> **형제자매 여러분, 생각하는 데는 아이가 되지 마십시오. 악에는 아이가 되고, 생각하는 데는 어른이 되십시오.**

고린도 교인들이 "생각하는 데(φρεσίν/프레신/in thinking) 어린아이와 같다"(childish)고 하는 것은 방언에 과도하게 집착하는 것을 비판하는 표현입니다. 어린아이와 같이 미숙하고 철이 없으려면 악에서나 그러할 일이지, 이성적으로 사고하는 데에는 성숙한 어른처럼 되어야 한다고 점잖게 충고합니다. 바울은 이사야 28:11-12를 인용하면서 방언과 예언이 두 은사를 청중에게 어떤 영향을 미치는가를 설명합니다.

'방언'과 '예언'이 청중에게 끼치는 영향		
	방언	예언
22절	불신자들(ἀπίστοις/아피스토이스/unbelievers)에게 주는 표징(σημεῖον/세메이온/sign)	신자들(πιστεύουσιν/피스튜우신/believers)에게 주는 표징
23절	방언이나 방언 통역의 은사를 받지 못한 이들(ἰδιῶται/이디오타이/	

	외인들/outsiders)과 불신자들 (ἄπιστοι/아피스토이/unbelievers)이 미쳤다고 생각한다.	
24절		예언을 하면 '불신자'(ἄπιστος/아피스토스/unbeliever)나 '외인'(ἰδιώτης/이디오테스/outsider)에게 다 회심과 전도의 기회가 된다.

바울의 주장에 따르면, 불신자들은 신비한 계시의 은사를 받을 수 없기에 방언은 불신자들에게 하나님의 신비를 일깨우는 표징이 됩니다. 이와 달리 예언은 신자나 불신자를 바로 깨우쳐서 교회의 덕을 세울 수 있기에 기본적으로 교회 안의 신자들을 위한 표징입니다.

특별히 예언의 기능상 말씀을 듣고 회개하고 회심할 수 있는 대상은 신자들뿐만 아니라 구원에 대한 관심을 가졌으나 아직 기독교 신앙에 대해 '잘 알지 못하는 자들'(unlearned/untutored)까지 포함합니다. 새번역이 '갓 믿기 시작한 자들'로, 개역개정이 '알지 못하는 자들'로 번역한 헬라어 '이디오타이'는 다양하게 해석됩니다. 아직 신앙에 입문하지 않았지만, 기독교에 관심이 있는 '구도자들'(seekers/inquirers)로 풀이하는 학자가 있습니다. 교회 안에는 들어왔지만, 방언을 말하는 사람이 하나님께 말을 건네는 신비 현상을 전혀 이해하지 못하는 '풋내기 외인들'(uninitiated outsiders)로 해석하는 학자도 있습니다. 바울이 어떤 그룹의 사람들을 지칭하는지 정확히 알 수 없지만, 아직 기독교의 구원과 진리에 대해서 '잘 알지 못하는 사람들', 그리하여 '은사를 잘 모르는 사람들'을 지칭하는 용어로 볼 수 있는데, 한 가지 좋은 방안은 믿는 배우자를 따라 교회에 나오지만, 아직 '신앙에 입문하지 않은 사람들'을 말하는 것으로 보면 좋겠습니다.

중요한 것은 통역이 되지 않은 방언과 달리 예언은 교회를 방문한 '불신자들'과 아직 '기독교 신앙에 대해서 잘 알지 못하는 자들'까지 다 깨우칠 수 있는 효력이 있습니다. 한마디로 신자나 불신자를 막론하고 누구에게나 회심의 가능성을 초래할 수 있다는 것입니다.

> 그러나 모두가 예언을 말하고 있으면, 갓 믿기 시작한 사람(알지 못하는 사람)이나 믿지 않는 사람이 들어와서 듣고, 그 모두에게 질책을 받고 심판을 받아서, 그 마음속에 숨은 일이 드러나게 됩니다. 그래서 그는 엎드려서 하나님께 경배하면서 '참으로 하나님께서 여러분 가운데 계십니다' 하고 환히 말할 것입니다(24-25절).

바울은 예배에 참석한 모든 사람이 예언하기를 원합니다. 예언은 하나의 설교요 선포로서 '심판'과 '책망'의 기능을 갖기에 신자나 불신자를 막론하고 예언의 말씀을 들을 때 양심에 찔려서 숨은 죄를 회개하고, 복음으로 회심할 수 있습니다. 그리하여 하나님 앞에 엎드려 자복하고 하나님을 경배하며 "하나님이 여러분 가운데 진정으로 살아 계십니다"라는 고백이 터져 나오게 합니다. 예언은 하나님이 주시는 말씀을 가감(加減) 없이 전달함으로써 최종적으로 불신자에게 '신자의 살아계신 하나님'을 입증할 수 있기에 기본적으로 '신자들'을 위한 표징이 됩니다(22절).

방언은 자신의 비밀을 드러내는 은사인 데 반해서(2절), 예언은 예언을 듣는 사람들의 숨은 죄를 폭로해서(25절) 회개하게 만드는 능력이 있습니다. 예언의 기능이 숨은 죄를 들추어내어 회개를 촉구하는 데 있다고 한다면, 고린도 교인들이 방언을 더 선호한 이유 가운데 하나는 자신의 죄를 털어놓고 회개할 필요 없이 초자연적 신비와 황홀경을 즐길 수 있었기 때문일 것입니다.

　바울이 은사 문제를 논할 때 가장 중요하게 보는 것은 은사를 주신 하나님의 뜻에 맞게 사랑의 정신으로 이웃과 잘 소통해서 공동체의 건덕을 세우는 일입니다. 무엇보다도 듣는 사람이 알아듣고 자신의 죄를 회개하고 복음으로 회심하는 데 '은사의 가해성'이 중요하다고 보기에 바울은 외적인 현상으로 나타나는 은사 그 자체보다 이 은사가 사람들에게 어떤 영적인 효력을 미치는가를 중시합니다. 그렇다면 바울은 리처드 헤이스(Richard B. Hays)가 말한 것처럼 은사라는 '수단'(medium)보다 은사가 전달하는 '메시지'(message)를 훨씬 더 중요하게 생각합니다.

7. 품위 있고 질서 있게

고전 14:26-40

모든 일을 덕이 되게

고린도인들이 유독 방언을 귀하게 여긴 나머지 공중 집회에서 불통과 무질서와 혼란을 일으킨다는 사실을 안 바울은 방언과 예언을 비교함으로써 어떤 은사가 더 이웃을 배려하고 공동체 전체에 덕을 세울 수 있는가를 논증했습니다. 방언은 다른 사람들이 그 뜻을 알아들을 수 없고, 교인들을 세워주고 신자나 불신자를 깨우쳐 회심시키는 데에도 역부족이기에 통역이 붙거나 모든 사람이 알아들을 수 있고, 신자나 불신자를 회개와 회심으로 이끌 수 있는 예언을 활용하는 것이 더 낫다는 것입니다.

본문에서 바울은 방언 은사 때문에 '무질서'(disorderliness)와 '혼란'(chaos)에 빠진 공중 집회를 바로 잡을 수 있는 '실제적인 지침'(practical guidelines)을 제시합니다. 당연히 14장 전체의 초점이 되어버린 방언과 예언에 집중하지만, 두 은사는 품위 있고 질서 있는 예배를 위해 '제유법'(提喩法) 형태로 쓰이고 있기에 바울은 공중 예배를 어지럽힐 수 있는 모든 은사를 다 염두에 둡니다. 바울은 먼저 고린도교회에서 벌어지고 있는 실제 예배를 고려해서 권고하는 것으로 말문을 엽니다.

> 그러면 형제자매 여러분, 어떻게 해야 하겠습니까? 여러분이 함께 모이는
> 자리에는, 찬송하는 사람도 있고, 가르치는 사람도 있고, 하나님의 계시를

말하는 사람도 있고, 방언으로 말하는 사람도 있고, 통역하는 사람도 있습니다. 모든 일을 남에게 덕이 되게 하십시오(26절).

이 구절은 원시 교회의 예배 형태에 관해서 매우 중요한 정보를 제공합니다. 초대교회의 예배 형식은 오늘과 같이 체계가 잘 잡힌 예배가 아니었습니다. 예배 순서지(주보)도 인도자도, 정해진 순서도 없이 성령이 이끄시는 대로 자유롭게 흘러가는 예배였던 것 같습니다. 예배에서 주축을 이룬 요소들은 '찬송'(hymn)과 '가르침'(lesson), '계시'(revelation), '방언'(tongue), '방언 통역'(interpretation)이었습니다.

흥미롭게도 공중 예배가 특별한 은사를 받은 사람의 독무대로 변질해 사사화(私事化/privatization)될 수 있는 위험성을 막을 수 있는 '인도자'가 없습니다. 초대교회 예배는 교인 **각자가** 성령이 이끄시는 대로 자유롭게 모였던 것 같습니다. 문제는 이런 형태의 자발적이고 즉흥적인 형식의 예배는 "사공이 많으면 배가 산으로 간다"는 속담처럼, 도떼기시장과 같이 무질서해질 수 있다는 사실입니다.

이런 이유로 바울은 공중 예배에서 반드시 지켜야 할 가장 중요한 원리를 제시합니다. "모든 것을 덕을 세우기 위해서 하라"(Let all things be done for building up)는 것입니다. 예배의 제반 요소가 교회 전체의 '덕을 세우기'(οἰκοδομὴν/오이코도멘) 위해서는 방언과 같은 특정 은사를 받은 사람이 자제하고 다른 예배자들을 소외시키지 말아야 합니다.

어쨌거나 '계시'는 하나님이 주시는 말씀을 회중에게 전달하는 예언 활동이기에 예배의 주축을 이룬 두 행위는 방언과 예언(설교)이었습니다. 예배가 '말씀'(Word)을 전달하는 방언과 예언 중심으로 진행되었기에 바울은 두 행위에 대해 구체적인 지침을 내립니다.

방언에 대한 기본 지침

바울은 먼저 방언에 대한 구체적인 지침을 제시합니다(27-28절).

누가 방언으로 말할 때는, 둘 또는 많아야 셋이서 말하되, 차례로 말하고,
한 사람은 통역을 하십시오. 입신 상태에서 하는 알 수 없는 말 통역할 사람
이 없거든, 교회에서는 침묵하고, 자기에게와 하나님께 말하십시오.

공중 예배 시간에 교회의 덕을 세우기 위해서 가장 긴요한 것은 방언
은사를 받은 교인들을 자제시키는 일입니다. 바울은 먼저 방언하는 사람
의 숫자에 제한을 둡니다. "둘 또는 많아야 셋"(two or at most three)으로
제한하라는 것입니다. 방언은 '한 사람'이 말하거나 '네 사람' 이상으로
넘어가면 안 됩니다. 한 사람이 방언할 경우 예배는 그 한 사람의 독무대
가 될 것이 뻔하고, 넷 이상이 될 경우에는 통제하기가 쉽지 않기 때문입
니다.

바울은 숫자에 제한을 둘 뿐 아니라 한꺼번에 다 방언을 말하지 말고,
차례를 따라 할 것을 권고합니다. 어떤 사람이 방언으로 말할 때 한
사람은 그 방언을 통역하라고도 말씀합니다. 통역하는 사람이 방언할
줄 아는 두세 사람 가운데 하나인지, 아니면 다른 교인인지는 불분명합니
다. 방언을 통역한 언어가 헬라어나 아람어와 같이 회중이 알아들을
수 있는 자연어인지, 아니면 방언 그 자체와 마찬가지로 초자연적인
'성령의 은사'(spiritual gift)인지도 분명치 않은데, 가해성이라는 기준으
로 볼 때 사람들이 그 뜻을 이해할 수 있는 언어로 통역했을 것으로
보입니다. (이 점에서 방언은 오로지 '영'으로만 말하는 신비한 언어라고 한다면,

방언 통역은 '영'과 '이성'의 요소가 다 결합하여 소통 가능한 언어였던 것 같습니다.)

문제는 통역할 사람이 없을 경우인데, 그때는 교회에서 드리는 공중 예배에 방언하는 사람이 침묵할 것을 권고합니다. 바울은 통역이 딸리지 않을 때는 자기 자신과 하나님께 **사적으로** 방언으로 기도하고 찬양하라 는 당부를 잊지 않습니다. 방언은 기본적으로 하나님께 드리는 비밀 언어이기에 통역이 동반되지 않을 때는 개인적인 자리에서만 사용하라 는 것입니다.

방언이 공중 집회가 아닌 사적인 자리로 물러나서 말할 수 있다는 것은 방언이 얼마든지 '스스로 통제'(self-control)할 수 있는 은사라는 사실을 보여줍니다. 다시 말해 초자연적 '황홀경'(ecstasy)에 빠져들어 아무도 제어할 수 없는 무아지경의 성역이 아니라는 것입니다. 방언을 계속 말할 것인지, 자제해야 할 것인지를 스스로 판단하고 실행할 수 있다는 것입니다.

예언에 대한 기본 지침

바울은 예언에 대해서도 '기본 원칙'(ground rules)을 제시합니다 (29-32절).

예언하는 사람은 둘이나 셋이서 말하고, 다른 이들은 그것을 분별하십시 오. 그러나 앉아 있는 다른 사람에게 계시가 내리거든, 먼저 말하던 사람은 잠잠하십시오. 여러분은 모두 한 사람씩 한 사람씩 예언을 할 수 있습니다. 그래야 모두가 배우고, 권면을 받게 됩니다. 예언하는 사람의 영은 예언하 는 사람에게 통제를 받습니다.

방언과 마찬가지로 예언 역시 숫자에 제한이 있습니다. '두세 사람'(two or three prophets)이 말해야 합니다. 방언의 인원수를 제한할 때는 '최대한'(at the most)을 의미하는 형용사 'πλεῖστον'(플레이스톤)이 앞에 왔는데, 예언에는 이 말이 없습니다. 예언보다 방언의 숫자 제한이 더 엄격하다는 사실을 암시합니다. 방언은 '기껏해야'(혹은 많아야) 셋을 넘어서 안 되지만, 예언에는 조금 더 신축성이 있다는 것입니다.

방언과 마찬가지로 예언도 순서에 따라서 한 번에 한 사람씩만 할 수 있습니다. 두세 사람이 한꺼번에 예언할 경우, 예언 역시 무질서와 혼란을 초래해서 회중에게 효과적으로 전달될 수 없을 뿐 아니라 교회에 덕을 끼칠 수 없습니다.

예언에서 바울은 중요한 조건 두 가지를 첨가합니다. 첫째로 예언은 다른 이들에 의해서 '분별'(discernment)을 받아야 합니다(29b절). '다른 이들'(the others)이 같이 예언하는 그룹에 속한 사람들인지, 아니면 일반 교인인지는 불분명하나 바울의 논조로 보건대 집회에 참석한 사람 전부를 지칭할 가능성이 높습니다. '분별하다'는 헬라어로 'διακρινέτωσαν'(디아크리네토산)인데, '영들 사이를 분별하다'(distinguishing between spirits)라는 의미가 있습니다(12:10 참조). 예언자가 선포하는 말씀이 하나님으로부터 온 진리의 말씀인가를 '시험하고'(test), '평가하는'(evaluate) 것입니다.

"열매를 보면 나무를 알 수 있다"(마 7:16-19)는 예수님의 말씀처럼, 도덕성이 엉망인 사람이 예언자인 척 꾸밀 수 있고, 하나님이 주신 말씀이 아닌 자신의 인간적인 견해나 사상을 예언으로 포장해서 선전하고 선동할 수 있기에 '영 분별'과 '영 평가'는 굉장히 중요합니다.

사랑하는 자들아 영을 다 믿지 말고 오직 영들이 하나님께 속하였나 분별하라 많은 거짓 선지자가 세상에 나왔음이라(요일 4:1).

공중 집회 시간에 선포되는 예언은 항상 예언을 듣는 사람들에 의해 평가와 비판을 받아야 합니다. 거짓 선지자들이 선포하는 엉터리 예언이 난무하기 때문입니다! 그러므로 예언자로 자처하는 사람은 자기 홀로 하나님의 말씀을 전세 냈다는 오만과 독선을 부려서 안 되고, 언제나 공동체의 건덕을 세우고 유익을 끼치는 궁극적 목적 아래 겸손해야 할 것입니다.

바울이 제기하는 두 번째 조건은 어떤 사람이 한참 예언을 하는 도중에 가만히 듣고 있던 사람에게 하나님의 말씀이 임할 경우, 먼저 예언하던 사람은 예언을 멈추고 그 사람의 예언을 경청해야 한다는 것입니다. 한 사람이 시종일관 예언을 독점해서 공동체 위에 군림하는 것을 경계한 것입니다. 예언을 할 때 '한 사람씩'(one by one) 돌아가면서 하라는 권고도 겸하고 있는데, 그렇게 순차적으로 질서 있게 예언을 해야지만 예언을 하는 사람이나 듣는 사람이나 "모두가 배우고 모두가 권면을 받을 수 있기"(all may learn and all be encouraged) 때문입니다(31절). 오늘날의 설교와 같은 기능을 한 예언에는 신자나 불신자를 불문하고 '진리를 가르치고 배우는 기능'과 '윤리 도덕적으로 권고하는 기능'이 있으며, 이런 기능 때문에 예언은 공동체에 덕을 세우게 됩니다.

방언과 마찬가지로 예언도 서로 경쟁하고 다른 사람을 무시하는 은사로 변질되지 않게 하려고 바울은 32절에서 "예언하는 사람들의 영은 예언하는 사람들에 의해 제재를 받아야만 한다"(the spirits of prophets are subject to the prophets)고 주장합니다. 예언(설교)이 하나님이 주시는 계시의 말씀이라고 해서 아무도 통제할 수 없는 은사가 아니라, 특히 타이밍이나 방법에 있어서 자기 스스로나 혹은 타인에 의해 통제될 수 있는 영역이라는 것입니다. 공동체를 세우고 유익을 주는 차원에서 예언자 스스로가 얼마든지 이성적이고 책임적으로 자제할 수 있다는 것입니다.

질서와 평화의 하나님

바울은 방언이나 예언이 질서를 따라서 실행되어야 할 **신학적인** 이유를 밝힙니다(33a절).

> **하나님은 무질서의 하나님이 아니라, 평화의 하나님이십니다**(For God is not a God of disorder but of peace).

우리말 성경에는 이유를 대는 접속 부사 'γάρ'(가르/for)가 빠져 있습니다. 이 '왜냐하면'이라는 접속 부사야말로 앞에서 말한 대로 방언과 예언이 질서정연하게 실행되어야 할 결정적 이유가 단순히 공동체의 유익이나 질서 그 자체를 위한 인간의 기대감 때문이 아니라, 고린도인들이 예배하는 하나님의 근본 속성임을 보여주기 때문입니다. 고린도인들의 예배가 무분별하고 무질서하다면, 그들이 예배하는 하나님이 어떤 하나님인지를 재고(再考)해보아야만 합니다. 예배자와 예배는 필연적으로 예배의 대상을 닮고 반영할 수밖에 없기에 질서와 평화의 하나님을 예배한다고 하면서 실제로 무질서하고 경쟁하며 예배를 드린다면, 그 예배는 잘못된 신에게 드리는 예배일 수밖에 없습니다. 이교도들이 흔히 남이 이해할 수 없는 광신적 열광이나 혼란스러운 분위기에서 예배와 제의를 진행하는 것과 비교할 때, 기독교적 예배는 품위 있고 질서정연하게 진행되어야 합니다. 예배를 받으시는 하나님이 그러하시기 때문입니다.

바울이 '무질서'(ἀκαταστασίας/아카타스타시아스/disorder)를 말할 때, 그다음에 짝을 맞추어 따라올 단어는 '질서'여야 하는데, '평화'(εἰρήνης/에이레네스/of peace)를 말합니다. 질서가 무너진 까닭에 평화가 깨진 고린도교회의 상황을 염두에 둔 단어 배치인 것처럼 보입니다. 공중예배뿐만 아니라 고린도에서 발생한 모든 분쟁이 '무질서'(disorderliness)에서 왔기 때문에 고린도교회가 '덕을 세우는'(Aufbau/Erbauung) '평화 공동체'(Friedensgemeinde)로 회복되기 위해서는 질서가 회복되어야만 한다는 것입니다.

바울은 36-38절에서 자신이 권면하는 말씀이 모두 주님의 명령이라는 사실을 주지시킵니다.

> 하나님의 말씀이 여러분에게서 났습니까? 또는 여러분에게만 내렸습니까? 누구든지 자기가 예언자이거나 성령을 은사로 받은 사람이라 생각하거든, 내가 여러분에게 써 보내는 이 글이 주님의 명령이라는 것을 알아야 합니다. 누구든지 이것을 인정하지 않으면, 그 사람도 인정을 받지 못할 것입니다.

바울의 '사도권'(apostleship)을 인정하지 않고 자기들만 하나님의 말씀을 받았다고 착각하는 고린도 교인들의 오만에 경종을 울립니다. 무엇보다도 고린도교회에서 예언자로 자처하거나 '성령을 은사로 받은 사람'(πνευματικός/프뉴마티코스/a person of the Spirit)으로 자처하는 사람은 바울이 전하는 이 말씀을 '주님이 주시는 명령'(a command of the Lord/ein Gebot des Herrn)으로 인정할 것을 촉구합니다. 이것을 인정하지 않는 사람은 주님으로부터 인정을 받을 수 없습니다. 방언이든 예언이든 신령한 은사를 받았다고 주장하더라도 주님으로부터 온 은사가 아닐 수 있다는 것입니다!

품위 있고 질서 있게

39-40절은 은사 문제와 관련된 12-14장 전체를 요약함으로써 결론을 내립니다. 한 마디로 방언을 금하지 않으면서도 예언 은사의 우선성을 확인합니다. 방언은 하나님께 드리는 비밀스러운 사적인 언어이기에 개인적으로 기도하거나 찬양할 때 유용한 은사일 뿐 공동체를 세우는 데에도 역부족이고, 신자나 불신자를 깨우쳐 회개와 회심에 이르게 하는 데에도 그다지 효과가 없습니다. 그러나 예언은 하나님이 주시는 말씀을 '영'과 '이성'으로 회중이 알아듣게 선포해서 회개와 회심에 이르게 할 수 있기에 교회의 덕을 세우고 공동체 전체에 선익을 끼칠 수 있으므로 더 좋은 은사라는 것입니다.

덕을 세우고 유익을 끼치는 데에는 두 은사의 차이가 있겠지만, 둘 다 하나님이 주시는 은총의 선물이기에 막을 이유는 없습니다. 그런데도 바울은 "예언이 방언보다 더 나은 은사"라는 사실을 강조하고자 예언은 적극적인 긍정형으로, 방언은 소극적인 부정형으로 표현해서 양자의 차이점을 절묘하게 부각시킵니다.

예언하기를 열심히 구하십시오.(be eager to prophesy.)	
그리고 방언으로 말하는 것을 막지 마십시오.(and do not forbid speaking in tongues.)	

그러나 뭐니 뭐니해도 은사와 관련된 12-14장 전체의 핵심은 맨 끄트머리 40절에 깔끔하게 요약되었습니다.

개역개정	모든 것을 품위 있게 하고 질서 있게 하라.
새번역	모든 일을 적절하게 하고 질서 있게 해야 합니다.
NRSV	but all things should be done decently and in order.
NIV	But everything should be done in a fitting and orderly way.

네 성경이 헬라어 'κατὰ τάξιν'(카타 탁신)을 '질서 있게'(in order)로 번역했습니다. 하지만 헬라어 'εὐσχημόνως'(유스케모노스)는 개역개정과 NRSV는 '품위 있게'(decently)로 번역했고, 새번역과 NIV는 '적절하게'(fittingly/anständig)로 번역했습니다. '유스케모노스'에는 '마땅히 행할 것을 행한다'는 의미가 있기에 '적절히'로도, '품위 있게'로도 번역될 수 있습니다. 무슨 일이든 도를 넘지 않고 적당히 하는 것이 품위를 지키는 일입니다.

그렇다면 고린도인들이 방언 은사에 과도하게 집착해서 심지어 공중 집회에서조차 과시하듯이 방언을 남발하는 것은 적절치 않을 뿐 아니라, 그리스도인의 '품위'(decency)와 '예의'(propriety)를 잃어버린 것입니다. 교회 공동체를 세우고 유익을 주기 위해서 모든 예배자가 어떤 은사이든지 간에 자발적이고 즉흥적인 차원을 넘어서 적당히, 즉 품위 있게 그리고 질서 있게 행사할 때 질서와 평화의 하나님을 닮은 온전한 예배자가 될 수 있습니다.

7장
그리스도의 부활과 성도의 부활

15:1-58

1. 부활 = 복음의 토대

고전 15:1-11

부활 = 복음의 토대

바울은 막바지인 15장에 와서 가장 중요한 문제를 끄집어냅니다. 그동안 고린도교회에서 발생한 실제 문제들에 대해 교리적이고 윤리적인 지침들을 제시해왔는데, 15장에 와서 복음의 핵심인 '부활' 문제를 정면으로 다룹니다. 지금까지 취급해온 주제들로부터 잠시 '벗어난 것'(digression)처럼 보이지만, 이전에 다룬 주제들과 무관한 이슈에 뜬금없이 뛰어든 것은 아닙니다. 부활 신앙이야말로 복음의 요체이기에 이 근본 토대가 무너지면 기독교 신앙 전체가 흔들리기에 바울은 기다렸다가 끄트머리에 와서야 이 문제를 다루게 된 것입니다. 그러기에 '부활장(章)'으로 유명한 15장이야말로 고린도전서의 절정이요 완결이라고 하겠습니다.

15장은 바울이 고린도교회의 어떤 상황과 관련해서 어떤 동기로 기술했는지에 대한 단서가 명확하지 않습니다. 고린도인들이 속 시원한 대답을 기대하면서 바울에게 문의했던 내용도 아닌 것 같습니다. 예컨대 "여러분이 적어 보낸 문제를 두고"(7:1)나 "우상에게 바친 고기에 대하여"(8:1), "신령한 은사들에 대하여"(12:1)와 "성도들을 도우려고 모으는 헌금에 대하여"(16:1)와 같이 고린도인들의 질문을 암시하는 도입 구문, Περὶ(페리/concerning/~에 대하여) 없이 곧바로 '부활' 주제를 거론합니다. 그러다가 12절에 가서야 왜 고린도인들에게 부활 교리를 해명하게 되었는지에 대한 단서가 등장합니다.

그리스도께서 죽은 사람 가운데서 살아나셨다고 우리가 전파하는데, 어찌하여 여러분 가운데 더러는 죽은 사람의 부활이 없다고 말합니까?

고린도교회의 '파당'과 '음행'에 관한 소식을 인편으로 전해 들은 것처럼, 지혜와 지식과 신비한 은사를 마구잡이로 자랑하는 일부 엘리트 교인들이 부활을 부인한다는 소식을 바울이 어떤 경로로이든지 간에 들었기에 부활 교리를 바로 가르칠 필요를 느꼈던 것 같습니다. 15장은 내용상 4등분할 수 있습니다.

1-11절	복음의 기초가 되는 그리스도의 죽음과 부활
12-34절	죽은 자의 부활에 대한 논증 ① 그리스도께서 살아나지 않으셨다면?(12-19절) ② 그리스도께서 부활하셨기에(20-28절) ③ 죽은 자의 부활이 없다면?(29-34절)
35-49절	몸의 부활 논증 ① 씨앗과 몸의 비유(35-44절) ② 아담과 그리스도의 유형론 비유(45-49절)
50-58절	결론적 요약: 최후 승리에 대한 확신

큰 주제로 볼 때 15장 전체는 '부활의 객관적 사실성'(Dass der Aufer-stehung)에 대한 논증(12-34절)과 "부활은 어떻게 일어나는가"(Wie der Auferstehung)에 대한 논증(35-49절), 두 몸통으로 구성됩니다. 바울은 '죽은 자의 몸의 부활'과 '그리스도의 몸의 부활'을 부인하는 고린도인들을 반박하면서 '그리스도의 몸 부활'뿐만 아니라 '죽은 자(특히 성도)의 몸 부활'의 필연성을 강조합니다.

"전해 받고 전해 준" 복음

바울은 1-11절에서 부활 신앙과 부활 신학의 기초가 되는 대전제, 즉 그리스도의 '십자가 죽음'과 '부활'부터 먼저 점검합니다. '십자가'와 '부활' 둘 가운데 어느 하나라도 부인할 경우 기독교 신앙을 떠받치는 토대가 무너지기에 바울은 복음의 본질부터 고린도 교인들에게 먼저 상기시키는 것입니다. 바울은 자신이 고린도인들에게 전해 준 '복음'을 떠올립니다.

형제자매 여러분, 내가 여러분에게 전한 복음을 일깨워 드립니다. 여러분은 그 복음을 전해 받았으며, 또한 그 안에 서 있습니다. 내가 여러분에게 복음으로 전해드린 말씀을 헛되이 믿지 않고, 그것을 굳게 잡고 있으면, 그 복음을 통하여 여러분도 구원을 얻을 것입니다. 나도 전해 받은 중요한 것을 여러분에게 전해 드렸습니다(1-3a절).

여기에서 가장 중요한 단어는 '복음'(εὐαγγέλιον/유앙겔리온/gospel/das Evangelium/good news)인데, 이 복음은 '전해 준 자'(transmitter)와 '받는 자'(receiver)가 있기 마련입니다. 누군가 바울에게 복음을 전해 주었기에 복음을 받아 믿었고, 바울이 그 전해 받은 복음을 다시 고린도인들에게 전했기에 그들은 예수를 믿고 "복음 안에 서 있게" 된 것입니다. 성도는 언제나 복음 '안에'(ἐν/엔/in) 서 있어야지, 복음 밖으로 나가 서 있으면 안 됩니다.

복음은 언제나 복음을 받아들인 이가 '구원'을 얻게 하는 능력이 있는데, 구원에는 두 조건이 충족되어야 합니다. 첫째로 복음을 "헛되이 믿지"(believe in vain) 않아야 합니다. 둘째로 복음의 메시지를 "굳게 잡고 있어야"(hold firmly to) 합니다. 새번역은 부정형을 앞에, 긍정형을 뒤에 세워 번역했는데, 개역개정이 옳게 번역한 것처럼 헬라어 원문에는 굳게 잡는 것이 앞에, 헛되이 믿지 않는 것이 뒤에 배치되어 있습니다. 굳게 잡는 것이나 헛되이 믿지 않는 것이나 다 부활 교리와 직결됩니다. 일부 교인들이 죽은 자의 몸의 부활을 부정하고, 그 결과 그리스도 몸의 부활까지도 부인한다면, 이것이야말로 복음을 굳게 잡지 못한 채 헛되이 믿는 것이고, 그 결과 구원을 얻기 어렵게 된다는 것입니다.

원시 교회의 신앙고백 신조

3b-5절은 바울이 누군가에게 전해 받은 뒤 다시 고린도인들에게 전해 준 복음의 요체가 무엇인지를 밝힙니다. 바울은 이것이 '중요하다'(ἐ ν πρώτοις/엔 프로토이스/as of first importance)고 말합니다. 복음에서 가장 **중요한** 본질을 일깨우는 것입니다. 가장 중요한 것은 예수께서 부활 승천하신 이후부터 원시 교회에 전승되어 오던 '신앙고백 공식'(confessional formula)이자 '신조'(信條/creed)인데, 헬라어 'καὶ ὅτι'(카이 호티/and that)로 시작하는 4행입니다.

> ① 그리스도께서 성서에 기록된 대로 우리의 죄 때문에 **죽으셨다**는 것(that Christ died for our sins according to the Scriptures).
> ② 무덤에 묻히셨다는 것(that he was buried).
> ③ 성경대로 사흘날에 **살아나셨다**는 것(that he was raised on the third day according to the Scriptures).
> ④ 게바에게 나타나시고 다음에 열두 제자에게 나타나셨다고 하는 것(that he appeared to Peter, and then to the Twelve).

초대교회로부터 바울 시대까지 전승되어 온 기본 신조는 ①과 ③입니다. 그리스도께서 십자가에 달려 '죽으셨다'는 것과 다시 '살아나셨다'는 것이 신앙고백문의 기본 뼈대입니다. 바울은 '그리스도의 죽음'과 '부활' 두 신조가 '성경에 기록된 대로'(κατὰ τὰς γραφάς/카타 타스 그라파스/according to the Scriptures) 이루어졌다는 사실을 강조합니다. 어쩌다 일어난 우발적 사건이 아니라, 구약에 약속된 하나님의 말씀에 따라서 성취되었다는 것입니다.

고백문은 예수께서 십자가에 달려 돌아가신 이유가 '우리의 죄' 때문임을 분명히 합니다. 그리스도의 죽음은 정치적 사형이 아니라, 우리의 죄를 대신 심판받으시고 사면받으신 '구속의 죽음'(atoning death)이라는 사실을 명확히 한 것입니다(사 53:5-6, 11-12 참조). 부활을 언급할 때도 바울은 '사흘날에'(on the third day)라는 시간적 표현을 씁니다. 그리스도의 부활이 시간 밖에서 일어난 초월적 사건이 아니라, 철저히 세계와 역사 안에서 일어난 내재적 사건이라는 것입니다.

그리스도께서 '죽으셨다'(died)고 말할 때는 능동태 과거 동사를 쓰고, '무덤에 묻히셨다'(buried)고 말할 때는 수동태 과거 동사를 씁니다. 하나님이 그리스도를 죽이신 것이 아니라 본인의 뜻에 따라 죽으셨기에 능동태를, 무덤에 장사지낸 것은 다른 사람들이 했기에 수동태를 썼다는 차이가 있지만, 둘 다 과거 동사로 표현해서 과거의 일시점에 발생한 역사적 사건임을 분명히 합니다.

이와 달리 그리스도께서 '살아나셨다'는 표현은 수동태 완료형입니다. ἐγήγερται(에게게르타이/was raised)라는 수동태 완료형은 예수께서 스스로 부활하신 것이 아니라, 하나님께서 다시 살리셨다는 말이고, 훨씬 더 중요하게도 "죽었고", "무덤에 묻혔다"라는 부정(不定) 과거형(aorist)과 달리 완료형이어서 그리스도께서 "부활하신 상태로 계속 계신다"(remains risen)는 사실을 강조합니다. 그리스도는 지금도 살아계신 '부활의 주님'(risen Lord)이라는 것입니다!

고백문은 그리스도의 '죽음'과 '부활'이라는 기본 뼈대에다가 두 가지 사실을 첨가합니다. "무덤에 묻히셨다"는 사실과 '베드로를 비롯한 12제자'에게 "현현(顯現)하셨다"는 사실입니다. 복음서 기자들은 그리스도께서 아리마대 사람 요셉의 무덤에 장사된 사실을 보도합니다(마 27:57-61; 막 15:42-47; 눅 23:50-56; 요 19:38-42). 무덤에 시신을 안장하는 풍속은 죽음이 역사적 사실이라는 것을 보여줍니다. 그러므로 '사흘'이라는 시간적 한계와 '무덤'이라는 공간적 한계는 예수님의 죽음을 완전히 죽지 않은 가사(假死) 상태와 같은 것으로 보는 구구한 억측에 쐐기를 박습니다.

부활을 목격한 증인들

원시 교회의 고전 신앙고백 신조는 그리스도에 관하여 동사 넷을 연속으로 배치합니다. "죽으셨고"(gestorben) → "묻히셨고"(begraben) → "다시 살아나셨고"(auferweckt) → "나타나셨습니다"(erschienen). 바울은 그리스도 부활의 객관적 사실성을 강조하고자 부활하신 예수님의 '현현'을 목격한 일련의 증인들을 소개합니다. 고전 신앙고백문에서 부활 증인은 '게바와 열두 제자'에서 끝나지만, 바울은 추가로 네 부류의 증인들을 첨가합니다.

부활 증인 목록	
고전 신앙고백문	① 게바(베드로) → ② 열두 제자
바울의 추가 리스트	③ 500명이 넘는 형제자매들 → ④ 주님의 젖동생 야고보 → ⑤ 모든 사도 → ⑥ 바울 자신

부활하신 예수께서 베드로와 12제자에게 나타나신 것은 교회가 시작될 때부터 전승되어 온 사실인데, 바울은 여기에다가 네 증인 그룹을 덧붙입니다. 흔히 12제자는 '사도'로 알려졌지만, 바울 시대까지만 하더라도 '12사도'라는 칭호가 확실히 정립되지 않았던 것 같습니다. 그러기에 바울이 말하는 '모든 사도에게'(ἀποστόλοις πᾶσιν/아포스톨로이스 파신/to all the apostles)는 12제자 이외에 바울 서신에서 사도로 언급된 모든 이들을 포함합니다. 바울 자신과 야고보(갈 1:19), 안드로니고와 유니아

(롬 16:7), 실라와 디모데(살전 2:7), 바나바(갈 2:7-9; 고전 9:5-6), 아굴라와 브리스길라(롬 16:3; 고전 16:19) 등등 초대교회의 유력한 지도자 다수를 포함하는 광범위한 그룹입니다.

바울은 부활하신 예수께서 500명이 넘는 형제자매들에게 '한꺼번에'(at one time), 즉 '동시에'(simultaneously) 나타나셨다는 사실을 언급하면서, 그 500여 명 중에 더러는 죽었지만 '대다수'(πλείονες/플레이오네스/die meisten)가 아직까지 살아 있어서 부활을 증언할 수 있다는 사실을 강조합니다. 500명에는 복음서에 기록된 여성 증인들까지 포함된 것으로 보입니다. 바울은 그리스도 부활의 객관적 사실성을 강조하고자 여러 증인을 언급한 뒤에 자신에게도 나타나셨다는 사실을 언급함으로써 '부활의 역사성' 주장에 정점을 찍습니다.

그런데 맨 나중에 달이 차지 못하여 난 자와 같은 나에게도 나타나셨습니다 (8절).

증인 목록을 소개하는 맨 끝에다가 바울은 자신의 체험을 명기합니다. 다른 사람의 증언도 신빙성이 있지만, 자신이 직접 체험한 사실보다 더 확실한 것은 없습니다. 바울이 다메섹 도상에서 부활하신 예수님을 만난 뒤에 기독교로 개종한 것은 유명합니다(행 9:1-9; 22:1-11; 26:12-23). 바울은 부활하신 그리스도께서 자신에게 현현하신 것이 지상에서의 마지막이라는 사실을 알리고자 '맨 나중에'(ἔσχατον/에스카톤/last of all)라는 표현을 씁니다. 그리스도의 부활 현현은 역사적으로 자기에게서 끝났다는 것입니다.

바울의 사도직 변증

자기 체험을 말할 때 바울의 강조점은 부활하신 예수님을 뵙기에 전혀 자격이 없는 "자기와 같은 사람에게도"(κἀμοί/카모이/also to me) 나타나셨다는 사실입니다. 자신의 '자격 없음'(unworthiness)을 상징적인 비유로 표현하는데, '유산된 태아'(aborted fetus)를 말하는 'ἐκτρώματι' (엑트로마티)라는 용어를 씁니다. 이 말은 유산이나 낙태, 조산, 미숙아 등을 의미하는데, 매우 비정상적이고 괴물같은 기형아 형태로 태어난 사람을 지칭하는 비유입니다. '끔찍하고 기괴한 칠삭둥이'를 말합니다. 이것은 바울의 외모를 폄하한 고린도 교인들의 조롱을 염두에 둔 은유 (metaphor)일 것입니다.

'바울의 편지는 무게가 있고, 힘이 있지만, 직접 대할 때는, 그는 약하고, 말주변도 변변치 못하다' 하고 말하는 사람들이 있습니다(고후 10:10).

바울은 왜 자신이 부활하신 예수님을 뵙기에 자격이 없는가를 설명합니다.

나는 사도들 가운데서 가장 작은 사도입니다. 나는 사도라고 불릴 만한 자격도 없습니다. 그것은, 내가 하나님의 교회를 박해했기 때문입니다(9절).

바울이 다메섹에서 부활하신 예수님을 만나기 전까지 열혈 바리새인으로서 교회와 기독교인들을 박해한 것은 유명합니다.

행 26:9-11	사실, 나도 한때는, 나사렛 예수의 이름을 반대하는 데에, 할 수 있는 온갖 일을 다 해야 한다고 생각하였습니다. 그래서 나는 그런 일을 예루살렘에서 하였습니다. 나는 대제사장들에게서 권한을 받아 가지고 많은 성도를 옥에 가두었고, 그들이 죽임을 당할 때에 그 일에 찬동하였습니다. 그리고 회당마다 찾아가서, 여러 번 그들을 형벌하면서, 강제로 신앙을 부인하게 하려고 하였습니다. 나는 그들에 대한 분노가 극도에 다다랐으므로, 심지어 외국의 여러 도시에까지 박해의 손을 뻗쳤습니다.
갈 1:3	내가 전에 유대교에 있을 적에 한 행위가 어떠하였는가를, 여러분이 이미 들은 줄 압니다. 나는 하나님의 교회를 몹시 박해하였고, 또 아주 없애버리려고 하였습니다.
빌 3:6a	열성으로는 교회를 박해한 사람이요.
딤전 1:13, 15	내가 전에는 훼방자요 박해자요 폭행자였습니다. …나는 죄인의 우두머리(魁首)입니다.

한때 극렬한 '적(敵)그리스도인'(anti-Christian)이었던 바울에게 하나님은 놀라운 은혜를 베푸셨습니다. 그를 사도로 불러주신 것입니다!

그러나 나는 하나님의 은혜로 오늘의 내가 되었습니다. 나에게 베풀어주신 하나님의 은혜는 헛되지 않았습니다. 나는 사도들 가운데 어느 누구보다도 더 열심히 일하였습니다. 그러나 이렇게 한 것은 내가 아니라, 나와 함께 하신 하나님의 은혜입니다(10절).

그리스도와 그리스도인들을 박해하던 바울이 그리스도를 위해 박해받는 사도로 변신한 것은 사람의 힘으로 된 것이 아닙니다. 전적인 하나님의 은혜로 된 것입니다. 그러기에 바울은 "나의 나 된 것은 하나님의 은혜"(by the grace of God I am what I am) 때문이라고 고백합니다. 이런

'자격 없음' 때문에 바울은 부끄러운 과거의 전력을 잊지 않고 자신이 '가장 작은 사도'(the least of the apostles)요, '사도로 불릴 자격도 없는 자'(unfit to be called an apostle)라며 한껏 낮춥니다. 무자격자를 사도로 불러주신 하나님의 은혜가 헛되지 않았기에 바울은 자신이 사도들 가운데 그 누구보다도 더 열심히 일했다는 사실도 함께 강조합니다.

> 그들이 그리스도의 일꾼입니까? 내가 정신 나간 사람같이 말합니다마는, 나는 더욱 그렇습니다. 나는 수고도 더 많이 하고, 감옥살이도 더 많이 하고, 매도 더 많이 맞고, 여러 번 죽을 뻔하였습니다. 유대 사람들에게서 마흔에서 하나를 뺀 매를 맞은 것이 다섯 번이요, 채찍으로 맞은 것이 세 번이요, 돌로 맞은 것이 한 번이요, 파선을 당한 것이 세 번이요, 밤낮 꼬박 하루를 망망한 바다를 떠다녔습니다. 자주 여행하는 동안에는, 강물의 위험과 강도의 위험과 동족의 위험과 이방 사람의 위험과 도시의 위험과 광야의 위험과 바다의 위험과 거짓 형제의 위험을 당하였습니다. 수고와 고역에 시달리고, 여러 번 밤을 지새우고, 주리고, 목마르고, 여러 번 굶고, 추위에 떨고, 헐벗었습니다. 그 밖의 것은 제쳐놓고서라도, 모든 교회를 염려하는 염려가 날마다 내 마음을 누르고 있습니다. 누가 약해지면, 나도 약해지지 않겠습니까? 누가 넘어지면, 나도 애타지 않겠습니까?(고후 11:23-29)

바울이 열거하는 '고난 목록'이야말로 그가 그 어떤 사도보다도 그리스도와 복음 전파를 위해서 온갖 고생을 다 했다는 사실을 보여줍니다. 그러나 바울은 이런 노고조차도 자기 공로가 될 수 있기에 부득불 자랑한다면 자신의 '약한 것'을 자랑하겠다고 말합니다(고후 11:30). 똑같은 이유로 바울은 고린도전서 11:10에서 자신이 다른 사도들과 비교도

할 수 없을 만큼 넘치는 수고를 했어도, "그러나 이렇게 한 것은 내가 아니라, 나와 함께 하신 **하나님의 은혜**"(ἡ χάρις τοῦ θεοῦ/헤 카리스 투 데우/the grace of God)라고 고백합니다.

바울이 논점이 빗나간 것처럼 보이는바 자신이 하나님의 은혜 때문에 대사도로 변신한 개인사를 털어놓는 것은 그의 일생을 뒤바꾼 부활하신 예수님을 만난 충격적 사건을 되뇌는 동시에 복음의 전파자가 누구이든지 간에 복음이 전파되어 믿음의 역사가 계속 일어난다는 사실을 강조하기 위함입니다.

> **그러므로 나나 그들이나 할 것 없이**(whether it were I or they), **우리는 이렇게 전파하고 있으며, 여러분은 이렇게 믿었습니다(11절).**

도저히 사도가 될 수 없는 적그리스도인으로 살았던 바울같은 사람까지도 만나주신 부활의 주님이시기에 그 어떤 사람이 복음을 전파하든지 간에 3b-5절에 기술된 '복음의 요체', 즉 십자가에 죽으셨고 묻히셨고 다시 사셨고 여러 차례 사람들에게 나타나신 그리스도를 고린도인들에게 전파했기에 그들이 이렇게 믿게 되었다는 것입니다. 그리스도를 박해하던 바울을 사도로 변화시켜 세상 이교 문화에 젖어 살던 고린도인들에게 복음을 전파해서 그들이 그리스도를 믿고 구원을 얻게 되었는데, 이것은 '그리스도의 죽음과 부활'을 통해 역사하시는 '하나님의 은혜' 때문이라는 것이 바울의 확신입니다.

바울은 일부 고린도인들이 죽은 자의 부활을 부인하는 현실을 염두에 두고 차근차근 그들의 오류를 따져나갈 것입니다. 그렇다면 1-11절은 본격적인 부활 논쟁에 뛰어들기 전에 예수님의 부활 승천 이후부터 내려오던 복음의 기초에 대한 신조, 즉 바울이든, 베드로이든, 아볼로이든 그 어떤 전도자와도 상관없이 고린도 교인들을 포함한 모든 그리스도인이 공동으로 견지하는 복음의 핵심을 '전제'(premise)로 제시한 것입니다.

2. 부활이 없다면?

고전 15:12-34

"부활이 없다"는 자들에 대한 반박

고린도 교인들 가운데 가문과 세상 지식과 지혜, 각양 신령한 은사들을 자랑하는 엘리트 교인들이 부활을 부인했습니다.

> **그리스도께서 죽은 사람 가운데서 살아나셨다고 우리가 전파하는데, 어찌하여 여러분 가운데 더러는 죽은 사람의 부활이 없다고 말합니까?(12절)**

1-11절은 바울이 누군가에게 전해 받았고 고린도인들에게 전해 준 복음의 요체를 설명했는데, 그것은 '그리스도의 죽음'과 '부활'입니다. 그리스도의 죽음은 온 인류의 죄를 영 단번에(once and for all) 심판받고 속죄하는 구속의 죽음이며, 그리스도께서 사흘날에 다시 살아나심으로써 죄와 죽음을 이기고 영생의 길을 열어주셨습니다. 바울 신학에서 '죄'는 죽음의 원인이며, '죽음'은 죄의 결과이기에 둘은 인과론적으로 연결됩니다. 첫 사람 '아담'이 죄를 지어 그 결과로 죽음이 찾아왔다면, 둘째 사람 '그리스도'께서 십자가에 달려 죽으심으로써 죄를 심판받고 사면받았으며, 우리는 예수 그리스도를 믿음으로써 죄와 죽음의 권세에서 벗어날 길을 찾게 된 것입니다.

문제는 십자가의 죽음만 있고 부활이 없다면, 죄의 문제는 해결되었다고 하더라도 죄의 결과로 찾아오는 죽음은 해결되지 않은 것이 됩니다.

따라서 죄와 죽음의 극복은 '십자가'와 '부활'이 다 있어야 합니다. 십자가는 인정하되 부활을 인정하지 않을 경우, 죄로 인해 찾아온 죽음은 여전히 해결되지 않은 미궁(迷宮)이요, 미제(謎題)로 남게 될 것입니다.

복음의 이치가 이와 같음에도 바울이 전해 준 복음을 믿고서 그리스도인이 된 고린도 교인 일부가 '죽은 자의 부활'(eine Totenauferstehung)이 없다고 주장하는 현실에 당혹한 바울은 특유의 정치한 논리로 이들의 오류를 반박합니다.

12-19절	'죽은 자의 부활'(일반론)이 없다면 → '그리스도의 부활'(특수론)도 없게 될 것이고, 그 결과 수많은 오류가 발생하게 된다.
20-28절	그리스도의 부활이 초래하게 될 **미래의** 결과들
29-34절	그리스도의 부활이 **현재의** 신앙과 윤리 생활에 끼치는 영향들

부활이 없다면?

고린도인들 가운데 일부는 "사람이 죽으면 그것으로 끝나기에 몸의 부활은 있을 수 없다"는 세상 풍조를 따라 죽은 자의 부활이 없기에 그리스도의 부활도 없다고 생각했습니다. 마치 삼단 논법과 같은 견해를 가졌던 것입니다.

"사람은 다 죽는다."
"소크라테스는 사람이다."
"그러므로 소크라테스는 죽는다."

'죽은 자의 부활'이라는 일반 부활이 불가능하기에 '그리스도의 부활'

이라는 특수 부활도 불가능하다는 논리입니다. 그러나 이런 견해야말로 '그리스도의 신성'을 부인하고, 그리스도를 우리와 똑같은 역사적 인간으로만 생각할 때 빚어지는 오류입니다. 바울은 "죽은 자의 부활이 없기에 그리스도의 부활도 없다"고 주장하는 고린도인들을 향해 만일 죽은 자의 부활과 그리스도의 부활이 없다면, 어떤 결과가 초래될 것인가를 두 단계로 설파합니다. 먼저 "죽은 자의 부활이 없다면, 그리스도의 부활도 없게 될 것"임을 지적하고, 그다음에 "죽은 자의 부활이 없고 이로 인해 그리스도의 부활마저 없게 된다면, 그리스도인의 믿음도 헛것이 된다는 사실"을 밝힙니다.

죽은 자의 부활과 그리스도의 부활	
13절	죽은 사람의 부활이 없다면, 그리스도께서도 살아나지 못하셨을 것입니다.
16절	죽은 사람들이 살아나는 일이 없다면, 그리스도께서 살아나신 일도 없었을 것입니다.

바울의 관심은 최후 심판 때 일어나게 될 '일반 부활'(general resurrection)이 아닙니다. 그리스도의 부활과 성도의 '특수 부활'(particular resurrection)입니다. 바울이 말하는 죽은 자의 부활의 헬라어 ἀνάστασις νεκρῶν(아나스타시스 네크론)은 '시체가 일어나는 것'(the rising of corpses), 즉 '몸의 부활'(resurrection of the body)입니다.

당시 헬라 철학자들이나 지중해 연안의 이교도들은 사람이 죽어서 육체는 부패하더라도 영혼은 몸에서 빠져나와 불멸한다고 생각했습니다. 오늘날도 속칭 지성적 무신론자들은 사후에 영혼이 부패한 육체에서 벗어나 하늘로 올라가 불멸한다고 생각합니다. 이런 사람들에게 그리스도 몸의 부활은 유치한 신화에 불과할 것입니다.

그리스도께서 부활하지 않으셨다면?	
14-15절	그리스도께서 살아나지 않으셨다면, 우리의 **선포**도 헛되고, 여러분의 **믿음**도 헛될 것입니다. 우리는 또한 하나님을 거짓되이 증언하는 자로 판명될 것입니다. 그것은, 죽은 사람이 살아나는 일이 정말로 없다면, 하나님께서 그리스도를 살리지 아니하셨을 터인데도, 하나님께서 그리스도를 살리셨다고, 하나님에 대하여 우리가 증언했기 때문입니다.
17-19절	그리스도께서 살아나지 않으셨다면, 여러분의 믿음은 헛된 것이 되고, 여러분은 **아직도 죄 가운데 있을** 것입니다. 그리고 그리스도 안에서 잠든 사람들도 멸망했을 것입니다. 그리스도 안에서 우리가 바라는 것이 이 세상에만 해당되는 것이라면, 우리는 모든 사람 가운데서 가장 불쌍한 사람일 것입니다.

바울은 이제 죽은 자의 일반 부활에서 그리스도의 특수 부활로 초점을 옮겨서 만일 그리스도의 부활이 없다면 복음 전파와 그리스도인의 신앙 생활에 어떤 여파를 미칠 것인가를 설명합니다. 부활이 없다는 고린도인들이 옳다면 부활 복음을 전파한 바울이 틀린 것이 될 터인데, 그렇다면 바울을 비롯한 전도자들의 '복음 선포'(κήρυγμα/케뤼그마/proclamation)와 이 복음을 받아들인 '믿음'(πίστις/피스티스/faith)이 '헛된 것'(κενὸν/케논/empty)이 됩니다(14절). 선포와 믿음이 헛것이 되면, 그 결과 바울을 비롯한 전도자들은 하나님에 대해 거짓 증언을 한 셈이 됩니다(15절). 죽은 자의 부활이 없기에 그리스도의 부활도 있을 수 없음에도 하나님께서 그리스도를 살리셨다고 선포했다면, 하나님에 대해서 거짓 증언을 한 것입니다.

그리스도께서 살아나시지 않았다고 한다면, 무엇보다도 죄의 문제가 해결되지 않아서 고린도인들은 '여전히 죄 안에'(still in sins) 있게 됩니다(17절). 죄가 죽음을 불러왔다면, 죄가 해결되면 죽음도 함께 극복되어야만 합니다. 십자가에서 죄가 심판받고 사면받을 길이 열렸습니다. 우리의 죄가 그리스도의 십자가에서 함께 죽음으로써 심판받고 용서받았습니다. 죄가 해결되면 죄의 결과로 찾아온 죽음도 극복되어야 하는데, 십자가 죽음만 있고 부활이 없다면 인과관계로 얽힌 죄와 죽음은 계속 미궁에 빠져 있게 됩니다.

부활이 없으면 '그리스도 안에 잠든 사람들', 즉 이미 별세한 그리스도인들조차도 망한 것이 됩니다(18절). 죽은 자의 미래 부활이 없기에 우리가 바라는 것은 **오로지**(only) 지금 여기에서의 현세적인 것이 전부가 되기에 부활 신앙을 전파한 모든 전도자는 '가장 불쌍한 사람들'이 되고 말 것입니다(19절).

요약해서 부활이 없다면 복음 선포와 믿음과 하나님에 대한 증언과 죄용서와 사망과 미래의 소망, 모두가 헛것이 되고 맙니다. 부활의 미래가 없는 세상은 과거와 현재가 다 함께 의미를 잃고 공허해진다는 것이 바울의 요점입니다.

그리스도의 부활이 미래에 끼칠 영향

12-19절에서 바울은 "죽은 자의 부활과 그리스도의 부활이 없다면"이라는 가정법에 대답을 제시했다면, 20-28절에서는 초점을 "그리스도의 부활과 이 부활이 끼친 미래의 우주적 영향"에 집중합니다. 먼저 그리스도의 부활로 인해 그리스도께 속한 성도들의 대대적인 부활이 있습니다.

그러나 이제 그리스도께서는 죽은 사람들 가운데서 살아나셔서, 잠든 사람들의 첫 열매가 되셨습니다(20절).

그리스도는 죽은 사람들 가운데서 살아나셔서 '죽은 자들의 첫 열매'(the first fruits of those who have died)가 되셨습니다. '첫 열매'는 헬라어로 'ἀπαρχή'(아파르케)인데, 하나의 비유로서 '착수금'(down payment) 혹은 '계약금'(약조금/earnest money)의 의미가 있습니다. 자동차나 집을 살 때 착수금 혹은 계약금을 내는 것은 사는 쪽이 앞으로 남은 모든 비용을 완불하겠다는 약속이요, 파는 쪽은 이 약속을 믿고 자동차와 집을 미리 넘겨주는 행위입니다. 매수자(買收者) 편에서 볼 때는 '선취'(先取)를 알리는 신호탄입니다. 무엇보다도 첫 열매는 앞으로 대대적인 추수가 일어날 것을 알리는 예고편입니다.

그리스도께서 부활의 첫 열매가 되셨다는 것은 장차 일어나게 될 대대적인 성도들의 부활을 알리는 첫 신호탄이자 예고편이요, 후속 부활을 확증하는 '서약'(pledge)이기도 합니다(레 23:9-14; 롬 8:23; 고전 16:15; 살후 2:13 참조). 그리스도의 부활이 주님 안에 있는 모든 성도의 부활을 필연적이고 불가피한 것이 되게 한다는 것입니다.

바울은 21-22절에서 온 인류의 대표자로서 아담과 그리스도를 비교합니다.

한 사람으로 말미암아 죽음이 들어왔으니, 또한 한 사람으로 말미암아 죽은 사람의 부활도 옵니다. 아담 안에서 모든 사람이 죽는 것과 같이, 그리스도 안에서 모든 사람이 살아나게 될 것입니다.

한 사람 아담 때문에 죽음이 왔다면, 한 사람 그리스도 때문에 죽은 사람의 부활이 옵니다. 아담 안에서 모든 사람이 죄로 인해 죽었다면, 그리스도 안에서 모든 사람이 십자가와 부활로 인해 살아납니다(고전 15:45-49; 롬 5:12-21 참조). 한 사람이 모든 사람의 공동 운명을 결정한다는 것은 이해하기 어렵지만, 아담의 죄로 인해 죽음이 찾아왔다면 그리스도의 십자가와 부활을 통해 죄와 죽음이 극복되는 쾌거가 일어났다는 사실에 바울의 강조점이 있습니다.

그리스도께서 부활의 첫 열매가 되셔서 장차 일어나게 될 '성도 부활'의 확실한 예고편이 되셨다면, 부활은 어떤 순서로 일어나게 될까요? 바울은 22절 후반부에서 "그리스도 안에서 **모든 사람**이 살아나게 될 것"(all will be made alive in Christ)이라고 주장했습니다. '모든 사람'(πάντες/판테스) 앞에 '그리스도 안에서'(ἐν τῷ Χριστῷ/엔 토 크리스토)라는 수식어가 있음을 주의해야 합니다. 누구나 다 구원받는다는 '보편 구원'(universal salvation)이 아닙니다. 그리스도인과 비그리스도인을 불문하고 누구나 다 부활한다는 말이 아닙니다.

이것은 부활의 순서에서 더 선명해집니다. 바울은 그리스도의 부활 이후 우리의 부활이 각각 차례대로 일어날 것이라고 말씀합니다. '차례'(order)는 헬라어로 τάγμα(타그마)인데, '다양한 수로 구성된 부대 단위'를 일컫는 군사 전문 용어입니다. '차례로'(in turn)로 번역하면 좋겠지만, 원뜻은 '계급(rank)이나 지위(class)에 따라서 질서 있게 움직인다'는 뜻입니다. 이런 이유로 23-28절은 군대가 진격해서 차례로 적군을 섬멸하고 정복하듯이 그리스도의 부활로 인한 우주적 승리를 군사적 비유로 묘사합니다. 부활의 순서는 두 단계로 일어납니다.

첫째는 첫 열매이신 그리스도요, 그다음은 그리스도께서 재림하실 때에, 그리스도께 속한 사람들입니다(23절).

부활은 그리스도로부터 시작해서 그리스도께서 '마지막'(τέλος/텔로스) 때에 재림(παρουσία/파루시아)하실 때 '그리스도께 속한 사람들'(οἱ τοῦ Χριστοῦ/호이 투 크리스투/those who belong to Christ) 순서로 일어납니다. '그리스도의 부활' → 그리스도의 재림 때 '믿는 자들의 부활'이라는 단순한 순서에 '불신자들의 부활'에 대한 언급은 없습니다.

그리스도의 부활과 재림 사이, '중간기'(between times)에 끼어 사는 그리스도인들에게 부활의 소망을 고취하고자 바울은 장차 펼쳐질 우주적 굴복 드라마를 제시합니다(24-28절).

> ① 그리스도의 부활 → ② 그리스도의 재림 때 성도들의 부활 → ③ 최후 심판 종말의 날에 그리스도께서 모든 통치(ruler)와 모든 권위(authority)와 모든 권력(power)을 폐하시고 그 나라를 하나님께 넘겨드리고 → ④ 하나님께서 모든 원수들을 그리스도의 발아래 두실 때까지 그리스도께서 통치하셔야만 하고 → ⑤ 최후 원수인 '죽음'(θάνατος/다나토스/death)까지 굴복시킬 때 → ⑥ 그리스도를 제외한 만물이 하나님께 복종하고 → ⑦ 하나님은 '만유의 주님'(πάντα ἐν πᾶσιν/판타 엔 파신/all in all)이 되실 것이다.

하나님께 대적하는 우주적 세력들을 그리스도께서 차례로 굴복시켜 나가실 때 그 정점은 인류 최후의 원수인 '죽음'의 굴복입니다. 죽음은 하나님에 의해 굴복되어야만 할 원수들 가운데 마지막 원수입니다. 지상이든 천상이든 하나님을 대적하는 통치자, 권세자와 권력자가 최후 주권을 행사하는 것이 아니라, 그리스도의 부활을 통해 최후 원수인 죽음을 정복하신 하나님께서 만유의 주님으로서 우주 만물을 통치하십니다.

부활이 현재 생활에 미치는 영향

29-34절은 부활이 우리의 신앙 및 윤리 생활에 직결된다고 주장합니다. 먼저 초대교회에 유행한 것으로 보이는 죽은 자를 위한 '대리 세례'(vicarious baptism)의 무용성을 지적합니다.

> 죽은 사람들이 살아나지 않는다면, 죽은 사람들을 위해서 세례를 받는 사람들은 무엇 하려고 그런 일을 합니까? 죽은 사람이 정말로 살아나지 않는다면, 무엇 때문에 그들은 죽은 사람들을 위하여 세례를 받습니까?(29절)

고린도교회에는 가족이나 친척 혹은 친구가 세례를 받지 않은 상태에서 죽었을 때 그 망자를 위해서 살아 있는 교인이 대신 세례를 받는 관습이 있었던 것 같습니다. 바울이 이런 해괴(駭怪)한 풍속을 용인했는지, 안 했는지가 중요한 것이 아니라 이렇게 용납하기 어려운 대리 세례조차도 부활 신앙을 전제하지 않는다면 무슨 소용이 있겠느냐는 논박에 강조점이 있습니다.

바울은 부활이 없다면 자신의 사도직 수행과 복음 전파의 노고와 시련이 헛것이 된다는 사실을 강조합니다.

> 그리고 또 우리는 무엇 때문에, 시시각각으로 위험을 무릅쓰고 있습니까? 형제자매 여러분, 나는 감히 단언합니다. 나는 날마다 죽습니다! 이것은, 우리 주 예수 그리스도께서 여러분에게 하신 그 일로 내가 여러분을 자랑스럽게 여기는 것만큼이나 확실한 것입니다. 내가 에베소에서 맹수와 싸웠다고 하더라도, 인간적인 동기에서 한 것이라면, 그것이 나에게 무슨 유익이

되겠습니까?(30-32a절)

그리스도의 부활과 죽은 자의 부활이 없다면 바울이 날마다 순교의 각오를 하면서 복음 전파를 위해 고생한 일이 무슨 소용이 있느냐는 수사학적 질문입니다. 흥미로운 것은 바울이 "에베소에서 맹수와 싸웠다"는 사실을 털어놓고 있는데, 지금 고린도전서를 기록하고 있는 장소가 에베소이기에 궁금증을 자아내는 대목입니다. 검투사가 굶주린 사자와 같은 맹수와 싸우는 장면을 연상하지만, 바울이 에베소에서 반대자들로부터 받은 극심한 탄압을 암시하는 '비유'로 쓰였을 것입니다(고전 16:8-9; 고후 1:8-11; 행 19:23-41 참조). 부활이 없다면 바울의 순교자적 헌신과 희생은 말짱 도루묵이 되고 말 것입니다.

바울은 32b절에서 앗수르 군대가 예루살렘 성을 에워싸고 있을 때 주민들이 보였던 허무주의적 반응을 연상하면서 다음과 같이 말씀합니다.

만일 죽은 사람이 살아나지 못한다면 '내일이면 죽을 터이니, 먹고 마시자' 할 것입니다.

그런데 너희가 어떻게 하였느냐? 너희는 오히려 흥청망청 소를 잡고 양을 잡고, 고기를 먹고 포도주를 마시며 '내일 죽을 것이니, 오늘은 먹고 마시자' 하였다(사 22:13).

바울은 그런 뒤 헬라 세계에서 유행하던 희극 작가 메난드로스(Menander, 342~291 B.C.)의 속담을 인용하면서 부활과 윤리 생활이 직결된다는 사실을 지적합니다.

> **속지 마십시오. 나쁜 동무가 좋은 습성을 망칩니다(Bad company ruins good morals). 똑바로 정신을 차리고, 죄를 짓지 마십시오. 여러분을 부끄럽게 하려고 내가 이 말을 합니다만, 여러분 가운데서 더러는 하나님을 아는 지식이 없습니다(33-34절).**

죽은 자의 부활이 없다면 허무주의나 냉소주의, 회의주의, 쾌락주의에 빠져서 굳이 윤리적으로 살 필요를 못 느끼게 된다는 말입니다. 바울은 부활 교리를 믿지 않고 허무주의나 쾌락주의에 빠져 윤리적으로 엉망이 될 수 있다는 사실을 일깨우면서 "똑바로 정신을 차리고 죄를 짓지 말라"고 경고합니다.

바울은 이 모든 경고의 목적이 고린도 교인들에게 경각심을 주어서 수치심을 느끼게 하려는 데 있다는 사실을 분명히 합니다(고전 6:5 참조). 창피를 주어서라도 부활 신앙으로 올바른 삶을 살라고 채근하는 것입니다.

3. 어떤 몸으로 부활?

고전 15:35-49

부활은 어떻게?

공관복음서에서 부활을 믿지 않는 사두개파 사람들이 부활에 관해 예수님께 흥미로운 질문을 던집니다(마 22:23-33; 막 12:18-27; 눅 20:27-40). 일곱 형제가 있었는데 결혼한 맏이가 자식을 얻지 못한 채 죽자 구약의 '계대(繼代) 결혼법'(兄死取嫂制/Lex Leviratus, 신 25:5-10)에 따라서 남은 형제들이 차례로 형수와 결혼해 후사를 보고자 했지만 실패했습니다. 결국 일곱 형제가 자손을 이으려고 형수와 결혼해 살았지만, 실패한 끝에 다 죽고 말았습니다.

사두개인들이 던진 질문은 "이들이 부활할 때 여자가 누구의 아내가 되느냐?"였습니다. 인간적으로 생각해보면 맨 먼저 결혼한 맏이의 아내가 되든지, 맨 끝에 결혼한 막내아우의 아내가 되리라고 추측할 수 있습니다. 예수님은 사두개파 사람들이 성경도 하나님의 능력도 몰라서 이런 질문을 던진다고 일축하십니다. 바울도 이런 질문을 던지는 가상의 적수를 '어리석은 자'(fool)라고 일갈합니다(고전 15:36). '부활할 때의 우리'와 '현재의 우리'가 다르다는 것입니다.

> 사람이 죽은 사람들 가운데서 살아날 때는, 장가도 가지 않고 시집도 가지 않고, 하늘에 있는 천사들과 같다(막 12:25).

부활할 때는 지상에서의 혼인 제도와 같은 것은 없고, 천사와 같이 신령한 존재로 변화된다는 것입니다. 그러나 예수님의 대답은 '부활체'(Die Leiblichkeit der Auferstehung)에 대한 궁금증을 완전히 해소해 주지는 못합니다. 우리가 부활한다면 어느 시기의 모습으로 부활할 것인가? 가장 아름답고 건강했을 때의 절정기? 아니면 죽기 직전의 병약하고 노쇠한 모습? 부활체에도 지금 있는 흉터나 장애가 그대로 남아 있을까? 부활한 뒤에 지금과 같은 각종 인간관계가 지속될 것인가? 남편이 평생 원수라고 이를 갈며 살았는데, 부활한 후에도 그런 남편과 함께 살아야 하는가? 빚쟁이에게 시달렸는데, 부활해서 천국 생활을 할 때 또 그 빚쟁이를 또 만나야 하는가? 그야말로 '부활 상태'에 관해서 온갖 종류의 흥미로운 질문들이 봇물 터지듯 쏟아집니다.

'어떤 몸'으로 부활?

예수께서 부활 상태에 대한 힌트를 주신 것처럼 부활체는 지금 우리가 생각하는 몸과는 전혀 다른 신령한 상태가 될 것인데, 본문은 예수님의 암시를 훨씬 더 정교하고 심오하게 해설한 것입니다. 바울은 지금까지 죽은 자의 부활과 그리스도의 부활에 대한 객관적 사실성을 논증해왔는데, 이제 부활이 **어떻게** 일어나며, 부활체는 어떤 몸이 되는가에 집중합니다. '부활체의 본질'에 관한 바울의 논증은 바울 서신 가운데 가장 중요하면서도 흥미로운 부분입니다.

'부활의 사실성과 필연성에 대한 논증'(12-34절)이 고린도 교인 일부가 "죽은 자의 부활이 없다"라고 주장한 것을 반박하기 위한 것이었다고 한다면, 부활체에 관한 논증은 가상의 질문에서 출발합니다.

그러나 '죽은 사람들이 어떻게 살아나며, 그들은 어떤 몸으로 옵니까?' 하고 묻는 사람이 있을 것입니다(35절).

바울은 가상의 적수를 상정해서 그가 던질 수 있는 질문을 가정하는데, 두 가지입니다. "죽은 사람들이 어떻게 살아나는가?"(How are the dead raised?)와 "죽은 자들이 어떤 몸으로 오는가?"(With what kind of body will they come?)입니다. 두 번째 질문은 첫 번째와 같은 내용인데, 첫 질문을 조금 더 정확하게 다듬은 것입니다. 두 질문은 '부활의 가능성 여부'가 아닌 "어떤 형태로(in what form) 부활하느냐?"에 초점이 있습니다. '현재의 몸'과 죽어서 '부활한 몸'에는 어떤 차이가 있느냐는 것입니다.

'죽은 자'(the dead)의 헬라어 'νεκρός'(네크로스, 복수는 νεκροί)는 '시체'(corpse)를 말하는데, 1-34절까지 11번 등장합니다. 이 말은 35, 42, 52절에도 세 차례 더 등장하는데, 지금부터 주목해야 할 용어는 '몸'(body)입니다. 몸의 헬라어 'σῶμα'(소마)는 35절 이전에는 단 한 차례도 나오지 않다가 이후부터 10번이나 연거푸 등장합니다. 바울의 지배적 관심이 '몸', 정확히 '부활한 몸'(resurrected body)에 있음을 보여줍니다. 가상의 적수가 던진 질문은 죽은 자의 부활과 관련해서 가장 대답하기 어려우면서도 가장 흥미진진합니다.

"죽어서 무덤에 갇힌 사람이 **어떻게** 다시 살아나는가?", "부활한 몸은 **어떤 종류의 몸인가?**" 두 질문이 왜 그토록 예리합니까? 그것은 그때나 지금이나 죽고 썩어서 흙으로 돌아간 몸에 "생기가 다시 들어가 산다"(re-animated body after death)는 사실을 누구나 다 부인하고 혐오하기 때문입니다. 정신이나 영혼은 부패한 육체에서 빠져나와 불멸할 수 있지만,

죽은 몸은 순식간에 부패해서 흩어질 수밖에 없기에 몸의 부활은 받아들이기가 어려운 주제입니다.

하지만 바울은 '그리스도의 부활'이 그리스도께서 죽으셨고, 묻히셨고, 살아나셨고, 보여지신 '몸의 연속적인 사건'이기에 '몸의 부활'을 부인할 경우 그리스도의 부활은 물론이고, 그리스도의 부활에 근거한 성도의 일반 부활까지도 모조리 그 토대가 무너진다고 생각합니다. 그리스도의 부활이 철두철미 몸의 부활이기에 모든 부활의 근거와 모델이 되는 그리스도의 부활을 따라서 이루어질 성도의 부활도 몸의 부활이 될 수밖에 없다는 것입니다. 바울은 독자들 가운데 가상의 적수가 던지는 질문에 자신이 대답하는 수사법인 'Diatribe'(통렬한 논박)로 대답합니다.

> 어리석은 사람이여! 그대가 뿌리는 씨는 죽지 않고서는 살아나지 못합니다. 그리고 그대가 뿌리는 것은 장차 생겨날 몸 그 자체가 아닙니다. 밀이든지 그 밖에 어떤 곡식이든지, 다만 씨앗을 뿌리는 것입니다. 그러나 하나님께서는, 원하시는 대로, 그 씨앗에 몸을 주시고, 그 하나 하나의 씨앗에 각기 고유한 몸을 주십니다(36-38절).

바울은 "어떤 몸으로 부활하는가"를 묻는 가상의 적수를 "어리석은 자여"(Fool!)로 일갈하면서 말문을 엽니다. 구약 성경은 하나님이 없다고 주장하는 무신론자를 '어리석은 바보'로 부릅니다(시 14:1; 53:1; 92:6). 부활체에 관한 질문을 던지는 사람은 왜 어리석을까요? 대답을 알고 있으면서도 묻기 때문입니다! 죽은 자의 부활은 '시체가 소생하는 것'(the resuscitation of corpses)과 같은 형태의 '자연 상태의 몸 부활'이 아니라,

지금의 몸이 '영광스러운 상태로 새롭게 변형하는 것'(transformation into a new and glorious state)과 같은 '초자연적 부활'이라는 사실을 알면서도 묻기에 어리석다는 것입니다. 어떤 바보라도 부활체가 현재의 몸과는 차원이 전혀 다른 신비한 몸이라는 사실을 알 것이라는 말입니다.

씨앗과 열매의 비유

바울은 현재의 몸과 부활체 사이에 어떤 유사성과 차이점이 있는지를 '씨앗'(seed)과 '열매'(fruit) 혹은 '식물'(plant)의 비유로 설명합니다. 씨앗이 땅에 심겨져 썩어 없어진 끝에 식물이 자라나고 열매가 열립니다. 씨앗이 식물로 자라나 열매를 맺는 과정은 눈에 보이지 않지만, 꾸준히 지속되는 생명 운동입니다. 예수님도 '저절로 자라나는 씨앗의 비유'를 통해서 하나님의 나라가 눈에 보이지 않는 가운데 확산하는 신비를 들려주십니다.

> **하나님 나라는 이렇게 비유할 수 있다. 어떤 사람이 땅에 씨를 뿌려 놓고, 밤낮 자고 일어나고 하는 사이에 그 씨에서 싹이 나고 자라지만, 그 사람은 어떻게 그렇게 되는지를 알지 못한다(막 4:26-27).**

씨앗과 열매는 '형체'(form), 즉 '몸'(σῶμα/body)이 다릅니다. 토마토 씨앗과 토마토라는 식물과 그 식물에서 열리는 토마토 열매는 생김새가 다릅니다. 몸이 다른 것입니다. 중요한 것은 어떤 씨앗을 땅에 심든지 간에 씨앗이 자라나 식물이 되고 열매를 맺게 될 것을 믿기에, 뻔히 썩어 죽을 수밖에 없는 씨앗을 심는다는 사실입니다. 그러므로 씨앗은 죽지 않고서는 살아나지 못합니다(36절). 마찬가지로 부활이 부활인 것은 죽음을 전제하기 때문입니다. 예수님의 부활도 십자가 죽음 후에 일어났습니다. 씨앗이 땅에 떨어져 죽어야지만 열매로 살아나듯이, 예수님의 십자가 죽음은 부활을 기약하고 확신했기에 일어났습니다(요 12:24). 따라서 씨앗의 죽음과 썩어짐에서 열매로 살아남을 미리 보고 믿어야 씨앗을 땅에 심을 수 있듯이, 성도 역시 죽음에서 부활을 미리 보고 믿어야 합니다.

씨앗의 몸(σῶμα)은 장차 열매로 변형될 몸과는 다릅니다. 밀이든 어떤 곡식이든 간에 씨앗은 '날 것 상태의 알갱이'(γυμνὸν κόκκον/귐논 콕콘/bare seed)일 뿐입니다. '장차 생겨날 몸'과 '순전한 상태의 씨앗'은 형체, 즉 각각 몸이 다르지만, 씨앗이 열매로 신비하게 변형됩니다. 어떤 생명 운동에 따라서 알갱이가 식물이 되는지 알 수 없지만, 알갱이가 열매로 변형되는 것은 자연의 피할 수 없는 이치입니다. 마찬가지로 현재의 몸과 미래의 부활체가 형체, 즉 몸은 각각 다르지만, 지금의 몸이 죽고 썩어질 때 부활체로 변형됩니다.

농부가 씨앗을 뿌린 뒤에 곧바로 식물이 되고 열매가 열리지 않듯이, 현재의 몸이 죽고 썩어져 부활체로 변형되는 과정에도 농부의 믿음과 인내가 필요합니다. 현재의 몸이 죽고 썩어져 어떤 부활체로 변형될 것인가는 추수 때까지, 즉 그리스도께서 재림하실 최후 심판의 때까지 기다려봐야 압니다. 그때까지 필요한 것은 '죽음의 씨앗'에서 '부활의 열매'를 미리 내다보면서 믿고 참고 기다리는 자세입니다.

몸의 다양성

'씨앗의 몸'만 보고서는 장차 씨앗이 '열매의 몸'으로 변화하는 신비를 헤아릴 수 없지만, 하나님은 '하나님이 원하시는 대로'(as God has chosen) 각각의 씨앗에 고유한 몸을 주십니다. 사람의 몸과 식물의 몸과 동물의 몸, 하늘의 몸이 각각 다른 것은 하나님의 뜻에 따라서 그런 종류의 몸을 받았기 때문입니다. 바울은 39-41절에서 다양한 몸을 열거합니다.

> 모든 살이 똑같은 살은 아닙니다. 사람의 살도 있고, 짐승의 살도 있고, 새의 살도 있고, 물고기의 살도 있습니다. 하늘에 속한 몸도 있고, 땅에 속한 몸도 있습니다. 하늘에 속한 몸들의 영광과 땅에 속한 몸들의 영광이 저마다 다릅니다. 해의 영광이 다르고, 달의 영광이 다르고, 별들의 영광이 다릅니다. 별마다 영광이 다릅니다.

바울은 여기에서 잠시 몸 대신에 '살'(flesh)을 말하는데, 살의 헬라어 'σάρξ'(사륵스)는 썩어 없어지고 말 고깃덩어리와 같은 우리의 육체를 가리킵니다. 그러므로 바울이 말하는 몸(σῶμα)이나 살(σάρξ)은 모두 소멸하고 말 우리의 육신 상태를 말하지만, 더 정확히 몸은 우리의 영과 혼과 육 전체를 아우르는 '인격'(self) 전체를 말하고, 살은 물질 상태의 '살과 피'(σάρξ καὶ αἷμα/사륵스 카이 하이마/flesh & blood, 50절)를 말합니다. 몸이 죽을 때 고깃덩어리만 죽는 것이 아니고 혼과 영, 인격 전체가 죽습니다. 따라서 몸(σῶμα)이든 살(σάρξ)이든 사망과 부패를 피할 수 없다는 점에 강조점이 있습니다. 부활체와 관련해서 중요한 것은 몸은 하나가 아니라 다양하다는 사실입니다.

① 식물의 몸: 땅 속 + 땅 위
② 사람의 몸: 땅 위
③ 동물의 몸: 지상
④ 새의 몸: 공중
⑤ 물고기의 몸: 해저
⑥ 천체(해, 달, 별들)의 몸: 우주

바울이 지상과 공중, 해저, 천체에 이르기까지 온 우주에 산재한 거의 모든 종류의 몸 혹은 살을 총망라한 이유는 우리의 '현재 몸'과 '미래 부활체'가 다르다는 사실을 강조하기 위해서입니다. 바울은 몸의 다양성을 두 몸의 대립으로 요약합니다. '하늘에 속한 몸들'(heavenly bodies)과 '땅에 속한 몸들'(earthly bodies)입니다. 땅의 몸은 현재의 몸을 말하고, 하늘의 몸은 부활의 몸을 말하는데, 바울은 이것을 '영광'(δόξα/독사/glory)으로 풀이합니다. '땅에 속한 몸들', 즉 식물, 사람, 동물, 새, 물고기 등등은 하늘에 속한 몸들, 즉 해와 달과 별들과 같은 천체에 비하면 덜 영광스럽습니다. 이런 이유로 바울은 하늘의 몸들을 언급할 때는 몸이나 살이 아닌 영광으로 소개합니다. 지금도 그렇지만 바울 시대에도 땅이나 공중이나 물속에 사는 생명체는 소멸하지만, 해와 달과 별들과 같은 천체는 소멸하지 않기에 후자가 전자보다 훨씬 더 영광스럽다고 생각했을 것입니다. 땅의 몸들보다 더 영광스러운 하늘의 몸들 사이에도 영광, 즉 '빛남'(radiance)의 등급에 차이가 있습니다. 해의 영광이 있고, 달의 영광이 있고, 별마다 영광이 각각 다릅니다. 바울이 천체의 영광이 각각 다르다는 사실을 지적하는 이유는 '현재 몸의 영광'과 '부활체의 영광'이 다르다는 사실을 강조하기 위함입니다.

땅의 티끌 가운데에서 자는 자 중에서 많은 사람이 깨어나 영생을 받는

자도 있겠고 수치를 당하여서 영원히 부끄러움을 당할 자도 있을 것이며 지혜 있는 자는 궁창의 빛과 같이 빛날 것이요 많은 사람을 옳은 데로 돌아오게 한 자는 별과 같이 영원토록 빛나리라(단 12:2-3).

장차 신령한 몸으로 변화될 부활체(Auferstehungsleiblichkeit)는 현재의 몸과 비교할 수 없을 정도로 영광스럽게 될 것입니다.

그분은 만물을 복종시킬 수 있는 권능으로, 우리의 비천한 몸을 변화시키셔서, 자기의 영광스러운 몸과 같은 모습이 되게 하실 것입니다(빌 3:21).

'썩을 몸'이 '썩지 않을 몸'으로

바울은 '씨앗과 열매의 비유'와 '몸의 다양성 비유'를 부활체에 적용합니다.

죽은 사람들의 부활도 이와 같습니다(42a절).

바울은 현재의 몸과 부활체가 씨앗과 열매처럼 '연속성'과 '불연속성'이 다 있다는 사실과 부활체의 영광은 해와 달과 별들의 빛나는 영광보다 훨씬 더 큰 영광으로 덧입혀질 것을 강조하면서, 네 종류의 '심는 것'(what is sown)과 '다시 사는 것'(what is raised)을 스타카토 형식으로 대조합니다(42b-43절). 심는 것은 '현재 몸의 죽어짐'을, '다시 사는 것'은 신령한 몸으로 살아나게 될 '부활체'를 상징합니다.

42b절	① 썩을 것으로 심고(The body that is sown is perishable) → 썩지 않을 것으로 살아난다(it is raised imperishable).
43a절	② 비천한 것으로 심고(it is sown in dishonor) → 영광스러운 것으로 살아난다(it is raised in glory).
43b절	③ 약한 것으로 심고(it is sown in weakness) → 강한 것으로 살아난다(it is raised in power).
44a절	④ 자연적인 몸으로 심고(it is sown a natural/physical body) → 신령한 몸으로 살아난다(it is raised a spiritual body).

네 가지 대조야말로 '씨앗과 열매의 대조'와 '땅에 속한 몸과 하늘에 속한 몸의 대조', '땅에 속한 몸들의 영광과 하늘에 속한 몸들의 영광의 대조'라는 유비(analogia)가 보여주듯이, 현재의 몸과 부활하게 될 몸이 전혀 다르다는 사실을 그래피컬하게 보여줍니다. '썩을 것'(Vergänglichkeit), '비천한 것'(Schmach), '약한 것'(Schwachheit)은 한마디로 '자연적인 몸', 즉 부활 이전의 몸이고, '썩지 않을 것'(Unvergänglichkeit), '광스러운 것'(Herrlichkeit), '강한 것'(Kraft)은 한마디로 '신령한 몸'으로 변형될 부활체를 말합니다.

특별히 첫 번째 대조와 네 번째 대조에 집중할 필요가 있습니다. 첫 번째 대조, 즉 '썩을 몸'과 '썩지 않을 몸'은 소멸하고, 말, 땅에 속한 '현재 몸'의 숙명과 영광스럽게 변형될 '부활체'를 날카롭게 대조합니다. 썩을 몸과 썩지 않을 몸의 대조야말로 현재 몸과 부활체의 차이를 보여주는 가장 기본적이고 본질적인 대조이기에, 바울은 50-54절에서 재림 때 일어날 대대적인 부활의 비전을 예시할 때 다른 세 가지 대조는 제쳐두고 '썩을 것'과 '썩지 않을 것', 두 가지 표현만 사용합니다(50, 52, 53, 54절).

'자연적인 몸'(자연체) VS. '신령한 몸'(부활체)

'현재의 몸'과 '부활체'의 차이점을 알려주는 결정적인 대조는 네 번째입니다(44절). 개역개정은 NRSV를 따라 '육의 몸'(physical body)과 '신령한 몸'(spiritual body)의 대조로, 새번역은 NIV를 따라 '자연적인 몸'(natural body)과 '신령한 몸'(spiritual body)의 대조로 번역한 구절은 난해하면서도 부활체에 대한 바울 사상의 핵심을 그대로 함축하고 있습니다(고전 2:14-15 참조).

육의 몸 혹은 자연적인 몸은 헬라어로 'σῶμα ψυχικόν'(소마 프쉬키콘)인데, 46절에는 간단히 'ψυχικόν'(프쉬키콘/the physical/the natural)으로 표현됩니다. 신령한 몸은 'σῶμα πνευματικόν'(소마 프뉴마티콘)인데, 46절에는 'πνευματικόν'(프뉴마티콘/the spiritual)으로 되어 있습니다. 'σῶμα ψυχικόν' 혹은 'ψυχικόν'은 영혼에 반하는 육체만 말하는 것이 아니고 인격 전체를 의미한다면, 사람이 '영혼 따로, 육신 따로' 이원적으로 구성되지 않기에 '육의 몸'으로 번역하는 것보다 부활 이전의 총체적 인간을 상징하는 '자연에 속한 몸', 즉 '자연체'로 번역하는 것이 옳습니다. 다시 말해 부활하기 이전의 아담 안에서 죽고 썩어질 수밖에 없는 우리의 자연스러운 몸 상태를 말하는 것입니다.

그런가 하면 'σῶμα πνευματικόν' 혹은 'πνευματικόν'은 얼핏 모순어법(oxymoron)처럼 들립니다. 영(spirit)과 몸(body)은 정반대인데, 어떻게 둘이 조합될 수 있는지는 우리의 이해를 넘어서지만 부활체의 신비를 고스란히 암시하는 표현입니다. 용어와 의미에 관한 번역 문제와 관련해서 예루살렘 바이블(Jerusalem Bible)은 44절의 의미를 정확히 포착합니다.

> When it is sown it embodies the **soul**(ψυχή/프쉬케), when it is raised it embodies the spirit(πνευμα/프뉴마). If the soul has its own embodiment, so does the spirit has its own embodiment.
> 몸이 심어질 때 몸은 자신의 혼을 구체화하고, 몸이 살아날 때 그 부활의 몸은 영을 구체화합니다. 혼이 자신의 구체화된 몸을 갖는다면, 영도 자신의 구체화된 몸을 갖습니다.

자연 상태의 우리 죽을 몸은 이 몸에 생명을 불어넣는 '혼'(ψυχή/soul)을 '구체화'(εμβοδψ/verkörpern, '몸'을 만든다는 의미로)한 형태라고 한다면, 부활 상태의 우리 몸은 하나님이 불어넣어 주시는 '영'(πνευμα/spirit)을 '구체화'한 형태가 될 것입니다. 부활의 몸이 '영체'(spiritual body)라고 하는 것은 순수하게 영으로만 된 '비물질적인 상태'(immaterial state)가 아니라, 부활의 첫 열매가 되셔서 우리에게 생명을 불어넣는 영으로 역사하시는 그리스도를 따라서 우리가 '초자연적 몸'(supernatural body)으로 변화된다는 것입니다. '땅에서 살기에 적합한 몸 상태'(자연체)가 있는 것처럼, '천상에서 하나님과 더불어 영생을 누리기에 적합한 몸 상태'(부활체)로 변형된다는 것입니다.

중요한 것은 '영적인 몸으로서의 부활체'는 이 땅에서의 몸과 연속성과 불연속성을 동시에 갖는다는 사실입니다. 이것은 부활하신 예수님이 제자들에게 나타나셨을 때 제자들이 '알아보았다는 사실'(연속성)과 대화를 나누시던 예수님이 순식간에 '사라지셨다'(눅 24:31)는 사실(불연속성)에서 잘 입증됩니다. 신령한 몸으로 변형되신 예수님은 부활하시기 이전의 모습과 유사성을 보이셨을 뿐 아니라, 나중에 승천하시는 등 시공간에 구속되지 않는 초자연적인 신비를 동시에 보이셨습니다. 바울에게서 '인간'은 언제나 '육체적으로만'(nur leiblich) 존재할 수 있습니다.

'땅에 속한 아담의 몸' VS. '하늘에 속한 그리스도의 몸'

바울은 부활 이전의 '자연적인 몸'과 부활 이후의 '신령한 몸'이 어떻게 다른지를 '아담-그리스도' 유형론을 통해서 설명합니다.

성경에 '첫 사람 아담은 산 영(a living being)이 되었다'고 기록한 바와 같이, 마지막 아담은 생명을 주시는 영(a life-giving spirit)이 되셨습니다(45절).

이것은 고린도 교인들이 익히 알고 있었을 창세기 2:7을 염두에 둔 말씀입니다.

주 하나님이 땅의 흙으로 사람을 지으시고, 그의 코에 생명의 기운을 불어넣으시니, 사람이 생명체(生靈/a living being/a living soul)가 되었다.

인류의 첫 조상 아담은 하나님의 생명의 '숨'(Odem)을 받아서 '산 생명체'(ψυχὴν ζῶσαν/프쉬켄 조산/a living being)가 되었습니다. 아담은 하나님으로부터 생명을 받아 '산 존재'(생령)가 되었지만, 마지막 아담 그리스도는 '생명을 주시는 영'(πνεῦμα ζῳοποιοῦν/프뉴마 조오포이운/life-giving Spirit)이 되셨습니다. 아담은 죄와 죽음을 불러와 흙으로 돌아갈 수밖에 없는 '유한한 몸을 가진 존재'(ψυχικόν)이지만, 부활하신 그리스도는 다시는 죽지 않을 '신령한 몸'(πνευματικόν)으로 변형되어 장차 부활을 고대하는 우리에게 생명을 선사하시는 분이 되셨습니다.

첫 사람은 땅에서 났으므로 흙으로 되어 있지만, 둘째 사람은 하늘에서 났습니다(47절).

부활 이전의 '자연적인 몸'($σ\tilde{ω}μα \; ψυχικόν$)	부활 이후의 '신령한 몸'($σ\tilde{ω}μα \; πνευματικόν$)
첫 사람 아담	둘째 사람 그리스도
하나님의 '생명을 받아서'(life-receiving) '산 존재'(생령/living soul)이 됨.	'생명을 주는 영'(life-giving spirit)이 되심.
땅에서 났기에 죽고 썩을 수밖에 없음(땅에 적합한 몸).	하늘에서 났기에 썩지 않으심(하늘에 적합한 몸).

온 인류가 아담을 따라 하나님의 생명을 받아 생령이 되었음에도 하나님께 불순종함으로써 죄와 죽음에 직면했고 흙으로 돌아갈 수밖에 없는 운명이지만, 그리스도께서 십자가에 죽으셔서 우리의 죄를 심판받고 사면받으심으로써 죄를 해결하셨고, 다시 살아나심으로써 죄의 결과로 찾아온 죽음까지 해결하셨기에 '구속 드라마의 순서'를 분명히 합니다.

그러나 신령한 것이 먼저가 아닙니다. 자연적인 것($ψυχικόν$/부활 이전의 아담의 몸/자연체)이 먼저요, 그 다음이 신령한 것($πνευματικόν$/부활 이후의 그리스도의 몸/부활체) 입니다(46절).

'아담과 그리스도 유비'를 통해 '자연체'와 '초자연적인 부활체'를 비교 대조한 바울은 48-49절에서 이 유비를 성도의 부활에 적용합니다.

48절	흙으로 빚은 그 사람 아담과 같이, 흙으로 되어 있는 사람들이 땅에 속해 죽고 썩어질 수밖에 없다면, 하늘에 속한 그리스도와 같이 하늘에 속한 사람들은 썩지 않을 영광의 신령한 몸으로 변형될 것이다.
49절	그러기에 흙으로 빚은 아담의 **형상**(εἰκόνα/에이코나/image/das Bild)을 우리가 입은 것과 같이, 우리는 또한 하늘에 속한 **그리스도의 형상**을 입게 될 것이다.

아담은 흙으로 빚어져 땅에 속했기에 결정적으로 죄로 인해 죽고 썩어질 수밖에 없는 온 인류의 운명을 대변합니다. 그러나 하늘에 속한 그리스도께서 땅에 내려와 십자가에 죽으시고 다시 사심으로써 죄와 죽음을 극복하셨기에, 부활의 첫 열매가 되신 그리스도를 믿는 성도는 하늘에 속하기에 자연체에서 부활체로 변화될 것을 믿고 바라는 존재가 되었습니다.

49절은 바울 특유의 윤리적 권고처럼 들립니다. 부활의 첫 열매가 되신 그리스도께서 성도의 부활을 보증해주시는 모델이 되시기에 성도는 흙으로 돌아가 소멸할 수밖에 없는 **세상**(흙, 땅) 한가운데 살지만, 영원히 썩지 않게 될 **부활의 영체**(하늘)를 사모하고 고대하면서 '하나님의 참 형상이신 그리스도'(Christus als das whare Ebenbild Gottes, 고후 4:4)의 형상을 간직해야 할 것입니다(고후 3:18; 롬 8:29).

4. 산 자들의 부활은?

고전 15:50-58

인간은 언제나 '몸'으로 존재한다

바울에게 인간은 언제나 '몸'으로 존재한다는 사실이 중요합니다. 제아무리 정신과 영혼이 고매하고 불멸의 가치를 지닌다고 할지라도 몸으로 체화(體化/embodiment)되지 않는 한, 인간이라고 할 수 없습니다. 몸이 없는 상태에서 혼과 영만 둥둥 떠난다고 생각해봅시다. 귀신이나 유령은 될지언정 사람은 아니지요.

이런 맥락에서 바울이 사용하는 '소마'(σῶμα/body) 개념은 굉장히 중요합니다. 소마는 정신이나 영혼에 반(反)하는 물질 상태의 육체만 말하는 것이 아닙니다. 그런 의미로서의 고깃덩어리는 'σάρξ'(사륵스/flesh)라는 말이 따로 있습니다. 소마는 정신과 영혼이 육체로 체화된 몸, 즉 우리의 '인격'(self) 전체를 말합니다. 인간은 정신과 영혼 따로, 몸 따로 각각 분리된 채로 존재할 수 없습니다. 언제나 정신과 영혼과 육체가 유기적 통일체로 함께 움직일 때 인간이 될 수 있습니다. 따라서 사람이 죽으면 몸만 죽는 것이 아니라 정신과 영혼도 함께 죽습니다. 부활도 몸은 썩어 없어지고 정신과 영혼만 되살아나는 것이 아닙니다. 몸 없이 영혼만 살아난다는 것은 귀신이나 유령과 진배없을 것입니다.

부활하신 예수님이 몸을 갖추지 않고 영으로만 살아나서 돌아다니셨다면 얼마나 우스꽝스러운 일이 벌어졌을까요? 귀신이나 유령이 돌아다닌 꼴이 되고 말았겠지요. 예수님은 철두철미 몸으로 부활하셨고, 부활의 근거와 모델이 되시는 예수님의 부활을 따라서 일어날 성도의 부활 역시 몸으로 체화된 형태의 부활이 될 수밖에 없습니다.

부활과 관련해서 바울의 양보할 수 없는 대전제는 '몸의 부활'입니다. 아담 안에서 아담의 본성을 공유하는 땅의 인간은 '땅에 적합한 몸의 형태'(자연체)로 살아갑니다. 아담 안에서 죄와 죽음을 공유하기에 죽고 썩어서 흙으로 돌아가야 할 운명입니다. 하지만 그리스도 안에서 '십자가 죽음'을 통해서 '죄'를 심판받고 사면받았을 뿐 아니라, '부활'을 통해서 '죽음'마저 극복하게 된 그리스도인은 그리스도를 따라서 '신령한 몸'(부활체)으로 변화될 것입니다. 아담 안에 있는 '자연체'가 땅에 적합한 몸 형태라고 한다면, 그리스도 안에 있는 '부활체'는 하늘에서 천사와 같은 신령한 존재로 살기에 적합한 몸 형태입니다.

하나님의 나라를 유산으로 받으려면?

50-58절은 부활론의 결론입니다. 바울은 '부활의 사실성과 필연성'을 역설했고(12-34절), 자연체와 부활체를 비교 대조함으로써 '어떤 형태의 몸'으로 부활할 것인가를 논증했는데(35-49절), 본문에서는 그리스도의 재림 때까지 살아 있는 성도의 부활 문제를 터치한 후에 부활로 얻게 된 최후 승리를 노래합니다. 결론부는 죽음을 죽이고 최후 승리를 거두게 된 '부활의 찬가'라고 할 수 있습니다.

지금까지 바울은 잠시도 틈을 주지 않고 자연체와는 차원이 전혀 다른 부활체의 영광을 급하게 몰아쳐 왔다고 한다면, 50절에서 잠시 멈추어 호흡을 가다듬습니다. 앞에서 주장해온 말씀의 요지를 정리하면서 방향을 바꾸어 새로이 출발합니다.

형제자매 여러분, 내가 말하려는 것은 이것입니다. 살과 피는 하나님 나라
를 유산으로 받을 수 없고, 썩을 것은 썩지 않을 것을 유산으로 받지 못합니다.

'살과 피'(σὰρξ καὶ αἷμα/사륵스 카이 하이마)는 자연체를 가진 인간을
말합니다(마 16:17). 아담 안에서 죄와 죽음을 피하지 못하고 땅에서
살아가는 몸입니다. 자연체는 하나님 나라를 유업으로 물려받을 수 없습
니다. 둘째 행은 첫 번째 주장을 되풀이합니다. 혈과 육은 '썩을 것'(the
perishable)이기에 '썩지 않을 것'(the imperishable), 즉 '하나님 나라'를
유업으로 받지 못합니다. 자연체는 사망과 부패를 피할 수 없기에 하나님
의 나라에 살기에는 적합한 몸이 아닙니다. 오로지 썩지 않을 부활체만이
하나님 나라에서 살 수 있습니다.

'산 자들'의 부활은?

부활하신 그리스도의 형상을 입어서 썩지 않을 몸으로 변화하는
것이 부활체라고 한다면, 예민한 문제가 대두합니다. "그리스도의 재림
때까지 살아 있는 신자는 어떻게 될 것인가?"입니다. 그때까지 생존해
있는 신자는 이러지도 저러지도 못하고 자연체에 갇혀 있어야 할까요?
부활이 일단 '죽은 자'(시체)가 다시 일어나는 것이라고 한다면, '산 자의
부활'은 말이 되지 않습니다. 산 자는 잠시 죽었다가 다시 살아나야
할까요? 그런 죽음은 자연사가 아닐 터이고, 일시적으로 마취한 상태도
아닐 터인데, 산 자의 부활은 어떤 방법으로 어떤 몸으로 일어날까요?
바울은 50절에서 죽은 자나 산 자를 막론하고 '현재 몸의 형태'로는
하나님의 나라를 유산으로 받을 수 없다는 사실을 분명히 합니다. 영원히

썩지 않을 '신령한 몸'으로 '변화'되어야 한다는 것입니다.

> 보십시오, 내가 여러분에게 비밀을 하나 말씀드리겠습니다. 우리가 다 잠
> 들 것이 아니라, 다 변화할 터인데, 마지막 나팔이 울릴 때에, 눈 깜박할
> 사이에, 홀연히 그렇게 될 것입니다(51-52a절).

바울이 말하려는 '비밀'(μυστήριον/뮈스테리온/mystery)은 두말할 필
요도 없이 '부활'(특히 살아 있는 성도의 부활)과 관련된 비밀입니다. 이
비밀은 현재 감추어진 것이라기보다는 한때 감추어졌던 것이 그리스도
를 통해서 밝히 드러난 진리를 말합니다(고전 2:7; 롬 11:25; 엡 3:3-4; 골
1:26-27). 썩어 없어질 자연체가 장차 썩어 없어지지 않을 부활체로 변화
하는 비밀인데, 여기에서는 산 자의 부활(the resurrection of the living)에
관한 비밀입니다.

> 우리가 다 잠들 것이 아니라, 다 변화할 것이다(We will not all sleep,
> but we will all be changed).

바울에게서 '잠자다'는 죽음을 가리키는 비유입니다. 그런데 바울은
"모두 다(πάντες/판테스/all) 잠들 것은 아니다"라고 조건을 답니다. 그리스
도의 재림 때까지 살아 있는 성도가 있을 수 있다는 것입니다. 그러나
모두가 다 죽음을 경험하지 않는다고 할지라도, 또 한 가지 분명한 것은
"모두 다(πάντες/판테스/all/alle) 신령한 몸으로 변화될 것"이라는 사실입
니다. 죽은 자는 시체 상태에서 일어나 변화되고, 산 자는 살아 있는
상태로 변화된다는 것입니다.

성도의 대대적인 부활이 일어날 최후 심판의 때, 즉 그리스도께서 재림하실 그때까지 살아 있는 성도가 분명히 있겠지만, 산 자나 죽은 자를 불문하고 모두 다 신령한 부활체로 변화하게 될 것입니다. 바울은 자신도 살아 있는 상태에서 그리스도의 재림을 학수고대했기에 산 자의 부활은 가벼이 지나칠 수 있는 문제가 아닙니다. 바울이 들려주고자 하는 비밀은 산 자가 자연적인 죽음을 겪지 않고 순식간에 신령한 몸으로 변화하는 신비입니다. 그러므로 바울은 산 자의 부활(물론 '죽은 자의 부활' 도 포함해서)을 말할 때, '부활체로 변화하는 타이밍'을 시적으로 표현합니다.

> 마지막 나팔이 울릴 때에(at the last trumpet), 순식간에(in a flash/in
> a moment), 눈 깜빡할 사이에(in the twinkling of an eye).

우리말 성경은 개역개정이나 새번역이 모두 "마지막 나팔이 울릴 때에"를 먼저 번역했는데, 헬라어 성경에는 이 구절이 세 번째로 배치되어 있습니다. 바울의 강조점이 첫째와 둘째 구문, 즉 부활체로의 변화가 '순식간에' 일어난다는 **시점**에 있음을 암시합니다. '마지막 나팔'은 유대 묵시 문학에서 우주의 종말, 최후 심판의 때를 상징하는 비유입니다(사 27:13; 렘 51:27; 욜 2:1; 습 1:14-16; 마 24:31; 계 9:14). 그리스도께서 재림하실 때 산 자나 죽은 자를 불문하고 신령한 몸으로 변화하는 부활이 있을 것인데, 이것은 인간 편에서 전혀 손쓸 겨를 없이 일어납니다. 전적으로 하나님이 하시는 일이라는 것입니다.

'순식간에'는 헬라어로 ἐν ἀτόμῳ(엔 아토모)인데, '원자(atom)로도 나누어지지 않는다'(indivisible/uncut)는 뜻입니다. '별안간'(in a split second) 일어난다는 것이지요. '눈 깜짝할 사이에'(at the blink of an eye)는 헬라어 'ἐν ῥιπῇ ὀφθαλμοῦ'(엔 흐리페 옵달무)를 직역한 것입니다. 두 표현은 부활체로의 변화가 순식간에(instantaneously), '돌발적으로'(un-predictedly) 발생하는 초자연적 사건이라는 사실을 보여줍니다. 산 자나 죽은 자의 부활이 순식간에 눈 깜짝할 사이에 최후 심판 때에 일어난다면, 구체적으로 어떤 변화가 일어날까요?

죽은 사람은 썩어 없어지지 않을 몸으로 살아나고, 우리는 변화할 것입니다
(52b절).

'죽은 사람'은 그리스도의 재림이 있기 전에 미리 '죽은 성도들'(νεκροί/네크로이/corpses)을 말하고, '우리'는 그때까지 아직 '살아 있는 성도들'을 말합니다. 이미 죽은 자들은 '썩지 않을 몸'으로 살아납니다(42절 참고). 이와 동시에 산 자들도 순식간에 신령한 부활체로 변화될 것입니다. 그리스도의 재림을 알리는 나팔 소리가 울릴 때, 죽은 성도들이 먼저 부활하고, 연이어 산 자들이 신령한 몸으로 변형된다는 것은 잘못입니다. 죽은 자들이나 산 자들이나 **순식간에 동시에** 부활체로 바뀝니다(살전 4:14-17 참조).

'사망의 승리와 독침'은 어디에?

바울은 53절에서 죽은 자들이나 산 자들이 부활체로 변화할 것을 옷을 입는 비유로 다시 한번 짚어줍니다.

이 썩을 것이 반드시 썩지 아니할 것을 입겠고 이 죽을 것이 죽지 아니함을 입으리로다.

이미 죽은 성도들이나 아직 살아 있는 성도들이나 그리스도와 함께 천국에 적합한 신령한 몸으로 변형되는 상태가 부활이라고 한다면, 바울은 동일한 내용을 강조하고자 두 가지 표현을 섞어 씁니다.

> '썩을 몸'(죽을 몸/자연체) → '썩지 않을 것'(죽지 않을 것/부활체)을 입어야만 한다.

바울은 지시 대명사 'τοῦτο'(투토/this)를 사용해서 "아담을 따라 죽고 썩어질 현재의 이 몸"과 "그리스도를 따라 죽지 않고 썩지 않을 몸"의 차이를 강조합니다. 흥미로운 것은 '입는다'(ἐνδύσασθαι/엔뒤사스다이/put on)는 비유인데, 부활체가 본래부터 인간의 자연체 안에 '내장되어'(in-built) 있는 본질이 아니라는 것을 암시합니다. 자연체 안에 부활체가 잠재 가능성으로서 내재한 것이 아니라, 부활체는 철두철미 하나님께서 성도들에게 돌발적으로 '입혀주시는'(investiture) 초자연적 은총의 선물입니다.

"자연체에 부활체를 입혀주신다"는 말은 옛 자연체를 완전히 벗겨내고 부활체로 새로 갈아입힌다는 뜻일까요? 아니면 자연체라는 속옷에 부활체라는 겉옷을 '덧입혀준다'(coating)는 뜻일까요? 지금까지의 바울의 논증으로 보건대 자연체 위에 부활체를 덧입힌다는 뜻보다는 자연체를 완전히 벗겨내고 부활체의 새 옷으로 갈아입힌다는 뜻이 맞을 것 같습니다(고후 5:2-5 참조). 썩어 없어질 자연체를 벗어 던지고 썩지 않을 부활체로 갈아입을 때 어떤 일이 발생할까요? 바울은 이사야 25:8

과 호세아 13:14를 인용하면서 하나님이 약속하신 말씀이 성취될 것이라고 단언합니다.

> 썩을 이 몸이 썩지 않을 것을 입고, 죽을 이 몸이 죽지 않을 것을 입을 그 때에, 이렇게 기록한 성경 말씀이 이루어질 것입니다. "죽음을 삼키고서, 승리를 얻었다." "죽음아, 너의 승리가 어디에 있느냐? 죽음아, 너의 독침이 어디에 있느냐?"(54-55절)

자연체가 부활체로 변할 때 먼저 이사야 25:8 말씀이 성취될 것입니다.

> 주님께서 죽음을 영원히 멸하신다. 주 하나님께서 모든 사람의 얼굴에서 눈물을 말끔히 닦아 주신다. 그의 백성이 온 세상에서 당한 수치를 없애 주신다. 이것은 주님께서 하신 말씀이다.

바울은 이 말씀의 요점을 "죽음을 삼키고서 승리를 얻었다"(Death has been swallowed up in victory)라고 요약합니다. 하나님께서 인류 최후의 원수인 죽음을 이기셨다는 것입니다! '그리스도의 재림-부활-변화'(한꺼번에 일어나는 동시적 사건)가 일어날 때 죽임이 죽임을 당하게 된다는 것입니다! 죽음은 더 이상 맹위를 떨칠 수 없게 됩니다. 부활에 의해 삼킴을 당했기 때문입니다. 부활이 죽음을 죽이고 승리합니다!
바울은 호세아 13:14도 인용합니다.

> 내가 그들을 스올의 권세에서 속량하며 내가 그들을 사망에서 구속하겠다. 사망아, 네 재앙이 어디 있느냐? 스올아, 네 멸망이 어디 있느냐? 이제는

내게 동정심 같은 것은 없다.

바울은 이 말씀도 건더기는 다 건져내고 알맹이만 요약합니다.

죽음아, 너의 승리가 어디에 있느냐? 죽음아, 너의 독침이 어디에 있느냐?(55절)

바울은 죽음을 인격화하여 마구 조롱합니다. "사망아!"(θάνατε/다나테/O death)라고 부르면서 호되게 꾸짖습니다. 그리스도의 재림이 **아직**(not yet) 이루어지지 않았지만, 그리스도의 부활을 통해 죽음은 **이미**(already) 패배했습니다. 꽁지가 빠지게 도망쳤습니다. 부활이 '승리'(νῖκος/니코스/victory)했습니다!

바울은 사망이 '쏘는 것'도 비웃습니다. 쏘는 것(毒針)은 헬라어로 'κέντρον'(켄트론)인데, '가시 돋친 채찍'(goad)을 말합니다(행 26:14; 잠 26:3). '전갈'(scorpion, 계 9:10)이나 '독충' 혹은 '독뱀'의 치명적인 독침을 의미할 수도 있습니다. 그리스도의 부활로 죽음이 쏘아대는 치명적인 독이 뽑혀 나갔습니다. 독이 빠진 전갈이나 독뱀이 아무것도 아니듯이, 죽음의 이빨에 독이 빠져나가 힘을 쓸 수 없게 되었습니다.

'죄 → 율법 → 죽음'의 삼각 동맹의 와해

56절은 부활의 승리를 마음껏 외치는 분위기와 사뭇 다르게 보입니다. 쓸데없이 중간에 삽입된 구절처럼 보입니다. 그러나 '죄'와 '율법'과 '죽음'이 서로 물고 물리는 바울 신학의 삼각관계를 요약한 말씀일 뿐 아니라, 그리스도의 부활로 말미암아 이 철옹성 같은 삼각 동맹이 해체되었다는 사실을 보여주기에 굉장히 중요합니다.

죽음의 독침은 죄요, 죄의 권세는 율법입니다.

바울은 부활이 죽음을 이겼다는 감상적 환희에만 젖어 있지 않습니다. 즉각 신학적인 해석으로 보충합니다. 그리스도의 부활이 '죄와 율법과 죽음의 삼각관계'를 일거에 끝장냈다는 것입니다! 따라서 죽음만 부활에 의해 삼킴을 당하고 패배를 당한 것이 아닙니다. 죽음을 초래한 죄와 율법도 함께 부활에 패배했습니다. 바울은 사망을 향해 호기롭게 묻습니다. "사망아, 너의 쏘는 독침이 어디 있느냐?" 대답은 두 가지입니다.

① 사망의 쏘는 독침($\kappa \acute{\epsilon} \nu \tau \rho o \nu$ $\tau o \tilde{\upsilon}$ $\theta a \nu \acute{a} \tau o \upsilon$/켄트론 투우 다나투/the sting of death) = '죄'($\acute{a} \mu a \rho \tau \acute{\iota} a$/하마르티아/sin)
② 죄의 권세($\delta \acute{\upsilon} \nu a \mu \iota \varsigma$ $\tau \tilde{\eta} \varsigma$ $\acute{a} \mu a \rho \tau \acute{\iota} a \varsigma$/뒤나미스 테스 하마르티아스/the power of sin) = '율법'($\nu \acute{o} \mu o \varsigma$/노모스/the law)

바울에게 죄는 죽음의 원인이며, 죽음은 죄의 결과입니다. 그러므로 죄야말로 죽음을 불러온 '치명적 독'(deadly poison)입니다. 아담의 불순종으로 말미암아 죄가 찾아왔고, 죄의 결과로 찾아온 것이 죽음입니다. 따라서 죽음이 극복되는 곳에는 죄도 함께 극복되어야 합니다. 그리스도의 부활로 죽음이 독침을 뽑히고 패배했다면 당연히 죄도 함께 독성을 상실해야 합니다.

바울은 죄와 율법의 관계도 분명히 합니다. 율법과 계명은 그 자체로 "거룩하고 의롭고 선하지만"(롬 7:12), 인간의 뿌리 깊은 죄성으로 말미암아 흉기로 둔갑한다는 데 문제가 있습니다. 율법은 인간의 죄를 고발하고 정죄하는 데 관심이 있을 뿐, 용서하고 구속하지 않습니다. 율법을 잘 지키면 교만과 우월감을, 못 지키면 죄책감과 열등감을 유발합니다. 그러므로 율법이 우리를 의롭게 하거나 구원하는 것이 아니라, 죄와 결탁해서 무자비한 권세를 휘두릅니다. 부활이 죽음을 삼키고 죽음의 맹독성 독침을 무력화할 때 죽음의 근본 원인이 된 죄와 율법까지도 함께 제압했습니다. 그리스도께서 죽음을 죽이셨을 때 죽음의 원인이 된 죄와 율법까지도 함께 이기셨습니다. 이런 이유로 바울은 승리와 감사의 송가(doxology)를 부릅니다.

> 그러나 우리 주 예수 그리스도를 통하여 우리에게 승리를 주시는 하나님께 우리는 감사를 드립니다(57절).

부활 신앙으로 사는 성도의 삶

15장의 부활론은 57절에서 끝나도 손색이 없지만, 교리와 윤리적 권고가 동반되는 바울 서신의 특징은 여기에서도 드러납니다.

> 그러므로 나의 사랑하는 형제자매 여러분, 굳게 서서 흔들리지 말고, 주님의 일을 더욱 많이 하십시오. 여러분이 아는 대로, 여러분의 수고가 주님 안에서 헛되지 않습니다(58절).

바울의 첫 번째 실천적 권고는 긍정형과 부정형 두 가지로 표현됩니다. "굳게 서야" 하고, "흔들리지 말아야" 합니다. 흔들리지 않는 것이 곧 굳게 서는 것이니 두 가지는 같은 말입니다. 부활 신앙을 가진 사람은 어떤 일에도 견실해서 흔들리지 않습니다. 그리스도께서 마지막 원수인 죽음까지 이기셨다면, 우리를 흔들어 넘어지게 할 것은 없습니다.

둘째로 "항상 주님의 일에 더욱 힘쓰는 자들이 되어야 합니다." 어떤 일을 만나더라도 낙심하지 않고 언제 어디에서나 주님의 일에 더욱 힘써야 하는 이유는 무엇입니까? 우리의 수고가 '헛되지'(οὐκ ἔστιν κενὸς/ 우크 에스틴 케노스/not empty/not in vain) 않기 때문입니다.

바울은 그리스도의 부활과 죽은 자의 부활이 없다면, 복음 선포도, 믿음도, 수고와 헌신과 순교도 모든 것이 헛것이 될 것이라고 말씀했습니다(14, 17절). 부활의 소망이 있기에 오늘 우리의 복음 전파와 각종 사역과 헌신과 순교가 의미가 있지, 부활이 없다면 일체의 수고가 허망해지고 말 것입니다.

8장
연보와 여행 계획에 관하여
고전 16:1-12

미진한 문제에 대한 마지막 권고

고린도전서 막바지에 왔습니다. 지금까지 읽어온 고린도전서는 편지라기보다는 논문의 성격이 강했습니다. 고린도교회에서 실제로 불거진 각종 문제에 올바른 해법과 지침을 제시할 때 바울은 예리하고 심오하고 정교한 신학자의 모습을 보였습니다. 물론 이런 교리와 신학 사상의 배후에는 바울 특유의 따뜻하고 사려 깊은 목회자의 심성이 있습니다. 그런데도 교리와 윤리 지침을 제시할 때는 한 치의 오차도 없이 정밀한 신학자의 풍모를 보였습니다. "과연 편지가 맞는가?"라는 의구심이 들 정도로 신학 논문의 성격이 짙었습니다.

그러나 끝장인 16장에 오면 고린도전서가 영락없이 서신 형식을 갖추고 있다는 사실을 알 수 있습니다. 서신 특유의 안부를 묻고 전하는 등등 내밀하고 사적인 이야기들이 등장합니다. 바울은 16장에서 미진한 실제 문제들을 언급합니다. 고린도 교인들이 알고 있는 예루살렘 모교회를 돕기 위한 '연보'(捐補/collection) 문제와 자신의 여행 계획과 동역자들과 얽힌 개인사도 털어놓습니다.

먼저 16:1은 고린도전서에서 여러 차례 등장하는 '~에 대하여'(Περὶ δὲ/페리 데/now concerning)로 시작합니다. 고린도전서 후반부에 등장하는 부사구로서 고린도 교인들이 바울에게 문의했던 이슈들을 암시하는 구문입니다. 고린도전서는 크게 '인편으로 전해 들은 소식에 대한 바울의 반응'(1:10-4:21; 5:1-6:20)과 '고린도인들이 편지로 질문한 내용에 바울이 응답한 부분'(7:1-24, 25-40; 8:1-11:34; 12:1-14:40; 15:1-58; 16:1-9)으로 구성됩니다. 따라서 'Περὶ δὲ'라는 부사구야말로 고린도전서의 핵심 이슈가 어떤 것이었는지를 잘 보여줍니다.

고린도전서 후반부의 주제를 알려주는 'Περὶ δὲ'	
7:1	너희가 쓴 문제에 대하여(Now concerning the matters)
7:25	처녀에 대하여는(Now concerning virgins)
8:1	우상의 제물에 대하여는(Now concerning food sacrificed to idols), 즉 우상의 제물을 먹는 일에 대하여는(concerning the eating of food offered to idols, 8:4)
12:1	신령한 것에 대하여는(Now concerning spiritual gifts)
16:1	성도를 위하는 연보에 대하여는(Now concerning the collection for the saints)

예루살렘 모교회를 위한 구호 헌금

고린도인들은 예루살렘 모교회 성도들을 돕기 위한 헌금에 대해 바울에게 문의했던 것 같습니다. 예루살렘 교회가 곤경에 빠진 이유는 무엇일까요? 사도행전을 보면 두 가능성이 있습니다. 먼저 예루살렘에 거주하는 상당수 가난한 과부들에게 복음이 전파되었기에 이들을 돕기 위한 구제 헌금의 가능성이 있습니다(행 6:1-6). 아니면 농작물 수확에 심각한 타격을 초래한 흉년의 가능성도 있습니다(행 11:27-30). 어쨌거나 이 헌금은 '예루살렘 성도들 가운데 가난한 이들'을 돕기 위한 헌금인 것만큼은 틀림없습니다(롬 15:26).

예루살렘 교회로부터 '신령한 복'(spiritual blessings)을 나누어 받았기에 이방계 기독교인들이 '물질적인 것'(material things)으로 섬기는 것이 옳다고 바울은 주장합니다(롬 15:27). 유대계 예루살렘 교회를 위한 이방계 교회의 구호 헌금을 양대 세력 간의 긴장과 알력을 종식하는 화해와 일치의 열매로 여긴 것입니다(롬 15:28). 그리하여 전 세계 기독교의 모교회가 물질적인 어려움에 빠졌을 때 마케도니아와 아가야, 갈라디아 지역에 흩어져 있던 이방계 교회들이 헌금을 모았던 것입니다. 초대교회는 각 지역에 흩어진 채로 따로따로 격리된 교회가 아니라, 그리스도의 한몸을 이루는 유기적 연합체로 끈끈하게 연결되어 있었다는 사실을 구호 헌금 프로젝트가 보여줍니다. 바울은 구호 헌금에 대해서 갈라디아 교회에도 부탁한 적이 있기에 이것을 고린도교회에도 같이 당부합니다 (행 18:2; 갈 1:2; 2:10).

> 성도들을 도우려고 모으는 헌금에 대하여 말합니다. 내가 갈라디아 여러 교회에 지시한 것과 같이, 여러분도 그대로 하십시오(16:1).

모금에 대한 기본 원리

바울이 구호 헌금에 고린도교회도 동참하기를 권면할 때 '헌금에 대한 기본 원리'(특히 '모금 행위'와 '헌금의 전달 행위'에 대하여)를 제시합니다.

매주 첫날에, 여러분은 저마다 수입에 따라 얼마씩을 따로 저축해 두십시오. 그래서 내가 갈 때에, 그제야 헌금하는 일이 없어야 할 것입니다(2절).

첫째로 헌금의 날짜를 적시합니다. '매주 첫날'(On the first day of every week)에 헌금하라는 것입니다. 히브리 월력에 따르면, 매주 첫날은 안식일이 지난 일요일이기에 오늘의 '주일'에 헌금하라는 말입니다. 기독교가 시작된 이래 매주 첫날, 즉 '안식 후 첫날'이 교회의 회집일이 되었다는 사실을 알 수 있습니다. 안식 후 첫날은 예수께서 부활하신 날이기에 이날이 자연스레 교회가 지키는 주일이 되었던 것입니다(막 16:2; 행 20:7).

둘째로 '연보'의 헬라어 λογεῖαι(로게이아이)는 단수가 아닌 복수입니다. 로게이아이는 우리말 성경이 번역한 것처럼 '연보'나 '헌금'과 같은 보통 명사가 아니라, '구체적으로 헌금을 드리는 행위'를 가리키는 전문 용어입니다. 헌금을 드리는 행위가 '복수'라는 사실은 초대교회의 헌금이 특정 주일에 딱 한 번만 헌금하는 행위가 아니라, 규칙적으로 반복된 행위라는 사실을 암시합니다.

셋째로 개역개정은 '너희 각 사람'(each one of you)으로, 새번역은 '저마다'(every one of you)로 번역한 헬라어 ἕκαστος ὑμῶν(헤카스토스 휘몬)에 주목해야 합니다. 헌금은 부유한 사람만이 하는 행위가 아니라, 전 교인이 모두 참여하는 거룩한 행위라는 사실을 보여줍니다.

넷째로 바울은 저마다 "수입에 따라서 얼마씩을 따로 저축해두라"(set aside a sum of money in keeping with his income)고 권면합니다. "수입에 따라 얼마를 저축하라"는 말을 영어 성경 NRSV는 "과외로 번 돈은 액수가 얼마든지 간에 따로 떼어 저축하라"(to put aside and save whatever extra you earn)로 번역했습니다. 기본 생활을 하지 못할 정도로 과도한 헌금이 아니라는 것을 암시합니다. 각자의 경제 수준에 맞게 헌금을 하되 생활비나 일반 잡비와 달리 "따로 떼어서 저축하라"는 것도 헌금의 거룩한 성격을 보여줍니다.

헌금은 기분 내키는 대로 하는 즉석 행위가 아닙니다. 사전에 정성을 다해 준비해서 모아 두어야 합니다. 이런 이유로 바울은 자신이 고린도교회에 도착할 때 부랴부랴 헌금하는 일이 없어야 한다는 사실을 강조합니다(2절). 하나님 앞에 드리는 헌금은 한 주간 자신의 분수에 맞게 정성을 다해 따로 성별해 두었다가 주일에 모여 예배할 때 바치는 예물이어야 합니다.

교회에서 하는 헌금은 기복주의적으로 바치는 '복채'(卜債)나 의무감 때문에 억지로 바치는 세금이나 기분 좋을 때 주는 팁이나 자선 냄비에 기부금을 넣듯이 하는 행위가 아니라는 사실을 명심해야 합니다. 신학적으로 볼 때도 바울은 예루살렘 모교회의 유대계 교인들을 돕는 이방계 교인들의 헌금 행위가 장벽을 무너뜨리는 '친교'(κοινωνία/코이노니아/fellowship) 행위이자(고후 8:4, 9:13; 롬 15:26) '섬기는 일'(διακονία/디아코니아/service, 고후 8:4, 9:1, 12, 13; 롬 15:31), '은혜'(χάρις/카리스/grace, 고후 8:4, 6, 7, 19), '축복'(εὐλογία/율로기아/blessing, 고후 9:5)이자 '하나님께 드리는 감사'(λειτουργία/레이투르기아/divine service, 고후 9:12; 롬 15:27)로 해석합니다.

헌금 전달에 대한 지침

고린도교회가 구제 헌금을 모아 두면 언제, 어떻게, 누가 예루살렘 교회에 전달하느냐의 문제도 중요합니다. 오늘처럼 전신환(電信換)이나 인터넷 계좌로 송금할 수 있는 시스템이 갖추어지지 않은 고대에 '헌금 전달'(delivery)은 '모금'(collection) 이상으로 예민한 문제였을 것입니다. 전액이 동전이나 은전과 같은 현금(cash)이었기에 목적지로 가는 도중에 강도나 도적을 만나든지 풍랑을 만나서 전달에 실패할 위험성이 상시로 존재했습니다. 신실하지 못한 사람이 전달을 맡을 경우 중간에 가로채서 어디론가 잠적할 가능성도 있었습니다. 천 리 먼 뱃길을 여행해서 직접 인편으로 전달해야 하기에 전달자는 안팎으로 두루두루 신뢰를 받아야만 합니다.

> 내가 그리로 가게 되면, 그 때에 여러분이 선정한 사람에게 내가 편지를 써 주어서, 그가 여러분의 선물을 가지고 예루살렘으로 가게 하겠습니다(3절).

바울이 고린도에 도착할 경우, 고린도 교인들은 가장 믿을만한 사람을 전달자로 선정해야 합니다. 흥미롭게도 우리말 개역개정이나 새번역 모두가 '인정한 사람' 혹은 '선정한 사람'으로서 단수로 처리한 원어 성경의 헬라어 'οὓς ἐὰν δοκιμάσητε'(후스 에안 도키마세테)는 복수입니다. 즉, '불같은 시험을 통과해 검증된 사람들'입니다. 제아무리 신실해도 헌금 전달은 한 사람보다는 '여러 사람'이 하는 편이 더 낫다는 것입니다.

이것도 부족해서 바울은 자신의 명예를 걸고 쓰는 '신임장'(letter of credence/commendation) 혹은 '소개장'(letter of introduction)까지

써서 보내겠다고 약속합니다(행 15:23-29; 롬 16:1-2; 고후 8:16-24). 한 걸음 더 나아가 바울은 필요하다면 자신도 그들과 함께 예루살렘에 가겠다는 뜻까지 내비칩니다. 헌금 전달 문제가 얼마나 조심스러운지 이중삼중으로 엄격한 조치를 요구하는 것입니다.

바울의 여행 계획

헌금을 예루살렘 교회에 전달하는 일에 자신도 참여할 가능성을 내비치었기에 바울은 자신과 동역자 디모데의 여행 계획을 소개합니다.

> 나는 마케도니아를 거쳐서 여러분에게로 가겠습니다. 내가 마케도니아를 지나서 여러분에게로 가면, 얼마 동안은 함께 지낼 것이고, 어쩌면 겨울을 나게 될지도 모르겠습니다. 그다음에 여러분은, 내가 가려는 곳으로 나를 보내 주시기를 바랍니다. 지금 나는, 지나가는 길에 잠깐 들러서 여러분을 만나 보려는 것은 아닙니다. 주님께서 허락해 주시면, 얼마 동안 여러분과 함께 머무르고 싶습니다. 그러나 오순절까지는 에베소에 머물러 있겠습니다. 나에게 큰 문이 활짝 열려서, 일을 많이 할 수 있는 기회가 왔습니다. 그러나 방해를 하는 사람도 많이 있습니다(5-9절).

고린도교회가 모은 헌금을 예루살렘에 전달하는 문제와 관련해서 바울은 자신이 마케도니아를 경유해 고린도에 가려는 계획을 밝힙니다. 마케도니아는 고대 그리스-로마 시대의 최북방에 있던 왕국으로서 바울이 복음을 전파한 빌립보와 데살로니가, 베뢰아교회가 있는 지역입니다. 바울은 마케도니아 지역을 둘러본 뒤에 남방으로 내려가 아가야 지역의 수도인 고린도에 들리려는 뜻을 품었습니다.

바울은 현재 에베소에 머물러 고린도전서를 쓰고 있습니다. 그런데 에베소에서 '오순절'까지만 머무를 것이라고 합니다. 앞에서 일주일을 매주 첫날, 즉 안식일이 지난 후 첫날이라는 유대식 날짜 계산을 했는데, 한 해를 계산할 때에도 오순절이라는 유대 명절을 기점(基點)으로 삼습니다. 바울의 유대교적 배경을 보여줍니다!

오순절은 유월절이 지난 후 50일째 되는 축제일(레 23:15-21)로서 '중반기 봄'(mid-spring)이라고 한다면, 바울은 늦어도 초여름까지는 에베소에서 지내고, 마케도니아로 가서 여름과 가을을 지내고, 고린도로 내려가서 그 이듬해 4월까지 겨울을 보내려고 합니다. 겨울철에 선박 여행을 하는 것이 위험하기에 고린도에서 과동(過冬)할 계획을 세운 것입니다.

그렇다면 바울이 고린도에서 수개월 머무르며 월동하려는 목적은 무엇일까요? 그것은 고린도 교인들이 바울이 가려는 다음 선교지에 든든한 버팀목이 되어 후원해주기를 기대했기 때문입니다.

내가 가려는 곳으로 나를 보내 주시기를 바랍니다(so that you may send me on my way, 6절).

고린도교회에 인적 물적으로 선교 후원을 기대했던 것입니다. 고린도 교인들이 바울이 계획하는 다음 선교의 충실한 후원자가 된다면, 그동안 있었던 바울과 고린도 교인들 사이의 적대감은 누그러지기에 그들의 선교 지원이야말로 '화평의 헌금'(peace offering)이 될 것입니다. 바울의 다음 선교지는 여러 정황상 '예루살렘'(동방)에 헌금을 전달한 뒤 그토록 숙망한 '로마'(서방)일 가능성이 큽니다. 그러나 이런 계획조차도 하나님께서 허락하시지 않으면 무위(無爲)로 끝날 수 있기에 바울은 "주님께서 허락해 주시면"(if the Lord permits, 7절)이라는 단서를 붙입니다. 가장 흥미로운 부분은 9절입니다. 바울이 오순절까지 에베소에 체류하려는 이유가 명시되어 있습니다.

> 내가 오순절까지 에베소에 머물려 함은 내게 광대하고 유효한 문이 열렸으나 대적하는 자가 많음이라(8-9절).

영어 성경 NRSV는 '유효한 사역을 위한 **광대한 문**'(a wide door for effective work)으로, NIV는 '효과적인 사역을 위한 **거대한 문**'(a great door for effective work)으로 번역한 헬라어는 'μεγάλη καὶ ἐνεργής'(메갈레 카이 에네르게스)입니다. '거대한'이라는 형용사와 '유효한'이라는 형용사 두 개가 나란히 병렬되어 있기에, 직역하면 "거대하고 유효한 문이 열렸다"(a great and effective door has opened)입니다.

하지만 이와 동시에 반대도 극심합니다. 원어 성경에는 'ἀντικείμενοι πολλοί'(안티케이메노이 폴로이), 즉 '많은 사람이 대적한다'(there are many adversaries)로 되어 있습니다. 바울이 처한 거의 모든 선교지 상황을 기가 막히게 축약한 표현입니다. 에베소에서 효율적으로 선교할 수 있는 거대한 문이 열렸지만, 이에 비례해서 방해하는 적대 세력도 만만치 않습니다(행 19:23-41; 고전 15:32; 고후 1:8-11 참조). 바울이 오순절까지 한시적으로 에베소에 체류해야 할 이유는 그곳에서 적대자들의 수가 증가하고 있었기 때문입니다. 그러나 위험 부담이 클수록 광대하고 효율적으로 복음을 전할 기회도 된다는 사실을 기억해야 합니다.

디모데에 대한 당부

예루살렘 구호 헌금 건과 이와 관련된 자신의 여행 계획을 소개한
바울은 두 동역자의 신상(身上) 문제를 언급합니다. 먼저 디모데에 대해
서 부탁합니다.

디모데가 그리로 가거든, 아무 두려움 없이 여러분과 함께 지낼 수 있도록
보살펴 주십시오. 그도 나와 마찬가지로 주님의 일을 하는 사람입니다.
그러므로 아무도 그를 업신여겨서는 안 됩니다. 그리고 그가 내게로 돌아올
때에, 그를 평안한 마음을 지니게 해서 보내 주십시오. 나는 형제들과 함께
그를 기다리고 있습니다(10-11절).

바울이 에베소에 체류하는 동안 디모데를 고린도에 파송한 것 같습
니다(고전 4:17 참조). 바울은 디모데에 대해서 세 가지를 당부합니다.
첫째로 디모데가 고린도에서 "아무 두려움 없이"(nothing to fear) 지내도
록 돌보아 달라고 부탁합니다. 둘째로 고린도 교인들 누구도 디모데를
"업신여기지 말 것"(no one despise him)을 부탁합니다. 셋째로 디모데가
사명을 마치고 바울에게로 복귀할 때 "평안히 오도록"(Send him on his
way in peace) 끝까지 배려해 주라고 당부합니다. 디모데가 연소하고(딤
전 4:12) 경험이 일천(日淺)해서 바울을 업신여긴 고린도 교인들이 바울
의 분신이라고 할 수 있는 디모데까지 함부로 대할 것을 염려해서 이런
부탁을 했을 것입니다.
중요한 것은 고린도 교인들이 디모데를 존중하고 선대해야만 하는
이유입니다. 디모데 역시 바울과 마찬가지로 '주님의 일'(ἔργον κυρίου/에

르곤 퀴라우/the work of the Lord)을 맡은 일꾼이기 때문입니다. 인간적으로 바울의 최측근이라는 사실 때문이 아니라, 디모데가 주님의 일을 하는 주님의 종이기 때문에 그에게 호의를 베풀어야 한다는 것입니다.

아볼로의 거취(去就) 문제

바울과 경쟁 관계에 놓인 것처럼 보이는 아볼로에 대한 언급도 흥미롭습니다.

> 형제 아볼로에 대하여 말하겠습니다. 내가 그에게 다른 형제들과 함께 여러분에게 가라고 여러 번 권하였지만, 그는 지금, 갈 마음이 전혀 없습니다. 그러나 적절한 때가 오면 갈 것입니다(12절).

바울과 아볼로는 본의와 상관없이 두 사람의 추종자들이 고린도교회에서 양대 파벌을 이루고 있었습니다(고전 3:4-6). 아볼로를 추앙하고 있던 사람들이 그가 고린도교회에 와서 목회해주기를 요청한 것 같습니다. 이런 점에서 아볼로가 아닌 디모데가 고린도교회에 갈 것이라는 소식은 아볼로파 사람들을 크게 실망시켰을 것입니다. 그러나 바울이 아볼로를 경쟁자요 적수로 생각했다면, 바울 자신은 아볼로의 고린도 파송을 쌍수를 들고 반대했을 것입니다.

하지만 바울은 자신이 먼저 아볼로에게 고린도에 가라고 '강력하게'(strongly) 권했다는 사실을 밝힙니다. '많이' 혹은 '여러 번'으로 번역된 'πολλά'(폴라)는 양으로 '여러 차례'(many times)로, 질적으로 '강도 높게'(strongly), 두 의미를 다 함축합니다. 바울은 여러 차례 아볼로에게 고린도로 가서 목회하라고 강도 높게 권면했지만, 아볼로는 지금 고린도에 갈 마음이 '전혀 없습니다'(πάντως οὐκ/판토스 우크/not at all). 아볼로는 분쟁 상황에 처한 고린도교회에 지금 가는 것은 적절하지 않은 것으로 판단했을 것입니다. 무엇보다도 하나님의 뜻이 아니라고 생각했겠지요. 그런데도 '적절한 기회'가 오면 아볼로가 고린도로 갈 가능성은 남아 있습니다. (아볼로가 가려고 하지 않기에 디모데를 대신 파송했을 가능성이 있습니다.)

바울과 아볼로 사이에는 고린도인들이 생각하는 경쟁심이나 시기심이 없다는 사실을 알 수 있습니다. 아볼로파로 자처하는 인사들이 아볼로의 파송을 강력하게 요청했을 때 바울은 반감을 품지 않았습니다. 오히려 자신이 먼저 아볼로의 고린도행을 적극적으로 주선했습니다. 그러나 아볼로 편에서도 자신의 파송을 적극 원하는 추종자들을 생각할 때 지금은 적시(適時)가 아니라고 판단합니다. 자신이 가면 불에다 기름을 붓듯이 교회 파벌과 분쟁을 가속화시킬 수 있음을 알고, 다음 기회를 기다리는 신중함을 보여줍니다.

바울이나 아볼로는 자신의 '개인적인 사역'을 '복음 전파' 그 자체와 일치시키지 않습니다. 고든 피(Gordon Fee)가 말하는 것처럼 두 사람은 '자신의 사역으로 이루어진 교회'(the church with his own ministry)를 '복음'(gospel)과 동일한 것으로 보지 않았고, 한 가지(자신의 사역)에 대한 위협이 다른 한 가지(복음)에 위협이 된다고 생각하지 않았습니다.

결론
사랑으로 부르심을 받은 공동체

고전 16:13-24

다섯 가지 명령형 권고

고린도전서 16장은 이 책의 '서신'(epistle)으로서의 특징을 그대로 보여줍니다. 흔히 서신의 말미에 해당하는 특징을 드러냅니다. 바울은 길고도 복잡한 편지를 서서히 끝낼 채비를 합니다. 먼저 13-14절은 전쟁터에서 총사령관이 군사들에게 진격을 명령하듯이 박진감이 넘칩니다. 다섯 개의 동사로 된 점층법적 명령어로 고린도 교인들을 권고합니다.

① 깨어 있으십시오(Keep alert).
② 믿음에 굳게 서 있으십시오(stand firm in the faith).
③ 용감하십시오(be courageous).
④ 힘을 내십시오(be strong).
⑤ 모든 일을 사랑으로 하십시오(Do everything in love).

다섯 가지 권고는 어느 시대 어느 교회 어떤 교인들에게도 통하는 '일반 권고'인 것처럼 보입니다. 그러나 고린도교회가 처한 실제 상황에서 비롯된 것이기에 직접적으로는 고린도 교인들을 겨냥합니다.

첫째로 깨어 있어야 합니다. 언제 어떻게 주님께서 재림하실지 알 수 없기에 영적으로 깨어 있어야 합니다. 전방에서 보초 서는 초병이 눈을 부릅뜨고 '경계 근무'(on guard)를 서듯이 정신을 바싹 차려야 합니다. 깨어 있으라는 권면은 언제나 종말론적 긴박성과 연관됩니다.

> 그러므로 우리는 다른 이들과 같이 자지 말고 오직 깨어 정신을 차릴지라(살전 5:6).

둘째로 믿음에 굳게 서야 합니다. 바울은 부활론을 시작할 때에도 고린도인들이 바울이 전파한 "복음 안에 서 있다"는 사실을 상기시켰습니다(15:1). 부활론을 끝맺을 때도 "굳게 서라"고 당부했습니다(15:58). 그리스도인의 정체성은 믿음 안에 서 있을 때 확립됩니다.

셋째로 용감해야 합니다. 개역개정은 "남자 다우라"고 번역했는데, 헬라어 동사 'ἀνδρίζεσθε'(안드리제스데)가 "남자답게 행동하라"(play the role of a man)는 뜻이기에 좋은 번역입니다. 복음을 전파하고 신앙생활을 할 때 이런저런 위험에 주눅 들지 말고 남자답게 대처하라는 것입니다. "강건하라"는 넷째 권고는 셋째와 같은 내용입니다. 남자다운 '용기'(courage)와 '강건함'(strength)을 갖추라고 독려하는 것입니다. 셋째와 넷째는 바울이 시편 31:23-24를 염두에 둔 권면입니다.

너희 모든 성도들아 여호와를 사랑하라 여호와께서 진실한 자를 보호하시고 교만하게 행하는 자에게 엄중히 갚으시느니라 여호와를 바라는 너희들아 강하고 담대하라.

지금까지 바울이 고린도 교인들에게 준 네 가지 권고는 결국 둘로 요약됩니다. 언제 예수님의 재림이 일어날지 모르기에 '경계'(watchfulness)를 늦추지 말고, 복음을 전파하고 믿음을 지킬 때 늘 흔들림이 없는 '확고함'(steadfastness)을 갖추라는 것입니다.

가장 중요한 권고는 14절의 다섯 번째입니다. '모든 일'(πάντα/판타/all)을 '사랑'(ἀγάπη/아가페/love)으로 행하라는 권고입니다. 이 한마디가 고린도전서 전체의 핵심 주제를 요약한다고 할 수 있습니다. 깨어 있고, 믿음 안에 굳게 서고, 남자답게 용감하고 강건한 것은 모두 사랑에 뿌리를 박을 때 가능합니다. 네 가지 권고가 '복음' 자체와 관련된다면, "사랑으로 행하라"는 권고는 '이웃'과 관계됩니다. 바울이 13장에서 역설한 것처럼 사랑으로 하지 않는 어떤 행위도 아무 소용이 없습니다. 언제나 중요한 것은 '모든 일'을 '사랑으로 행하는 데' 있습니다. 모든 일에는 지금까지 고린도교회에서 일어난 갈등과 분쟁 상황 일체가 포함됩니다.

스데바나 집 사람들의 헌신

15-18절에서 바울은 한 가정을 소개합니다. '스데바나'(Στεφανᾶ/스테파나/Stephana) 가정입니다. 바울은 스데바나 가정을 앞에서 말씀드린 다섯 가지 권고를 다 실천한 모범 가정으로서 소개합니다. 스데바나와

그 집에 속한 식솔(食率)들은 어떤 사람들이었기에 바울이 칭찬하는 것일까요?

> **형제자매 여러분, 나는 여러분에게 권합니다. 여러분이 아는 바와 같이, 스데바나의 가정은 아가야에서 맺은 첫 열매요, 성도들을 섬기는 일에 몸을 바친 가정입니다(15절).**

"여러분이 아는 바와 같이"라는 표현으로 볼 때 고린도 교인들은 스데바나와 그 집 사람들을 잘 알고 있습니다. 바울은 '스데바나 집 사람들'(οἰκίαν Στεφανᾶ/오이키안 스테파나/the household of Stephana)에 대해서 두 가지 사실을 강조합니다.

첫째로 그리스-로마 제국의 남방 속주였던 아가야 지역의 '첫 열매'(ἀπαρχὴ/아파르케/the first fruits/der Erstling)였다는 것입니다. 두말할 필요도 없이 아가야 지역에서 처음으로 세례받고 개종한 가정입니다(고전 1:16). 바울은 '첫 개종자들'(the first converts)이라는 말 대신에 예수께서 부활의 '첫 열매'가 되셨다는 사실을 강조할 때처럼(15:20, 23) 아가야의 '첫 열매'라는 표현을 씁니다. 추수기의 첫 열매는 앞으로 대대적인 열매를 추수할 것을 예고하고 확증하는 열매이듯이, 스데바나 가정의 결신은 장차 아가야와 고린도 지역에 수많은 사람이 복음을 받아들일 것을 확증하는 신호탄이 되었다는 사실에 방점이 있습니다.

두 번째로 "스데바나 집 사람들은 성도들을 섬기는 일에 헌신했습니다"(they have devoted themselves to the service of the saints). 여기에서 "성도들을 섬긴다"(διακονίαν τοῖς ἁγίοις/디아코니안 토이스 하기오이스)는 표현이 중요합니다. '섬김'(διακονία/디아코니아)은 교회 사역 전반을 아우르는 포괄적인 용어이지만, 한 가지 분명한 것은 스데바나 가정이 자신의 사욕이나 명리(名利)를 취하지 않고, 교인들을 섬기고 돌보는 일에 최선을 다했다는 사실입니다. '디아코니아'에는 '가르침'과 '설교'가 중추적인 부분을 차지했기에 스데바나의 집은 교인들이 회집하는 가정교회 역할을 하면서 '말씀 사역'에도 중요한 역할을 했던 것 같습니다. 바울은 두 가지 이유로 스데바나 집 사람들과 관련해서 고린도 교인들에게 부탁합니다.

> 그러므로 여러분도 이런 사람들에게 순종하십시오. 그리고 또 그들과 더불어 일하며 함께 수고하는 각 사람에게 순종하십시오(16절).

"순종하라"(submission)는 말은 문자 그대로 겸손히 권위에 복종하라는 뜻입니다. 스데바나가 고린도교회에서 말씀을 선포하고 가르치는 일에 지도급 인사였기에 교인들에게 순종을 당부했을 것입니다. 그러나 "순종하라"는 '촉구'(urging)에는 근본적으로 그들이 스데바나 집 사람들의 '권위'(authority)를 "인정하고 치하하라"(recognize & praise)는 의미가 숨어 있습니다. 인정하고 치하하는 것은 존경하고 사랑할 때 가능하기에 "순종하라"는 권고는 사랑하고 존경하는 마음으로 자발적으로 권위에 순복하라는 뜻입니다.

바울은 고린도 교인들이 스데바나 집 사람들뿐만 아니라 그들과 '더불어 수고하는 모든 사람에게' 순종하라고 권면합니다. 일차적으로 이 그룹은 스데바나처럼 충성스럽게 헌신하는 '고린도 교인들'을 의미할 것입니다. 그러나 넓은 의미로는 오고 가는 교회 시대의 '모든 헌신자'를 포괄할 것입니다. 중요한 것은 이런 헌신자들이 존경받고, 인정받고,

치하받고, 순종 받아야 할 이유는 그들의 사회적 지위나 신분, 경제력 때문이 아닙니다. 그들의 '헌신적인 섬김'(committed service) 때문입니다!

채워 주고 시원케 하는 사람들

스데바나 집 사람들은 스데바나의 처자식들과 '종들'(slaves)과 '자유민들'(freedmen, 종으로 있다가 풀려난 사람들)까지 포함했을 것입니다. 이런 맥락에서 17-18절은 스데바나 집 사람들 가운데에도 두드러진 역할을 했던 두 사람의 이름을 언급합니다. '브드나도'(Fortunatus)와 '아가이고'(Achaicus)입니다.

> 나는 스데바나와 브드나도와 아가이고가 온 것을 기뻐합니다. 그것은, 여러분을 만나지 못해서 생긴 아쉬움을, 이 사람들이 채워 주었기 때문입니다. 이 사람들은 나의 마음과 여러분의 마음에 생기를 불어넣어 주었습니다. 여러분은 이런 사람들을 알아주어야 합니다.

브드나도는 아주 흔한 라틴식 이름인데, '복덩이'(blessed) 혹은 '행운아'(lucky)라는 뜻입니다. 로마 시대의 '노예'나 '자유민'에게 흔히 붙여진 이름입니다. 아가이고는 '아가야 출신의 사람'(a man from Achaia)이라는 뜻인데, 역시 노예나 자유민의 이름입니다. 스데바나의 이름 다음에 브드나도와 아가이고를 소개하는 것으로 볼 때 두 사람은 스데바나의 집에서 일하는 '가노(家奴)들'일 가능성이 있습니다. 아니면 서로 아무 상관 없이 고린도의 각 가정교회에 속한 지도자들일 가능성도 있습니다.

그러나 하필이면 스데바나 집 사람들의 헌신을 칭찬하는 문맥에서 두 이름이 거론되었다는 사실 때문에 두 사람은 스데바나 가정의 종 혹은 자유민으로서 주인과 함께 고린도교회를 대표해서 바울에게 문의하는 편지를 품고 에베소에 왔을 가능성이 있습니다. 물론 에베소에서 고린도로 돌아갈 때는 바울이 지금 쓰고 있는 고린도전서를 고린도교회에 전달하는 중책도 맡았겠지요. 한마디로 세 사람은 고린도교회를 대표하는 사절단(delegaion) 역할을 했을 것입니다.

세 사람이 바울을 위해서 한 일이 있습니다. 이들이 바울이 현재 체류하는 에베소에 옴으로써 바울이 고린도 교인들을 만나지 못해 생긴 아쉬움을 채워 주었습니다. 고린도 교인들 전체를 만나지 못해서 발생하는 '갭'(gap) 혹은 '결핍'(lack)을 이 대표자들이 메워주었다는 것입니다. 18절에서 바울은 세 사람이 자신의 마음과 고린도 교인들의 마음에 생기를 불어넣어 주었다고 감사합니다. 고린도 교인 전체를 만날 수 없음에도 세 사람을 만나서 기분이 좋아지고 심기일전(心機一轉)하게 되었다는 말입니다. 개역개정은 '시원하게 했다'(refreshed)로 번역했는데, 적절한 번역입니다. 고린도교회를 생각만 해도 스트레스를 받고 갑갑했는데, 고린도교회에서 성도들을 헌신적으로 섬김으로써 교인들에게 두루 신망받던 세 사람이 에베소에 와서 바울의 마음까지 흡족하게 했다는 것입니다. 그리하여 바울은 재차 이런 사람들을 '알아줄 것'(give recognition)을 당부합니다. 인정하라는 것이지요!

고린도에 안부를 전하는 사람들

19-20절은 고린도 교인들에게 안부를 전하는 사람들을 거론합니다.

아시아에 있는 교회들이 여러분에게 문안합니다. 아굴라와 브리스가와 그 집에 모이는 교회가 다 함께, 주님 안에서 진심으로 문안합니다. 거룩한 입맞춤으로 서로 인사하십시오.

세 그룹이 안부를 전합니다. 에베소가 속한 '아시아에 있는 모든 교회'와 '아굴라와 브리스가 부부'와 '그 집에서 모이는 교인들'이 문안 인사를 전합니다. 아굴라와 브리스가는 한때 고린도교회의 중추적인 역할을 한 지도자들입니다(행 18:1-3). 현재는 바울이 고린도전서를 쓰고 있는 에베소에서 바울과 함께 있으면서 에베소에서 가장 유력한 가정교 회를 이끌고 있는 것으로 보입니다(행 18:18-26). 세 번째 그룹은 '소스데 네'(고전 1:1)나 '디도'(고후 2:13) 등을 떠올릴 수 있으나 불투명합니다. 에베소 교회에서 바울을 돕는 모든 교인을 말할 것입니다. '거룩한 입맞 춤'(holy kiss)은 유대교 풍속으로서 가족이나 친구들끼리 용서와 화해의 표시로 나눈 인사법입니다. 평화를 나누는 초대교회의 인사법이지요.
21절에서 바울은 고린도전서가 자신의 친필임을 확인해줍니다.

이 인사는 나 바울로가 직접 씁니다(I, Paul, write this greeting with my own hand).

고대의 서신에서 '친필 확인'(authentication)은 하나의 관례인데, 혹 지금까지 바울이 구술한 것을 소스데네가 받아 적었다고 할지라도(1:1) 이 편지는 틀림없이 바울 자신의 친서라는 사실을 강조합니다.

'저주'와 '은혜'와 '사랑'의 변증법

고린도전서의 대미(大尾)를 장식하는 22-24절은 고린도교회를 향한 바울의 복잡한 심경을 여과 없이 드러냅니다. 고린도인들을 사랑하는 동시에 일부 탈선한 인사들에 대한 우려와 분노 등의 양가감정이 얽혀 있습니다. 먼저 22절에서 바울 서신 전반에서 좀처럼 나오지 않는 '저주문'(curse formula)이 등장합니다.

누구든지 주님을 사랑하지 않는 사람은 저주를 받으라! 마라나 타, 우리 주님, 오십시오(If anyone does not love the Lord -a curse be on him. Come, O Lord!).

다분히 고린도교회를 어지럽히고 사사건건(事事件件) 바울을 괴롭히는 적수들을 겨냥한 저주 기원입니다. 바울은 적수들의 속성을 '주님을 사랑하지 않는 사람들'로 정리합니다. '자기 사랑'(self-love)과 '자기 영광'(self-glory)에 빠져 십자가에 달리신 예수님을 부인하고 사랑하지 않는 사람들입니다. 바울은 단지 고린도교회뿐만 아니라 오고 가는 시대의 모든 교회의 주님을 사랑하지 않는 사람은 '누구든지'(τις/티스/anyone) '저주'(ἀνάθεμα/아나데마/curse)를 받을 것이라고 강력히 경고합니다.

경고 바로 다음에 바울은 그 당시 팔레스타인 사람들이 사용하던 생활 용어인 아람어로 'Μαράνα θά'(마라나 다)를 외칩니다. 초대교회의 예배 시간, 특히 성만찬 때에 자주 사용되던 기도입니다. 이 기원문에는 두 가지 가능성이 있습니다. 먼저 '마라나 다'(Μαράνα θά/Marana tha)로 쓰일 경우, "우리 주님 오소서!"(Our Lord, come!)라는 의미가 있습니다.

'마란 아다'(Μαράν αθά/Maran atha)에는 "우리 주님이 오셨습니다"(Our Lord has come)라는 완료적 의미가 있습니다.

개역개정이나 새번역은 모두 "우리 주님 오소서"라는 미래적 기원문 형태로 번역했는데, 우리말 성경은 일종의 '종말론적 기원'(eschatological prayer)으로 이해했습니다(계 22:20). 그러나 주님의 말씀을 거부하고 불순종과 죄악 가운데 사는 이들은 '주님을 사랑하지 않는 사람들'인데, 이들에게 저주를 선언한 바울이 '마라나 다'라는 기원을 연이어 외친 이유는 마라나 다의 두 가지 의미 모두 때문일 것입니다. 마라나 다가 될 경우 주님께서 어서 빨리 재림하셔서 이들을 심판해달라는 기원일 터이고, '마란 아다'의 의미일 경우 주님을 부인하는 사람들이 이미 오신 주님의 심판 아래 있다는 경각심을 일깨우는 데 있을 것입니다.

바울 서신에서 매우 이례적인 이 '저주 기원'은, 그러나 바울의 훨씬 더 다정다감한 '축도'(benediction)와 '개인 고백'(personal confession)으로 즉각 상쇄(相殺)됩니다.

주 예수의 은혜가 여러분과 함께 있기를 빕니다. 나는 그리스도 예수 안에서 여러분 모두를 사랑합니다(23-24절).

바울은 고린도 교인들에게 '은혜를 기원하는 축도'(grace-benediction)로 마지막 인사를 전합니다. 하나님의 은혜야말로 복음의 처음이자 마침이며, 고린도전서의 시작과 결말입니다(1:1-3; 16:23). 사실 '은혜-축도'로 끝내도 되지만, 바울은 자신의 '저주 기원'이 과하다고 생각했는지, 맨 마지막 24절에서 '사랑의 고백'을 첨가해서 끝냅니다. 바울은 자신의 '사랑'(ἀγάπη/아가페)이 고린도 교인 '모두'(πάντων ὑμῶν/판톤 휘몬/all of you)에게 있기를 기원합니다. 모두는 '주님을 사랑하지 않는 자들'까지 포함할 것입니다. 그러기에 바울은 그들이 회개할 가능성을 열어두고 그들까지도 사랑한다는 고백을 하고 있습니다.

24절에서 가장 중요한 수식구는 '그리스도 예수 안에서'(ἐν Χριστῷ Ἰησοῦ/엔 크리스토 예수/in Christ Jesus)입니다. 바울이 고린도인 모두를 사랑하는 근거는 어디까지나 그리스도 예수 안에 있기 때문이라는 것입니다. 바울과 고린도 교인들 간의 사랑, 즉 유대와 일치를 가능케 하는 것은 '그리스도 예수의 은혜와 사랑'입니다. 그렇다면 고린도전서의 맨 마지막 구절이 사랑인 것은 사랑이 전부라는 13장의 재판(再版)입니다.

고린도전서 마지막 22-24절의 저주와 은혜와 사랑의 변증법적 긴장이야말로 고린도 교인들을 향한 바울의 복잡한 속내를 여과 없이 노출합니다. 교회에 갈등과 분쟁을 부추기는 인사들에 대한 경계와 그런데도 여전히 고린도 교인 전체를 은혜와 사랑으로 품으려고 하는 바울의 진심이 고스란히 녹아 있습니다.

참고문헌

Fee, Gordon D. *The First Epistle to the Corinthians.* New International Commentary on the New Testament. Grand Rapids: Wm. B. Eerdmans Publishing Co., 2014.

Hays, Richard B. *First Corinthians.* Interpretation: A Bible Commentary for Teaching and Preaching. Louisville: John Knox Press, 1997.

Klaiber, Walter. *Der erste Korintherbrief.* Neukirchen-Vluyn: Neukirchener Theologie, 2011.

Prior, David. *The Message of 1 Corinthians.* Downers Grove, IL: Inter Varsity Press, 1985.